엮은이 스티븐 게린저 Stephen Gerringer

신화와 삶의 접점을 탐구해 온 연구자.
2004년부터 조지프캠벨재단에서 커뮤니티 디렉터를 맡고
있다. 캠벨이 제시한 신화의 핵심 주제를 현대사회와 개인의
삶에 적용하는 방법을 연구하며, 관련 강연과 집필 활동을 활발히
펼치고 있다. 저서로『신화와 현대의 삶(Myth and Modern
Living)』등이 있다.
JCF.org

옮긴이 이승희

서강대학교에서 수학과 종교학을 공부했고, 대학원에서
신학을 공부했다. 독일 밤베르크대학교와 뮌스터대학교
박사과정에서 종교사회학, 사회윤리, 정치윤리를 공부했다.
바른번역 소속 번역가로 활동 중이다. 역서로『지식의 기초』
『성서, 인류의 영원한 고전』『과학은 미래로 흐른다』『혐오 없는 삶』
『금지된 지식』『나와 타자들』등이 있다.

조지프 캠벨

신화와 의미

조지프 캠벨

신화와 의미

인간 본성을 탐구하는 지성의 원형

MYTH AND MEANING — Conversations on Mythology and Life

조지프 캠벨 지음 \ 스티븐 게린저 엮음 \ 이승희 옮김

arte

차 례

조지프 캠벨 전집에 대하여

1987년 세상을 떠나기 전까지 조지프 캠벨은 방대한 저작물을 남겼다. 이 저작물에는 그가 인류의 "한 위대한 이야기"라고 불렀던 보편 신화와 상징의 복합체를 탐구한 평생의 열정이 담겨 있다. 캠벨은 발표되지 않은 작품들도 많이 남겼는데, 여기에는 수집되지 않은 논문, 메모, 편지, 일기뿐만 아니라 오디오 및 비디오 테이프에 녹음된 강의 등이 있다.

조지프캠벨재단은 캠벨의 작품들을 영구 보호 및 보존하기 위해 1990년에 창립되었다. 재단은 캠벨의 글과 녹음 들을 전산화하여 저장소를 만들고, 《조지프 캠벨 전집》 출판 작업을 진행하고 있다.

《조지프 캠벨 전집》
사무총장 존 부커(John Bucher)
출판 책임자 브래들리 올슨(Bradley Olson)

편집자 서문

인간은 자기 삶을 받쳐 줄
단단한 기초를 찾을 때면 언제나,
이 세상에 넘쳐 나는 사실들이 아니라
아득한 옛날부터 내려오는
상상의 신화들을 선택했다.

조지프 캠벨, 『신의 가면 1: 원시 신화』

조지프 캠벨은 신화를 주제로 대략 스무 권이 넘는 책을 쓴 저자이자 열 권 혹은 열다섯 권이(정확한 숫자는 여러 권으로 구성된 세트 속 책들을 개별 도서로 계산하는지에 따라 달라진다) 넘는 책을 펴낸 편집자다. 캠벨의 가장 유명한 작품 『천의 얼굴을 가진 영웅』은 캠벨이 역사 전반의 다양한 문화 속 신화에서 확인한 이야기 구조와 줄거리 요소들을 상세하게 알려 준다. 1949년에 출판된 이 책은 대중의 마음속에 영웅의 여정과 캠벨을 연결해 주면서 여러 분야의 작가, 영화제작자, 미술가, 음악가, 이야기꾼 들에게 영향을 미쳤다.

그러나 신화를 바라보는 조지프 캠벨의 관점은 고독한 영웅에 대한 탐구를 훨씬 넘어선다. 캠벨에게 신화의 풍경은 곧 인간 정신의 풍경이다. 캠벨의 일관된 주제는 신화를 통해 우리 자신과 보편적 인간성을 더 폭넓게 이해할 수 있다는 것이다.

캠벨은 이렇게 말한다. "신화는 아이들이나 가지고 노는 장난감이 아니다. 또한 고리타분한 문제나 단순한 학문적 관심사가 아니며, 활동적인 현대인들에게 별 의미가 없는 주제도 아니다. 신화 속 상징들은(구체적인 이미지이든, 추상적인 사고이든 그 형태와 관계없이) 인간 동기의 가장 깊은 핵심을 건드리고 분출시켜서 글을 아는 사람과 모르는 사람 모두를 움직이고, 군중을 움직이며, 문명을 움직인다."

캠벨의 책은 두 종류로 나눌 수 있다. 우선 깊고 폭넓은 훌륭한 연구를 담고 있는 학술서들이 있는데, 캠벨이 평생에 걸쳐 완성한 이 책들에는 방대한 참고 자료와 주석이 포함되어 있다. 『천의 얼굴을 가진 영웅』, 네 권으로 구성된 『신의 가면』, 학술 에세이 모음집 『야생 수거위의 비행』 등이 여기에 속한다. 이 책들은 대단히 매력적이고 풍성한 독서 경험을 제공하는데, 나는 이 책들을 "글로 표현된 캠벨"이라고 생각한다.

그리고 내가 "말로 표현된 캠벨"이라고 부르는 작품들이 있다. 이 작품들은 인터뷰, 강연, 토론회 등에서 나온 내용을 엮은 것들이다. "말로 표현된 캠벨"은 『다시, 신화를 읽는 시간(Myths to Live by)』(1958년부터 1971년까지 쿠퍼유니언대학교에서 했던 강의를 캠벨이 직접 편집한 책이다)으로 시작하여 텔레비전에서 방송된 빌 모이어스(Bill Moyers)와의 인터뷰 〈조지프 캠벨과 신화의 힘(Joseph Campbell and the Power of Myth)〉과 함께 출판되었던 책이 여기에 포함된다. 또한 (『영웅의 여정』『네가 바로 그것이다』『빛의 신화들』『블리스로 가는 길』『여신들』『성배 로망스』 등) 캠벨의 사후에 나온 많은 모음집도 여기에 속한다. 이 책들도 글로 표현된 작품들과 같은 주제를 다루고 내용 또한 그만큼 심오하지만, 일반적으로 세부적인 설명이 적고, 철저한 주석이 빠지고,

대화체가 강조되면서 캠벨의 재치와 인간적 매력을 더 잘 전달해준다. 이런 구어체의 가벼운 특성 덕분에 캠벨의 생각을 더 많은 청중에게 전달할 수 있었다.

캠벨의 비전을 폭넓게 살펴보기 위해 기획된 이 책은 두 번째 유형인 말로 표현된 캠벨에 속한다.

2004년 조지프캠벨재단(JCF) 회장 로버트 월터(Robert Walter)는 캠벨이 강연이 끝난 후 진행하곤 했던 청중과의 다양한 질의응답과 캠벨의 생애 마지막 17년 동안 진행된 상대적으로 잘 알려지지 않은 여러 음성 및 서면 인터뷰를 모으고 엮어서 책으로 만드는 작업을 나에게 요청했고, 그해부터 나는 이 프로젝트에 참여했다.

이 프로젝트는 거대한 도전이었다. 특정 주제를 다룬 강연이나 강의를 선택한 후 그 자료들을 한 챕터로 정돈하는 일과는 완전히 달랐다. 나는 몇 년에 걸쳐서 방대한 원고들을 읽고 또 읽었고, 셀 수 없는 시간 동안 원본 오디오들을 들은 다음에 30개 정도 되는 자료들을 마침내 정했다. 이 대화들은 폭넓고 다양한 주제를 다루었고, 강연과는 달리 명확한 체계가 없는 것들도 있었다. 예를 들면, 캠벨은 한 북 투어에서 신화에 대한 이해나 관심이 부족해 일반적인 질문들을 던지는 지역 기자들과 여러 차례 대화를 해야 했다. 이럴 때 캠벨은 가끔 원래 질문을 거의 언급하지 않은 채 자신이 생각하기에 나왔어야 할 질문에 대한 대답을 내놓곤 했다. 반면에 지식이 풍부한 질문자와 대화할 때는 종종 더 깊은 논의로 들어가려고 했다. 공식적인 토론이든 편안한 대화든 상관없이 캠벨은 청중들에게 매혹적이면서도 사고를 자극하는 곁가지 이야기를 들려주며 청중들에게 즐거움을 주곤 했다.

그다음으로 내가 부딪힌 문제는 이 자료들을 정리하는 것이었다. 당연히 반복된 내용은 삭제할 필요가 있었다. 특히 캠벨이 자주 언급하는 주제들이 그랬다. 가끔은 완전히 다른 지역에서 서로 다른 사람들이 몇 년씩 간격을 두고 던진 질문들이 거의 똑같은 대답을 끌어내는 경우도 있었다. 동시에 어떤 대화의 문장들이 전혀 관계없는 다른 대화에서 추려 낸 불완전한 묘사를 완벽하게 채워 주는 재료가 되는 경우를 발견하기도 했다.

이 작업의 목적은 캠벨과 그의 사상을 더 명확하게 보여 주는 데 있으므로, 나는 진정한 융합 작품을 창조하기로 했다. 즉, 자료 곳곳에 들어 있는 캠벨의 생각들을 뽑아서 분해한 다음에 다시 잘 엮어서 신화를 바라보는 그의 관점을 더 포괄적이고 역동적으로 살펴볼 수 있는 형태로 만들기로 했다.

이 작업은 정말로 어려운 도전이었다. 처음 몇 년 동안 이 자료들을 다룰 때는 마치 안내도조차 없는 2만 조각 직소퍼즐을 조립하는 것 같았다. 그러나 나는 서서히 조지프 캠벨의 작품 전체를 관통하는 핵심이 바로 그 안내도임을 깨닫게 되었다. 그 핵심을 캠벨은 인류의 "한 위대한 이야기"라고 말했다.

많은 이들이 이 프로젝트에 도움을 주었다. 나는 지난 25년 동안 캠벨과 신화를 주제로 하는 다양한 온라인 토론 게시판들을 운영하거나 관리했다. 그 과정에서 수천 개에 달하는 깊이 있는 대화들을 살펴보고 무수히 많은 개인들과 교류하는 기회를 얻었다. 그들은 조지프 캠벨의 작품과 그의 신화적 세계관, 그리고 만약 그런 것이 있다면, 그것이 자신들의 삶에서 갖는 중요성을 알고 싶어 하는 사람들이었다. 기회가 있었다면 그들이 캠벨에게 던졌을 질문들이 여러 해 동안 진행된 많은 토론에서 직접 혹은 간접적으로 중심이 되었다.

이제 그들이 질문을 던진다. 이 질문들이 이 책을 관통하는 주제를 구성하고 있으며, 캠벨의 이야기와 생각들 그리고 그가 공유하는 신화적 그림들을 엮어 주는 실타래 역할을 하고 있다.

이 책에 나오는 질문들은 세 가지로 구분된다. 첫째, 어떤 질문들은 원자료에 있던 질문에서 영감을 얻어 매우 축약된 형태로 실었다. 다만 몇몇 질문들은 인터뷰어나 청중이 던진 원래 내용대로 반쪽이 넘는 분량으로 실었다. 그러나 자료에서 나온 질문들은 보통 요약되어 짧고 핵심만 지적한다. 궁극적 요점은 조지프 캠벨과 그의 생각이다. 질문들은 단지 우리를 그곳으로 데려가는 역할을 할 뿐이다.

둘째, 일반 대중의 관심을 반영하는 질문들이다. 이 질문들은 오랫동안 토론 게시판의 열정적 참가자들의 글에서 수집되었다. 이들은 트럭 운전사, 판매원, 목사에서부터 영화 관람객, 비디오 게이머, 그리고 음악가에 이르기까지, 이름 뒤에 어떤 칭호도 붙지 않는 평범한 사람들이었다.

마지막으로 자료 자체에서 제기되는 질문들이 있다. 이 질문들은 관련된 생각들 사이를 이어 주고 원활한 대화의 진행을 위해 만들어졌다.

이 책은 7장으로 구성되어 있다. 1장 '신화의 ABCD'는 기본 사항들을 다룬다(신화란 무엇인가? 신화는 어디서 왔나? 신화의 목적은 무엇인가?). 2장 '모든 것의 개요'에서는 신화의 역사적 발전에 초점을 맞춘다. 3장 '진지하게 받아들여진 신화'는 신화와 종교의 관계를 탐구하는데, 여기에는 신에 관한 질문도 포함된다.

4장 '네, 끝까지!'에서는 신화적 이미지가 "지각할 수 있는 형태"에서 "생각이라는 추상적 형태"로 바뀐다. 캠벨은 칸트에서 시작된 철학 내부의 발전과 이런 철학적 사고들이 문학과 심리학에 미친 영향에 대해 논의한다.

5장 '내면으로의 전환'에서는 영웅의 여정이라는 개념의 발전 과정을 생각해 본다(캠벨은 어떻게 이런 생각에 도달하게 되었을까? 현대의 삶에서 영웅의 여정이 갖는 중요성은 무엇인가? 이 생각은 작가와 영화제작자 들에게 어떤 영향을 미쳤을까?). 그다음에 예술과 창작의 순간에 대한 토론이 이어진다.

6장 '이야기 구성을 복잡하게 만들기'에서 캠벨은 현대 세계를 생각한다. 과학과 신화의 관계, 미국 민주주의의 신화적 기초, 전쟁의 신화, 새롭고 신뢰할 수 있으면서도 살아 있는 미래 신화의 출현 여부 등을 다룬다.

마지막 7장 '길은 점점 넓어졌습니다'에서 캠벨은 자신의 생애와 경력을 신화의 관점에서 이야기한다.

이 책을 읽을 때는 조지프 캠벨이 1904년에 태어났고, 그의 화법과 어휘는 자기 시대를 반영한다는 점을 염두에 두는 것이 도움이 된다. 그의 말이 시대에 뒤떨어진 것처럼 들리기도 하고, 심지어 오늘날의 기준에서 보면 사회적으로 부적절하게 들리는 사례도 있다. 캠벨의 시대에 컬트(cult)는 비하하는 단어가 아니었고, 종교적 숭배의 특별한 체계를 뜻하는 인류학 개념이었다[예를 들어, "미트라 컬트(숭배 의식)", "그리스도교 컬트(의례)"처럼 사용되었다]. 맨(man)과 맨카인드(mankind)는 성별과 관계없이 모든 인간을 지칭한다고 생각되었고, 이런 인식이 얼마나 여성을 폄하하는 것인지 의식하지 못했다. 이와 마찬가지로 옥시덴트(Occident, 서양)와 오리엔트(Orient, 동양)라는 개념이 자신들의 유럽중심주의 관점을 의식하지 못한 학자들 사이에서 표준처럼 사용되었다.

조지프 캠벨의 생애 말기에 학계와 공론 영역에서 거대한 변화가 일어나고 있었다. 최근 한 토론에서 나는 이런 이야기를 들었다. 미국 원주민 공동체에 있는 친구들이 인류학자, 역사학자, 여타 다른 분야 학자 들이 자신들을 "원시적(primitve)"이라고 부르는 것을 듣는 일이 얼마나 고통스러운지 캠벨에게 알려 주었고, 캠벨은 이들을 존중하여 "원시적" 대신 "근원적(primal)"이라고 부르려고 노력했다고 한다. 이런 문제는 캠벨이 이전에는 생각하지 못한 것이었다. 그럼에도 평생 이어 온 언어 습관과 패턴을 바꾸는 일은 쉽지 않았다.

그런 사례가 많지는 않지만, 만약 이 책을 읽으며 거슬리는 단어나 개념을 만나더라도 너그럽게 이해해 주기를 바란다. 오늘날 진화하고 있는 기준이 아니라 그가 살았던 시대와 관련지어 캠벨을 판단해 주면 좋겠다.

이 책에서 캠벨이 이야기하는 많은 내용은 지금까지 발표된 적이 없던 것들이다. 조지프 캠벨의 새로운 독자들은 그의 관점에 매료될 것이고, 캠벨의 작품에 이미 익숙한 사람들도 새로운 통찰과 더 깊은 내용을 발견할 것이다.

마지막으로 다음 분들에게 감사를 드리고 싶다. 이 프로젝트를 처음 구상하고 끊임없는 확신과 격려를 보내 준 로버트 월터 조지프캠벨재단 전 회장, 편집의 방향을 도와준 데이비드 커들러(David Kudler), 오디오를 조립해 준 지미 맥스웰(Jimmy Maxwell), 종종 흐릿하고 분명하게 들리지 않던 녹음을 녹취록으로 만들어 준 린 터커(Lynn Tucker), 티머시 핼퍼드(Timothy Hallford), 테리 럽튼(Terry Lupton), 헬렌 맥스웰(Helen Maxwell), 대단히 귀중한 피드백과 제안을 해 준 일리야 스미르노프(Ilya Smirnoff), 존 부커. 지원과 이해를 보내 준 나의 아내 데스티니(Destiny), 그리고 평생 희열을 추구하고 그 결과를 우리와 나누기로 결정한 조지프 캠벨에게 당연히 감사를 전한다.

2022년 10월 30일
스티븐 게린저

조지프캠벨재단 커뮤니티 디렉터
『신화와 현대의 삶(Myth and Modern Living)』,
『실용적인 캠벨 요약서(A Practical Campbell Compendium)』 저자

1장

신화의 ABCD

신화는 과거의 일이며, 재미없고 고리타분한, 먼지 쌓인
분야라서 학자들에게 맡기는 것이 최선이라는 인식이
보편적입니다. 그러나 1949년 『천의 얼굴을 가진 영웅』이
출판된 후 수십 년이 지난 지금도 선생님의 작품은 여전히
대중에게 사랑을 받고 있습니다. 신화에 관한 이런 관심을
어떻게 설명할 수 있을까요?

나는 대학에서 은퇴한 후 전국을 돌며 무수히 많은 강연을 해 오고 있는데, 가는 곳마다 사람들이 신화에 대해 엄청난 관심을 가지고 있음을 발견합니다. 나는 신화라는 주제를 약 50년 동안 가르치고 있고, 이 경험을 바탕으로 말할 수 있는 것은 사람들에게 신화적 차원이 열리면 행복, 기쁨, 자기 잠재력이라고 부를 수 있는 감각도 열린다는 점입니다. 또한 자기 확신이라는 구원의 이미지와 인간 존재 가치에 대한 새로운 인식을 얻게 됩니다.

신화를 어떻게 정의합니까?

신화는 보편언어이고, 사회마다 고유한 지역적 형태를 갖고 있습니다. 신화는 단순히 이런저런 인물에 대한 판타지가 아닌, 꿈과 같은 상징입니다. 이 전설은 다른 전설의 일부가 되고, 그런 전설들이 모여 신화를 구성합니다. 신화는 특정 사회에서 특정 시기에 인간이 경험하고 성취할 수 있는 가능성을 은유적으로 보여 주는 상징 이미지와 이야기의 조합입니다.

신화는 한 문화 구성원들이 경제와 정치보다 더 깊은 차원의 문제들을 접하게 해 줍니다. 문화는 경제가 아니라 이런 신화에서 나옵니다. 문화를 결정하는 것은 인간 정신의 역동성인데, 이러한 역동성은 경제적 관심사를 초월하는 것들에 의해 활성화되고 가장 훌륭한 형태로 표

현됩니다. 사실 정치와 경제 영역 자체도 인간 존재가 가지고 있는 정신적 잠재력의 표현이라고 볼 수 있습니다.

모든 초기 문명이 신화에 기초한다는 점을 알게 된다면, 우리가 가진 이 어마어마한 유산의 힘도 알게 될 것입니다.

경제는 늘 신화에 주도권을 넘겨준다는 말인가요?

그렇게 말할 수도 있겠네요. 한 사회의 경제적 가치는 그 사회의 신화가 결정합니다. 무엇을 팔아서 돈을 벌 것인지는 그 사회 사람들이 무엇을 원하는지에 달려 있죠. 그리고 그들이 원하는 것은 그들이 지향하는 가치의 표현입니다. 사람들이 십자가를 원하면 십자가를 만들고, 텔레비전 세트를 원하면 텔레비전 세트를 만듭니다. 이렇게 신화는 삶의 방향을 제시합니다.

인도를 한번 보세요. 인도에서는 많은 사람이 굶주립니다. 그런데도 그들은 고기를 먹지 않아요. 고기가 그들 주위를 걸어 다니고, 소들이 이곳저곳에서 굶주리는 사람들이 좋아하는 음식들을 먹어 치우고 있어요. 이런 상황을 경제적 측면에서 설명할 수 있을까요?

선생님이 반복되는 신화적 모티프를 보편언어의 요소라고
규정하는 이유는 무엇인가요?

이런 신화의 모티프들을 늘 접하다 보니 그 모티프들이 모습을 드러내는 형태에 어떤 보편적 패턴이 존재한다는 것을 알게 되었습니다.

나바호족의 샤먼이나 콩고의 샤먼이 니콜라우스 쿠사누스[Nicolaus Cusanus, 15세기 독일의 철학자이자 신학자], 토마스 아퀴나스 또는 카를 융이 말한 것과 너무 비슷한 말을 하곤 하는데, 사람들은 이런 경험의 범위가 인류에게 공통적이라는 것을 깨달을 수밖에 없습니다.

전 세계의 문학, 신화, 종교에서 끊임없이 반복되는 이런 테마와 모티프들을 확인하고 인식하는 일이 평생 나를 매료시켰습니다. 그리고 이런 모티프들은 인간 정신의 신비와 힘을 표현하는 은유입니다.

보편적 이미지의 사례를 하나 제시할 수 있을까요?

실제로 홍수신화는 몇몇 아주 작은 지역을 제외하고 모든 곳에서 등장합니다. 세계 곳곳에 있는 여러 민족의 홍수 이야기를 사례로 제시할 수 있습니다.

첫 번째, 미국 몬태나 지역의 블랙피트 인디언이 있습니다. 이들에게는 백인들이 오기 훨씬 전부터 전해지는 홍수 이야기가 있습니다. 이 이야기의 영웅은 창조주 자신인데, 블랙피트 인디언들은 이 창조주를 올드맨(Old Man)이라고 불렀습니다. 이 이야기에서 올드맨은 홀로 방랑하는 그림자 같은 존재로 등장하는데, 지구가 생겨난 초기부터 지구 전역을 돌아다니면서 산과 계곡을 만들고, 동물들을 창조하고, 그 동물들에게 이름을 붙였습니다. 올드맨이 세상을 창조한 지 얼마 지나지 않아서 홍수가 창조물 전체를 휩쓸어 버렸어요. 올드맨은 동물들을 뗏목에 태웠고, 몇 주 동안 끝이 보이지 않는 물 위를 떠다녔습니다.

물이 빠지지 않아서 올드맨이 새로운 세상을 창조하는 일은 쉽지 않았습니다. 그래서 올드맨은 바닥에서 진흙을 찾기 위해 작은 동물을 내려보내기로 마음먹었습니다. 올드맨은 사향쥐를 보냈습니다. 사향쥐는 아주 오랫동안 나타나지 않았어요. 마침내 사향쥐가 기진맥진

한 모습으로 물 위로 떠올랐고, 바닥을 찾을 수 없었다고
말했습니다.

그다음에 올드맨은 잠수하는 새를 보냈고, 이 작은
새는 죽은 채 물 위로 떠올랐습니다. 그다음에는 거북이
를 보냈습니다. 거북이도 아주 오랫동안 보이지 않았고,
역시 죽어서 물 위로 떠올랐습니다. 그런데 거북이의 작
은 입을 보니 진흙이 아주 조금 묻어 있었어요. 올드맨은
이 진흙을 가져와 물 위에 띄운 후 주문을 불어넣었습니
다. 올드맨은 손을 휘저어 진흙을 회전시켰습니다. 그러
자 진흙이 점점 더 커지고, 커졌어요.

며칠이 지난 뒤 올드맨은 생각했습니다. "이제 충분
히 커졌을 거야." 그래서 올드맨은 여우를 보냈고 여우가
돌아오는 데 걸리는 시간을 확인했습니다. 여우는 하루
만에 돌아왔습니다. 올드맨은 말했습니다. "음, 아직 크
기가 충분하지 않군." 올드맨은 진흙을 좀 더 돌렸고, 사
나흘이 지난 후 여우를 다시 보냈습니다. 여우는 일주일
만에 돌아왔습니다. 마지막으로 올드맨은 여우를 세 번
째 보냈고 여우는 돌아오지 않았습니다. 올드맨은 소리
쳤습니다. "모두 육지로!" 그곳에는 신세계가 있었고, 생
명이 다시 시작될 수 있었습니다.

**블랙피트 인디언의 홍수 이야기는 성서에 나오는 노아의방주
이야기를 단순히 변형한 것일 수도 있지 않을까요?**

이 이야기는 성서 설화들이 영향을 미치기 훨씬 전부
터 존재했습니다. 인디언들은 기원전 2만 년경에 아메리
카대륙으로 이동했다고 추정되며, 이후 몇 세기에 걸쳐
지속적인 이주가 진행되었습니다.

이 이야기에서는 창조주 자신이 영웅입니다. 그리고

창조주가 만든 창조물이 그의 손을 벗어나 그의 눈앞에서 엉망인 상태로 변합니다.

그런데 인간 문명을 덮치는 홍수신화들도 있어요. 이런 홍수는 보통 신이나 악마의 심기를 건드린 것에 대한 징벌로 발생합니다. 사람들이 악마를 화나게 한 것이죠.

예를 들면, 벵골만 버마 지역에 위치한 안다만제도에 사는 한 부족에게도 홍수 이야기가 있습니다. 이 부족에게는 금기가 하나 있는데, 매미가 울 때 소리를 내서는 안 된다는 것입니다. 어느 날 부족민 한 명이 매미가 울 때 소리를 냈어요. 이 때문에 신들이 분노했고, 신들은 홍수를 내려보냈습니다. 우리 관점에서 보면 그렇게까지 할 큰 범죄는 아닌 것 같은데 말이죠.

그런데 이 이야기 속 부족민들은 불을 지피는 법을 몰랐기 때문에 자신들의 불을 지키는 것이 과제였어요. 한 여인이 솥에 불을 담아서 높은 나무 꼭대기에 올려 두었고, 모든 부족민이 그 여인을 따라 나무 위로 올라갔습니다. 그 나무는 세상에서 가장 큰 나무였습니다. 홍수가 세상을 덮쳤고, 그 나무 꼭대기만 물 위에 나와 있었습니다. 그리고 물이 빠지자 모든 사람이 나무에서 내려왔고, 그렇게 다시 전체 문명이 새롭게 시작되었습니다.

이런 이야기들이야말로 수천 년 동안 전해 내려왔던 고대 이야기들인 것 같네요.

세대에서 세대로 전해진 이야기들이죠.

이 이야기들이 전해지는 과정에서 수정되고 꾸며졌다고 생각하나요?

홍수 이야기들은 지역에 따라 매우 다양하고, 화자에

따라서도 상당히 달라집니다. 실제로 이런저런 작은 변형들이 존재하죠. 그러나 전체 전통들을 관통하여 계속 유지되는 근본 양식은 남아 있습니다.

가장 오래된 홍수신화가 무엇인지 알 수 있을까요?

아마도 가장 오래된 기록은 수메르문명이 출현한 메소포타미아 지역 고대도시에서 나온 깨진 점토판에서 발견된 이야기일 것입니다.[01] 이 이야기를 보면 윗세계 신들이 홍수를 내려보냈다고 합니다. 신들이 화가 났다는 것은 알지만, 화가 난 이유는 모릅니다. 점토판이 깨지면서 일부 이야기가 사라졌기 때문이죠.

담수의 신 엔키(Enki)는 인류에게 연민이 있었습니다. 엔키는 신을 두려워하고 경건하며 겸손한 왕 지우수드라(Ziusudra)에게 관심을 두었고, 그에게 거대한 배를 만드는 법을 가르쳐 주었죠. 지우수드라는 그 배에 자기 가족과 주변에 있는 모든 동물을 태웠습니다.[02] 그 배는 홍수가 난 물 위를 떠다녔어요. 여러 주가 지난 후 물은 빠졌고, 지우수드라와 가족은 해변으로 갔습니다. 그들은 홍수를 보낸 윗세계 신들에게 제물을 바쳤습니다. 신들은 그들을 불쌍히 여겼고, 그들에게 영생을 주면서 태양이 뜨는 땅에 영원한 거처를 마련해 주었습니다.

사실 이 이야기는 성서 이야기보다 천 년 이상 앞선 것으로, 기원전 2000년경까지 거슬러 올라갑니다. 많은 학자가 노아의홍수 이야기가 실제로 이 이야기에서 유래했다고 생각합니다. 여러 신들이 서로 갈등하는 다신교 신학에 기반한 원형 이야기와 달리, 성서 이야기는 전체 주제를 유일신이 인류에게 분노하지만 그 가운데서 선한 한 사람을 구해 그가 새로운 방식으로 세상을 일으키게 한다는 식으로 바꾸어 표현하고 있어요.

신화에서 물은 언제나 파괴적인 역할만 수행하나요?

순환 신화는 대부분 홍수로 끝이 나고 홍수에서 벗어나면서 다시 시작됩니다. 잇따라 나타나는 신화들은 모든 것이 물과 함께 시작되었다고 말합니다. 이것이 물을 주제로 하는 신화 유형 중 하나입니다. 그러나 물이 부족한 사막에서 물은 생명의 물이라는 실질적 의미를 띠며, 도시는 당연히 물이 있는 곳에 건설되었습니다. 물은 중심이고, 더 나아가서 깊은 심연에서 솟아난다는 면에서 경제적 요소인 동시에 강력한 상징적 요소라고 할 수 있습니다.

우리 문화에서 이런 물의 상징이 반영된 신화적 이미지나 의례가 있을까요?

그리스도교의 세례가 있죠. 이 의례는 고대 바빌로니아 시대(더 멀리는 고대 수메르 시대)의 심연의 신 에아(Ea)를 위한 의례까지 거슬러 올라갈 수 있습니다. 에아를 위한 특별한 의례는 물과 관련된 것이었고, 그중에는 물속으로 들어갔다가 다시 나오는, 다시 말해 자궁으로 들어가 다시 태어난다는 의미를 가진 세례도 포함되었습니다.

에아에 관해 밝혀진 흥미로운 사실은 중 하나는 기원전 6~5세기 칼데아왕국 시기에 에아의 이름이 오아네스(Oannes)로 바뀌었다는 것입니다. 오아네스의 O 앞뒤에 각각 J와 h를 넣으면, 요하네스(Johannes), 즉 요한(John)이 되죠. 그러므로 세례자 요한은 사람들을 거듭나게 하는, 즉 영적인 삶으로 태어나게 해 주는 심연의 신 에아의 역할을 사실상 계승하고 있습니다.

예수 역시 너무도 분명하게 이와 동일한 이미지를 사

용하여 "물과 성령으로 거듭나지 않으면 천국에 들어갈 수 없다"[03]라고 말합니다.

모든 신화에서 공통된 보편 패턴을 강조하다 보면 각 문화의 고유한 특성을 무시할 위험은 없을까요?

음, 신화에 접근하는 방법은 크게 두 가지가 있고, 이 둘은 명백히 서로 대립한다고 말할 수 있습니다. 첫 번째 방법은 역사적 접근입니다. 이 방법은 신화 속 거대한 주제들이 각 지역이나 민족에 따라 어떻게 변형되었는지를 연구합니다. 나는 평생 이 접근법에 큰 매력을 느꼈습니다.

두 번째 접근법은 신화 속 상징과 인간 정신 사이의 직접적인 관련성을 다룹니다. 이 상징들이 매일 우리에게 어떤 영향을 미치고 어떻게 작용하는지를 묻는 것이죠.

나는 평생 전 세계 다양한 지역에 있는 여러 민족의 신화들을 공부하는 동시에 그 신화들을 즐기고, 심지어 그 신화들에 완전히 사로잡혔습니다. 어린 시절에는 미국 인디언 신화에 매료되었습니다. 나는 로마가톨릭 신자로 자랐는데, 어린 나이에도 로마가톨릭교회 교리와 미국 인디언 전설에 같은 신화적 모티프가 있다는 사실을 알 수 있었습니다. 그 이후 시간이 흘러 힌두교와 불교를 공부하기 시작했는데, 그곳에도 같은 신화적 모티프가 있었습니다! 힌두교, 불교, 동양사상을 수년간 연구한 다음 다시 그리스 고전 사상으로 관심을 돌린 후에도 그 안에 동일한 본질적 사상이 있음을 발견했죠. 이 사상들은 동일하며, 누구도 그것을 부인할 수 없습니다. 이 신화적 모티프들은 매우 다양한 사회적 목표에 따라 서로 다른 방식으로 변형되고 활용되었습니다. 이런 변형과 활용이 결국 지역에 따른 분화의 핵심 요소이며, 인류학자와 역사가들이 진지하게 연구하는 분야입니다.

(이 모든 것 안에서 인간적 특성이 어디에 위치하는지 파악하려고 노력하는) 정신적 관점에서 보면 어디에서나 같은 상징들을 발견할 수 있습니다. 그래서 두 번째 접근법은 이 공통된 상징에 우선 관심을 쏟습니다. 의식을 변화시키는 것은 언어가 아니라 이미지입니다. 이미지가 주는 충격이야말로 그런 변화가 처음 시작되는 경험입니다.

우리가 신화의 핵심을 파악하고 여기서 말하는 내용과 저기서 말하는 내용이 같다는 것을 이해한다면, 단어들을 두고 더는 싸울 필요가 없을 것입니다.

신화의 역할

이런 신화의 패턴이 역사 전반에 걸쳐 다양한 민족들 사이에서 반복해서 나타나는 이유는 무엇일까요? 신화는 한 문화 안에서 어떤 역할을 하며, 오늘날에도 여전히 그 역할을 하고 있나요?

먼저 신화에 대한 혼란스러운 개념부터 정리해 보죠.

모든 신화는 한정된 세계 안에서 성장했습니다. 과거 모든 부족과 문화 안에서 신화는 네 가지 기능을 수행했습니다.

첫 번째 기능은 신비적 측면으로, 이는 모든 것 안에 내재하고 모든 것을 초월하는 신비로운 차원의 감각을 열어 주는 것과 관련이 있습니다. 두 번째 기능은 우주론과 관련이 있는데, 우주론은 늘 최신 지식을 반영해야 합니다. 다시 말해, 당대의 과학이 제공하는 모습 안에서 우주를 이해해야 합니다(창세기에 나오는 청동기시대 삼단 케이크 우주론을 생각해 보세요). 신화의 세 번째 측면은 사회적 기능입니다. 모든 신화는 특정 민족을 위해 한정된 세계 안에서 성장해 왔습니다. 마지막으로, 신화는 교육 문제를 다룹니다. 이것이 네 번째 기능입니다. 신화는 개인이 각자의 세계 안에서 살아가면서 만나는 피할 수 없는 삶의 위기를 조화롭게 극복하도록 안내합니다. 여기서 삶의 위기란 재화, 가치, 위험과 관련이 있습니다. 이런 삶의 위기들은 모든 사람이 어디에 있든 직면하게 되는 원형들(archetypes), 즉 삶의 기본 문제들입니다.

신화의 이런 기능들을 하나씩 상세하게 설명해 주세요.

첫 번째는 신비적 혹은 형이상학적 기능으로, 일상적 의식을 우주의 거대한 신비 및 경이로움과 연결해 줍니다. 이것이 신화의 가장 본질적 역할입니다. 신화는 인간의 정신과 마음을 열어 모든 존재의 완전한 경이로움에 눈뜨게 하고, 개인들에게 생명의 신비, 존재의 신비, 우주의 신비, 곧 자기 자신의 신비에 대한 경외심과 감사함을 불러일으키고 그것을 유지하도록 도와줍니다.

모든 일부가 전체를 드러내는 상징이 될 수 있습니다. 예를 들어, 베아트리체의 아름다움은 단테가 우주를 움직이는 힘인 신성한 사랑을 깨닫게 해 주었습니다. 신비의 영역에서 나오는 에너지는 우리 몸에 생명을 불어넣고 우주를 형성합니다. 세계의 파노라마와 그 안에서 자기 존재를 경험하는 일이 이 신비의 영역으로 계속 이어지지 않으면 신화적 구조가 성립되지 않습니다.

두 번째, 우주적 기능은 자연에 대한 어느 정도 지적인 이미지나 그림을 제공하는 역할을 합니다. 원시 문화에서 남성과 여성의 관계는 종종 자연에 대한 거울로 이해되었고, 우주는 아버지 하늘과 어머니 땅의 결합으로 창조되었다고 이야기합니다.

두 번째 우주론적 기능은 첫 번째 기능과 밀접하게 연결되어 있는 것 같네요.

그렇습니다. 첫 번째 신비적 기능은 경외심을 불러일으킵니다. 두 번째 기능은 우주의 이미지를 제공하여 경외감이 그 이미지를 통해 소통되도록 합니다. 그렇게 온 우주 자체가 거룩한 그림으로 경험됩니다. 우주의 모든 측면이 이런 신비적 차원으로 이어지는 통로가 될 것이고, 그렇게 우리는 우주의 신비를 경험할 수 있고 감사하게도 우주와 연결될 수 있습니다.

어떤 사물을 이용하는 일에 너무 무감각해지면, 그 사물을 이용하는 특권과 그 사물이 그곳에 존재한다는 사실조차 잊어버립니다. 위대한 신화들은 이런 감각을 유지해 주려고 했습니다. 예를 들어 우리는 식사를 하기 위해 자리에 앉고, 음식을 먹고, 다시 자리를 정리합니다. 그러나 만약 식사 전에 기도를 드린다면, 그 음식이 자신에게 온 기적 같은 선물임을 깨닫게 될 것입니다. 그리고 원시인들처럼 목숨을 바쳐 음식이 되고 우리의 생명이 되는 동물에 대해 생각한다면, 우리도 자신을 넘어서는 무언가와 놀라운 조화와 일치를 이루게 될 것입니다.

현대사회에서 신화의 신비적 기능은 큰 지지를 얻지 못하는 것 같습니다.

그 이유를 이야기해 보죠. 현대사회는 우리에게 우리

자신을 초월적인 것, 즉 사실이라는 현상 세계 바깥에 놓여 있는 것과 어떻게 관계를 맺어야 하는지 가르쳐 주지 않습니다. 성직자들도 마찬가지입니다. 그들은 자기 종교의 은유들을 곳곳에서 사실로 번역하고 있고, 자신들의 전통에 얽매여 있습니다. 그들은 시가 아닌 산문에 집착하고 있는 것이죠.

신화는 초월적인 세계를 열어 줄 뿐 아니라 우주에 관한 특정한 그림을 보여 주기도 합니다. 당연히 우리 전통 신화는 우스꽝스럽습니다. 신화는 기원전 2000여 년 전의 것이니까요. 신화 속 우주 이미지는 시대에 맞게 바뀌어야 합니다. 그렇지 않으면 신화는 제 기능을 하지 못하고, 사람들은 그것을 믿지 않을 것입니다. 또한 신화 속에 당대의 특성에 부합하지 않는 내용이 너무 많으면, 그것을 받아들이지 못할 것입니다.

아무 교회나 회당을 방문해 보세요. 그러면 그곳에서 과학적 발견과 반대되는 낡은 우주 개념을 지탱하려 애쓰는 성직자를 찾을 수 있을 것입니다. 종교는 헬레니즘 시대 이후로 줄곧 과학적 발견에 맞서 저항해 왔습니다. 그리스인들이 이미 지구 둘레를 수백 킬로미터 오차로 측정했던 시기에 「창세기」 1장이 집필되었다는 사실을 생각해 보세요! 「창세기」는 우주의 모양과 우주가 생겨난 방식에 대해 의도적으로 더 오래된 개념을 제시했고, 「창세기」를 받아들인 종교 체제는 그 이후 이 믿음에 매달렸습니다. 코페르니쿠스가 태양 중심의 우주 법칙을 발표하며 지구 중심의 우주 체계가 위협받는 것처럼 보였던 1543년에 무슨 일이 일어났는지 생각해 보세요. 당시 종교가 지구 중심의 우주 체계와 자신들의 신앙을 결속시키면서 과학자들에 대한 박해가 시작되었습니다.

개인은 자신이 속한 우주 안에서 정신뿐만 아니라 육체적으로도 편안함을 느껴야 합니다. 그런데 종교가 개인과 우주를 있는 그대로 연결하지 않은 채 우주와 대립한다면, 개인은 무엇을 해야 할까요? 과거 종교 체제는 인간이 특별한 종(種)으로 창조되었다는 개념을 갖고 있었고, 그러다 보니 18세기 후반과 19세기 초반에 출현한 진화론적 사고는 종교를 파괴하는 것처럼 보였습니다. 인간이 동물과 연결되어 있다는 생각은 서양 전통에서 받아들일 수 없는 것이었죠. 반면에 인도에서는 오래전부터 이런 개념을 당연하게 여겼습니다.

이처럼 과학의 발견들과 기존 믿음 사이의 관계는 신화적 세계 속에 스며들어 있습니다. 인간이 자신을 동물보다 우월한 특별한 창조물로 여기는지, 아니면 동물계뿐만 아니라 식물계, 더 나아가 전체 자연계와도 조화를 이루는 존재로 여기는지에 따라 인생에서 자신의 역할을 다르게 이해하게 됩니다. 이것이 바로 신화의 우주론적 측면이죠.

신화의 세 번째 기능은 어떤가요?

신화의 세 번째 기능은 특정 사회질서와 도덕적 체계를 정당화하고 강제하는 사회적 역할을 의미합니다. 쉽게 떠올릴 수 있는 사례는 십계명과 「신명기」 율법인데, 관련 종교인들은 신이 이 법들을 모세에게 직접 계시했다고 믿습니다.

이와 같은 사회적 기능은 개인이 속한 특정 사회집단의 도덕적 혹은 윤리적 체계를 지지하고 유지합니다. 그러므로 자신이 속한 사회집단을 규정하는 일은 자신에 대한 신화적 동일화의 범위를 규정하는 것과 같습니다. 이는 한 집단과 자신을 동일화하는 것으로, 신화적 행위라고 할 수 있습니다. 어떤 사람은 이 집단과 자신을 동일화하고 다른 사람은 저 집단과 자신을 동일화하는데, 이런 개별 동일화 과정에서 모두가 언제나 합리적으로 설명할 수 있는 행동을 하는 것은 아닙니다.

전통문화에서 사회질서는 대체로 성스러운 것으로 여겨졌습니다. 전통문화에서는 사회적 질서란 우주를 지배하는 법칙처럼 고정되어 있으며 신이 부여한 것으로 여겼습니다. 오늘날처럼 상원이나 하원에 앉은 사람들이 이런 법을 만들 수는 없었죠. 의식과 의례, 그리고 적절한 행동과 부적절한 행동을 규정하는 도덕적 질서 또한 영원한 신성에서 비롯되었습니다. 신이 세상을 창조했다고 생각하는 세계에서는 바로 그 신이 법을 가져다준다고 여겼습니다. 반면에 신이 세상을 창조했다는 관념이 없는 인도에서는 세상이 꽃처럼 나타났다가 지고 다시 나타나기를 반복한다고 생각했고, 카스트제도는 자연의 비인격적 리듬의 일부라고 여겼습니다.

오늘날에는 신화에 기반한 사회질서가 잘 작동하는 것 같지 않습니다.

나는 그것이 문제라고 생각합니다. 우리 시대가 가지고 있는 가장 아찔한 문제 중 하나죠. 우리는 일종의 자유낙하 같은 상태에 놓여 있고, 그 속에 아찔함이 있는 것이죠.

모든 신화는 특정 기능을 수행하는 특정 집단을 대상으로 합니다. 그런데 사회질서와 사회적 요구가 너무 빠르게 변하는 까닭에 어제의 미덕에 집착하는 일이 오늘날에는 죄가 될 수도 있습니다. 어제까지만 해도 좋았던 일들이 지금은 위협이 되는 경우가 너무 많은 것이죠. 그래서 지금 우리에게는 이 순간을 헤쳐 나가기 위한 발 빠른 전

략이 필요합니다. 반면에 고대 문화에서는 사회구조가 무한히 지속되었습니다.

과거의 신화적 의례들은 사람들이 자발적으로 맡은 삶의 역할과 그에 따르는 책임이 무엇인지 확인시켜 주었습니다. 오늘날 이런 책임들은 신화적으로 묘사되지 않고, 과거의 설명과 확인은 허물어지고 있습니다. 사람들은 눈앞에 닥친 실제 삶에서 자신과 자신이 처한 상황의 참된 본질을 연결해 주는 어떤 지식이 필요하다는 것을 깨닫고 있습니다.

이런 지식은 삶의 모델을 제공하는 신화의 사회적 측면과 관련이 있습니다. 목장주 모델, 개척자 모델은 과거의 모델이며, 이 모델의 바탕이 되었던 삶의 상황은 더 이상 실제로 존재하지 않습니다. 오늘날 삶의 양식은 해마다 치마 길이가 달라지는 여성 패션만큼 매우 빠르게 바뀌고 있습니다. 이런 기반 위에서는 단단한 신화를 만들수가 없죠. 이제 개척 시대는 완전히 끝났습니다. 우리는 새로운 환경에 놓여 있고, 이 환경에 맞는 삶의 양식이 무엇인지 물어야합니다.

오늘날 어떤 직업을 선택한다고 해도 그것은 처음 그일을 시작하며 생각했던 모습과는 완전히 다르게 돌아갈것입니다. 내가 경험했던 교수와 작가라는 삶의 양식은 내가 처음에 생각했던, 좋았던 옛날의 모습과는 전혀 달랐습니다. 그래서 나는 우리가 자신의 직업에서 경력을 쌓아 가는 동안 옛 신화들이 그 삶에 부여하고 지지해 주었던 깊이와 영적 존엄성을 경험할 것이라고 생각하지 않습니다.

신화의 네 번째 기능은 퍼즐의 어떤 부분을 채워 줄까요?

신화의 네 번째 기능은 심리적 혹은 교육적 기능으로,

신화는 일생 동안 반드시 거쳐야만 하는 생애 단계들을 통과해 나가도록 이끌어 줍니다. 유년기의 의존성, 성인기의 책임감, 노년기의 지혜, 그리고 죽음이라는 궁극적 위기 등이 그 단계들이죠. 모든 문화에는 이런 단계를 통과하는 데 도움이 되는 통과의례 및 그와 관련된 신화가 있습니다.

그런데 이런 단계들은 특정 사회의 맥락 안에서 경험되어야 합니다. 모든 사람이 아메리카 인디언이 되려고 노력하는 것은 아무 소용없는 짓입니다. 『도덕경』을 읽은 사람은 중국인이 되고 싶어 합니다. 나의 친구들은 모두 『바가바드기타』를 읽고 터번 같은 것을 쓰고 있는데, 나는 그것을 도저히 견딜 수가 없습니다!

첫 번째 보편적이고 실존적 현실은 탄생의 신비입니다. 이는 분명 생물학적 현상을 넘어서는, 새로운 존재가 출현하는 신비입니다.

언제 어디에 존재했든 모든 문화는 출생이라는 이 작은 자연현상을 사회와 연결해야 했습니다. 여기서 이 자연현상을 어떤 사회 안에 가져올 것인가라는 문제가 발생합니다. 지역 신화들은 새롭게 탄생한 생명이 우리 사회 안에, 우리 방식으로 들어온다는 것을 강조합니다(그들이 자신들의 사회만이 개인을 통합할 가치가 있다고 생각하지 않는다면, 이런 이해는 그리 나쁘지 않다고 생각합니다).

모든 사회는 이 작은 생물학적 현상이 필연적으로 거치게 되는 이후 과정을 안내해야 했습니다. 즉, 사회는 한 인간이 성장기, 아동기, 청소년기를 거쳐 혼인을 통해 성인기로 이동하는 과정, 그 이후 세상에 대한 책임에서 스스로 벗어나 마침내 세상을 떠나는 과정을 이끌어 주어야 했습니다. 모든 전통 신화에서 죽음은 손실이 아닌 이익으로 여겨집니다. 내면적 삶을 계속 얻고 있다는 사실을 깨닫는다면 죽음은 손실이 아닙니다. 우리가 잃는 것은 단지 육체라는 일시적 현상일 뿐입니다. 그러나 의식은 그 자체로 점점 더 성장해 나갑니다. 진정한 신화는 사람들에게 어떻게 죽을 것인지를 알려 줍니다.

이 네 가지 기능이 신화의 기본이라고 할 수 있는 ABC, 아니 ABCD라고 해야 맞겠군요. 이런 목표들을 도와줄 매개체가 주변에 없을 때 사람들은 어떤 결핍을 느끼게 됩니다.

원시 문화에서 나타나는 성인 남성의 의례들이 네 번째 기능에 해당하나요?

그렇습니다. 소년의 과제는 어머니와의 관계를 완전히 끊고 남자가 되는 것입니다. 여기서 남자는 단순한 남자가 아니라 매우 위험한 행동을 수행할 준비가 된 남자를 말합니다. 이 단계에서 성인 남성의 삶은 대단한 위험에 직면합니다. 그래서 이 통과의례들을 통해 어린 소년에게서 그 몸을 빼앗습니다.

맨던 인디언 이야기였던 것 같은데, 그곳에서는 젊은 남자들이 지옥 같은 경험을 한다는 이야기를 읽은 적이 있습니다. 그들은 이렇게 말합니다. "우리 부족 여자들이 고통을 겪으니 우리 남자들도 고통을 겪어야 한다." 브라질에 있는 한 부족은 자신들의 남성 의례를 남성의 월경이라고 말합니다. 말하자면 남성들은 자기 확신과 자기 결정력을 잃고, 무언가가 그들을 장악하게 되는 것입니다. 그리고 남성들은 무언가의 대리인이 됩니다. 여성은 자연의 대리인이 되고, 남성은 여성이 생명을 낳고 양육할 영역을 결정하는 사회의 대리인이 됩니다. 기본적으로 이것이 바로 신화가 하는 일입니다.

그러나 많은 원시 문화에서는 월경하는 여성을 "불결"하다고
여깁니다. 이것은 여성을 격하하고 비하하려는 의도가
아니었을까요?

그렇지 않습니다. 모든 생명은 불결합니다. 생명의 순간과 관계된 모든 것은 불결합니다.

이제 "불결"을 신비적 관점에서 이해해야 합니다. 이는 불결하고 금기로 여겨지는 것들은 너무나 강력한 힘을 가지고 있어서 그것들을 건드리는 일은 위험하다는 것을 뜻합니다. 따라서 모든 문화권에서 월경은 첫 번째 불결함입니다. 하지만 그것은 더럽고 지저분한 불결함이 아니라 힘을 의미합니다.

여성의 초경은 어느 문화권에서나 심각한 일입니다. 그 순간 여성은 더 이상 자기 몸에 대한 통제권을 갖지 못합니다. 그는 더는 자기 자신이 아니며, 이제 어떤 과정의 수단이 됩니다. 자연이 여성을 완전히 장악한 것이죠.

프레이저는 『황금가지(The Golden Bough)』에서 이 점을 대단히 명쾌하게 해명합니다. 초경을 하는 소녀는 특별한 오두막으로 들어가고, 여자들이 그 오두막 주변에서 춤을 추는 등의 의식을 진행합니다. 이런 행동에는 두 가지 이유가 있습니다. 그 오두막 안에는 힘이 있고 공동체는 그 힘으로부터 보호받아야 하며, 오두막에 있는 소녀 또한 그 힘으로부터 보호받아야 한다는 것입니다.

소녀 또한 그 힘에 대해 깊이 생각하며 자신이 어떤 존재인지 깨달아야 합니다.

내 말이 무분별하게 인용되기를 원하지는 않지만, 내가 여기서 말하려는 것은 생명이 여성을 장악한다는 것입니다. 그는 아무것도 할 필요가 없습니다. 놀랍게도 여기에 그가 있고, 그는 여성이 되는 것이죠. 생리가 시작되고,

몇 달 후에는 임신을 합니다! 그리고 어머니가 됩니다. 벗어나려고 할 필요가 없는 어머니, 다시 말해 모성 자체(the Mother)가 되는 것입니다.

소년에게는 다른 문제가 있습니다. 소년이 남자가 되는 순간이 오면 소년은 무언가를 해야 합니다. 자연은 소년을 전혀 장악하지 않습니다. 소년이 청년이 되기 시작할 때 사회가, 즉 남자들의 사회가 소년을 통제하며 그들에게 말합니다. "보거라, 아이야, 너는 더 이상 네가 생각했던 존재가 아니란다." 또한 남성의 입문 의식은 여성의 입문 의식과 비교할 때 언제나 난폭한 면이 있습니다. 남성은 이런저런 것들을 감당하고 견디라는 지시를 받습니다. 소년은 부서지고, 그 몸은 변화되며, 이제 그는 사회질서를 위한 도구가 됩니다.

여성이 대표하는 것은 자연입니다. 남성이 대표하는 것은 사회, 그리고 분열입니다. 이 사회는 저 사회와 대립하기 때문입니다. 남성은 그 사회 안에서 성취를 이루고, 최고의 남자가 누구인지를 겨룹니다. 하지만 여성은 남성과 같은 방식으로 누가 최고의 여성인지를 가리지 않습니다. 다만 다른 사람보다 더 많이 아는 한 여성이 있을 뿐입니다.

모든 생활이 너무 밀접하고 물리적으로도 가까운 문화 안에서 소년에서 벗어나는 일은 어려운 문제입니다. 그래서 소년은 떠나야 하고 잠시 남성들의 땅에 머물면서 주변에 여성이 없는 그곳에서 자신의 자리를 찾고 살아야 합니다. 그런 후에야 돌아올 수 있는데, 그때 그의 중심은 달라져 있습니다.

이것이 바로 엄마의 소년에서 남성으로 변환하는 과정의 시작입니다.

그렇다면 적어도 초기 문화에서는 인간의 생물학적 특성이 성역할을 형성한 것일까요?

여신은 모든 여성의 몸에 내재된 것을 의인화한 것입니다. 여신은 여성의 몸을 통해 발현되는 에너지의 전체 구조입니다. 여성은 생명을 낳고 자신이 낳은 생명을 양육하는 존재이며, 그런 의미에서 여성은 우리를 낳고 양육하는 대지 자체의 힘과 상징적으로 연결됩니다. 그러므로 비유하자면 여성은 씨를 뿌리고 경작하는 세계와 연결됩니다. 여성은 정액을 생명과 피로 바꾸는 변환자이고, 이것이 여성의 신화적 역할입니다.

여성의 몸 전체가 이런 기능의 일부입니다. 남성의 몸은 그렇지 않습니다. 남성은 이런 기능을 가지고 있지 않죠. 남성은 아래쪽에 달린 작은 물건으로 인해 생물학적 특성에서 완전히 해방되었습니다. 또한 보호, 그리고 의도적인 행위와 연결되었습니다. 따라서 신화적 맥락에서 남성은 전형적으로 여성 안에 있는 생명력을 보호하는 존재입니다.

수천 년 동안 존재했던 사회를 생각해 보면, 전쟁이 발생했고, 투쟁이 일어났으며, 나무를 베어 땅을 개간하고 건물을 짓는 것과 같은 중노동을 해야 했습니다. 이 모든 일이 남성의 몫이었죠. 이런 모든 일이 남자가 해야 하는 일이었고, 남자는 이 일을 위해 만들어졌습니다. 반면에 여자는 그런 일을 하도록 만들어지지 않았습니다. 남자들이 그런 일을 하는 동안 여자들은 아이들에게 잡혀 있었고, 다시 새로운 아이가 태어났습니다. 그것이 전부였습니다. 여성의 행동은 의도적인 것이 아닙니다. 여성은 생명에 의해 장악되었습니다. 그래서 여성의 역할은 생명을 촉진하고 낳고 양육하는 것이었습니다. 남성의 역

할은 이런 여성을 보호하고 여성의 일이 일어날 수 있는
영역을 만드는 것이었죠.

남성은 계획적이어야 했습니다. 그래서 남성은 이런
계획성을 훈련받아야 했죠. 반면에 여성은 지금 일어나
는 일, 삶에서 가장 중요한 그 일을 받아들이는 훈련을 받
아야 했습니다.

**현대 문화에서 남녀의 역할은 이런 전통적인 신화 속 역할을
넘어서지 않았나요?**

오늘날 우리는 "영역의 오염"이라고 부를 수 있는 상
황에 놓여 있습니다. 초기 사회에서는 이런 상황을 철저
하게 피하려 애썼습니다. 여성은 정신적 오염을 막기 위
해 남성의 무기를 만지지도 못했습니다. 각자 영역이 이
렇게 명확하게 규정되어 있었습니다.

어머니가 "세상이 어떻게 돌아가고 있는 거니?"라고
하시던 것이 떠오르네요. 내가 아주 어렸을 때 비서직은
여자가 아니라 남자의 직업이었습니다. 시간이 지나 타
자기가 사용되면서 여성들이 비서직에 들어오기 시작했
고, 그들도 담배를 피우기 시작했습니다. 어머니는 말씀
하셨죠. "말세가 시작되는구나." 정말 그랬습니다. 옛 구
조의 맥락에서 보면 영역이 오염된 것이죠.

이제 우리는 한 형태가 해체되면 당연히 다른 형태가
생겨난다는 것을 알고 있습니다. 지금 우리는 완전히 새
로운 무언가의 탄생을 눈앞에 두고 있을지 모릅니다.

**모든 사람은 여전히 삶에서 여러 단계로 들어가는 경험을
합니다. 태어나서 성장하고, 새로운 관계들을 맺고, 가족을
이루며, 나이가 들고, 마침내 죽음을 맞게 됩니다. 이런 단계들을**

지나가는 데 도움을 주는 신화를 어디서 찾을 수 있을까요?

나는 일반적이고 포괄적인 신화가 존재할 수 있다고 생각하지 않습니다. 신화를 공유하려면 공유하는 경험이 있어야 합니다. 작은 사회, 지리 및 문화적 제약이 분명한 사회에서는 모든 사람이 같은 사회 현실에 처해 있었고, 눈에 보이는 현실도 동일했습니다. 모든 사람이 양 떼 혹은 소 떼와 함께 사는 곳에서 목자의 이미지는 공통된 것이었습니다. 그러나 우리가 사는 현대사회는 너무 다양하여 같은 경험을 공유하는 사람이 거의 없습니다. 다원주의 때문에 통일된 신화를 갖는 것은 불가능합니다.

가능한 생활양식과 이룰 수 있는 일들이 파노라마처럼 펼쳐지고 10년마다 변화하는 상황에서, 모두에게 적용될 수 있는 삶의 가치와 모습을 신화화하는 일은 불가능합니다. 개인은 그저 아무 준비 없이 나아가고 있습니다. 그것은 마치 넓게 펼쳐진 들판에서 미식축구를 하면서 달리는 것과 비슷합니다. 거기에는 어떤 규칙도 없습니다. 모든 일을 끝까지 주의해서 지켜봐야 합니다. 사람들이 배울 수 있는 것은 자기 내면의 삶은 무엇인지 물으면서 그것에 충실하려고 노력하는 것뿐입니다.

그러나 일반적이고 포괄적인 신화를 복원할 수는 없더라도 최소한 신화가 나온 원천으로는 돌아갈 수는 있습니다. 그 원천이란 바로 창조적 상상력입니다.

어떻게 하면 창조적 상상력으로 돌아갈 수 있나요?

우선 자신의 내면적 역동성에 중점을 두고 전통적 유산에서 자기 내면 생활에 도움이 되는 것들을 걸러 내야 합니다. 이 말은 특정 전통에 얽매이지 않는 것을 의미합니다. 알다시피 나는 신화의 비교연구를 매우 좋아합니다. 나는 사회가 다문화 관계로 들어간 것이 오늘날의 문제 중 하나라고 생각합니다. 다문화 관계는 그리스도교, 유대교, 힌두교와 같은 특정 종교 문화에 기반한 신화적 체계들을 낡은 것으로 만듭니다.

사회적 관점에서 성스러운 것이란 개인의 영적 생활을 사회적 기능 안에 통합하기 위해 사회가 설정한 대상이나 그 대상들의 체계를 말합니다. 그러나 개인적 관점에서 성스러운 것은 그 자체로 자신에게 깊은 의미가 있는 것입니다.

자신을 끌어가는 충동 체계와 그 체계의 이미지, 그리고 자신이 진정 추구하는 것을 알게 되면, 인류의 다른 신화에서도 자신의 개인적 신화를 보편화하고 뒷받침해 주는 내용을 찾을 수 있습니다. 우리에게 전해져 내려온 다양한 신화와 전설에서, 다시 말해 서양의 예술과 문학과 회당과 교회뿐만 아니라 이제 우리에게 알려지고 있는 동양과 원시 유산의 의례와 가르침에서 우리는 여전히 길잡이를 찾을 수 있을 것입니다.

신화의 기원

신화는 어디에서 비롯되는 것일까요?

나는 죽음의 경험이야말로 신화적 사고의 시작이라고 생각합니다. 어제까지 살아서 당신과 대화를 나누었던 사람이 숨이 끊어진 채 차갑게 식어 부패하기 시작하는 것

을 실제로 보는 것말이죠. 그 삶은 어디로 갔을까? 이 질문
이 신화의 시작입니다.

매장을 하는 풍습이 도입되었던 구석기시대 동굴에
서 이런 일이 일어난 것으로 보입니다. "나는 이것이 당신
의 전부였다고 생각했어. 그런데 세상에, 지금은 당신의
또 다른 차원이 있네"라고 깨달은 것이죠. 만약 죽음 이후
에 그와 같은 새로운 차원을 인식할 수 있다면, 죽음 전에
그 차원을 인식했을 때 그것이 삶에 어떤 영향을 미칠지
생각해 보세요!

『야생 수거위의 비행』에서 나는 이것을 신화적 차원
이라고 불렀습니다.04 이것은 초점을 약간 바꾸어 지금 여
기에 앉아 있는 당신과 내가 무언가의 앞에 존재한다고
보는 것입니다. 우리 뒤에도 어떤 생명이 우리 두 사람 안
에 살고 있습니다. 그렇지 않나요? 그리고 의식도 살고 있
죠. 의식이 없다면 우리는 대화를 나눌 수도 없을 겁니다.
이런 이해는 어느 정도 당연하게 여겨지지만, 신화에서는
이를 당연하게 여기지 않습니다. 강조점을 그곳에 두면 생
명의 모든 것에 대해 새로운 관점을 갖게 됩니다.

역사적으로 이런 변환은 언제 일어났을까요?

신화적 경험과 신화적 사고와 관련해서 우리가 가진
가장 오래된 증거는 네안데르탈인들의 매장 흔적들과 동
굴곰 머리뼈 성소입니다. 이 증거들은 기원전 10만 년 전,
심지어 (알프스 마지막 빙하기보다 앞선) 뷔름빙하기 이전
까지 올라갈 수 있습니다.

부장품과 함께 매장을 했다는 것은 죽음이 끝이 아니
라는 것을 의미합니다. 흥미로운 점은 거의 같은 시기에
높은 산에 위치한 (거대한 동굴 하나가 아닌) 작은 동굴들

에서 동굴곰 머리뼈를 숭배한 흔적이 발견되었다는 것입니다. 두 발로 걷고 인간처럼 보였던 곰은 대단히 중요한 동물이었습니다. 아마도 지구 위에서 처음 숭배받은 창조물일 것입니다. 그 동굴들 안에는 머리뼈가 놓여 있는 제단과 머리뼈들이 가득 찬 통들과 그 통들을 돌로 둘러싸고 있는 성스러운 공간이 있었습니다. 여기에는 인간이 생명이 끝난 이후에도 존재하고, 동물 역시 그렇다는 의미가 담겨 있습니다. 이것이 신화의 시작입니다.

이 주제는 오늘날에도 여전히 공감을 얻는 것 같습니다.

스위스 화가 아르놀트 뵈클린(Arnold Böcklin)이 그린 죽음을 다룬 훌륭한 그림이 있습니다. 이 그림 속에서 죽음은 예술가에게 바이올린을 연주해 줍니다. 그림 속 예술가는 팔레트와 붓을 들고 있고, 죽음은 바이올린을 연주하고 있습니다. 이 그림에는 단순히 소소한 삶의 부침과 흥분보다는 우주적 의미가 있는 일에 눈을 떠야 한다는 의미가 담겨 있습니다. 자신의 인생 주기를 넘어서는 노래에 귀를 기울일 때 비로소 지혜를 향해 마음을 열게 됩니다. 우리는 삶 속에서 그 노래를 들으면서 개인적 존재의 불행이나 축복이라는 관점이 아닌, 삶이 무엇인지 알려 주는 메시지로 그 노래를 해석하고 읽을 수 있습니다.

이 얼마나 아름다운 노래인가요! 이것이 신화적인 것입니다. 이것이 신화적 차원입니다.

사람이 죽을 때 어떤 일이 일어난다고 생각하나요?

의식이 몸에서 분리된다고 생각합니다.

그다음에는요?

모릅니다.

죽음에 대해 걱정하지 않나요? 환생을 믿나요?

내 나이쯤 되면 죽음은 문제가 되지 않습니다. 나는 죽음에 대해 생각하지 않습니다. 환생은 신화적 이미지일 뿐입니다. 나는 신화적 이미지를 글자 그대로 믿지 않습니다. 환생이라는 개념은 내가 삶에서 느끼고 경험하는 감각과 차원이 단 한 번뿐인 인생 경험에서 나타나는 것보다 위대하다는 것을 의미한다고 생각합니다. 삶은 우리가 참여하는 대단히 심오하고 신비로운 수수께끼입니다.

**죽음에 대한 신화화 혹은 이와 관련된 모든 것의 원천에는
결국 인간의 상상력이 있다고 말할 수 있을까요?**

나는 신화를 생물학적 특성에서 나오는 활동이라고 생각합니다.

상상력이 아니라 생명 작용이 신화의 원천이라고요?

바로 그렇습니다! 신화의 원천은 생명 활동입니다. 신화는 생물학적 충동을 이야기 형태로 번역한 것입니다.

생물학적 충동이 어떻게 신화에 영향을 줄 수 있나요?

환상과 상상은 신체의 산물입니다. 환상을 불러오는 에너지는 신체 기관에서 나옵니다.

생명 에너지는 신체 기관들을 통해 흐릅니다. 이 에너지는 다양한 욕구들을 나타내며, 각각의 에너지는 서로 다른 행동을 일으키는 충동을 가지고 있습니다. 이 다양한 에너지들이 각각의 신체 기관에 스며들어서 이 기관들

을 움직입니다. 그런데 신체 기관들이 언제나 다른 기관들과 조화를 이루는 것은 아닙니다. 한 기관의 에너지가 다른 기관의 에너지와 충돌할 수 있고, 그렇게 내부 에너지 사이에 갈등이 발생할 수도 있습니다.

뇌도 당연히 이런 신체 기관에 포함됩니다. 우리는 우리의 생명 시스템을 지배하는 다양한 충동을 깊이 생각해 봐야 합니다. 여기에는 성적 충동, 정복 충동, 자기보존 충동 등이 있습니다. 또한 인생의 목표로 제시되고 삶에 가치를 부여하는 이상과 관련된 특정한 생각에 대해서도 숙고해야 합니다.

이 모든 다양한 힘들이 우리 안에서 갈등을 일으킵니다. 신화적 이미지는 이 힘들을 조화롭게 만들고 우리 몸의 에너지들을 조율합니다. 그렇게 해서 우리는 사회와도 조화를 이루며 사회 속에서 조화롭고 풍성한 삶을 살게 됩니다. 또한 모든 새로운 인간 존재에게서 나타나는 새로운 신비, 다시 말해 개별 인간의 삶이 지닌 가능성에 부합하는 조화롭고 풍성한 삶을 꾸리게 될 것입니다.

또한 신화는 우리를 안내하고 이끌어 주는 역할을 합니다. 첫째, 이는 사회 및 전체 자연계와 관련이 있습니다. 자연계는 우리 밖에 있지만 우리 안에도 존재하는데, 우리 신체 기관들이 자연이기 때문입니다. 또한 신화는 어린 시절부터 성년기를 거쳐 삶의 마지막 순간에 이르기까지 반드시 거쳐야 할 인생의 단계를 순조롭게 통과하도록 안내합니다. 신화적 체계는 자신이 어디에 있는지 아는 데 도움을 줍니다. 생의 초기를 지배하는 에너지와 생의 말년을 지배하는 에너지는 서로 다릅니다. 생명은 유기적 변화 과정을 거치기 때문입니다. 어떤 시기에는 이 장기가, 다음에는 저 장기가, 그다음에는 또 다른 장기가 주도적인 역할을 합니다. 이는 전 세계 모든 인간에게 동일하게 나타나는 현상으로, 이것이 바로 신화 원형론의 기초입니다.

다시 말해, 신화는 생명 에너지를 조화롭게 만들기 위한 공식이라고 할 수 있습니다.

그렇다면 신화적 이미지들은 개인으로서 우리에게도 여전히 가치가 있을까요?

내 생각에 신화의 주된 역할은 우리가 자기 존재 및 심층 의식의 여러 차원과 연결되도록 해 주는 것입니다. 이는 순전히 지상의 가치를 지향하는 현실 의식 및 경제적, 정치적, 사회적 지향으로는 도달하지 못하는 영역입니다. 그러나 신화의 상징들은 다른 차원들을 열어 줍니다. 실제로는 우리 정신의 차원들을 열어 주는 것이죠.

결국 신화는 원래 개인의 꿈 의식에서 비롯되었습니다. 개별 인간 안에는 융이 집단무의식이라고 불렀던 것이 존재합니다. 우리는 특정 사회 환경과 관련된 무의식적 의도를 가진 개인입니다. 동시에 호모사피엔스라는 종의 대표자이기도 합니다. 우리가 알든 모르든 상관없이 우리 안에는 이런 보편성이 존재합니다.

나는 신화 연구가 생물학 연구 방식 중 하나라는 것을 점점 더 확신하게 됩니다. 꿈을 만들어 내는 에너지는 우리에게 말을 건네는 신체 기관들의 에너지이며, 신화도 바로 이 에너지로부터 나오기 때문입니다. 우리가 잠이 들어 꿈을 꿀 때, 그 꿈은 우리만의 작은 사적 신화입니다.

꿈은 사적인 신화이고, 신화는 공적인 꿈입니다.

신화, 은유, 그리고 의미

**학자가 아닌 사람들도 신화를 이해할 수 있을까요? 누구나
신화를 읽는 법을 배울 수 있을까요?**

물론입니다. 미술을 경험하는 법을 훈련받을 수 있는
것과 마찬가지지요. 많은 사람이 처음에는 말과 글을 통
해 미술을 배웁니다. 그다음에는 그림을 보고 갤러리를 찾
아다니며 서서히 미술에 마음을 열고 작품을 경험하는 법
을 배우죠. 신화라는 정신적 전통에 다가가는 문제도 이
와 같다고 생각합니다. 어떤 이들은 신화와 거리를 두면서
자신을 닫아 버리기도 하고, 또 어떤 이들은 신화에 마음
을 열기도 합니다. 또한 피아노 연주에 재능이 있는 사람
이 있듯이, 신화에 마음을 여는 데 재주가 있는 사람들도
있습니다. 그러나 나는 서툴더라도 최소한 피아노 연주를
할 수 있는 잠재력은 모두에게 있다고 생각합니다.

그렇다면 어디서부터 시작해야 할까요?

우선 신화는 기본적으로 상징언어라는 점을 이해해
야 합니다. 상징을 읽기 위해서는 언어에 대한 교육을 받
아야 하는데, 오늘날에는 신화의 은유적 언어에 대한 안내
가 부족합니다.

오늘날 종교 및 신화의 이미지를 대하는 태도는 크게
두 가지입니다. 첫 번째 태도는 종교 및 신화가 사실이라
고 말하고, 두 번째 태도는 종교와 신화가 거짓이라고 말
합니다. 그러나 종교와 신화는 사실도 거짓도 아닙니다.
종교와 신화는 은유입니다. 신화는 은유의 핵심이 담긴

요약서입니다.

　나는 몇몇 인터뷰어들이 신화가 무엇인지 모른다는 것을 알게 되었습니다. 대단히 인상적인 사례가 하나 있었죠. 한 인터뷰에서 나는 신화가 시처럼 은유적이라고 설명했는데, 그 인터뷰어는 나에게 "신화는 거짓말입니다"라고 말했습니다. 그는 은유가 무엇인지 몰랐던 겁니다. 그는 신화와 종교가 실제로 무엇을 가리키는지 전혀 이해하지 못했습니다. 그는 신화와 종교는 사실을 가리킨다고 생각했고, 그래서 그것은 거짓이라고 결론 내린 것이죠.

고등학교 때 배운 내용을 제대로 기억한다면, 은유와 직유는 서로 다른 두 사물을 비교하는 방법인데, 다만 은유는 "~같은" 혹은 "~처럼"을 사용하지 않습니다. 이것을 신화와 어떻게 연결할 수 있을까요?

　신화는 시입니다. 시를 산문처럼 읽으면 어떻게 될까요?

　내가 연인에게 "당신은 꽃과 같아요"라고 말하더라도 그는 꽃이 아닙니다. 나는 은유를 이용하여 "당신은 꽃이요, 내 삶의 기쁨이에요"처럼 말할 수도 있을 것입니다. 이것이 바로 신화가 작동하는 방식입니다. 그런데 만약 내가 "당신은 백조와 같고, 새와 같아요"라고 말할 때, 그가 "그럼, 결정해요! 백조예요, 새예요?"라고 말한다면, 그는 시를 산문으로 번역하고 있는 것이고, 대조하고 비교하는 작업인 참조를 모르는 것입니다.

　이것은 마치 식당에 가서 메뉴판을 보고 무엇을 먹을지 결정한 다음, 그 메뉴판에서 자신이 선택한 음식 부분을 먹는 것과 같습니다. 메뉴판은 종이 한 장을 뛰어넘어 어떤 것을 가리키는 참조이지 음식 그 자체는 아닙니다. 이때 메뉴판은 종이를 초월하는 무언가에 대한 참조가 됩니다.

만약 은유를 함축적 의미가 아니라 명시적 의미로 해석하면, 은유에 담긴 메시지를 잃어버리게 됩니다. 그러나 만약 신화에 담긴 메시지와 은유라는 신화 체계를 배운다면, 당신은 그 안으로 들어가 무엇을 주문해야 할지 알 수 있습니다.

예를 들어, "하늘에 계신 우리 아버지"라는 주기도문 첫 구절을 이해할 때 당장 이런 문제에 부딪힙니다. 글쎄, 하느님은 우리 아버지가 아닙니다. 남성도 아니죠. 초월적 신비를 생물학적 존재인 남성 혹은 여성처럼 말하는 것은 말도 안 되는 일입니다. 사람들은 초월적인 것과 우리의 관계가 마치 아이와 부모 사이의 관계와 같다는 이 구절을, 즉 시적 이미지를 산문으로 해석하고 있습니다.

"땅에 계신 우리 어머니"라는 말도 하느님 아버지만큼 적절한 표현입니다. 여기에도 같은 부모와 자식 간의 관계가 드러납니다. 어머니 지구 혹은 어머니 대지를 말하는 신화들도 있습니다. 예를 들어, 미국 남서부 푸에블로, 나바호, 아파치 부족 들의 신화는 전체 인류가 어머니 지구의 자궁에서 나왔다고 봅니다. 대단히 훌륭한 이미지입니다. 실제로 우리는 땅에서 나왔기 때문입니다. 우리는 지구의 눈입니다. 우리는 지구의 몸입니다.

남성이든 여성이든 상관없이 이런 이미지들은 그 의미에 부합하는 의례와 태도를 요구하며, 그것은 문화마다 다를 수 있습니다.

문자적 해석이 신화의 가치를 떨어뜨린다고 생각하는 이유는 무엇인가요?

과학 법칙들은 신화적 형상화를 믿지 않는 것 같습니

다. 이 문제와 관련해서 계속 생각나는 주제가 하나 있습니다. 로마가톨릭교회에는 엘리야, 예수, 마리아 모두 하늘로 올라갔다는 교리가 있습니다. 우리는 육체가 성층권까지 간다는 것이 무슨 의미인지 알고 있습니다! 빛의 속도로 가더라도 그들은 우리은하를 벗어나지 못했을 것입니다. 이것을 어떻게 설명할 수 있을까요?

과학자들은 단순히 사실을 수집하고, 그 사실들을 연결하여 과학 규칙에 따라 해석합니다. 그러나 시인들은 이런 신화들이 무엇을 말하는지 알고 있었던 것 같습니다. 대중 종교의 문제는 시를 산문으로 해석하여 이미지들을 넘어서는 시적 참조를 잃어버린다는 것입니다. 사람들은 이런 이미지들이 거짓이라고 생각하기 때문에 믿음을 잃어버립니다. 그들은 종교적 이미지들이 사실을 가리키는 것이 아니라 영적 진리를 위한 은유라는 점을 이해하지 못합니다.

신화 속 상징을 구체적인 역사적 사건이나 인물에 대한 언급으로 보는 모든 신화 해석은 궤도를 이탈한 것입니다. 신화가 의미하는 것은 영적 잠재력입니다. 물론 신화는 역사 및 자연현상과 사건을 상징으로 이용합니다.

어떤 문화가 특정한 역사적 사건이나 인물에게 부여하는 영적 의미나 가치는 신화를 통해 표현됩니다. 예를 들어, 영적인 삶의 방법을 가르쳤던 예수는 특별한 출생, 즉 "동정녀에게서 태어났다"라고 전해집니다. 마찬가지로 영적인 삶을 대표하는 또 다른 인물인 붓다도 어머니의 옆구리, 즉 변환을 의미하는 네 번째 차크라인 심장 차크라 높이에서 태어났다고 전해집니다.

육체적 인간으로서 예수와 붓다의 출생은 평범한 인간의 출생과 같았을 것입니다. 신화 속 이야기는 상징적 출생으로, 이 인물들의 중요성을 상징적으로 표현한 것입니다.

**신화의 상징들을 문자 그대로 받아들이지 않는다면,
이 은유들은 무엇을 가리키는 것일까요?**

우리는 이 상징들을 현대의 삶과 경험 안에서 해석해야 합니다. 신화는 인간 경험에 영적 혹은 정신적 차원을 추가하여 그 경험의 타당성을 확인해 줍니다 이런 상징은 인간 존재의 영적 잠재력을 함축적으로 표현합니다. 이런 상징과 이미지의 원료 자체는 실제 세계이지만 이런 상징들이 가리키는 것은 사실이 아닌 영적 가치들입니다.

통용되는 신화에서 신화 속 이미지를 제공하는 현실 세계는 바로 지금 이곳에 존재하는 현실 세계입니다. 신화는 다른 지역 혹은 다른 시대로 수출될 수 없습니다. 지금 우리가 보고 있는 경전들은 다른 지역과 다른 시대에서 온 것입니다. 그러므로 우리는 경전들을 공부하면서 계속해서 그 이미지들의 근원과 그 이미지 자체에 대해 생각하게 되고, 그 결과 그 이미지가 가지고 있는 메시지를 잃어버렸습니다. 신화는 우리가 사는 세계를 하나의 상징인 이콘(icon)으로 변화시킵니다. 이제 세계는 초월이 드러날 정도로 투명해지고 우리도 그렇게 됩니다.*

나는 종교계에 있는 사람들이 일반적으로 자신들이 온 마음을 다해 헌신하는 대상이 은유라는 사실을 이해하지 못한다는 사실을 발견했습니다. 즉, 많은 신앙인이

---

* "초월이 드러날 정도로 투명해지기(Transparent to transcendence)"는 상징과 종교의 기능을 설명할 때 캠벨이 즐겨 사용하는 핵심 개념으로, 이 책 3장에서 좀 더 상세히 설명하고 있다. 원래 독일어 표현은 "내면적 초월을 위한 투명(Transparenz für die immanente Transzendenz)"이다. 이 책에서는 맥락에 따라 "초월이 드러나게 투명해지기" "초월을 위해 투명해지기" "초월을 위한 투명성"으로 번역했다.

자신들이 믿는 상징들은 아주 오래전 어딘가에서 일어났던 일이 아니라 그들 안에서 일어나야 하는 어떤 일을 가리킨다는 것을 이해하지 못합니다. 모든 신앙 행위와 태도는 은유적 정신 상태를 나타냅니다. 종교에서는 이 상태를 영적 상태라고 부르는데, 이는 불교에서 말하는 "붓다의 영역", 다시 말해 영(靈)이 기능하거나 실현된 영역, 그리고 세상과의 관계 영역을 의미합니다. 이처럼 신화가 다루는 것은 인간 안에 있는 정신의 힘입니다.

신화를 문자적 사실로 해석하면, 신화는 거짓이 됩니다. 반면에 신화를 인간 내면세계의 반영으로 읽는다면 그것은 진실이 됩니다. 이럴 때 신화는 궁극적 진리에 가장 가까운 진리가 됩니다.

그렇다면 천국은 어디에 있을까요?

천국은 장소가 아니에요. 천국은 형상이 생겨나는 신비 영역을 가리키는 은유일 뿐이죠.

종교적 이미지에서 "외부 세계"로 떠나는 모험은 실제로는 "내면 세계"로 향하는 모험을 의미합니다. 예를 들어, 하늘로 올라가는 신이라는 개념은 실제로는 우리 안에 있는 근원으로 내려가는 것, 그래서 신의 힘과 같은 힘이 우리 안에 있음을 깨닫는 것을 의미한다고 할 수 있습니다. 모든 신은 단지 인간 잠재력이 외부로 투영된 것일 뿐입니다. 이 신들은 저기 밖에 있는 것이 아닙니다. 여기 우리 내면에 있습니다.

그리스도교 전통에서 "하늘나라는 당신 안에 있다"라는 생각은 최소한 한 가지 견해를 대표합니다. 천국에 누가 있나요? 하느님이 계시죠. 자, 하느님이 어디 계신다고요? 여기, 자기 내면을 보세요. 이 은유에 함축된 의미는 우리 내면의 삶, 그리고 영원한 인간의 조건입니다.

선생님은 이 주제에 대해서 선생님의 친구이자 멘토인 하인리히 치머(Heinrich Zimmer)를 자주 인용합니다. 치머가 한 말을 소개해 주세요.

그가 이런 말을 했습니다. "가장 좋은 것은 말로 표현할 수 없고, 두 번째로 좋은 것은 오해받고 있다. 세 번째로 좋은 것은 과학, 역사, 사회학 같은 일반적인 대화다."

"가장 좋은 것"이 말로 표현될 수 없다면, 두 번째 좋은 것이 오해받는 이유는 무엇인가요?

두 번째 좋은 것은 가장 좋은 것에 대한 은유이고, 이 은유는 너무 쉽게 문자적으로 이해되기 때문이죠. 말로 표현할 수 없는 것을 전하기 위해서는 이미지들, 상징적 이미지들을 사용할 수밖에 없는데, 이런 이미지들은 상징적으로 이해되거나 해석되지 않고 사실적, 경험적으로 받아들여지곤 합니다. 이런 상징들을 문자적으로 해석하는 실수는 너무 쉽게 일어날 수 있어요. 사실, 대단히 자연스러운 일이죠. 어떤 이야기를 들으면 사람들은 보통 그 이야기가 사실을 가리킨다고 생각하죠. 자연스러운 일이지만, 그것이 바로 서양 종교 전체의 문제입니다. 모든 상징들을 마치 역사적 사실처럼 해석하는 것이죠. 하지만 그것은 역사적 사실이 아닙니다.

존재와 비존재의 궁극적 신비는 지식과 사유의 모든 범주를 초월합니다. 기원전 9세기에 나온 『우파니샤드』에 이미 기록된 이 관점은 서양에서는 칸트 이전까지 전혀 주목받지 못했습니다. 모든 말을 초월하는 것에 대해서는 이야기할 수 없습니다. 그러나 모든 말을 초월하는 그것이 바로 인간 존재의 본질이고, 인간은 그것에 의지하여 존재하며 그것을 인식하고 있습니다. 신화적 상징의 기능은 사람들에게 "아하! 그렇지. 나는 그것이 무엇인지 알겠어. 그건 바로 나 자신이야"라는 느낌을 주는 것입니다.

내 말이 무슨 의미인지 이해가 되나요? 예술 작품을 보다가 아름다움에 사로잡히는 미적 정지 상태(aesthetic arrest)를 경험을 할 때 우리는 이런 말을 하게 됩니다. "바로 이것이구나. 이것은 내 존재에서 나오는 광휘로구나." 이때 우리 자아는 자신의 정신을 넘어 자기 존재 자체, 자신의 가장 깊은 내면에 있는 기준과 접촉하게 됩니다. 이것이 모든 것의 핵심이며, 이럴 때 우리는 늘 어떤 중심을 잡는 느낌, 정말로 중심을 잡아 나가는 느낌을 받습니다. 그리고 이런 느낌은 모든 일들이 시간 속에서 오고 간다는 것을 깨닫게 함으로써 시간 속에서 겪는 어떤 급작스러운 사건에도 흔들림 없이 생존하는 데 도움이 됩니다. 그리고 당신이 하는 모든 일은 이런 진리의 기초와의 관계 안에서 논의될 수 있습니다. 그러나 이런 경험 혹은 이런 느낌을 진리라고 말하는 것은 다소 기만적인데, 우리는 진리를 생각할 때 개념화할 수 있는 어떤 것을 떠올리기 때문입니다. 그러나 진리는 개념을 넘어섭니다.

서양 종교들의 문제점 하나는 대중 종교들과 마찬가지로 신을 구체적인 실체로 만들어 버린 것입니다. 미래의 특정한 날짜에 재림이 일어나서 역사적 사건이 될 것이라고 생각합니다. 하느님이 모세에게 계시를 전했고, 동정녀 탄생이 있었으며, 교회가 설립되었다고 여깁니다. 이런 구체화는 종교가 자신의 상징을 신화적으로 해석하는 능력을 제한합니다.

그러나 다른 문화권에서 동일한 상징들은 각자의 영적 상태를 가리킬 뿐입니다. 이런 일이 다른 곳에서도 실제 일어났는지는 전혀 중요하지 않아요. 중요한 것은 상징이 인간 내면에 있는 무언가를 깨우고 자기 존재에 대한 자기 감각을 심화시켜야 한다는 것입니다.

그래서 종교적 상징은 다시 개인의 경험으로 돌아가나요?

17세기 독일의 위대한 신비가 안겔루스 질레지우스(Angelus Silesius)가 쓴 짧은 시가 있어요.

가브리엘이여, 지금 나에게도
같은 메시지를 줄 수 없다면,
마리아에게 전했던 메시지가
무슨 소용이 있을까요?

이는 바울이 말한 대로 "지금은 내가 아닌 그리스도가 내 안에" 사는 것처럼, 그 메시지와 상징이 내 안에 있는 그리스도를 깨울 수 있느냐는 질문입니다. 그것이 바로 동정녀 탄생이고, 영혼 안에 있는 하느님의 탄생입니다.

일부 사람들이 자기 신화를 문자적으로 해석하는 것이 우리
모두에게 문제가 되는 이유는 무엇인가요?

세계 3대 종교라는 유대교, 그리스도교, 이슬람교를 예로 들어 보죠. 이 세 종교의 신자들은 심지어 같은 마을에 살지도 못해요. 사실 세 종교는 세 가지 다른 변형일 뿐 같은 종교입니다. 이들은 자신들의 은유조차 제대로 읽지 못합니다! 한 집단은 신을 여호와라고 부르고, 두 번째 집단은 하느님 아버지, 세 번째 집단은 알라라고 부르며,

전쟁을 벌입니다! 나는 세상이, 최소한 이 세상을 움직이는 이들은 미쳤다고 생각합니다.

이들은 모두 자신들의 상징을 신비적 참조보다는 역사적 참조로 해석하고 있습니다. 예를 들어, 약속의 땅이라는 개념을 생각해 보죠. 약속의 땅을 실제 땅의 일부로 보는 것은 이 상징을 구체화하는 것입니다. 신화에 나오는 종교적 상징은 기본적으로 인간의 잠재적 경험과 성취를 표현하는 은유이고, 물리적 세계에서 문자 그대로 이해하여 이루어지는 행동과는 관계가 없습니다. 약속의 땅은 평화롭고 조화로운 마음 상태를 의미하는 것이지 어딘가에 있는 특정한 공간이 아닙니다.

존 니이하트(John Neihardt)의 훌륭한 저서 『검은고라니는 말한다(Black Elk Speaks)』를 보면 북아메리카 원주민인 수(Sioux)족 중 오그랄라 라코타(Oglala Lakota) 부족 출신인 검은고라니는 어린 시절 자기 부족의 운명에 대한 신비적 환시를 경험했습니다.[05] 그의 표현에 따르면, 그는 "자기 부족의 고리"를 보았는데, 그것은 여러 고리 가운데 하나이며, 모든 고리가 서로 맞물려 동일한 인간성을 표현하고 있었습니다. 그리고 자기 부족의 작은 고리는 열린 채 수많은 민족의 무수한 고리들 중 하나가 되어야 했습니다.

검은고라니는 이렇게 말했습니다. "나는 세상에서 가장 높은 중심 산에 서 있는 나를 보았다. 그리고 나는 환시에서 모든 민족이 곧 하나의 민족임을 보았다." 그는 "세계의 중심 산은 사우스다코타에 있는 하니산이다"라고 말했죠. 하지만 곧바로 "중심 산은 어디에나 있다"라고 덧붙였습니다.

검은고라니의 말은 어디에 있든 상관없이 당신이 있는 자리가 세계의 중심이라는 뜻입니다. 이 말은 종교적 해석과는 반대 되는 신화적 해석입니다. 우리는 중세 연금술사가 쓴 책 『24인 철학자들의 책(The Book of the Twenty-Four Philosophers)』에서 이 해석과 같은 메시지를 발견할 수 있습니다. 이 책에는 다음과 같은 구절이 있습니다. "신은 이해할 수 있는 구(球)다. 그 구의 둘레는 어디에도 없고 중심은 어디에나 있다."

이것이 바로 깨어난 자의 말입니다! 이 연금술사는 종파적 이미지의 기능을 이해하고 있습니다. 종파는 자신들의 특정 이미지나 성스러운 영역에 대한 생각에 초점을 맞추죠. 그러나 그것은 최종 기준이 아닙니다. 그것은 달을 가리키는 손가락에 불과하고, 초월을 가리키는 은유에 불과합니다. 내가 보기에 이것이야말로 유대그리스도교 전통에서 잃어버린 것입니다.

사람들이 자신들의 하니산을 중심 산으로 고집하는 순간 인류와 인류애에 대한 기준을 잃어버리고 특정 종족이나 민족에 갇히게 됩니다. 이 점이 바로 이 세 종교가 함께 가진 문제입니다. 이 종교들은 각자의 상징들을 은유로 읽는 대신 역사적이고 구체적인 것으로 받아들였고, 그 결과 인류와의 연결성을 잃어버렸습니다. 만약 당신이 세계의 중심 도시를 예루살렘 혹은 베나레스[인도 동부에 위치한 힌두교 성지 바라나시의 옛 이름]라고 생각하고, 중심 도시는 모든 곳에 있지 않다고 생각한다면, 당신은 한 종파에 갇히게 됩니다. 은유를 이해하지 못한 것이죠.

그렇다면 사람들 대부분이 신화를 사실로 읽을 때 현실 세계에 어떤 결과를 가져오는지 이해하지 못한다는 말인가요?

우리는 그 결과를 알면서도 신화를 신화적으로 해석하지 않습니다. 오늘날 세계의 분쟁 지역과 그 분쟁 이면에 있는 원인들을 생각해 보세요. 우선, 인도에서는 힌두교와 이슬람교 사이의 오래된 갈등이 있습니다. 이 두 종교는 거대한 신화적 구조물입니다. 힌두교는 여전히 작동하고 있는 세계에서 가장 오래된 고등 문화 전통이고, 이슬람교는 유일신 신화를 갖고 있죠.

인도에서 조금 서쪽으로 시선을 옮겨 이스라엘을 생각하면, 신화가 아이들 세계에서만 중요하다고 생각하기 어려울 것입니다. 이스라엘이라는 국가는 신화적 제도입니다. 이스라엘 국가는 신화적 생각에 기초하여 세워졌는데, 그들은 이런 생각을 예언이자 신이 직접 알려 준 징표로 받아들입니다. 바로 이런 생각에 따라서 유대 민족에게 이스라엘이라는 국가가 맡겨졌습니다. 중동은 다음 세계대전의 도화선이 될 수도 있음을 기억해야 합니다. 그곳에 있는 이슬람교의 신화 전통이 유대교 경전인 『구약성서』의 신화 전통을 반대하기 때문이죠.

우리는 지금 한 행성이라고 할 수 있는 지구 위에서 한 종족으로 정치적, 경제적으로 서로 얽혀서 살고 있습니다. 그러므로 어떤 지역도 분리되었거나 분리된 고리라고 말할 수 없습니다. 지금은 이 모든 것들을 지역의 정치적 맥락이 아닌 인간을 기준으로 읽을 시간입니다. 나는 지금 이 세 종교가 중동에서 일어나는 일들 때문에 미래와 관련하여 자기모순에 빠져 있다고 생각합니다. 세 종교는 개방되어야 하고, 각 종교의 고리는 열려야 합니다.

라코타의 신성한 담뱃대를 지키는 멋진 수호자인 검은고라니는 미래를 위한 이미지를 갖고 있었습니다. 첫째, 당신 민족의 고리는 다른 많은 민족의 고리들과 서로 얽혀 있습니다. 둘째, 당신의 성스러운 산은 인류와 우주의 마음이라는 본질을 표현하는 단순한 상징입니다.

**선생님은 신화와 관련하여 상징이라는 개념을 어떤 의미로
사용하나요?**

나는 어떤 기호가 그 기호 자체를 넘어 관찰자의 의
식과 하나가 되는 의미와 존재의 근거를 가리킬 때 그 기
호를 상징이라고 부릅니다. 신화에서 배우는 것은 세계
존재의 일부인 자신에 대한 것입니다. 궁극적으로 자신
이 아닌 외부에 있는 어떤 것에 관해 이야기하는 신화는
불완전한 신화입니다.

카를프리트 그라프 뒤르크하임(Karlfried Graf Dürck-
heim)으로부터 가져온 아주 멋진 문구가 있습니다. 바로
"초월을 위한 투명성"[06]입니다. 만약 신이 초월을 차단하고
인간을 자신에게 머물게 하여 초월과 단절시킨다면, 신은
인간을 단순한 숭배자이자 열성 신자로 만들 뿐이며, 인간
존재의 신비를 열어 주지 못합니다. 나는 이것을 신학의 질
병이라고 부릅니다.

**그렇다면 신화 속에 있는 상징적 이미지는 단순한 문자적
장치를 넘어서 실제로 삶을 살아가는 데 중요한 지혜와 통찰을
제공하나요?**

하인리히 치머는 내가 생각하고 있던 신화 이해를 나
에게 처음 말로 설명해 준 사람이었습니다.[07] 치머는 신화
를 호기심 상자를 위한 진기한 이야기가 아닌 안내서로
다루었습니다. 치머의 강의를 들으면서, 그리고 신화들
은 저 어딘가 너머에 있는 호기심이 아니라 인간 자신의
삶을 이해하기 위한 모델이라는 설명을 들으면서 나는 이
말이 지금까지 내가 느꼈던 신화에 대한 설명이라고 생각
했습니다.

물론 융도 신화를 다루었지만, 치머와는 방법이 달랐

습니다. 치머는 융보다 훨씬 더 깊이 신화 속으로 들어가 있었습니다. 융은 자신이 만든 원형 개념에 신화를 꿰맞추려는 경향이 있었습니다. 융주의자들에게는 일종의 과자 틀 같은 것이 있었던 것이죠. 치머에게는 그런 것이 없었습니다. 나는 지금까지 상징 이미지를 해석하는 데 이런 재능을 가진 사람을 보지 못했습니다. 치머와 함께 식탁에 앉아 어떤 화제를 꺼내면, 그는 양파 수프의 상징주의에 대해 말하곤 했습니다. 나는 그 이야기를 직접 들었어요! 정확한 내용은 기억나지 않지만, 치머는 양파 수프라는 주제에 빠져들었습니다. …… 세상에, 놀랍지 않습니까! 그는 천재적이었어요! 책을 읽으면서 직접 어딘가에 도달하게 되는 경험을 한 적이 있을 겁니다. 책 속의 내용을 끌어와 자기 내면을 구축하게 되는 그런 경험 말이지요. 그것이 치머의 작업 방식이었습니다. 치머는 자신의 경험을 통해 이미지를 증폭시키는 타고난 재능이 있었습니다.

나는 상징을 자기 방식대로 해석하는 것을 두려워하면 안 된다는 것을 치머에게 배웠습니다. 그 해석은 각자에게 메시지로 다가와 자신을 드러냅니다. 이 가르침의 핵심은 치머의 책 『왕과 시체들(The King and the Corpse)』에 쓴 나의 짧은 서문 「상징 애호가(The Dilettante among Symbols)」에 나와 있습니다. 이 서문은 치머의 작품에서 가져온 몇 가지 자료를 바탕으로 했습니다. 치머가 바로 상징 애호가입니다! 어떤 이미지가 치머에게 그 길을 열어 줄 때(그는 이미 상징들에 대해 아주 많이 알고 있었으니까요), 그는 이 상징 경험에서 자신의 해석을 검증하려면 어디로 가야 하는지 알고 있었습니다. 그는 그것을 확인했을 것입니다. 그러나 상징에 대한 그의 해석은 언제나 자기 자신에게서 나왔으며, 동양에서 온 많은 단서를 통해 강화되었습니다.

선생님은 또한 상징을 "이미지"라고도 부릅니다.

신화는 감정을 불러일으키는 상징들의 체계, 즉 정신적 에너지를 불러오고 그 에너지의 방향을 알려 주는 기호들입니다. 신화는 과학적 기획보다 정서적 예술 작품에 가깝습니다.

내가 말하고 싶은 핵심은, 그리고 내가 1940년대부터 글쓰기를 시작한 이후 줄곧 관심을 가졌던 요지는, 이 상징들이 보편적이라는 것입니다. 다양한 지역의 상황에 따라 이 상징들이 해석되면서 차이점들이 생겨난 것이죠. 그러나 보존되고 있는 동일한 특성을 제대로 유추하면 이런 지역적 경계를 뛰어넘을 수 있을 것입니다. 이미지는 언어라는 경계가 없기 때문입니다. 언어의 경계 안에 있는 것은 이미지에 대한 해석입니다.

여기서 나는 클로드 레비스트로스(Claude Lévi-Strauss)와 에른스트 카시러(Ernst Cassirer)의 노선과 구별됩니다.[08] 언어는 부차적입니다. 언어는 신화를 전달하는 것과 관련이 있을 뿐입니다.

나는 신화에서 시각적 측면이 중요하다고 생각합니다. 내가 보기에 신화는 시각적 상상 및 환상에서 나오고, 환상은 초문화적이고 초언어적입니다. 전 세계에서 같은 신화적 모티프가 발견된다는 사실은 언어적, 철학적 논쟁을 허물어뜨리는 것처럼 보입니다. 언어화는 지역의 이해와 관심에 따라 이루어진다는 측면에서 지역적입니다. 그래서 지역 신화는 분명 언어화되었지만, 언어화라는 이차적 형태를 낳은 그 원형이 언어보다 앞선다고 볼 수 있습니다.

그러므로 신화는 인간의 신체 구조에서, 그리고 충동

을 일으키는 신체 기관 에너지들의 상호 관계에서 비롯됩니다. 그 관계는 서로 갈등하기도 하고, 조화를 이루기도 합니다.

신화는 지적 이해를 우회하나요?

이미지적 사고 논리와 언어적 사고 논리는 아주 다릅니다. 나는 정신에 기반을 두고 있지만 작동만 하면 어떤 분야에서든 활용될 수 있는 일련의 원형이 있다는 것을 점점 더 확신하고 있습니다. 신화에서 이 원형은 그림으로 표현됩니다. 이미지가 주는 영향과 그 이미지를 지적, 사회적으로 해석하고 적용하는 것 사이에는 큰 차이가 있습니다.

만약 우리가 머리의 핵심 기능을 주로 이용하여 철학적으로 생각하기 시작할 때, 몸의 본성에서 멀어질 수 있습니다. 몸에는 정신이 찾아내야 하는 자신만의 논리 체계가 있으며, 신화는 자연적 체계인 몸의 체계에서 나오기 때문입니다.

신화는 이미지를 통해 이야기합니다. 그리고 의식을 전환시키는 것은 언어가 아니라 이미지입니다. 이미지가 주는 충격이 바로 의식의 전환이 시작되는 경험입니다. 그러므로 꿈의 이미지가 전달하는 것을 이해하려고 노력하듯이, 신화의 이미지가 전달하는 것을 이해하거나 이해하려고 노력하면서 인간은 자신의 더 깊은 본성과 조화를 이루게 됩니다.

선생님은 시각적 이미지만을 강조하나요? 의례는 어떻게 생각하나요?

신화는 꿈과 같은 근거, 즉 무의식의 영감에서 나옵니

다. 의례는 신화를 행동으로 재현하는 것입니다. 사람들은 의례에 참여함으로써 신화에 참여하며 경험의 신화적 차원에 자신을 개방합니다. 그리고 그 결과 신화적 차원과 조응하는 자신의 정신적 구조와 원리를 활성화합니다.

여기서 알아야 할 점은 모든 오래되고 역사적 근거가 있는 기본 전통들은 의례를 통해 효과적으로 전달되었다는 것입니다. 원래 모든 의례는 삶의 구조화라고 생각할 수 있습니다. 의례의 기능은 사회생활을 조직하는 것입니다. 전통사회는 의례에 기초하고, 삶의 모든 측면이 의례화되어 있습니다. 아직 우리에게 남아 있는 의례로 결혼식을 들 수 있습니다. 결혼식은 정말로 의례입니다. 즉, 진정으로 결혼한다면 결혼의 순간에 그 사람의 인격은 변환됩니다. 결혼 당사자는 결혼을 통해 톰 존스[Tom Jones, 1960-70년대 영국 출신의 인기 가수. 바람둥이로 유명했다고 한다]와 같은 바람둥이가 되는 것을 포기하고, 신화적 개념으로 보면 둘이 하나이고 하나가 둘인 더 큰 단위의 일원이 되는 것입니다.

그러나 결혼식에서 이런 경험을 하려면 준비가 되어 있어야 합니다. 의례에 참여하더라도 이런 경험을 하지 못할 수도 있거든요. 그러다 보면 사흘 만에 이혼하는 일도 생길 수 있죠. 성공적인 의례가 되지 못했던 것이죠.

의례는 어떻게 진행되고, 어떻게 그 기능을 수행하나요?

사실 의례 자체는 매우 지루하죠. 의례는 참석자의 세속적 인내심을 넘어서 계속 진행됩니다. 그런 지루한 과정 중에 의례는 참석자 안에 있는 무언가를 열어젖히고, 그때 비로소 오락이나 여흥이 아닌 제대로 된 의례 참여가 됩니다. 우리는 의례를 통해 이런 경험을 하게 됩니다. 그리고 이런 경험을 할 때 우리 의식 수준을 변환하는 어떤 일이 일어납니다. 이런 의례적 재현이 없다면, 전체적인 것이 인간 내면의 행동 영역까지 들어가지 못합니다. 신화를 깊이 탐구하여 나온 제안들로 삶의 문제를 실제로 해결하지 않는 한 말입니다.

잘 표현된 의례는 예술 작품처럼 기능합니다. 예술가는 왜 이 그림을 그렸고, 이 그림은 무엇에 관한 것인지 더는 설명할 필요가 없습니다. 예술 작품에서도 그렇듯이, 인간은 의례에서 자신의 한 측면을 깨닫게 됩니다. 의례는 의례적 재현을 통해 우리는 자기가 수행하는 삶의 행동에 담겨 있는 숨겨진 의미를 알게 됩니다. 의례 참석자가 이런 경험을 하지 못한다면, 아무 일도 일어나지 않습니다.

사람들은 나에게 이렇게 묻곤 합니다. "오늘날 우리는 어떤 의례를 갖고 있나요?" 그러면 나는 이렇게 대답합니다. "당신은 어떤 일을 하세요? 당신 삶에서 중요한 것은 무엇인가요?" 그들은 친구들과의 저녁이 중요한 일이라고 대답합니다.

그것이 의례입니다.

이것이 T. S. 엘리엇의 시극 『칵테일 파티(The Cocktail Party)』에 담긴 의미입니다. 칵테일 파티는 의례입니다. 이 파티는 그런 의미에서 종교적 기능을 수행하고, 파티에 참석한 사람들은 사람들 사이의 관계에 참여하는 것입니다. 이 해석이 바로 인간관계를 도(道)로 경험하는 방법으로 보는 중국 사상, 특히 유교사상의 해석입니다. 당신이 칵테일 파티에 참여할 때 그 참여가 무엇을 의미하는지 인식할 필요가 있습니다. 칵테일 파티에 참여하는 것은 사회적 의례를 수행하는 것입니다. 당신은 의례를 행하고 있습니다. 당신이 식사를 위해 자리에 앉을 때 당신은 한 생명을 소비하고 있습니다.

안데스산맥 비행기 추락 사고의 생존자들은 자신들의 친구들을 먹을 수밖에 없다는 것을 알게 되었고, 그들은 의례를 만들었습니다. 최소한 그들은 무언가를 먹을 때, 그 일이 대단히 특별한 일이라는 핵심을 파악했습니다. 그리고 우리는 고기를 먹을 때뿐만 아니라 당근을 먹을 때도 이런 생각을 해야 할 것 같습니다. 이런 생각을 하지 않는다면, 자신이 무엇을 하고 있는지 모를 것입니다.

이것이 바로 의례의 역할입니다. 의례는 우리가 지금 하는 일을 깨닫고 의식할 기회를 제공하여 피할 수 없는 생명 에너지의 교류에 참여하도록 도와줍니다. 이것이 의례의 목적입니다. 인간은 자신이 무슨 일을 하는지 모르는 동물처럼 게걸스럽게 일하는 것이 아니라 의도를 가지고 일을 합니다.

이런 진리는 섹스에도 적용됩니다. 섹스를 즐거운 놀이나 흥분되는 일 정도로 생각하고 참여하는 사람은 자신이 무슨 일을 하는지 깨닫지 못합니다. 그럴 때 섹스는 성스러운 의례, 즉 성례전[sacramentalization, 성사(聖事)]이 되지 못합니다. 결혼이 성례전인 이유는 무엇이 옳고 그른지, 그리고 여기서 무슨 일이 일어나고 있는지를 알려 주기 때문입니다. 또 다른 생명이 태어날 가능성과 함께 여성과 남성이 함께 나가는 일, 그것은 엄청난 일입니다!

의례는 우리가 도대체 무슨 일을 하고 있는지 깨닫게 해 줍니다. 그리고 우리가 단순히 행동하는 개체가 아니라 생명 과정의 매개자이자 생명 흐름의 행위자라는 것 또한 깨닫도록 도와줍니다.

신화의 이미지는 늘 한결같나요, 아니면 변화하나요?

인간의 내면은 호모사피엔스사피엔스(*Homo sapiens sapiens*)가 처음 출현한 이래 4만 년 동안 본질적으로 동일합니다. 신화는 이 변하지 않는 인간 존재의 영적 잠재력과 관련됩니다. 그러나 신화의 이미지는 오늘날의 환경 및 공간에서 나와야 합니다. 그러므로 이미지는 끊임없이 변화하지만, 이미지가 가리키는 것은 변하지 않습니다.

다양한 환경을 갖고 있는 서로 다른 사회 안에서 상징은 각 지역의 상황을 반영하기 위해 변화합니다. 신화의 깊고 어두운 숲은 무의식의 영역입니다. 그 영역에는 사람들이 아직 자신들의 삶에 흡수하지 못했던 에너지가 존재합니다. 유럽의 전래동화에서는 위험한 늑대가 사는 숲은 무의식의 위험을 상징합니다.

폴리네시아에서는 바다가 위험이 되고, 붕장어나 상어가 위험한 존재가 되죠. 하와이에서는 늑대가 워샤크(wereshark)로 대체됩니다. 워샤크는 등에 상어의 입이 달려 있는데, 그 입을 가리고 눈에 띄지 않으려고 노력합니다. 그리고 낮에는 사람으로 활동하며 밤에는 늑대가 되지요.

신화가 은유인 동시에 현실에 개입하는 도구라면, 현실 자체가 은유적일 수도 있지 않을까요?

그게 바로 핵심입니다! 괴테의 말 "알레스 베르갱글리헤 이스트 누어 아인 글라히니스(Alles Vergängliche ist nur ein Gleichnis)"는 모든 것은 일시적이며, 세상에 있는 모든 것은 은유라는 뜻입니다. 우리 삶 자체가 우리가 표현하고 만드는 영적 상태의 은유입니다. 신화는 우리를 사로잡고 우리 삶에서 드러나는 숨은 의미의 영역에 정신을 집중하게 해 줍니다.

그래서 이런 신화적, 종교적 이미지가 가리키는 것은 이미지
자체가 아니라 경험이라는 말인가요?

경험, 그리고 우리 자신의 존재 상태를 가리킵니다. 이
미지들은 바로 이 두 가지를 우리에게 알려 줄 수 있습니다.

예를 들어, 우리는 프로이트와 융을 통해 꿈이 은유
라는 것을 알고 있습니다. 꿈은 꿈을 꾼 사람이 처해 있는
어떤 상황에 대한 은유입니다. 꿈을 해석하면서 자신에게
무엇이 잘못되었는지, 자신도 모르는 사이에 추구하고
있는 것은 무엇인지 등을 발견합니다.

그런데 꿈의 은유와 신화의 은유 사이에는 차이가 있
습니다. 신화의 은유도 꿈처럼 정신과 정신의 상태를 가
리키지만, 동시에 신화의 은유에는 우리가 형이상학적 참
조라고 부를 수 있는 것이 들어 있습니다. 그것은 세계의
본성을 가리킵니다. 우리는 세계의 일부이므로, 신화적
은유를 적절하게 경험하고 해석하여 우리 자신의 가장
깊은 본성을 발견하게 되고, 우리 자신을 우리의 본성에
일치시키게 됩니다.

인도의 성스러운 책들에서 일종의 계시를 가리키는
산스크리트어 단어는 슈루티(Shruti)입니다. 슈루티는
"들었던 것"이라는 뜻이죠. 내면의 귀는 우주의 노래, 별들
의 음악에 열려 있었습니다. 또한 모든 현상을 전달하는
형태에 열려 있었습니다. 독일 시인 게르하르트 하웁트
만(Gerhart Hauptmann)은 이런 글을 썼습니다. "시를 쓰
는 일은 단어들 뒤에 있는 원초적 단어(the Word, das Ur-
wort)가 울려 퍼지게 하는 것이다(Dichten heisst, hinter
Worten, das Urwort erklingen lassen)."

이것이 바로 모든 것의 핵심입니다.

2장

모든 것의 개요

선생님의 연구는 정말 다양한 분야를 아우르고 있습니다.
비교신화학뿐만 아니라 예술, 종교, 심리학, 문학, 인류학,
신비주의, 진화론, 그리고 역사학까지 다루고 있으니까요.

나는 대학원에 다닐 때 "모든 것의 개요"라는 작업을 시작했습니다.

신화에 관한 선생님의 이론은 그 작업에서 나온
결과물인가요?

나는 이론을 제시하지 않습니다. 사변적인 추론을 하지 않으려고 노력하죠. 나는 사회학자가 아니라 역사학자로 성장했고, 의도적으로 역사적 글쓰기 방식을 강조하고 있습니다. 즉, "그들이 이렇게 말했다"라는 식으로 기록하는 것이죠. 나는 자료에서 찾은 내용을 기록합니다. "이것은 진실이고, 저것은 거짓이다"라고 말하지 않습니다. 대신 "여기서 발견한 것은 이렇고, 저기서 발견한 것은 저렇다"라고 말할 뿐이지요.

선생님은 신화 속 역사적 표현들에 기초한 여러 권으로 된
시리즈 두 편을 집필했습니다. 『신의 가면』을 처음 출판했고,
20년 후에 『세계 신화 역사 지도(Historical Atlas of World
Mythology)』(이하 『지도』)를 출판했죠. 그 20년 사이에
관점에 변화가 있었나요?

나는 『신의 가면』이 시리즈 집필을 1950년대에 시작했고, 당시 표준 구분 방식인 원시, 동양, 서양을 사용했습니다. 이 시리즈에서 혁신적인 작업은 4부인 『창작 신화(Creative Mythology)』였는데, 정말 방대한 분량이었습니다. 그 이후 내 머릿속에는 신화의 발달단계라고 할 수 있는 구분이 생겨났습니다. 이것은 완전히 다른 관점이었

고, 최소한 신화 자료를 전체적으로 다루는 사람들에게
는 즉각적인 이해를 돕는 방식이었습니다.

그러나 기본적이고 큰 문화 단계로 자료들을 분류하
면서 새로운 정리 방법이 갑자기 떠올랐습니다. 이 방법
에 따라 연구 내용을 『지도』에서 통합하는 일은 흥미로운
작업이었습니다.[02]

자료를 분류할 때 내가 사용하는 큰 구성원리는 역사
적이고 지리적인 것입니다. 일종의 지도라고 할 수 있죠.
『천의 얼굴을 가진 영웅』에서는 원형을 강조했습니다. 원
형은 정신적인 것이고, 따라서 보편적인 것이지요. 『지도』
에서는 신화의 분화와 분화된 내용의 확산에 중점을 두
었습니다. 넓은 관점에서 보면, 전체 작업을 통해 성장해
온 개념은 지리적인 것입니다. 한 곳에서 어떤 혁신이 일
어나고, 그 영향력은 지구 전체로 확산됩니다. 다른 곳에
서 또 다른 혁신이 일어나고, 그 영향력도 지구 전체로 퍼
져 나갑니다.

『지도』는 형태가 완전히 다른 책입니다. 책을 출간할
때 "사진이 얼마나 필요하세요?"라고 묻는 출판사를 만
나기는 쉽지 않죠. 그런 행운을 누리는 학자는 어디에도
없을 겁니다. 나는 실제 신화는 이미지라고 생각합니다.
사진 출판에 비용이 많이 들다 보니 우리가 책을 읽으면
서 이를 경험하지 못할 뿐이지요. 『지도』를 출간하면서
내가 선택한 사진 수백 장과 새로 제작한 아름다운 지도
까지 추가해서 실을 수 있는 기회를 얻었고, 그 덕분에 신
화를 설명하는 데 완전히 새로운 가능성이 열리게 되었
습니다. 시각적 자료 없이는 말할 수 없는 것을 『지도』에
서는 이야기할 수 있었죠.

신화는 단순히 읽는 것이 아니라 표현입니다. 독자는

그림을 보고 "아하!" 하고 느껴야 합니다. 이를 위해 참조 대상을 바로 볼 수 있어야 합니다. 말하자면, 그림과 글이 같은 쪽에 있어야 합니다. 나는 그림을 다루는 일을 좋아하지만, 책에 삽화를 넣는 작업은 말로 표현하기 힘들 정도로 고됩니다. 신화에 대한 담론은 이미지 속에 숨어 있는 의미를 바탕으로 유추하여 나오는 것입니다. 같은 쪽 안에 나의 글과 이미지가 실린 책을 가질 수 있다는 것은 엄청난 특권입니다. 정말로 그렇습니다. 단순히 생각을 전달하는 것이 아닙니다. 나는 이런 신화 형태를 통한 경험을 전달하고 싶습니다. 그것이 핵심입니다. 담론뿐만 아니라 경험도 중요합니다. 시처럼 말입니다. 시를 산문으로 축소하면 시는 사라집니다. 신화는 시입니다.

그 경험을 구체화한 것이 바로 『지도』에 담겨 있습니다. 이 책의 형식은 앞으로 이어질 책 네 권에 모두 적용하고 싶을 만큼 흥미롭습니다.

이런 원칙에 따라 내가 만들었던 다른 책은 단 한 권뿐인데, 프린스턴에서 출간된 『신화의 이미지(The Mythic Image)』입니다. 그런데 출판사가 이 책을 망쳤습니다. 출판사가 이 책의 판형을 작게 줄여서 흑백 문고판으로 바꾸어 버렸는데, 흑백 사진들은 사진과 그림 속 의미를 제대로 전달하지 못합니다. 컬러 사진은 겨우 서른두 장만 실을 수 있었습니다. 수백 장을 실어야 했는데 말이죠. 한마디로, 그들과 나는 완전히 다른 별에 사는 사람이었습니다!

원시 문화

어디서부터 시작할까요?

첫 번째 문화 단계인 수렵과 채집 시대는 위대한 이야기입니다.

네안데르탈인은 현재 호모사피엔스로 분류됩니다. 호모네안데르탈렌시스(*Homo neanderthalensis*), 정확히 말하면 호모사피엔스네안데르탈렌시스(*Homo sapiens neanderthalensis*)는 두뇌 용량이 1600cc에 달합니다. 오늘날 인간의 평균 두뇌 용량이 1550cc이므로, 네안데르탈인은 사피엔스지만 분명히 다른 사피엔스입니다. 네안데르탈인의 두뇌 형태는 기원전 4만 년경에 유럽에서 나타난 크로마뇽인(호모사피엔스사피엔스), 보르네오에서 나타났던 (크로마뇽인은 아니지만 호모사피엔스사피엔스에 속하는) 인류와는 확연히 달랐습니다. 아마도 이 시기에 평행 진화가 진행된 것으로 보입니다. 거의 동시에 서로 다른 지역에서 인류가 출현한 것이죠. 그러나 구석기 동굴들, 구석기 벽화 동굴들, 작은 조각상들은 오직 유럽에서만 발견됩니다. 이는 체계적인 종교적 상징의 가장 초기 형태라고 할 수 있습니다.

이 상징들은 체계적입니다. 전체를 관통하는 특정 모티프가 있다는 말이지요. 이 상징물들은 무려 2만 년 동안 유지되고 표현되었습니다. 그리고 이 지역에서부터 다음과 같은 흐름이 나타났습니다. 우선 네안데르탈 시대의 동굴곰과 곰 숭배가 유럽 북부 전역으로 확산되었습니다. 그다음으로 동물 내부 장기를 보여 주는 일종의 뼈대 예술 혹은 "엑스레이 예술"이 나타났고, 이 예술들이 아메리카와 호주 전역에까지 퍼져 나갔습니다. 그리고 이런 예술과 함께 샤머니즘도 생겨났습니다.

샤머니즘은 인류에게 알려진 가장 오래된 신앙 의례 체계 중 하나로, 오늘날에도 여전히 몇몇 부족 문화에서 성행하고 있습니다. 그러나 근대 유럽인들은 처음 샤먼들을 접했을 때 이들을 사기꾼으로 여기지 않았나요?

북극 탐험가 크누드 라스무센(Knud Rasmussen)은 북극 근처에 있는 한 늙은 샤먼에게 진지한 질문을 던진 후 심오한 대답을 얻은 적이 있습니다. 당연히 샤먼은 부족 안에서 대단히 특별한 위치에 있는 존재입니다. 샤먼은 깨어난 사람이지만 매우 위험한 상황에 놓여 있는데, 사람들은 그들을 두려워하면서도 일이 잘못되면 그들을 비난하는 경향이 있기 때문입니다. 그래서 샤먼은 사람들을 물리칠 방법을 만들어야 합니다. 이 방법에는 종종 많은 꾸밈과 속임수가 동반되죠. 라스무센은 알래스카에 살던 이 노인에게 진심으로 믿는 것이 있는지 물었습니다.

노인은 이렇게 대답했습니다. "당연히 있죠. 나는 우주의 영혼을 믿어요. 나는 그 영혼의 소리를 듣습니다. 그 목소리는 여성의 목소리처럼 매우 부드러워요. 그 소리는 사람들 사이에 있을 때는 들을 수 없어요. 고요하고 홀로 있을 때만 들을 수 있죠. 우주의 영혼은 우리에게 '우주를 두려워하지 말라'라고 말합니다."

정말 대단한 이야기입니다! 이런 "노인들" 몇몇은 정말로 이런 신앙을 가지고 있습니다.

이런 신앙에는 대중적 믿음과 깊은 깨달음이라는 두 가지 측면이 있습니다. 바로 이 깊은 깨달음과 그로부터 나오는 지혜 때문에 이런 사람은 힘을 가질 수 있었지요. 힘이 있는 사람은 꾸밀 필요가 없습니다.

원시 문화에서는 이런 신앙 체계가 보편적인가요?

이런 신앙은 전 세계에 퍼져 있는 수렵채집인들에게 공통적으로 나타나는 이야기이자 신화입니다. 나는 이 이야기의 다양한 변형들이 존재한다고 확신하는데, 신화가 한 지역에서 다른 지역으로 전달될 때 그 지역의 생활 조건에 따라 적용 방식이 달라지며 상당한 변화가 일어나기 때문입니다. 그러나 다양한 변형 저변에는 연속성이 존재합니다.

이 연속성을 어떻게 설명할 수 있을까요?

사냥꾼은 다른 생명을 죽여서 자기 생명을 유지한다는 생명의 본질적 문제를 매일 생생하게 경험합니다. 동물이든 식물이든 죽은 무언가를 먹지 못하면, 우리는 존재할 수조차 없을 것입니다. 그래서 이런 총체적 문제가 발생합니다.

당시 사람들은 사냥을 해서 식량으로 삼는 동물들을 열등한 존재가 아니라 동등한 존재로 여겼습니다. 동물과의 관계는 연민의 관계였으므로, 인간 공동체와 동물 공동체 사이의 계약이라는 개념이 생겨났습니다. 그리고 신화는 이 개념을 늘 고려했습니다.

다른 생명을 사냥해서 먹으며 살아가는, 피할 수 없는 생명의 원리라는 시각에서 볼 때, 자신을 내준 생명에게 감사한다는 모티프는 때로는 받아들이기 어려울 수 있습니다. 여기서 벗어나는 첫 번째 방법은 채식주의입니다. 그러나 채식주의자들도 생명을 죽입니다. 이제 식물들이

사람들이 자신을 베러 온다는 것을 어떻게 감지하는지 알
게 되었습니다. 생각해 보세요. 식물은 도망갈 수도 없습
니다. 대단히 잔인한 일이 아닐까요? 우리는 이런 상황에
서 벗어날 수 없습니다. 우리는 죽이면서 살아가고 있습니
다. 생명은 한때 살아 있던 것을 태워서 지금 살아 있는 것
에게 먹임으로써 살아갑니다. 이것이 기본 원리입니다.

이 원리가 그들의 신화에 반영되어 있나요?

이 시기의 가장 전형적인 신화는 인간 여성과 동물 우
두머리의 결혼이고, 그다음에 동물 공동체와 인간 공동
체 사이에 동맹이 맺어집니다. 인간 공동체가 적절한 의식
을 수행하면 동물들은 기꺼이 희생물이 되어 자신들의 몸
을 인간 공동체를 위한 음식으로 내놓습니다. 동물들은
자기 피가 자연으로 돌아갈 것이고, 자신들은 이듬해에
다시 돌아올 것이라고 이해합니다. 사람들은 동물들의 행
위에 존경과 감사를 보내면서 동물들을 죽입니다. 이것이
어떤 전통을 따르든 상관없이 원시 문화의 신화에서 공통
으로 나타나는 기본 주제입니다. 이 구석기 고등 신화는
유럽에서 나타난 다음, 전 세계로 퍼져 나갔습니다.

선생님의 저서에서는 이 문화 단계와 관련된 요소들을
전체적인 한 집합체로 묘사하고 있습니다.

네, 맞습니다. 예를 들어, 『이로쿼이 연맹(The League
of the Iroquois)』과 『고대사회(Ancient Society)』의 저자이
자 미국 인류학자인 루이스 모건(Lewis Morgan)은 오늘
날 유별적 친족체계(classificatory system of relations)라
고 불리는 제도를 발견했습니다. 이는 모계 혈통에서 비
롯된 유별적 관계를 기반으로 하는 까닭에 혈연관계가

아닌 사람들도 "할아버지" "아버지" "어머니" 등으로 부르는 토템 및 씨족 관계를 의미합니다. 모건은 이 현상을 호주와 아메리카를 비롯한 전 세계에서 발견했습니다. 이것이 연속성을 보여 주는 한 징후라고 할 수 있죠.

앞에서 신화가 한 지역에서 다른 지역으로 전파되면서 "지역의 생활 조건에 따라 적용 방식"도 바뀐다고 말씀했는데, 예를 들면 어떤 것이 있을까요?

우선 정글이 있는 열대 지역, 즉 적도대를 따라 진행된 발달이 있습니다. 그곳 사람들은 지평선이 절대 보이지 않는 세상에서 삽니다. 아주 조밀한 세상이고, 온통 식물밖에 없는 세상입니다.

반대로 앞에서 언급했던 네안데르탈인과 크로마뇽인들처럼 빙하 근처에 살던 이들을 생각해 보세요. 그곳에는 거대한 평원이 있습니다. 정글과는 완전히 다른 이미지를 그릴 수 있는 세계지요. 지평선이 있고, 하늘이 돔처럼 펼쳐져 있고, 동물 떼들이 쉼 없이 돌아다닙니다.

콜린 턴불(Colin Turnbull)은 피그미족을 다룬 매력적인 책 『숲 사람들(The Forest People)』에서 흥미로운 사례 하나를 제시합니다. 턴불이 피그미족 한 사람을 자신의 차에 태워서 숲을 벗어나 갑자기 높은 지대로 데려가자, 높은 곳에서 평원을 내려다본 그는 완전히 패닉에 빠졌습니다! 그는 거리를 구별할 수도 없었고, 원근을 이해하는 법도 몰랐으며, 그저 방향을 돌려서 도망쳐야만 했습니다.

이렇게 우리에게는 완전히 구별되지만 서로 상호작용을 하는 두 가지 세계가 있습니다.

그들은 서로 다른 신화를 갖고 있나요?

그들의 신화는 동일합니다. 다만 서로 다른 환경 속에서 다른 모습으로 나타날 뿐입니다. 원시 신화를 공부하면서 한 가지 놀라운 점을 알게 되었습니다. 원시시대 사람들은 자신들이 사는 곳을 성스러운 땅으로 본다는 것입니다. 그들은 모든 것을 신화적 설정이라는 관점에서 보았습니다. 그 환경 속에서 같이 사는 다양한 동물들이 신화 속 역할을 수행하는 것이죠.

하지만 이제 우리에게 우리의 성스러운 땅은 오래전 어딘가에 있었고, 지금 우리가 사는 곳은 더는 성스러운 곳이 아닙니다. 그래서 사람들은 자기 삶과 관계없는 저 먼 곳으로 순례를 떠납니다. 우리의 신화 때문에 우리가 살고 있는 환경의 성스러움은 지워져 버렸습니다.

신화들은 종교와 자연의 관계를 반영하나요?

자연에 기초한 신화를 가진 사람들은 자연을 종교의 기초로 둡니다. 사회에 기초한 신화를 가진 사람들은 사회를 종교의 기초로 놓습니다. 이 두 가지는 근본적으로 대조되는 태도입니다. 하나는 인간을 부패한 자연과 분리하고, 다른 하나는 인간을 자연과 하나로 연결합니다.

선생님은 북아메리카 평원 원주민들을 보면서 이 원시 문화의 단계를 알게 되었습니다. 이 원주민들은 오늘날 동일한 지리적 환경 속에 있는, 같은 지역에 사는 우리보다 자연과 훨씬 더 깊은 관계를 맺었던 것 같네요.

이렇듯 자연과의 관계를 상실한 것이 바로 서구 열강이 아메리카 대륙을 정복하면서 가져온 재앙 중 하나입니다. 끔찍한 이야기는 백인들이 무자비하게 원주민들을 밀어붙이고, 홍역이나 천연두 같은 백인들의 질병이 백인들이 그 지역을 점령하기도 전에 그곳에 있는 원주민들을 몰살한 것입니다. 백인들은 아메리카 대륙의 문화가 가지고 있는 신비적 차원을 존중하지 않았습니다. 백인들은 이 땅 자체를 존중하지 않았어요.

그 결과 미국 전역을 가로지르는 콘크리트 고속도로가 건설되었고, 그것이 미국의 특징이 되었습니다. 아이오와든 펜실베이니아든 상관없이 같은 도로 위에 같은 상점들이 늘어서 있습니다. 이렇게 장소에 대한 감각이 사라졌습니다. 내 생각에 이것은 우리가 이 대륙에서 행사한 땅에 대한 폭력입니다.

지금 나는 이런 특징이 신화화될 수 없다고 말하는 것이 아닙니다. 아직 신화화되지 않은 것입니다. 아직은 신화화되지 않은 것이죠. 거기에는 경외심이 없습니다. 무언가의 대리인이 된다는 생각보다 "우리가 여기를 지배한다"라는 느낌이 있을 뿐입니다.

우리는 이제 막 이 땅이 우리에게 전해 주는 것을 느끼기 시작하고 있습니다. 특히 생태의식이 있는 젊은이들 사이에서 그런 감각이 커지고 있습니다. 이 감각과 함께 아메리카 원주민과 그들의 신화, 가르침, 종교의례에 대한 존중도 생겨나고 있습니다.

변화의 씨앗들

그다음에는 어떤 문화 단계가 이어지나요?

첫 번째 시기인 수렵과 채집은 인류의 시작부터 농업의 출현까지 이어집니다. 농업이 출현한 데에는 한 가지 신비로운 점이 있습니다. 350만 년 동안 인류가 지구상에 존재해 왔는데, 갑자기 기원전 1만 년쯤에 완전히 다른 세 지역에서 농업이 생겨났습니다. 농업은 중앙아메리카에서 페루까지의 지역, 동남아시아 태국에서 오세아니아에 이르는 지역, 그리고 고고학적으로 최초로 확인된 서남아시아 메소포타미아에서 발생했습니다.

그다음은 초기 농경문화 단계로, 이 시기에 농업으로 완전한 전환이 일어나는 동시에 신화 또한 전면적으로 변화합니다. 여성의 마법인 출산과 양육이 신화의 중심이 된 것입니다. 그들은 먹는 음식을 재배하고, 야생에 있는 존재들을 사냥하지 않습니다. 신화는 남성 중심에서 여성의 생명 창조인 잉태 중심으로 바뀌고, 식물 세계가 그 상징적 이미지가 됩니다. 죽음과 부패에서 생명이 비롯된다는 이미지지요. 땅에 씨를 뿌리면, 씨는 죽고 그로부터 새로운 생명이 솟아납니다.

기본 신화는 에덴동산 같은 지상낙원 신화입니다. 그곳에는 남성과 여성, 인간과 동물의 구별이 없고, 시간의 흐름도 없습니다. 그다음 살생이 일어나고, 사체가 땅에 묻히고, 그곳에서 음식이 되는 식물이 자랍니다. 이로써 탄생과 죽음이 하나로 연결됩니다. 몇몇 희생의례에서 최초의 신화적 행위가 반복되는 것을 볼 수 있는데, 이는 처음으로 돌아가 재생 에너지를 얻는 것을 의미합니다.

이 시기 사람들은 동물을 희생제물로 바칩니다. 어떻게 보면 사냥도 희생제물의 한 형태입니다. 문제는 계속해서 희생제물을 잡아 바쳐야 하고, 그 희생제물에 의존해서 살아가야 한다는 것입니다. 동물 고기를 주로 먹으며 동물을 죽여야 하는 유목사회에서는 남성이 지배력을 갖습니다.

여성은 신화, 의례, 정신적으로 식물 세계와 연결됩니다. 이제 농경 세계로 이동하면서 동물을 제물로 바치고 그 제물을 먹는 고도로 정교화된 희생의례가 나타납니다. 우리가 어디에 있는지 이해되나요? 이것은 동물을 매개로 한 일종의 거래입니다. 사람들은 어떤 이익을 얻을 것이라는 생각으로 동물을 바칩니다. "내가 주었으니 너도 주어야 한다"라는 원리죠. 이 농경 전통과 함께 완전히 새로운 신비가 생겨났고, 희생의례의 열풍이 일어납니다.

여기서 죽음으로부터의 생명이라는 모티프는 매우 중요한 주제가 됩니다. 동시에 동물의 가축화가 시작되면서 가축이 역할을 하는 희생의례가 생겨났습니다. 이때 등장하는 희생의 전체 주제와 희생제물의 종류는 원시 세계에서는 볼 수 없던 것입니다. 바로 지금 바치는 희생제물이 신의 화신이라는 개념이 생겨난 것입니다.

농경문화와 세인트패트릭 대성당은 같은 기초를 공유합니다. 성찬례에 참여하면 신의 희생, 그리고 그 희생과 연결된 식인의례를 접하게 됩니다. 이는 당연히 영양 공급을 위한 식인 풍습이 아니며, 로마가톨릭 미사 중에도 거행되는 성사적 식인의례입니다. 뉴기니에서부터 골고다 언덕까지 그 의례의 메아리를 들을 수 있고, 이 의례들은 여전히 유효하고 강력합니다. 이 전통들을 관통하는 시간적, 지리적, 영적 연속성이 있기 때문입니다.

수렵채집 생활에서 경작 문화로 전환되면서 더 위계적 형태로 종교가 발전했다는 의미인가요?

바로 그것입니다! 위계적 형태는 사회구조에서 비롯됩니다. 대단히 단순한 수렵채집 민족의 신화에서는 위계

구조를 찾을 수 없습니다.

경작하는 사람들은 마을에 묶여 있습니다. 정말 그렇습니다. 사냥꾼들은 어쩔 수 없이 마을 바깥에 머물죠. 그들은 대부분 혼자 혹은 사냥하는 작은 팀과 함께 지내다 사냥이 끝난 후 마을로 돌아옵니다. 샤먼은 독자적으로 비행을 나가지만, 사제는 마을 신들의 체계를 대리합니다. 마을에는 다신(多神) 체계가 존재하고, 사제는 그 체계 안에서 인준을 받은 성직자입니다. 그러나 샤먼은 자신만의 체험을 위해 떠납니다. 샤먼에게는 자신만의 수호신, 개인적인 수호자들이 있으며, 그들은 샤먼을 먼 길로 데려갑니다. 이렇게 사제와 샤먼은 완전히 다릅니다.

이 단계 이후에 신화는 어떻게 발전하나요?

문제는 사회 단위가 확장되면서, 다시 말해 땅에 기초한 마을이 다시 도시로 성장하면서 발생합니다. 이 세 번째 단계는 기원전 제4천년기에 메소포타미아 지역에 인류 역사 최초로 도시들이 생겨나면서 시작됩니다. 왕조, 왕권, 사제 제도의 확립과 함께 문화 영역은 더 커졌습니다. 신전에 바치는 공물을 기록하기 위해 문자와 수학이 발명되었습니다. 신전은 천문 관측소가 되었고, 사제 계급은 하늘의 계시와 절기를 파악하기 위해 체계적으로 천체를 관측하는 일에 종사하게 되었습니다. 문자가 만들어지면서 천체 관측을 기록할 수 있게 되었고, 고정된 별들을 이용하여 관측되는 일곱 개 천체의 운동을 수학적으로 측정하고 정리할 수 있게 되었습니다. 이를 바탕으로 완전히 새로운 개념이 인간 상상력 안에서 작동하기 시작했죠. 바로 하늘에 그려져 있는 우주 질서가 등장한 것입니다.

우주 질서의 등장은 인간 정신의 완전한 변환을 가져옵니다. 그렇게 인간의 관심은 하늘로 옮겨 갔고, 우리는 여전히 "당신의 뜻이 하늘에서와 같이 땅에서도 이루어질 것입니다"라고 말하고 있습니다. 왕실은 하늘의 질서를 반영한 자신만의 의례 규칙을 만들기 시작합니다. 위로부터의 총체적 사회 통제가 시작된 것입니다.

이전의 동물과 식물 신화들에서는 특별한 나무나 특정한 우물 혹은 마을에서 일어난 특별한 일, 혹은 신기한 작은 동물과 같은 예외적 상황들이 주목받고 종교적 관심을 얻었습니다. 하지만 새로운 청동기시대 신화에서 관심의 대상은 예외적인 것이 아니라 끝없이 반복되는 순환이었습니다. 그리고 인간은 신성한 수학이라 부를 수 있는 것을 접하기 시작합니다. 그 과정에서 특정 숫자들이 등장하기 시작하는데, 그중 하나가 4만 3200입니다. 이 숫자는 인도 힌두교에서 한 시대 단위인 유가(yuga)를 구성하는 해의 수이고, 아이슬란드 최고신 오딘의 궁전에 있는 전사의 수이며, 열두 시간 동안 뛰는 심장 박동수이자 열두 시간 동안의 초수입니다.[03]

여기에는 우주의 리듬이 더 작지만 유사한 주기들로 퍼져 나간다는 생각이 들어 있습니다. 개인적 삶에서는 대우주(우주)와 소우주(자아)가 존재하고, 그다음에 이 모든 것을 토대로 하는 고등 문화는 중우주(사회)로 이루어집니다. 이렇게 세 가지 층위의 토대가 형성되는 것이죠.

순환 신화를 중심으로 조직되지 않은 고대 문화도 있었나요?

원시 문화에는 순환 신화가 없었지만, 마야와 아즈텍에는 순환 신화가 있었습니다.

아주 초기 신화에는 미래 개념이 없었습니다. 미래는

기껏해야 손주 세대까지 이어질 뿐이었습니다. 그다음에 금, 은, 청동, 철이라는 네 시대에 위대한 순환 신화가 등장합니다. 이와 같은 신화에서 미래는 쇠퇴하며 결국 완전히 소멸하면 새로운 주기가 돌아오게 됩니다.

이 새로운 신화적 이미지의 등장은 어떤 결과를 가져왔나요?

기원전 제4천년기 동안 메소포타미아에서 처음 문명이 출현한 이후 고도로 발달된 문자 문명의 기본적인 신화는 발전된 세계에서 기능하는 다양한 인간 유형들을 잘 조율하여 유기적으로 조성된 한 사회 단위 안에 배치하는 것을 목적으로 했습니다. 메소포타미아 도시 문명 이전, 작은 부족들이 수렵 생활을 하던 시기에는 부족에 속한 모든 성인이 전체 문화유산을 통제했습니다. 하지만 도시의 발달과 함께 특별한 직업들(사제, 통치자, 상인, 농민 등)이 등장하면서 이런 다양한 인간 삶의 유형들을 조정하는 문제가 생겨났습니다.

이 신화는 사회 단위가 계절의 순환에 따라 돌아가는 유기체와 같다고 상상합니다. 우리의 의례와 축제도 여전히 이런 상상의 연속선상에 있습니다(크리스마스와 동짓날 동이 트는 시간에 열리는 빛의 축제, 봄 축제, 가을 추수축제 등이 대표적인 예입니다).

이런 고대 문화에서 종교의 목적은 자아를 깨뜨리고 개인적 책임감을 무너뜨려 거대한 우주의 순환에 복종하게 만드는 데 있습니다. 우리는 그들의 삶과 예술에서 정교함, 우아함, 축제 정신, 강요된 질서, 그리고 관찰 가능한 우주 법칙에 따르는 개인의 복종을 발견할 수 있습니다. 기본 신화의 모든 것은 사회를 자연 세계에 조화시키는 과제를 중심으로 전개되었고, 자연의 산물인 개인은 신화적 의례에 참여하여 자신의 본성이라 할 수 있는 자연과의 일치를 추구했습니다.

오늘날 우리에게도 이 단계의 요소들이 여전히 남아 있나요?

도시 생활은 농업을 기반으로 성장했습니다. 기원전 약 4000년부터 산업혁명이 일어나기 전까지 사회는 농업에 기반을 둔 도시라는 단일한 형태로 유지되었고, 이 도시들은 먹거리를 농업에 의존했지요.

우리는 계절로 사회질서를 통제합니다. 동지 무렵에 우리는 하누카와 크리스마스를 기념합니다. 동지야말로 전 세계에서 기념하는 절기로, 어둠으로 내려가는 고통의 끝이자 다시 빛이 나오는 시작하는 시기입니다. 죽음에서 생명이 도래하고, 씨앗이 쪼개져 그로부터 식물이 돋아납니다. 즉, 무언가가 썩을 때 생명이 탄생하는 것이죠. 죽음에서 생명이 나온다는 이런 생각이 바로 이 신화들의 근본 관념입니다.

평생 이런 자료들을 연구하면서 내가 점점 더 확신하게 된 것은 우리의 위대한 전통 대부분은 결국 청동기시대에서 비롯되었다는 사실입니다. 그리고 그 시기의 주된 신격은 어머니 여신이었습니다.

어머니 여신은 신화에서 남성 영웅이 주제로 등장하기 전부터 존재했나요?

내가 아는 한 가장 초기 전통에서는 태양이 여성이었고 달이 남성이었습니다. 달은 죽고 부활하는 희생의 이미지입니다. 달은 태양 빛 속에서 죽고, 태양 빛으로부터 다시 태어납니다. 그래서 태양은 달의 어머니인 셈입니다.

이렇게 태양은 여성적 존재가 됩니다. 태양의 불과 씨

앗을 생명으로 바꾸는 자궁의 불은 동등하게 여겨졌습니다. 또한 희생 제단의 불꽃은 희생제물을 소멸시키는데, 이 모든 것은 늦어도 초기 청동기시대에 시작된 신화적 의식과 연결됩니다. 여기에는 삶에 내재된 비애와 비극적 특성에 대한 인식이 존재합니다. 왜냐하면 달은 생명의 죽음과 부활의 상징인 동시에 우리 인간이 그렇듯 자기 안에 자신의 그림자를 지니고 있기 때문입니다.

한편, 인도·유럽어족을 살펴보면 신화가 언어에 미치는 영향을 확인할 수 있습니다. 인도·유럽어족에는 명사에 성(性)이 있는데, 그 변화법이 특이합니다. 독일어에서 달은 남성이고(der Mond) 해는 여성입니다(die Sonne). 이 것은 라인강에서 남중국해까지 이어지는 신화와 일치합니다. 일본에서도 여신 아마테라스는 태양이고, 아마테라스의 남동생이 달의 신입니다. 또한 북반구에 있는 거의 모든 민족에는 달 오라비와 해 누이에 관한 신화가 존재합니다.

신화 속 태양의 주요 이미지가 여성에서 남성으로 바뀐 것은 언제인가요?

그 전환이 바로 영웅신화에서 일어납니다. 영웅신화는 이집트 제5왕조 시기인 기원전 2500년경에 등장하며, 근동 지역과 다른 지역 전역에서 나타납니다. 이 신화에는 아침에 떠오르는 태양의 이미지가 있고, 어둠과 그림자를 물리치는 영웅의 이미지가 있습니다. 그렇게 솔 인빅투스(Sol Invictus), 즉 무적의 태양신인 남성 영웅이 등장하게 됩니다. 그 이후 태양 영웅은 대단히 중요한 존재가 되었죠.

한편, 프랑스에서는 태양이 남성이고(le soleil) 달이 여성입니다(la lune). 이것은 다른 신화적 맥락에 따른 것이지요. 이 신화적 지향성은 지중해를 통해 프랑스로 전해졌지만, 초기 독일까지 전해지지는 않은 것으로 보입니다. 그렇게 라인강에서 이 두 가지 신화 전통이 서로 충돌했습니다. 내 생각에는, 프랑스와 독일이 서로를 절대 이해하지 못하는 이유가 여기에 있는 것 같습니다. 프랑스어는 맑고 밝은 특성이 있습니다. 또한 단순히 말로 표현할 수 없는 깊고 신비스러운 면이 있습니다.

여신에서 남신으로

여신 중심 문화에서 남신과 영웅을 강조하는 가부장 전통으로 이동한 원인은 무엇일까요?

　　몽골족, 인도·유럽인, 셈족 같은 유목 생활을 하던 목축 민족들이 도시 지역으로 몰려들면서 우리가 알고 있는 영웅시대가 열리게 됩니다.

언제 이런 일이 일어났나요?

　　기원전 제2천년기, 실제로는 이보다 더 이른 시기에 시리아-아라비아 사막에서 온 셈족, 북부 초원 지대의 인도·유럽인(그들의 근거지는 북해 바로 북쪽으로 보입니다), 그 이후 중국으로 진출한 몽골족이 이집트, 메소포타미아, 인더스 계곡, 황하에 있는 위대한 문화들을 침공하면서부터 이런 변화가 시작됩니다.

고대 근동 지역을 보면 강 유역에 살던 사람들, 즉 고대 이집트인, 고대 가나안인, 메소포타미아인, 수메르인 등은 농사를 짓던 사람들이었습니다. 하지만 이후에 사막과 평원에서 사냥과 전투의 민족이 유입됩니다. 한편은 어머니 여신을, 다른 한편은 아버지 남신을 강조하면서 두 집단은 서로 충돌했지요. 그렇게 두 세계가 합쳐지면서 지금 우리가 알고 있는 세계가 시작된 것입니다.

"지금 우리가 알고 있는 세계"라고 했는데, 이것은 어떤 의미인가요?

남성 중심의 강력한 전사 부족들은 실제 초기 청동기 시대 전통에서 자료를 받아들여 여성 신들보다 자신들이 섬기는 남성 신들을 찬양하는 내용으로 탈바꿈시켰습니다. 나는 『구약성서』, 특히 「창세기」는 명백히 이전 자료를 뒤집어 버린 것이라고 생각합니다. 그리고 이제 우리는 메소포타미아 수메르문명의 옛 점토판에서 그 초기 자료를 확인할 수 있습니다. 또한, 인도신화에서 여신들이 아주 오래전에(기원후 7세기쯤) 자신들의 힘을 복구한 것을 발견할 수 있습니다. 이 인도신화에서 여신들을 대하는 것을 보면 우리 전통에서 무슨 일이 일어났는지를 분명하게 이해할 수 있습니다.

사실 이 문제 때문에 우리가 신화를 이해하는 일이 조금 더 복잡해집니다. 한편으로 우리의 신화 이미지들은 분명하게 줄곧 어머니에 대해 이야기합니다. 나는 우리 신화가 최소한 우리 마음과 본능에서는 어머니를 말하고 있다고 생각합니다. 이와 달리 우리가 지성적으로 읽고 듣는 것은 아버지라는 호칭입니다. 이 상황이 우리에게 약간의 신경증을 유발한다는 느낌도 드네요.

인도·유럽인과 셈족이 침략하던 시기에 북유럽에서는
무슨 일이 일어나고 있었나요?

당시에 유럽에서 일어나던 일들을 보면 대단히 흥미
롭습니다. 유럽의 진짜 역사는 네안데르탈인들의 시기인
빙하기에서 시작되었습니다. 그다음에 빙하가 위쪽으로
이동하면서 원래 빙하가 있던 지역은 툰드라지대가 되었
고, 그곳에서 털코뿔소, 털매머드, 검치호랑이 같은 동물
들이 풀을 뜯어 먹으며 살았습니다. 시간이 지나 툰드라
지대는 초원이 되었고, 앞에서 이야기했던 수렵채집 단
계, 즉 사냥꾼들과 동물 떼들이 활동하는 솔뤼트레 문화
시기가 시작되었습니다.04 그다음에 서서히 동남부 유럽
에서부터 숲이 들어서기 시작했습니다. 첫 번째 숲은 상
록수로 이루어졌고, 그 이후 활엽수가 자리를 잡았습니
다. 숲이 생기면서 동물 무리는 줄어들었고, 동물들은 북
쪽으로 이동했습니다. 많은 사냥꾼들이 동물들을 따라
갔으므로 북쪽에 자리 잡은 사람들은 모두 초기 구석기
시대의 잔존 세력이라고 할 수 있습니다.

하지만 그 후 삼림 지역에는 완전히 새로운 종류의
삶이 자리 잡았습니다. 농업이 도입되면서 숲은 개간되
기 시작했고 광활한 평원이 형성되었습니다.

그다음 기원전 약 7000년경에는 어머니 여신에 기초
한 대단히 발전된 신석기 신화의 모습이 나타납니다. 마
리야 김부타스(Marija Gimbutas)가 쓴 대단히 훌륭한 책
『고유럽의 남신들과 여신들(Gods and Goddesses of Old
Europe)』(김부타스가 붙인 원래 제목은 『여신들과 남신들
(Goddesses and Gods)』이었지만, 출판사에서 단어 순서
를 바꾸었습니다)은 기원전 7000년부터 3500년까지의
시기를 다루고 있는데, 이 시기에는 천상에 대한 강조를

찾을 수 없습니다. 대신 어머니 여신이 존재하는데, 이 시기는 유럽에서 어머니 여신의 위대한 시대였습니다. 어머니 여신의 시대는 기원전 3000년경 크레타문명의 등장과 함께 끝이 납니다.

그렇다면 동유럽과 메소포타미아 사이에 교류가 있었을까요?

수메르와 이집트보다 동유럽에서 먼저 이런 흐름이 나타났습니다. 마리야 김부타스가 보여 준 작은 석상은 기원전 7000년경까지 올라갑니다. 이 석상은 신석기시대 유물로, 동유럽의 초기 경작문화와 관련된 어머니 여신입니다. 수메르문명은 기원전 3500년이 되어서야 등장하는데, 이 시기에 유럽의 여신 문화들은 새로 유입된 인도·유럽계 민족들에게 압도된 상태였습니다. 인도·유럽인들의 침략은 기원전 4000년대, 3000년대, 2000년대까지 계속 이어졌는데, 이것은 또 다른 문제를 가져왔습니다.

그다음에 유럽에서는 청동기시대가 이어지는데, 청동은 구리와 주석의 합금입니다(혹은 구리와 비소를 혼합하기도 하지만, 구리와 주석의 결합이 더 중요합니다). 이제 주석 광산이 있는 곳이면 어디에나 정착촌이 생겼고, 그곳에서 주석을 캐내 청동기시대의 큰 중심지로 운송했습니다. 발칸 지역의 트란실바니아, 웨일스, 아일랜드가 대표적인 지역이었죠. 그렇게 영국과 아일랜드까지 가는 모든 길이 이집트 세계와 연결되었습니다. 스톤헨지는 기원전 3000년부터 1500년 사이에 건설되었고, 거대한 무덤인 아일랜드의 뉴그레인지는 그보다 더 이른 시기에 만들어졌습니다. 이 시기는 유럽 역사에서 놀라운 시기였습니다. 그러나 여전히 땅에 기반한 신석기문명이었을 뿐 하늘 중심의 문명은 아니었습니다.

그렇다면 태양, 달, 별은 다르지 않나요? 도시가 등장하기
훨씬 전부터 이런 천체들은 경배받지 않았나요?

매우 단순한 신화에서도 역할을 하는 천체 현상들이
분명히 있습니다. 플레이아데스성단의 출현과 밤하늘에
서 생생하게 펼쳐지는 몇몇 장관들이 그러했지요. 그러나
이런 종류의 시각적 관찰은 수학을 이용한 관찰과는 완
전히 다릅니다. 수학은 우주의 정보에 대한 전체 개념을
제공했습니다.

하늘의 움직임을 정확하게 계산하기 위해서는 수학
과 문자가 필요했습니다. 그 후 하늘의 움직임을 수학으
로 예측할 수 있다는 것을 알게 되면서 수학은 우주의 질
서를 이해하는 열쇠가 되었습니다.

수학적 지식이 사제들에게 권력을 주었나요?

아닙니다. 사제들은 수학 없이도 권력을 가지고 있었
습니다.

**그러나 수학이 사제들에게 사건을 "예측"하는 능력을
제공하지 않았나요?**

그건 맞습니다. 그러나 나는 사제들이 원래 비열하여
권력만을 탐했다고는 절대 생각하지 않습니다. 그들은
이미 많은 것을 알고 있었기 때문에 어떻게든 권력을 가
지고 있었습니다. 그보다 앞선 시기에는 샤먼들에게 권
력이 있었습니다.

그렇다면 메소포타미아가 진정 "문명의 요람"인가요?

그렇습니다. 메소포타미아입니다! 이제는 거의 의심
의 여지가 없죠. 여기서 내가 말하는 "문명"이란 왕권, 문

자, 수학을 가지고 있는 도시국가를 의미합니다. 추가적인 증거가 나오지 않는다면, 기원전 3200년경, 한때 우루크 B라고 불리던 시기의 메소포타미아가 문명의 요람입니다. 최초의 문자도 이 시기에 나타납니다.

메소포타미아는 이집트에 영향을 미쳤을까요?

이 또한 의심의 여지가 없습니다. 이 문제는 1920년대에 핵심적인 주제였습니다. 인더스 계곡과 메소포타미아 및 나일 지역에서 엄청난 고고학 작업이 이루어지던 시기였죠. 어느 유적이 더 오래된 문명인지를 두고 의견이 분분했습니다. 지금은 메소포타미아문명이 더 오래된 문명이라고 확신하고 있습니다.

이집트와 수메르에서 문자는 각각 독립적으로 생겨난 것이 아닌가요?

가장 초기의 이집트 문자는 이집트가 메소포타미아로부터 강력한 영향을 받은 이후에 나타납니다. 메소포타미아 문자는 이집트 문자보다 몇백 년 앞서 등장했습니다.

그런데 쐐기문자와 상형문자는 아주 다릅니다!

완전히 다르죠. 두 문자는 완전히 다른 문자입니다. 쐐기문자는 점토 위에 썼습니다. 아시다시피, 수메르인들이 가진 것은 진흙이 전부였죠. 이 진흙 위에 작은 철필로 문자를 썼는데, 대단히 복잡한 작업이었습니다. 이 쐐기문자는 한자와 비슷합니다. 이집트 문자는 이집트인들이 만든 파피루스와 벽화에서 시작됩니다. 왕가의 계곡에 있는 이집트 무덤에 가 보면 정말 놀랍습니다. 세티 1세의 무덤은 벽 전체에 온갖 그림과 문자가 조각되어 있습니다. 아쉽게도 지금은 이 무덤을 닫아 두어 아무도 볼 수 없습니다. 그 무덤 내부를 보고 있으면 문자의 마법을 느낄 수 있습니다! 아주 환상적이죠.

퍼져 나간 것은 문자가 아니라 문자라는 아이디어였습니다.

예를 들어, 이집트의 히에라콘폴리스(Hierakonpolis)라는 지역에는 기원전 약 3000년경 초기 이집트 시대에 만들어진 무덤이 있습니다.[05] 이 무덤 벽화에 있는 이미지들은 이란에서 발견된 이미지들과 상당히 비슷합니다. 그러나 몇 년 후에 이집트 상왕국과 하왕국의 통일을 기념하는 나르메르 팔레트(Narmer Palette, 최초로 이집트를 통일한 나르메르의 업적이 기록된 석판)가 제작됩니다. 나르메르 팔레트는 그 이후 3000년 동안 이어지는 익숙한 이집트 양식으로 조각되어 있습니다. 이집트에 거대한 문화적 변화가 있었던 것이죠.

이것이 문화연구에서 흥미로운 점 가운데 하나입니다. 영향을 미치는 새로운 힘이 들어오더라도 옛 기반은 그 힘을 흡수하고 동화시키면서 계속 성장해 나갑니다. 이것은 일종의 대화와 같습니다. 이집트에서 메소포타미아의 문화를 그대로 받아들이는 것은 아닙니다. 절대 그렇지 않죠. 오히려 이집트가 메소포타미아의 영향을 받아 새로운 차원의 인식에 도달하고 활성화되는 것입니다. 오늘날의 일본과 비슷합니다. 일본에 가서 산업국가인 일본을 보면 뉴욕과는 다릅니다. 그곳에는 완전히 다른 정신과 다른 윤리가 있습니다. 그러나 일본은 유럽 및 미국의 생활방식을 흡수하면서 계속 발전해 왔습니다. 이는 문화 변동에서 언제나 나타나는 과정입니다.

이 최초 문명들을 침략한 인도·유럽인들과 셈족은 모두 천둥과 번개를 다스리는 하늘신을 섬겼습니다. 둘 사이에 어떤 연관이 있을까요?

두 집단은 다른 지역에서 왔습니다. 셈족 언어들을 인도·유럽어들과 연결하려는 시도들은 있었지만, 내가 아는 한 그런 시도는 성공하지 못했습니다. 나는 두 집단 사이에 연관성은 입증되지 않았다고 생각합니다.

그렇다면 두 집단 모두 남성 신을 섬긴 것은 우연의 일치일 뿐인가요?

그 동일성은 두 집단 모두 남성적인 사냥과 싸움을 강조하는 유목민이라는 사실에서 나옵니다. 살생에는 농경과는 완전히 다른 심리가 작용합니다. 이 둘은 정말 다른 행위입니다. 그래서 유목 민족들에게서는 여호와, 제우스와 같이 번개를 던지는 남성 신이 우위를 차지하게 됩니다.

그들은 거친 민족입니다. 땅에 뿌리를 내리지 않고 영토를 가로질러 이동하는 이들이죠. 그래서 여기에 있는 이 나무, 이 바위, 이 연못이 아니라, 바람, 태양, 달처럼 장소와 상관없이 어디에나 존재하는 힘 또는 신과 연결된 신화가 등장합니다. 이것이 차이점입니다.

유목민족들은 거친 삶을 살면서도 한편으로 강 유역에서 살아가는 편안함을 갈망합니다. 강 유역에 사는 사람들이 너무 나약해지면 침략자들이 쳐들어오고, 두 집단의 신화 사이에서 상호작용이 일어납니다. 하나는 땅을 중심으로 하는 농경사회의 신화로, 여기서는 여신을 중요한 존재로 여깁니다. 다른 하나는 전투적인 남성 중심의 힘을 강조하는 신화로, 여기서 신은 직접 곳곳에 번개를 던지는 전사입니다. 이 두 집단 사이의 상호작용은 셈족의 영역과 인도·유럽인들의 영역에서 완전히 다르게 진행됩니다.

어떻게 다른가요?

셈족과 인도·유럽인들을 비교해 보면 동일한 모티프가 저변에 흐르고 동일한 주제가 지배하지만, 강조점, 해석, 사회적으로 적용되는 방식은 크게 다르게 나타납니다.

셈족과 인도·유럽인들은 이미 정착이 이루어진 지역에 정복자로 들어오는데, 그들이 취하는 태도는 크게 두 가지였습니다. 하나는 남성 신이 여성 신과 결혼하는 것입니다. 결혼은 두 사회의 온화한 결합 양식으로, 그리스에서 이런 결합 양식을 찾아볼 수 있습니다. 그리스 같은 사회에서는 매우 흥미로운 결합 양식이 나타납니다. 그리스 전통에는 호메로스의 전사 전통과 위대한 땅을 상징하는 두 여신 데메테르와 페르세포네의 엘레우시스 전통이 있습니다. 나는 건강한 사회는 이 두 가지 신화를 모두 갖고 있어야 한다고 생각합니다.

여신을 동화(혹은 흡수)하는 것이 인도·유럽 신화의 진화에
어떤 영향을 미쳤나요?

내가 보기에 여신 신화가 널리 퍼져 있거나 지속되는 곳에서는 인간과 자연 세계 사이에서 아름다운 일치가 이루어지거나 최소한 이런 일치를 지향합니다. 여기서 자연 세계는 자기 자신이라는 자연과 자신을 둘러싼 세계라는 자연을 뜻합니다(이 둘은 하나의 자연입니다). 그래서 인도·유럽인들의 신들은 여신들과 결혼합니다. 이 신들은 모두 자연의 힘입니다.

이 세계에 존재하는 대부분 민족에게 기본적인 힘은 자연의 힘입니다. 다양한 자연의 힘을 인격화한 신들은 동등한 존재로 여겨집니다. 그리스인들과 로마인들은 이런 비유를 재빨리 인식했습니다. 힌두교인들과 불교인들 역시 마찬가지였습니다. 이것이 바로 혼합주의(syncretism)입니다. 당신의 신이 자연에서 작용하고 있는 힘을 의인화한 것이고, 그 힘이 자연은 물론이고 당신 안에서도 작용하고 있다면, 이렇게 쉽게 말할 수 있습니다. "당신이 인드라라고 부르는 존재를 우리는 제우스라고 부릅니다."

셈족 영역에서 일어난 일은 완전히 다릅니다. 셈족에 속한 부족들 사이에서 기본적인 신은 부족의 조상신입니다. 자연신과 조상신은 종류가 완전히 다른 신입니다.

남성 지향성이 지배하는 곳에서는 기본적으로 사회와 사회의 법이 기준이 됩니다. 그곳의 신화들도 윤리(그리고 집단 내부의 윤리)를 강조합니다. 히브리 신화는 물론이고 바빌로니아, 아모리, 아시리아 신화와 같은 셈족 신화에서는 언제나 부족신을 우주 최고의 신으로 만들려는 경향이 있었습니다. 이런 방식으로는 혼합주의가 불가능합니다. 말하자면, 셈족 신화에는 모든 면에서 배타주의가 내재해 있습니다.

오늘날 서양 문화에서 셈족 신화의 영향을 어떻게 느낄 수 있나요?

지금 서양인이 속한 전통과 비슷한 환경에서 자란 사람이 소위 자연종교와 서양 신들 및 그 신성 체계 간의 유사성을 인식하기는 쉽지 않습니다. 실제로 셈족 신화의 특성은 큰 차이를 가져옵니다. 셈족 신화의 배타성은 가부장 문화 안에 있는 개인을 자신의 본성과 어느 정도 단절시키고, 자신이 속한 특정 사회의 문화 시스템에만 헌신하게 만듭니다.

셈족의 신들이 자신들이 정복한 메소포타미아와 가나안의 여신들과 결혼하지 않는다면, 그들의 문화는 이런 갈등을 어떻게 다루었나요?

셈족 사회에서는 여성성이 완전히 제거되었습니다. 특히 히브리 사회에서 그랬습니다. 배타주의는 늘 폭력으로 이어집니다.

그 이유는 무엇일까요?

셈족들은 왜 이렇게 격렬하게 여신을 반대했을까요? 모든 셈족이 그런 것은 아니었습니다. 예를 들어 가나안인과 아모리인 등 그렇지 않은 부족들도 있었습니다. 그러나 최소한 유대계 셈족은 여신을 격렬하게 반대했습니다.

다른 민족들은 그렇게 하지 않았습니다. 다른 문화들은 자연의 신성을 위대한 힘으로 인정하고, 부족의 신을 열등한 존재로 여겼습니다. 유대교 신화의 핵심은 자연에 대한 믿음이 없다는 것입니다. 『구약성서』에서 여호와는 다산 숭배 및 자연 여신들과 끊임없이 갈등합니다.

내가 제시할 수 있는 유일한 대답은 헨리 프랑크포르트(Henri Frankfort)가 참여한 『철학 이전(Before Philosophy)』[06]이라는 유용한 작은 책에서 얻은 단서입니다(나중에 발간된 판본에서는 이 부분이 삭제된 것을 발견했습니다).

프랑크포르트를 비롯한 『철학 이전』의 필자들은 셈족이 자연에 의지할 수 없는 사막에서 왔다는 점을 지적합니다. 사막에서 대지의 여신은 그들에게 충분한 도움이 되지 못합니다. 그들은 자연보다는 사회에 의지합니다. 사회가 바로 그들의 삶을 지탱해 주는 존재이기에 사회의 최고 신이 진정한 인간의 주인이 되는 것입니다. 그들에게 어머니 자연은 황량한 모래일 뿐입니다.

유대계 셈족 사회에서 나타났던 폭력이 인도·유럽인의 영역에서 일어났던 것과는 정말로 달랐나요?

인도·유럽인이 보여 준 어떤 모습보다 더 폭력적이었습니다. 적을 완전히 섬멸하는 폭력이었습니다. 「여호수아기」와 「사사기」를 읽어 보세요. 『구약성서』는 가나안에 있는 모든 사람, 심지어 쥐까지 모두 죽이라고 말합니다. 인도·유럽인의 침략에서는 이런 일을 찾아볼 수 없습니다.

히브리 전통은 원래 사냥하는 전사 민족의 전통에서 출발합니다. 그들은 정착하여 땅을 갈고 무역을 하는 민족이 아니었습니다. 그런데 고등한 문명은 바로 후자 즉, 농업과 목축에 종사하는 사람들에게서 비롯되며 방랑하는 사냥꾼들에게서 나오지 않습니다. 사냥꾼들의 문화는 모두 남성중심적입니다. 먹을 것을 가져오는 것은 남성들이기 때문입니다. 반면에 농경문화는 어머니 중심적입니다. 여성은 돌보고 생산하는 땅을 상징합니다. 그리고 구약시대 내내 히브리인들은 가나안에 들어가자마자 경작을 시작했고, 즉시 가나안 지역의 의례를 받아들였습니다. 「열왕기」를 보세요. 왕들이 차례로 산꼭대기에 제단을 만들어 경배를 드렸는데, 여호와가 보기에 옳지 않은 행동들을 했다고 기록되어 있습니다.

농경문화와 유목문화 사이의 이런 갈등이 반영된 내용을 성서에서 찾을 수 있나요?

수메르인들이 남긴 대단히 놀라운 대화가 있습니다. 이 대화는 카인과 아벨 이야기보다 약 1500년 앞선 이야기인데, 여기서는 여신의 사랑을 두고 목동과 농부가 경쟁합니다. 여신은 농부와 농부가 바치는 선물을 선택합니다.

그다음에 히브리인들이 이 지역으로 들어왔죠. 그들은 농부가 아니라 유목을 하면서 가축을 치는 사람들, 즉 목자(牧者)였습니다. 그들에게는 여신이 없었고 남신이 있었습니다. 그들은 모든 것을 뒤집어 유일신 여호와가 농부보다 목동을 총애하게 만들었습니다.

『구약성서』 전체에서 언제나 형을 제치고 신의 총애를 받는 것은 동생입니다. 이런 현상은 끊임없이 반복해서 일어납니다. 이것은 히브리인들이 동생으로 가나안 지역에 왔다는 단순한 사실을 알려 줍니다. 야만적 침략자인 히브리인들은 사막에서 매우 발달한 농업 지역으로 들어왔습니다. 그리고 그들은 비록 ("도시들의 창설자"인 카인처럼) 농부들이 먼저 이 지역에 존재했지만, 자신들이 신에게서 더 큰 사랑을 받는다고 선언합니다. 일종의 신성화된 차별주의라고 말할 수 있습니다.

셈족들은(히브리인들, 아모리족, 아랍족 등) 수 세기에 걸쳐 사막에서 계속 쏟아져 들어왔습니다. 이런 사막 기원이 「창세기」에서 신이 물을 제외하고 모든 것을 창조한 이유를 설명해 줄 수 있을까요?

중요한 점을 지적했습니다. 『구약성서』에서 남성적 원리는 인격화되고 여성적 원리는 한 가지 요소로 축소됩니다. 「창세기」 첫 구절에 따르면 신이 세상을 창조할 때 신의 숨결이 물 위를 가득 채운 채 떠돌고 있었습니다. 여기서 물은 여신을 상징합니다.

고대 여신의 흔적을 오늘날에도 여전히 찾을 수 있나요?

그렇습니다. 성모 마리아는 위대한 청동기시대에 등장한 우주적 여신의 한 측면이죠.

그렇게 생각하는 근거는 무엇인가요?

초기의 여신은 전체를 관장하는 신입니다. 그러나 시간이 흐르면서 여신은 이런저런 다양한 역할로 전문화되어 갑니다. 예를 들어 여신 아르테미스는 전능한 존재였지만, 나중에 전문화되어 그리스 후기 문학에서는 야생 동물의 여신이자 사냥꾼의 여신이 되며, 동시에 젊은 사춘기 소녀들과 처녀들의 수호신이 됩니다. 또 다른 측면에서 아르테미스는 "위대한 어머니 신(the Great Mother)" 이기도 한데, 바로 이 여신의 모성적 특성이 성모 마리아에게서도 나타납니다.

그리스도교에서 마리아의 모델이 되는 몇몇 특정 여신이 있는데, 아마도 가장 중요한 여신은 이집트의 이시스일 것입니다. 이시스는 호루스의 어머니이자 오시리스의 배우자입니다. 오시리스는 죽음과 부활을 상징하는 남신입니다. 오시리스 신화는 죽음과 부활의 구원자라는 그리스도교 신화의 한 모델입니다.

이집트에서 이시스는 파라오가 앉는 왕좌를 뜻합니다. 말하자면, 이시스는 받쳐 주는 존재입니다. 파라오는 오고 가는 존재이지만, 이시스는 그 자리에 그대로 있습니다. 같은 맥락에서 비잔틴시대 성모 마리아도 이탈리아 전통에서 나타나는 젖 먹이는 어머니가 아닙니다. 비잔틴시대 성모는 그 자리에 앉아 있고 세계 황제인 아기 그리스도가 성모의 무릎 위에 앉아 있습니다. 여성이 토대 역할을 하는 것이지요.

이것이 그 옛날 청동기시대의 사고방식입니다. 왕은 태양이나 사자와 연결됩니다. 왕은 어머니 여신의 아이이자 여신의 사자 혹은 태양신 자신입니다. 그렇게 사자는 왕권과 연결되었습니다(이솝 우화에서 나오는 사자 왕에서 볼 수 있듯이, 사자는 지배하는 동물입니다).

이렇게 여러 측면이 서로 뒤섞여 있는데, 특히 동지중해 지역에서 후기 헬레니즘 시대와 로마제국 시대에 이런 현상이 나타났습니다. 이 시기의 앞뒤에 서로서로 영향을 주고받던 수많은 신화들이 존재했고, 이는 그리스도교에서 여신이 회복되는 결과를 가져왔습니다. 『구약성서』 전통에서 여신은 제거되었습니다. 매우 비밀스러운 방식으로 등장하는 지혜의 형상인 소피아를 제외하면 『구약성서』에서는 정말로 여신을 찾아볼 수 없습니다. 「전도서」를 보면 소피아는 창조 당시에 여호와와 함께 있었던 것으로 기록되어 있습니다. 그러나 이 내용 이외에 여신은 사라졌습니다.

그 이후 여신은 그리스도교의 초기 몇 세기 동안에 강력하게 부활합니다. 예를 들어, 가톨릭교회에서는 마리아가 성부, 성자, 성령보다 더 중요하게 여겨지는 측면도 있습니다. 노트르담이라는 이름이 붙은 모든 대성당에서 마리아는 수호자이자, 보호하고 중재하는 어머니입니다. 서양 전통에 있는 신의 이미지는 사실 상당히 무겁습니다. 포악한 신이라고 할 수 있습니다. 반면에 성모 마리아는 보호하고 중재하는 방패막 역할을 합니다. 청교도주의에서 이런 성모 이미지가 사라지면서 몇몇 청교도 설교에서 볼 수 있듯이 신은 실제로 사나운 존재로 나타납니다.

성서에서는 삶은 타락했고, 여신은 혐오스러운 존

재이지만, 인도에서는 여신을 모든 것의 근원으로 여깁니다. 오늘날에도 인도 사회에서 칼리(Kālī)와 두르가(Durga) 같은 다양한 모습과 양상으로 등장하는 여신은 헌신을 표현하는 기본 이미지입니다.

만약 당신이 숭배[07]하는 것이 있다면, 그것이 무엇이든 명시화되고 구체화되어야 합니다. 그래야 경배하고 헌신할 수 있습니다. 그리고 모든 것은 붓다의 일이므로(불교에서 우리는 모두 붓다 의식의 화신입니다. 우리와 붓다의 유일한 차이는 우리는 그 사실을 알지 못한다는 점입니다. 우리는 우리 자신의 붓다 본성에 대해 무지합니다), 의례 안에서 우리는 모든 개인, 모든 사람이 붓다 의식의 화신임을 깨달을 수 있습니다.

나는 캘커타에서 물소 괴물을 죽이는 어머니 여신을 경배하는 시기에 매력 넘치는 의례에 참여한 적이 있습니다.[08] 세 살 남짓으로 보이는 한 어린 여자아이가 이 의례에서 여신 칼리로 봉헌되었습니다. 사람들은 그 아이를 행복하게 해 주기 위해 사탕을 주면서 아이에게 기도와 찬가를 바쳤고, 아이 목에 꽃다발도 걸어 주었습니다. 이 의례는 인도에서 큰 사랑을 받는데, 모든 사람이 여신이라고는 하지만 세속적인 삶에서 줄곧 그 사실을 인식하며 살 수는 없기 때문입니다. 이 의례는 이 작은 소녀를 통해 사람들에게 여신의 신비에 헌신할 기회를 줍니다. 의식이 끝나면 아이의 신성함은 사라집니다. 그리고 아이는 일어나 엄마와 함께 빠른 걸음으로 사라집니다.

로마가톨릭교회 전통에서는 밀떡이 신성화됩니다. 이처럼 어떤 것이든 신비로움을 인정받을 수 있습니다. 심지어 나는 아무 돌이나 바위를 정하고 그 돌을 중심으로 빨간 원을 그린 후 그 돌을 단순한 돌이 아닌 신비로 여기는 민족도 보았습니다. 실제로 모든 것이 신비입니다. 분명 그렇습니다. 그러므로 어떤 전통이 자신의 특정한 구체화 형태를 전통 자체로 생각하는 것은 정말 불행한 일입니다.

여신이 상징하는 것은 시간의 움직임입니다. 이 시간의 움직임을 힌두교에서는 마야(māyā)라고 부릅니다. 마야의 초월적 근원이 브라흐만(Bráhman)인데, 브라흐만은 에너지이자 무의식, 즉 분화되지 않고 특정화되지 않은 의식입니다. 19세기의 매우 중요한 성인인 라마크리슈나(Ramakrishna)는 에너지가 정지된 상태로 인식되거나 느껴질 때, 그것을 브라흐만이라고 부른다고 했습니다. 그 에너지가 움직이기 시작하면 그것은 마야라고 합니다. 제임스 조이스도 『율리시스』에서 이 주제를 다룹니다. 이 소설에 등장하는 몰리 블룸은 방에 있는 가구 전부를 이리저리 옮겼고, 그래서 자정이 조금 지난 후 집으로 돌아오는 남편은 늘 어딘가에 부딪히곤 했습니다.

내가 보기에 여성들은 변화를 정말 좋아합니다. 남성들은 모든 것을 그대로 두는 것을 선호합니다. 아내와 함께 외식을 할 때 이전에 가 본 적이 있는 식당에 들어가면 식당 직원들은 이미 내가 무엇을 주문할지 알고 있죠. 그러나 아내는 늘 새로운 음식을 시도해 보려고 합니다. 그리고 보통은 실망하죠. 나는 그럴 일이 없습니다.

삶에 대한, 움직임과 변화에 대한 이런 관심이 바로 마야입니다.

그래서 물, 흐르는 물은 시간의 흐름입니다. 갠지스강, 리피강, 요르단강 등 어떤 강이든 상관없이 강은 시간의 흐름을 상징합니다. 그래서 강에는 보통 여성 이름이 붙습니다. 그리고 세례를 받을 때 물속으로 들어갔다가 나오는 것은 어머니 자궁으로 들어갔다가 새롭게 태어나는 것과 비슷합니다.

물은 곧 여신입니다.

에덴동산의 뱀은 악마인가요?

그렇습니다. 그러나 뱀이 악마인 이유는 우리가 자연을 거부했기 때문입니다. 인간을 자연과 대립하게 만든 다음, 자연은 선(善)이면서 동시에 악(惡)이므로 인간은 자연과 조화를 이루어서는 안 된다고 말하는 것입니다. 그러므로 자연을 바로잡고 교정해야 합니다. 그렇게 해야 우리는 뱀에게 "예"라고 대답하지 않을 수 있습니다. 이 관점은 한 민족이 자연을 보는 기본적인 생각을 독특하게 변환한 것이지만, 이후 서양 문화의 특성이 됩니다.

왜 인간은 뱀에게 "예"라고 대답하고 싶어할까요?

뱀은 자연의 에너지입니다. 그러니까 이 질문에 대한 대답은 사람들이 자연의 에너지를 어떻게 생각하느냐에 달려 있습니다. 만약 자연의 에너지가 정신이 만개하는 것으로 절정에 오른다고 본다면, 자연의 토대에서 정신의 개화까지 이어지는 연속성이 존재합니다.

그러나 자연을 정신에 적대적 존재로 인식한다면 거기에는 이원성이 존재하게 됩니다. 자연이 정신에 적대적일 때, 날개 달린 천사가 등장해 뱀을 억누르고 제압하거나 죽이게 됩니다. 반대로 자연과 정신 사이에 연속성이 있다고 생각하면, 뱀이 일어나서 날개를 달고 날개 달린 뱀이 됩니다. 바로 이것이 불교 전통에서 생각하는 뱀입니다. 뱀은 자연 및 지상 세계의 순진한 단계에서 벗어나 정신의 개화 단계로 상승하는 것이죠.

이렇게 완전히 다른 두 개념이 있습니다. 정신을 자연의 꽃으로 보는 관점과 정신과 자연을 갈등 관계로 보는 전통이 있습니다. 이처럼 자연 세계를 보는 완전히 다른 두 방향이 여러 신화에서 아주 분명하게 표현되어 있습니다.

그렇다면 모든 신화 전통에서 뱀이 반드시 악은 아니라는 말인가요?

뱀은 언제나 깜짝 놀라게 만드는 존재입니다. 원숭이와 말도 뱀에게 부정적 반응을 보이죠. 나는 어린 시절에 처음 뱀을 봤던 기억이 아직도 납니다. 진짜 충격이었습니다. 뱀에 대해 알고 있었지만, 음, 그때는 정말 놀랐습니다! 뱀은 물처럼 유연하게 움직이면서 혀는 불꽃처럼 계속 일렁거립니다. 이렇게 뱀은 물과 불이 결합된 존재입니다. 그리고 뱀은 대지에 묶여 있는 생명의 힘, 생명이 묶여 있는 땅을 상징합니다.

또한 뱀은 돌아다니는 식도(食道)에 지나지 않습니다. 뱀은 먹기 위해 존재합니다. 이에 대해서는 논쟁의 여지가 없다고 느낄 것입니다. 뱀은 삶의 무자비한 특성을 보여 주는 기본적 상징들을 모두 가지고 있습니다. 그리고 이 상징들이 사람들에게 무자비한 방식으로 충격을 줍니다. 이런저런 지역의 문화를 보면 그 지역에서 가장 위험한 뱀이 그 지역 상징체계에서 대표적인 뱀으로 등장합니다. 예를 들어, 미국에서는 방울뱀입니다. 다른 문화권에서는 비단뱀이, 인도에서는 코브라가 그렇습니다(그런데 코브라를 본 적이 있나요? 코브라는 정말 특별합니다. 정말 무시무시한 동물입니다).

그런데 이제 같은 뱀이 허물을 벗고 다시 태어납니다. 이 과정은 죽음을 던져 버리는 생명의 힘을 암시합니다.

이렇게 뱀은 그림자를 벗어 던지고 다시 태어나는 달과 연결됩니다. 뱀은 시간이라는 영역에서 불멸성을 나타냅니다. 시간 영역에서 생명 에너지는 곧 우리의 본질이며, 뱀은 우리 존재의 그와 같은 측면을 나타냅니다.

『구약성서』는 행동 규칙에 많은 시간을 씁니다. 우상 숭배와 돼지고기를 금지하는 계명이 특히 생각이 나네요.

돼지는 가장 먼저 가축화된 동물이었습니다. 그리고 가장 중요한 동물이 신성한 동물이 되지요. 그래서 중동에서는 돼지가 신성한 동물이었습니다. 프레이저는 『황금가지』에서 신성한 것은 너무도 자주 불순한 것으로 여겨졌다고 지적합니다. 돼지는 그 안에 너무 많은 마나, 즉 너무 많은 성스러운 힘을 가지고 있다고 여겨졌습니다. 이런 성스러운 것을 멀리하는 금기가 생겨났고, 이는 불결함과 연결되었습니다. 그래서 이집트뿐만 아니라 근동의 특정 지역에서 돼지를 기르는 사람들은 불결한 존재였습니다. 성스러운 불결이라고 말할 수도 있겠네요. 이런 생각이 유대교에서 돼지고기를 금기하는 데에도 분명히 영향을 미쳤습니다. 프레이저가 『황금가지』에서 지적했듯이, 그리스인들은 유대인들이 돼지를 숭배하는지, 아니면 배척하는지를 파악하지 못했습니다. 다만 프레이저는 성스러운 대상은 접촉하면 안 되었다고 지적합니다.

히브리인들이 특정 시기에 돼지고기를 신성하게 여겼던 적이 있다는 추측도 있는데, 실제 그랬을 수도 있습니다. 아마도 돼지는 성스러운 식사 자리에서만 먹는 음식이었을 것입니다. 다른 종교들과 마찬가지로 유대교도 전성기에는 다양한 숭배 의례가 있었습니다. 또한 특별한 돼지고기 식사가 포함된 유대교 의례가 있었다는 증거도 있습니다.

　　그러나 다른 추정도 가능합니다. 유대인들은 자신들이 경멸하는 민족들, 말하자면 이웃에 있는 다른 모든 민족이 성스럽게 여기는 동물을 먹는 것에 반대했을 수도 있습니다.

돼지는 그릇된 신들이 신성하게 여겼던 존재라는 말인가요?

　　유대인들은 그렇게 생각했지만, 이집트인들은 그렇지 않았습니다. 사실 돼지는 세트[Set, 오시리스의 동생으로 짐승 머리와 뾰족한 코를 가진 암흑과 밤과 악의 신]와 연결됩니다. 세트는 한때 검은 멧돼지로 표현되었습니다. 아도니스(Adonis)는 멧돼지에게 죽임을 당합니다. 아일랜드 전통 신화에 나오는 디어미드 오 듀브너(Diar-muid Ua Duibhne)도 멧돼지에게 죽임을 당합니다. 아티스[Attis, 프리기아 왕국에서 숭배하던 죽음과 부활의 신]도 멧돼지에게 죽임을 당합니다. 신을 죽이는 멧돼지는 신 자신의 동물적 측면입니다. 신은 자신을 죽입니다. 여기서 바로 자기 살해가 상징화됩니다.

　　그런데 붓다가 어떻게 죽었는지 아는 사람은 얼마나 될까요?

상한 음식 때문이었죠?

　　상한 음식이라고요? 상한 음식이라기보다는 강력한 음식이었습니다. 그것이 무엇이었을까요? 바로 돼지고기입니다.

　　이 이야기는 『팔리경전』에 나옵니다. 『팔리경전』은 붓다 생애를 기록한 책 가운데 가장 오래된 책으로, 기원전 80년경에 집필되었습니다.

붓다는 대장장이 쿤다의 저녁 초대를 받았고, 붓다와 제자들은 육즙 가득한 돼지고기를 대접받았습니다.

붓다는 이렇게 말합니다. "나의 제자들에게는 이 음식을 주지 마십시오. 나는 이 음식을 먹겠습니다. 내가 먹지 않은 것은 땅에 묻으십시오." 붓다는 이 돼지고기를 먹은 후 치명적인 식중독에 걸렸습니다. 붓다는 자신이 죽을 것을 알고, 수제자인 아난다에게 이렇게 말합니다. "잘 들어라. 내가 죽으면 너는 쿤다에게 자신이 한 일을 후회하지 말라고 말해야 한다. 붓다가 먹은 음식 가운데 가장 위대한 식사 두 개가 있다. 첫 번째 음식은 깨달음에 도달하기 직전에 먹은 음식이었고(이 음식은 작은 농장의 처녀가 주었던 우유죽입니다), 두 번째 음식은 파리니르바나(parinirvāṇa, 세상을 영원히 떠남) 직전에 먹은 그 식사였다. 그러니 쿤다는 자신이 한 일을 후회하지 않도록 하여라. 그는 훌륭한 일을 했다."

여기서 붓다는 멧돼지에게 죽임을 당하는 존재입니다. 이 돼지는 경건한 신도들이 지향하는 정신의 궁극적 힘을 상징합니다. 앞에서 이야기했듯이, 아도니스는 영원한 생명으로 가는 길을 상징하는 멧돼지에게 죽습니다. 오시리스를 비롯한 다른 신들도 마찬가지입니다.

이 돼지는 대단히 흥미로운 존재입니다. 『신약성서』에 이런 이야기가 나옵니다. 영과 악마에 들린 사람이 있었는데, 예수가 그 악령을 돼지 떼로 내쫓고 그 돼지 떼는 바다로 달려가 빠져 죽습니다. 여기서 돼지는 인간이 감당할 수 없는, 인간에게는 너무 큰 영입니다. 그리고 이 악마는 단지 인간이 동화될 수 없는 신일 뿐입니다.

돼지가 이렇게 많은 신화에서 중요한 역할을 하는 줄은

몰랐습니다.

나는 돼지에 대한 언급을 볼 때마다 흥분합니다. 돼지가 첫 번째 희생제물이고, 그리스도가 마지막 희생제물이기 때문입니다. 돼지와 그리스도 사이에 황소가 있고, 또 그 사이에 말이 있습니다. 돼지 희생제물, 황소 희생제물, 아리아 왕자들의 말 희생제물, 그리고 예수라는 상징적 희생제물이 있습니다. 예수는 그리스도교 전통에서 희생제물의 필요성을 없애 버렸습니다. 예수 자신이 완전한 희생제물이기 때문입니다. 따라서 예수 자신은 돼지가 대표하던 희생제물을 상징하는 최종 존재입니다.

앞에서 말했듯이, 인도에서는 소를 먹지 않습니다. 성스러운 황소, 성스러운 암소는 실제 우주 자체의 신비를 상징하는 동물이 되었습니다. 달은 죽음과 부활의 신이고, 달의 배우자인 암소는 어머니 지구입니다. 인도에는 용서받지 못하는 세 가지 큰 죄가 있습니다. 브라만을 죽이는 일, 여성을 죽이는 일, 암소를 죽이는 일입니다. 이 세 존재는 모두 대단히 강력한 신화적 내용의 전달자입니다. 그리고 나는 이것이 유대교 전통의 돼지와 관련이 있다고 생각합니다.

고백할 것이 하나 있습니다. 캠벨 가문의 문장을 찾다가 방패 위에 멧돼지 머리가 있는 것을 발견했습니다. 아마도 나는 멧돼지와 대단히 깊은 어떤 관계가 있나 봅니다.

황소는 무엇을 상징하나요?

황소의 뿔은 달의 뿔, 즉 초승달과 관련이 있습니다. 또한 황소는 성적 생명력을 대표하는 동물입니다. 그리고 달은 에로스, 즉 두 번째 차크라와 연결됩니다. 황소의 죽음은 죽음에 대한 승리를 상징하지만, 그 죽음 후에 황소의 후손인 작은 송아지가 태어나고, 또 그다음 황소가 태어납니다. 달의 죽음과 부활은 허물을 벗는 뱀처럼 죽음을 떨쳐 내고 다시 살아오는 생명을 상징합니다. 한 이미지 체계 안에서 뱀이 달과 연결되듯이, 황소도 달과 연결됩니다.

이와 같은 원리로, 사자는 해의 형태와 연결되고 황소는 달의 형태와 연결됩니다. 독수리가 해의 형태와 연결되듯이, 뱀은 달의 형태와 연결됩니다. 매달 달 위로 뛰어오르는 태양, 뱀을 덮치는 독수리, 황소를 덮치는 사자 이미지 등 신화화된 이와 같은 이미지들은 의식의 영원한 측면이 일시적인 것을 압도하는 것을 상징합니다.

황소는 언제 희생제물이 되었나요?

그 시기는 황소를 길들였던 목축문화와 관련이 있습니다.[09] 황소가 희생제물이 되기 전에 돼지를 길들였고,[10] 멧돼지가 희생제물 역할을 했죠. 멧돼지의 엄니는 두 개의 초승달이 되고, 엄니 사이의 검은 얼굴은 두 초승달 사이에 있는 어둠을 나타냅니다. 이런 상징은 멜라네시아에서 발견되었고, 소의 목축이 대세가 되기 이전에 돼지 문화와 연결된 초기 에게해와 유럽 문화에서도 발견됩니다.

제인 해리슨(Jane Harrison)은 『그리스 종교 연구를 위한 서론(Prolegomena to the Study of Greek Religion)』이라는 훌륭한 책에서 이 문제를 이야기합니다. 황소 뿔은 위로 향하고 황소 숭배는 하늘의 신들에게 전해집니다. 멧돼지의 엄니는 아래로 향하고, 돼지 숭배는 지하세계의 권력들에 전해집니다. 죄인은 돼지 피로 씻어서 깨끗해집니다. 오레스테스[Orestes, 그리스신화에 나오는 아가멤논과 클리타임네스트라의 아들]는 하늘 돼지의 몸을 갈라 거기서 나오는 피로 모친살해의 죄를 씻어 냈습니다.

이처럼 우리에게는 두 가지 세계가 있습니다. 생물적 에너지 세계인 지하세계와 의식이라는 빛의 세계인 하늘 세계, 그리고 이 두 세계를 위한 의례는 돼지와 황소라는 두 동물과 연결됩니다.

「창세기」를 보면 에덴동산에서 인간을 내쫓는 날개 달린 천사와 뱀 사이에는 처음부터 긴장이 내재하는 것 같습니다. 이와 반대로 동양 전통에서는 날개 달린 뱀(또는 용) 이미지 속에서 이런 갈등이 통합되는 것 같습니다. 대립이냐 조화냐를 떠나서 뱀과 새의 이미지는 서로 어떤 관계가 있을까요?

뱀은 시간의 영역에서 불멸을 상징합니다. 뱀은 땅에 묶인 존재이고, 새는 땅으로부터 자유로운 존재입니다. 이 두 존재는 땅에 매여 있는 존재와 정신적 비행 사이의 긴장을 상징합니다. 포유류인 인간은 이 둘 사이에 존재하지요. 흥미로운 점은 이 두 존재, 새와 뱀이 서로 연관되어 있다는 것입니다. 공룡시대로 거슬러올라가 보면 새의 깃털과 뱀의 비늘은 기원이 같습니다. 두 동물 모두 아직은 태생동물이 아닌 난생동물이지요. 그리고 태생동물인 간이 있습니다. 인간은 새와 뱀이라는 두 극단 사이에 있는 태생동물인 포유류와 자신을 동일시합니다. 새는 땅의 속박을 벗어 버리고 날아오르는 힘을 상징합니다.

선생님은 7일간의 창조를 문자적으로 믿지 않습니까?

당연히 믿지 않습니다. 창조 설화는 지금 우리가 알고 있는 실제 진화 이야기와 아무 관계가 없습니다.

**「창세기」의 창조 이야기와 우리가 과학을 통해 알고 있는
사실이 조화를 이룰 수 있는 방법은 없을까요?**

나바호족 이야기와 과학적 사실 간의 조화를 찾으려 하지 않는 것처럼, 굳이 성서와 과학 사이의 조화를 찾을 필요가 있을까요?

이제 성서를 믿어야 한다는 생각에서 벗어날 때가 되었습니다. 성서야말로 세계에서 가장 과대광고된 책입니다. 성서를 하느님 말씀이라고 주장하는 일은 대단히 오만한 태도입니다. 이 주장을 그대로 받아들여 이 부족 신화를 영원한 것으로 만드는 일, 이 부족에 속하지 않는 모든 사람을 향한 온갖 폭력을 정당화하는 일도 마찬가지입니다. "이스라엘 이외에는 온 세상에 신이 없다"[11]와 같은 태도와 주장은 다른 모든 사람을 배제합니다. 이것은 가장 완고한 도덕적 우월주의의 사례 중 하나입니다.

**성서에 대해서만 지나치게 예민한 것은 아닌지요? 선생님의
작품들은 원시사회에서 일어나는 모든 종류의 폭력을
정당화하지 않았나요?**

내가 정말로 정당화하는 말을 했나요? 아닙니다. 나는 그런 일이 있었다고 말했을 뿐입니다. 그리고 그런 일들이 사회구조를 유지해 왔다고 할 수 있죠, 그렇지 않나요? 그러나 나는 그것이 모두 정당하다고 말하지는 않았습니다.

내가 성서에서 부적절하다고 보는 것은 성서는 한 부족에 국한된 신화라는 점입니다. 성서는 특정 시기에 존재했던 특정 민족을 다룹니다. 그리스도교는 성서를 확장하여 이 특정 시기, 특정 민족 이야기를 자신들의 신화에 포함했습니다. 그리고는 성서 속 특정 사회는 다른 모든 사회와 대립하게 되었습니다. 반면 오늘날 세계적 상

황을 볼 때, 성서에 등장하는 특정 사회는 결코 중요한 사회가 아닙니다. 세계를 주도하는 사회도 아니죠. 절대 그렇지 않습니다. 이 상황은 마치 무거운 짐과 같이 우리를 뒤로 끌어당기고 있습니다. 성서 속의 특정 사회는 과거에 속하기 때문이죠. 우리는 이 속박을 풀지 못하고 있고 현대신학으로 나아가지 못하고 있습니다.

초월하는 인류

정리하면, 기원전 제4천년기에 최초의 도시들이 출현했고, 순환 주기에 기초한 하늘 지향 신화로의 전환이 일어났습니다. 그다음에는 어떤 문화 단계가 나타났나요?

다음 단계로의 변환은 기원전 500년경에 일어납니다. 이 시대는 붓다의 시대이자, 공자와 노자, 조로아스터의 시대이기도 합니다. 피타고라스도 이 시대에 속하고, 헤라클레이토스도 마찬가지입니다. 그리스의 위대한 업적은 비극에 있으므로 당연히 아이스킬로스도 이 시대 사람입니다. 국경을 넘어 전체적으로 대단한 시기였습니다.

청동기시대 모든 문화가 지금 우리가 아는 모습을 갖추기까지 약 1000년 혹은 1500년 정도의 기간이 있었습니다. 이 시기에는 문화 자체 내부의 내분과 분열로 당시 사람들이 감당할 수 없는 일들이 일어났습니다. 그 이후 위에서 언급한 인물들이 등장하여 분열된 상황을 통합할 방법을 규정하려고 노력합니다.

공자는 "전국시대" 이후에 등장합니다. 붓다는 『마하바라타』에 나오는 가족들의 대전쟁 다음 시대에 등장합니다. 그리스 철학자 및 작가들은 페르시아전쟁과 펠로폰네소스전쟁 직전에 등장합니다. 이들의 등장에는 문화를 향한 설익은 신화적 열정이 넘치던 시기에 사회를 조율하던 원리들을 회복하려는 지적 의도가 담겨 있습니다. 실로 엄청난 시대였습니다!

이런 변화가 신화의 이미지에는 어떻게 반영되나요?

만다라(mandala)는 특정 시대의 세계관 속에 담긴 특징을 상징으로 보여 주는 문양이나 장식을 말합니다. 만다라는 시대에 따라 다양한 모습을 보여 줍니다. 이 만다라들을 보면 인간 자의식의 진보 과정을 추적할 수 있습니다. 인류가 사냥꾼이었을 때 인간은 자신을 둘러싼 세계와의 일치를 표현하기 위해 동물을 신성한 존재로 여기면서 동물 가면을 쓰고, 동물 토템을 만들고, 동물에서 이름을 따왔습니다. 초기 수렵 단계에서 인류는 두 개의 거대한 사회를 마주했는데, 바로 인간 사회와 동물 사회였습니다. 그리고 신화는 항상 이 점을 고려했습니다.

그다음에는 식물 세계라는 주제가 등장하면서 식물을 다룬 신화가 생겨납니다. 식물 세계 다음에는 해와 달 그리고 인간 존재의 모든 것을 결정하는 황도대의 별자리 개념이 등장하고, 이 위대한 천체들과 연결된 신화들이 나옵니다. 농경사회에서는 계절의 순환과 죽음과 재생의 과정이 핵심이 됩니다.

만다라는 이런 문화들이 복잡해지면서 처음 등장합니다.[12]

내가 아는 한, 제대로 구조를 갖춘 가장 오래된 만다

라는 기원전 4000년경에 근동지역 이라크에 있는 텔 알할라프(Tel al-Halaf)와 사마라(Samarra) 지역에서 출토되어 사마라 및 할라프라고 불리는 도자기에서 찾아볼 수 있습니다. 마을은 도시로 발전했고, 도시는 중심과 네 방향, 수호신과 네 계급이라는 우주론적 비유로 결속되었습니다. 고정된 별자리를 가로지르는 행성들의 수학적 궤도는 경이로움의 중심이 되었고, 인간들은 신을 태양 왕관을 쓴 태양신으로 형상화했습니다.

그 후에는 그리스도교 상징인 십자가가 만다라의 중심이 되었습니다.

그런데 이제 인간에게 가장 가까운 이웃은 동물도, 행성도, 태양도, 달도 아닌 바로 인간입니다. 신화 앞에 놓인 핵심 문제는 인간과 인간 사이 문제입니다. 심리학에서 만다라는 개인 삶의 이질적 기능들과 관심들을 조정하는 구조화 양식으로 이용됩니다. 사람들은 만다라 명상을 통해 자기 삶을 정돈할 수 있습니다. 융은 환자들의 만다라에서 인간의 형상이 초점이 되는 것을 발견했습니다.

인류, 즉 너와 나는 이제 세상을 창조해야 합니다. 그래서 사람들은 하늘, 식물, 동물에서 인간의 정신으로 눈을 돌리고, 모든 신화는 이 시기에 불교, 유교, 도교, 다양한 그리스 철학들과 같은 철학으로 이동합니다.

이 철학화는 어떤 결과를 가져오나요?

모든 신, 그리고 신화가 표현하는 모든 것이 정신의 표현이라는 것을 깨닫게 됩니다. 그래서 동물, 식물, 그리고 별들을 다루는 모든 외면적 신화는 인간 자신의 힘, 철학, 인간의 내면적 삶으로 번역됩니다. 그리고 그것은 거대한 노래로 등장합니다.

나는 필로소피아 페레니스(Philosophia Perennis) 또는 "영원의 철학"이라고 불리는 것, 즉 모든 철학의 특정 범위에서 줄곧 등장하는 영지적 주제(the Gnostic theme)는 신화 속 상징 원형을 언어 담론으로 옮겨 놓은 것이라는 느낌을 받습니다. 그 이전에는 이미지만 있었을 뿐이며 텍스트는 없었습니다.

이 중요한 전환이 위에서 언급한 모든 지역에서 거의 동시에 일어났다는 말씀인가요?

그렇습니다. 이 전환은 인도에서 『우파니샤드』와 함께 시작되었습니다. 그러나 동양과 서양의 진행 과정에는 차이가 있습니다.

동양에서 핵심 주제는 타트 트밤 아시(tat tvam asi, "네가 바로 그것이다")입니다. 이 주제는 기원전 900년경 인도에서 나온 『찬도갸 우파니샤드』에 등장합니다. 이 책에는 늙은 현자 아루니가 어린 아들 스베타케투를 가르치는 장면에서 나오는 아주 멋진 구절이 있습니다. 아루니는 스베타케투에게 이렇게 말합니다. "저기 있는 나무에서 무화과 하나를 나에게 가져오너라." 스베타케투가 무화과를 가져오자 아루니가 말합니다. "그 무화과를 반으로 자르고 쪼개고 나누어라." 아들이 대답합니다. "그렇게 했습니다."

"무엇이 보이느냐?" "작은 씨들이 보입니다." "씨 하나를 꺼내 보아라." "그렇게 했습니다, 아버지." "그 씨를 절반으로 잘라 쪼개 보아라." "그렇게 했습니다." "무엇이 보이느냐?" "아무것도 보이지 않습니다." "그렇다면, 아들아, 그 아무것도 없는 것에서 저렇게 큰 나무가 나왔구나. 그 아무것도 없는 것에서 우주가 나왔구나. 그 아무것도 없는 것에서 네가 나왔구나. 너는 그 아무것도 없음이다. 스베타케투야, 네가 바로 그것이다."

이것이 내면의 신성을 찾기 위한 내면으로의 전환의 시작입니다. 『브리하드아란야카 우파니샤드』에도 중요한 구절이 있습니다. "이 신을 경배하라, 저 신을 경배하라. 또 다른 신을 경배하라고 말하는 사람이 있다. 이 사람은 이 모든 것의 근원이 자기 자신, 즉 아트만 안에 있다는 것을 알지 못한다." 여기에 인간 존재를 탐구하는 영원한 발자국이 있습니다. 이것이 바로 전환의 시작입니다.

이런 전환이 서양에도 전해졌나요?

이 전환은 알렉산드로스대왕이 기원전 327년에 페르시아를 건너 인도에 들어간 이후에 서양에 들어옵니다. 거대한 변화가 시작된 것입니다.

나는 천천히 이에 관한 이론화 작업을 하고 있습니다. 실제로 진행하고 있습니다. 나는 그저 다음과 같은 과정을 보여 주려고 합니다. 알렉산드로스대왕이 인도로 갔고, 그다음으로 발견한 것은 아소카왕이 알렉산드리아, 마케도니아, 키프로스 등으로 불교 선교사를 보냈다는 것입니다. 그리고 그 시기에 고대 플라톤 철학도 함께 등장합니다. 그리고 얼마 지나지 않아 그리스도교가 등장하지요.

또 어디에서 이런 일이 일어났나요?

이런 변환은 이집트의 『사자의 서』에도 나타납니다. 이 책은 영혼이 지하 세계를 통과하여 오시리스의 법정까지 가는 전체 여정을 다룹니다. 영혼은 이 여정에서 신들을 먹어 치웁니다. 이 책에는 대단히 흥미롭고 스릴 넘치는 구절들이 있습니다. "내 팔은 토트의 팔이다. 내 마음은 오시리스의 마음이다." 이런 구절도 있습니다. "내 몸의 모든 것은 신의 것이다. 이 모든 것을 내게서 빼앗지 못할 것이다."

여기서 신들은 인간 존재의 본질적 에너지의 발현입니다. 그리고 절정의 순간이 옵니다. 바로 지하 세계에서 빛을 향해 눈을 뜨고 입을 여는 순간입니다. "나는 어제도, 오늘도, 내일도 존재한다. 나는 두 번째 태어날 힘이 있다. 내가 바로 신들의 근원인 영혼이다." 여기서 인간은 모든 현상이 초월적 에너지의 발현이고, 이 초월적 에너지와 자신이 동일함을 인식합니다.

이 인식을 철학으로 옮기면, 윤리보다는 형이상학에 기초한 철학이 등장하게 됩니다. 아이스킬로스는 "선과 악은 하나다"라고 말합니다. 헤라클레이토스는 이렇게 말합니다. "신에게 모든 것은 선하고 올바르며 정당하다. 인간에게 어떤 것은 올바르고 어떤 것은 그렇지 않다."[13]

그러나 이런 생각이 서양의 대중 철학에서는 확고한 자리를 차지하지 못했습니다.

서양에서는 (우주를 은유적으로 읽고, 우주 뒷면에 놓인 신비를 보기보다는) 객관적 사실에 집중하면서 측정, 욕망, 두려움의 대상에 집착하게 되었습니다. 이런 단절은 또한 윤리적 강조로 우리를 이끕니다. 그 결과 악에 저항하는 선이 중요해집니다. 서양의 종교들은 대체로 형이상학보다는 윤리를 강조합니다. 이와 같은 구분은 약 기원전 500년쯤부터 뚜렷하게 나타나기 시작합니다.

영지: 선과 악을 넘어서

무엇이 이런 선과 악의 구분을 가져왔나요?

바로 이 시기에 페르시아에서 또 다른 변환이 일어납니다. 페르시아제국은 기원전 529년에 키루스에 의해 건국되었고,* 그의 뒤를 이어 다리우스가 기원전 521년부터 486년까지 통치했습니다. 다리우스는 조로아스터를 자신의 예언자로 선택합니다. 조로아스터의 활동 시기에 대해서는 다양한 의견이 있습니다. 어떤 이들은 조로아스터가 기원전 1200년경에 활동했다고 보고, 다른 사람들은 기원전 600년경에 활동했다고 봅니다.

조로아스터와 함께 완전히 새로운 신화가 등장합니다. 조로아스터교의 신화는 기본적으로 선과 악을 절대적으로 구분하는 윤리 전통입니다. 선과 악은 처해 있는 위치에 따른 상대적인 것이 아니라, 절대 선과 절대 악이 존재한다는 것이지요. 이 생각은 대립하는 두 신으로 상징화됩니다. 빛과 자비, 정의와 지혜의 신인 아후라 마즈다(Ahura Mazda)와 어둠과 위선, 거짓과 악의 신인 앙그라 마이뉴(Angra Mainyu)의 대립입니다. 아후라 마즈다는 선한 세상을 창조했습니다. 그리고 앙그라 마이뉴가 그 선한 세상에 악을 던져 넣으면서 사람들은 타락하게 됩니다. 그래서 이 세상은 선하지 않습니다.

우리가 사는 세상은 이 두 가지 원리로 구성되어 있습

니다. 다른 전통들은 사람들에게 자연과 조화를 이루라고 권합니다. 반면에 조로아스터교는 이렇게 말합니다. "아니다. 자연은 선과 악이 섞여 있다. 너는 자연에 자신을 맞추어서는 안 된다. 너는 자연을 바로잡아야 한다." 이것은 대단히 깊고 근본적인 차이입니다. 내가 아는 한 누구도 이 점을 지적하지 않았습니다.

종교에서 선과 악에 초점을 맞추는 것이 조로아스터교에서 시작되었다는 말인가요?

나는 그렇게 생각합니다. 선과 악의 구분은 페르시아 전통에 있습니다. 그때부터 근동에서 나오는 모든 것에 이와 같은 개념이 담겨 있습니다. 이 개념은 자연을 오염된 것으로 보는 낙원에서의 타락 이야기와 함께 성서 전통에도 들어옵니다. 사해문서에도 이 개념이 등장하는데, 여기서는 빛의 아들들과 어둠의 아들들이 대립합니다. 그리고 이 선과 악 구분은 그리스도교 전체 전통에도 들어 있습니다. 페르시아 아케메네스왕조의 다리우스 대왕이 선택한 이 위대한 예언자의 가르침이 성서를 통해 그리스도교에도 자리 잡은 것이죠.

이 선악 이원론의 역학 구조는 순환 신화들과 어떻게 다른가요?

조로아스터교 신화는 악과 어둠의 힘이 마침내 멸망할 때 거대한 재앙이 일어날 것이라고 말합니다. 그리스도교는 이런 대재앙 신화가 유대교 세계에서 크게 유행하던 시기에 탄생했습니다. 기원전 1세기와 기원후 1세기에는 세상의 종말이 다가온다는 생각이 대단히 강력했습니다. 이런 생각이 사해문서 전통의 근간을 이루고 있습니다. 쿰란 공동체는 세상의 종말과 여호와의날이 올 것을 예상하며 종말에 덮칠 대재앙에서 생존하기 위해 준비하고 있었습니다. 한편 쿰란 동굴에서 불과 몇 킬로미터 떨어진 요르단강 상류에서 세례자 요한이 비슷한 종말론적 기대를 품고 세례를 베풀고 있었습니다.

그래서 역사는 끝없이 반복되는 순환이 아니라 결승선이 보이는 직선이 된 것인가요?

이제 모든 사람이 선과 악이 갈등하는 이 혼돈의 세상에 참여하라는 부름을 받습니다. 인간은 선한 쪽에 힘을 보태고 완전한 세상을 회복하라는 권고를 받습니다. 우리는 황금과 번영의 시대를 지향하는 진보 개념을 통해 세속화된 형태로 이 권고를 계승했습니다.

이 생각은 영원의 철학을 뜻하는 영지주의 전통과 대조를 이루나요?

영지는 모든 것을 신으로 보는 정신의 결정적 단계를 말합니다. 산스크리트어에서는 영지를 보리(bodhi) 깨달음이라고 부르고, 깨달음을 얻은 사람을 깨달은 자, 즉 붓다라고 부릅니다. 신의 나라는 아직 오지 않은 역사적 사건이 아니라, 지금 이곳에서 일어나고 있습니다. 산스크리트어에서 이를 이티 이티(iti iti)라고 합니다. 이것을 보지 못하게 방해하는 유일한 문제는 자기라는 단단한 육체적 존재에 대한 집착입니다. 그러므로 이 집착을 없애야 합니다. 이 집착을 죽이고 이 진리를 이해하게 될 때 그 순간에는 죽어도 정말 아무런 상관이 없습니다.

그리스도교에서는 모든 것을 구체화합니다. 신도 구체화합니다. 신뿐만 아니라 악마도 구체화합니다. 천국과 지옥은 고정된 양극으로 존재합니다. 극성이 있으면 여전히 현상계에 존재하게 됩니다. 신은 사실이 되고 이름을 가집니다. 이름은 무언가를 표상합니다. 무언가를 표상하는 모든 것은 마야에 속합니다. 그렇지 않습니까?

일레인 페이겔스(Elaine Pagels)의 책 『숨겨진 복음서, 영지주의(The Gnostic Gospels)』를 읽어 볼 것을 권하고 싶습니다.[14] 이 책에서 페이겔스는 신의 표상화 문제를 일부 다루고, 비잔틴 그리스도교의 개념이 강력한 힘을 얻어 다른 모든 것을 쓸어버리는 이유와 그 과정을 이해하는 데 도움이 되는 참고자료들을 알려 줍니다.

영지주의 전통 전체가 파괴되었습니다. 인도에 가면 신에 대해 생각하는 다양한 방법이 98가지가 있습니다. 초기 그리스도교에서도 98가지 방법이 있었습니다. 그러나 비잔틴 왕조의 그리스도교 개념을 제외한 다른 모든 방법은 이단이라는 이름으로 파문당했고, 군사력과 폭력으로 파괴당했습니다. 어떤 그리스도교를 발전시킬 것인지는 선택의 문제입니다. 이 선택은 구체적이고 역사적으로 결정된 선택입니다.

그 이유가 무엇인지는 내가 대답할 수 없습니다. 다른 곳에서는 그런 일이 일어나지 않았으니까요. 그런데 이슬람교에서는 그런 일이 일어났고, 유대교에서도 동일한 일이 일어났다고 나는 생각합니다. 『구약성서』에서 그런 폭력을 확인할 수 있습니다. 여호와주의자들은 통제력을 획득한 집단이었습니다. 예를 들어 『구약성서』에 나오는 엘리야 이야기를 한번 읽어 보세요. 깜짝 놀랄 겁니다! 울타리 건너편에 있는 사람들을 향한 대학살이 벌어집니다!

「사무엘서」와 「열왕기」에 나오는 여러 유대 왕들을 보면 여호와가 보기에 네 명 정도만 옳은 일을 했습니다. 나머지 다른 왕들은 언덕 꼭대기에서 경배를 드렸고, 여신을 숭배했습니다. 그러자 요시야(Josiah)가 기원전 621년에 성전에 들어가 성전을 깨끗하게 청소했습니다. 요시야는 성전에서 창녀들, 태양신의 말, 느후스단(Nehustan)이라는 이름으로 경배를 받던 뱀, 그리고 그 밖의 모든 것을 발견했습니다. 느후스단은 모세가 사막에서 청동으로 만들었던 뱀이라고 알려져 있죠. 이 사건은 대단히 중요한 순간이었습니다. 주도권을 쥔 자들이 다른 다양한 것들을 몰아내는 역사는 바로 우리 자신의 이야기에서도 계속되고 있습니다.

그러나 다른 그리스도교들이 있었고, 비밀 그리스도교도 있었습니다. 이 비밀 그리스도교가 바로 이집트 사막지대에 묻혀 있던 영지주의 자료인 나그함마디 문서(Nag Hammadi Gospels)에 담겨 있습니다.[15] 이 자료들이나 토머스 머튼(Thomas Merton)의 작품들을 읽어 보세요.[16] 그러면 동양의 문헌을 읽고 있다는 생각이 들 것입니다. 매우 중요하고 흥미로운 사실은 그리스도교가 1세기부터 3세기까지 발전하고 있었고, 같은 시기에 인도 북서부 지역에서는 대승불교가 발전하고 있었는데, 이들은 페르시아제국을 관통하는 길의 양쪽 끝에 2400킬로미터나 떨어져 있었지만, 낙타 무리와 코끼리 부대가 이 도로 위를 활발하게 다녔다는 것입니다.

그러나 이 두 종교의 핵심 상징이 완전히 다르다는 점은 흥미롭습니다. 십자가는 고통의 전형인 반면, 붓다는 깨달음이 주는 초월적 평화와 평온을 보여 주는 것 같습니다. 이 차이를 설명해 줄 수 있나요?

대단히 흥미로운 질문입니다. 나도 꽤 오랫동안 고민

했던 문제입니다. 해답은 없지만, 한 가지 제안할 의견은 있습니다.

서양은 계절이 강조되는 세계입니다. 따라서 시간과 죽음과 부활을 강조합니다. 바로 이 지역에서 죽음과 부활의 신은 대단히 중요한 신입니다. 이 신은 죽었다가 부활하는 메소포타미아의 탐무즈, 이집트의 오시리스, 아도니스와 아티스, 그리고 그리스도까지 거슬러 올라갑니다. 이 모든 신은 달의 힘과 관련이 있습니다.

그리고 인도에는 괴테의 말대로 꽃과 열매가 동시에 있는 열대 정글 지역이 있습니다. 그곳에서 시간은 늘 같은 것처럼 보이며, 고요함이 강조됩니다.

유럽에서 구원자의 이미지는 죽음과 다시 태어남이라는 시간과 위기의 통과를 강조합니다. 그러나 불교 신화에서는 고요한 지점을 강조합니다. 붓다가 손을 아래로 떨어뜨리고 세상을 떠나는 것은 십자가에 못 박히는 순간과 비슷합니다. 손을 떨어뜨리는 것은 아버지에게 가기 위해 세상을 떠나는 것입니다. 정신적으로 육체의 세계를 떠나는 일입니다. 곧, 붓다는 육체를 떨어뜨립니다.

그다음에 붓다가 자비의 몸짓과 함께 돌아오는 것은 부활절 일요일의 부활 사건과 비슷합니다. 부활절 일요일은 붓다의 깨달음에 상응합니다. 붓다가 손가락으로 땅과 접촉하는 것은 십자가에 못 박히는 것에 해당합니다.

이런 유사성에도 불구하고 서양에서는 고통의 측면이 강조되었습니다. 그러나 불교에서는 그렇지 않습니다.

이제 그리스도와 더 밀접한 관계가 있는 불교의 보살 이미지를 살펴봅시다. 보살은 깨달음의 경지에 이른 존재이지만, 기꺼이 세상으로 돌아와 "세상의 고통과 슬픔에 기쁘게 동참"합니다. 그리스도를 보살과 같다고 말할 수도 있습니다. 세상의 슬픔에 기쁘게 동참하는 생생한 사례를 원한다면, 그리스도의 십자가형을 보면 됩니다. 바울의「빌립보서」에 놀라운 구절이 있습니다. 이 구절은 바울이 이 편지를 쓰던 기원후 60년 무렵에 이미 존재하던 기도 혹은 신앙고백문으로 여겨집니다. "그리스도께서는 신성을 집착해야 할 것으로 여기지 않으셨으므로, 신성을 포기하시고 종의 모습으로 태어나셔서 십자가에서 죽기까지 하셨습니다."[17] 즉, 세상에 대한 사랑으로 세상에 오셨고, 세상의 고통과 슬픔에 기쁘게 동참하였습니다. 이것은 세상의 슬픔을 직접 겪는 것을 의미합니다.

그리스도와 보살은 대단히 잘 어울립니다. 그러나 공인된 이 두 가지 전통 사이에 본질적 차이가 있습니다. 바로 그리스도의 독특한 신성입니다. 우리는 이 신성에 직접 참여하지 못하고, 다만 모방을 통해서만 참여할 수 있습니다. 불교에서는 우리 모두 붓다이고, 유일한 문제는 우리가 그 사실을 모른다는 것입니다. 우리가 붓다처럼 행동하지 않는 것이 문제입니다.

내가 지적하려고 하는 점은 그리스도교의 상징을 폐기할 필요는 없다는 것입니다. 나의 말은 이런 식으로 오독될 위험이 있습니다.

영지주의자들은 낙원에서의 타락을 어떻게 읽나요?

뱀은 아담과 하와를 윤리적 신, 의로운 신, 복수심으로 가득 찬 신으로부터 멀어지게 하려고 최선을 다했습니다. 그래서 영지주의 교단이자 뱀을 숭배하는 교단인 오르페우스 교단은 예수를 이 뱀의 재림으로 보았습니다. 예수와 함께 여호와의 법과『구약성서』를 넘어섰고, 마침내 그것을 철폐했기 때문입니다. 그러나 그 이후 그리스도교인들은 바로 다시 돌아왔고, 그리스도인들의 전통은 다시 『구약성서』의 전통이 되었습니다! 선과 악, 옳음과 그름, 죄와 속죄가 다시 중요해졌습니다.

서양 철학에서는 영원의 철학이 이 영지 개념을 계속 이어갑니다. 그러나 아리스토텔레스와 데카르트를 따르는 철학들은 시공간 현상의 사실성에 더 많은 관심을 가지고 있으며, 이 사실성을 훨씬 위대한 신비적 의미보다는 현상적 의미 안에서 논의하고 다루고 있습니다. 이런 접근법 때문에 서양과 동양 사이에 차이가 생겼습니다. 서양은 외부 현상에 관심을 두었고, 동양은 모든 현상에 영향을 주는 현상 이면의 리듬과 신비에 관심을 두었습니다.

이 두 개의 철학은 현대 세계에서도 서로 대조를 이루고 있습니다.

3장

진지하게
받아들여진 신화

신화와 종교 사이에는 어떤 차이가 있을까요?

종교는 신화를 진지하게 받아들여 지역에 따라 특정한 방식으로 해석한 것입니다. 신화의 기본 이미지는 대부분 보편적입니다. 이 보편 이미지를 아돌프 바스티안(Adolf Bastian)은 엘레멘타르당켄(Elementargedanken)* 또는 "기본 관념(elementary idea)"이라고 불렀습니다. 그러나 개별 문화권은 이런 보편 이미지들을 자기만의 방식으로 변형하고, 그 변형된 이미지를 최고이자 진리로 받아들입니다. 종종 개별 사회는 자신들만의 특정 상징에 지나치게 집착한 나머지 자신들의 신화 속에 내재된 보편 메시지를 놓치기도 합니다. 이런 경우 그 문화는 다른 문화들과 관계를 맺을 수 없습니다.

나는 평생 비교신화학이라는 작업에 관심을 쏟았습니다. 우리는 사람들이 각자 다른 언어를 사용하여 이 사람은 이 언어로, 저 사람은 저 언어로 말하면서 서로 혼란을 겪는 모습을 보게 됩니다. 어떤 사람이 미국에 있는 빵집에 들어가 프랑스어로 팽(pain)을 달라고 말하면, 빵집 직원은 "그런 것은 없어요"라고 말할 겁니다. 그러나 그 사람은 빵을 주문한 것이고 그 빵집에는 빵이 있습니다. 문화 간의 경계를 넘어설 때 바로 이런 일이 일어납니다.

개인의 삶에서 종교는 어떤 가치가 있을까요?

종교 생활은 자아를 넘어서는 에너지와 영향력이라는 축복에 자아 체계를 개방하는 일입니다. 그렇다면 문제는 이런 자아초월적 영향력과 에너지는 어디에서 오느

---

* 캠벨 작품 번역서들을 보면 이 개념을 "원소적 사고" "원소적 발상" "기본적 관념" 등으로 번역했다. 이 책에서는 기본 관념으로 번역한다.

냐 하는 것입니다. 심리적 관점에서 보면, 자아초월적 에너지는 자아 체계보다 더 깊은 정신 혹은 마음의 심연에서 나옵니다. 자연에 대한 믿음이 있는 사람은 정신의 심연에서 솟아나는 것은 무엇이든 받아들입니다. 그리고 그것을 인간 내면의 자연인 자기 본성이 자아의 제한된 의식과 소통하는 것으로 이해합입니다.

영적 진리는 종교적 이미지를 통해 교육됩니다. 죽음을 피할 수 없는 일회적이며 현상적인 의식의 매개체인 육체와 의식의 신비가 맺고 있는 관계를 탐구하고, 자기 안에서 삶의 더 지속적인 측면을 찾는 일, 이것이 바로 종교가 말하고 있는 것입니다. 종교는 이러한 신비를 의인화한 것입니다.

선생님의 종교 이해는 신비주의나 밀교적 관점의 이해 같은데, 사람들 대부분이 자기 종교를 이해하는 방식과는 충돌하는 것 같습니다.

대중 종교는 자기 종교의 신을 구체적으로 믿습니다. 그 이면에 있는 위대한 미지의 것을 잘 성찰하지 않지요. 대중 종교에서 신의 이름은 중요하지 않습니다. 사람들은 오직 세 가지를 위해 신에게 의지합니다. 건강, 재산, 후손이죠. "옥수수를 잘 자라게 해 주세요. 제 딸을 건강하게 해 주세요. 그렇지 않으면 당신의 제단에 다시는 초를 바치지 않겠습니다." 산스크리트어에서는 이런 방식의 신성 발현을 데시(desí)라고 하는데, 이는 민속신앙이나 대중 신앙을 뜻합니다.

마르가(mārga)라는 개념도 있는데, 사냥꾼의 단어에서 빌려온 이 개념은 원래 "동물의 발자국이 남긴 흔적"을 의미합니다. 종교적 의미에서 마르가는 종교적 신화 속 기본적 혹은 보편적 관념으로, 인간을 깨달음이라는 보물이 있는 마음의 방으로 이끄는 길을 의미합니다.

전통사회에서 사회 구성원은 민속신앙인 데시를 통해 사회와 관계를 맺으면서 삶의 첫 번째 단계를 적절하게 보냅니다. 그다음 인생 중반이 되어 사회가 그 구성원을 놓아주면 (반드시 놓아주게 됩니다), 마르가가 그 사람을 자기 내면으로 데려갑니다. 자기 내면으로의 이동은 삶의 두 번째 단계로 이동하는 적합한 방식입니다.[01]

그러나 지금 우리 문화는 신화에서 영감을 받지 않으며, 그래서 사람들을 심연으로 인도하지 못하고 있습니다. 오늘날 우리는 명상할 시간을 강간이나 살인, 정치, 주식에 관한 기사를 읽으면서 보냅니다. 우리가 공허해지고 있다고 말할 수도 있겠습니다. 이런 이유로 오늘날 젊은 사람들이 명상과 같은 일에 전례 없이 빠져드는 모습을 볼 수 있습니다.

서양 종교들은 이 문제를 보완하지 못할까요?

융은 종교가 신을 경험하는 것을 방해하는 방어막이라고 말합니다. 나는 우리 종교들이 그렇다고 생각합니다.

나는 신화를 인간 정신의 경험, 행동, 성취의 가능성을 말해 주는 은유적 이미지들의 투영이라고 정의할 수 있다고 생각합니다. 신화에는 언제나 신비적 차원이 있습니다. 우리는 그 신비를 틀 안에 제한할 수 없습니다. 그런 노력은 마치 신비적 차원을 가운데 두고 원으로 둘러싸서 가두려 하는 것과 비슷합니다. 그러나 땅에 원을 그리는 일과 조약돌을 연못에 떨어뜨려 동심원들이 퍼져 나오는 것은 다릅니다. 신화는 연못에 조약돌을 던지는 일입니다. 신화는 우리에게 어떤 중심을 알려 주고, 그 중심으로 우리를 데려갑니다. 나바호족은 그 중심을 아름다운 꽃가루 길이라고 부르죠. 그러나 신화는 우리에게 그 중심의 명확한 정의를 알려 주지는 않습니다.

반면에 독단적인 종교들은 개념과 정의 들을 만들어서 신화와 의례를 둘러싸고 그것을 제한하려 합니다.

신의 본성

신은 단순히 원시적 미신의 잔재는 아닐까요?

글쎄요. 미신이란 현재에는 적절하지 않은 과거의 것이 현재로 "넘어와서 영향을 미치고" 있는 것을 가리킵니다.[02] 나는 우리가 흔히 주물숭배라고 부르는, 원시부족들의 신과 사물 사이의 관계를 미신이라고 생각하지 않습니다. 이는 원시부족 세계에서 이런 신비에 가장 가깝게 접근하는 방법이기 때문입니다.

그러나 사람들의 실제 경험에 더 적합한 새로운 방식으로 신을 경험하는 것이 가능함에도 불구하고 이런 관계에만 머문다면, 그것은 미신, 즉 "넘어와서 영향을 미치고 있는" 것이라고 할 수 있겠죠. 사실 우리의 경험 잠재력을 고려할 때, 우리가 따르고 있는 이 시대의 많은 대중종교 전승들은 시대에 완전히 뒤떨어져 있습니다.

신성에 이르는 길은 개념이 아니라 경험입니다.

신에 대한 자신의 민속적 개념을 신 그 자체로 받아들인다면 핵심을 놓치는 것이 됩니다. 옛 영지주의자들은

"여호와의 문제는 자신이 유일신(God)이라고 생각한다는 것이다"라고 말하곤 했죠. 여호와는 신비를 지시하는 상징일 뿐입니다.

13~14세기 신비주의 철학자 마이스터 에크하르트(Meister Eckhart)는 이렇게 말했습니다. "궁극적 떠남은 신을 위해 신을 떠나는 것이다." 이는 민속적이고 민족적인 신에 대한 생각, 다시 말해 언어와 그림으로 설명되는 역사적 개념으로서의 신에 대한 생각을 버리고 설명할 수 없는 초월적인 것(힌두교에서 "혀가 더럽힐 수 없고 말이 도달할 수 없는 것"이라고 부르는 것)을 향해 떠나는 것입니다. 우리는 인간 내면뿐만 아니라 시간의 흐름 속에서도 이 초월적인 것을 움직임으로 경험할 수 있습니다. 이것이 신화적 이미지가 전달하려는 핵심 메시지입니다.

그렇다면 신은 누구 혹은 무엇인가요?

신은 누구일까요? 문제는 우리가 신을 남성으로 인격화하는 경향이 있다는 것입니다. 그러나 이런 인격화는 민족적 맥락에 따른 것이지요. 남성신은 우리의 민속적 관점이자 민족적 이미지이며, 서양 역사 속에서 그렇게 형성되었을 뿐입니다. 인도에서는 신은 여성입니다. 그러니 인격화된 신은 던져 버립시다. 신을 인격화하는 것은 선택사항일 뿐입니다.

신이란 단순히 신비의 차원에 적용되는 단어입니다. 윌슨산 천문대에서 망원경으로 보는 우주는 성서가 기록될 당시 생각하던 작은 사진 같은 우주보다 확실히 훨씬 더 멋있습니다. 대형 망원경으로 보면 수백만 개의 은하와 은하단, 그리고 우리은하 전체와 비슷하거나 더 큰 은하들을 볼 수 있습니다. 태양은 우리은하의 저 변두리에 위치하고 있습니다. 놀랍고 경이로운 일입니다! 이처럼 신의 경이로움, 우주의 경이로움은 점점 더 분명해지고 점점 더 놀라움을 안겨 줍니다.

실험실에서 현미경으로 원자가 괴물처럼 돌아가는 모습을 보면 정말 놀랍습니다! 그렇다면 신은 특별히 이 모든 세계를 생각해 낸 존재입니다. 당연히 성서에 나오는 모습대로는 아닙니다. 성서에서 신은 삼단 케이크 같은 우주 구조를 생각한 것이 전부였으니까요.

우리가 신이라고 부르는 궁극적 신비는 인간이 생각하는 개념과 인간이 상상하는 이미지를 완전히 넘어섭니다. 심지어 (신에 대한 설명을 담을 책이라고 할 수 있는)『신학대전』을 쓴 토마스 아퀴나스도 『대이교도대전』에서 "신은 우리가 신에 대해 하는 말과 생각 모두를 넘어선다. 우리는 이것을 알게 될 때만 진정 신을 알게 된다"라고 말합니다.

신이라는 개념은 완전히 초월적인 이 신비를 깨닫도록 우리를 이끕니다. 중요한 질문은 우리가 이 초월적 신비를 인격신이라는 작은 개념 안에 담을 수 있느냐는 것입니다. 바로 이 개념이 지금 붕괴하고 있습니다. 동양에서는 인격신에 전혀 기대지 않습니다. 사실 동양 신화는 신이라는 개념을 넘어섭니다.

그러면 서양 문화에서 숭배하는 신은 신이 아니라는 말인가요?

신에 대해 말할 수 있거나 생각할 수 있는 모든 것은 우리와 신 사이에 있는 가림막 같은 것입니다. 이 가림막을 문자 그대로 절대적인 것으로 여긴다면, 우리는 궁극적으로 말로 표현할 수 없는 신비를 경험할 수 있는 통로를 스스로 차단해 버리는 셈입니다.

지구 위에 있는 사람 중 절반은 은유가 가리키는 것이

사실이라고 생각합니다. 나머지 절반은 그것을 거짓말로 알고 있습니다. 그렇게 신이 사실이라고 믿는 사람과 사실이 아니라고 믿는 사람, 즉 유신론자와 무신론자가 있습니다.

우리가 가져야 할 태도는 신이라는 단어가 신비를 표현하는 은유이고, 이 신비는 모든 인간의 이해를 완전히 넘어선다는 사실을 깨닫는 것입니다. 이런 상징 형태들을 다룰 때 우선 알아야 할 점은, 상징이 지시하는 궁극적 대상은 인간 사고의 모든 범주를 넘어선다는 것입니다.

고전 세계의 전체 유물은 신들에 대한 이야기로 가득 차 있습니다. 각각의 신은 여러 신들의 복합체입니다. 그리고 이런 상징들을 설득력 있게 조합하는 법을 아는 시인들, 예언자들, 교사들이 있습니다. 나는 모든 위대한 신화들이 이런 방식으로 조합되었다고 생각합니다.

그리스도교 신화도 비슷하다고 말하고 싶습니다. 그리스도교 신화는 동산에서의 타락과 십자가 위에서의 구원을 이야기합니다. 이 신화는 동산에서의 타락이라는 성서 전통과 예루살렘에서 모험적 영성을 지닌 젊은 랍비가 신성 모독죄로 십자가형을 받은 역사적 사건, 그리스 교육을 받아 그리스어로 글을 쓰던 사도 바울에서 비롯되었습니다. 나는 다마스쿠스로 가는 길에 바울을 말에서 떨어지게 한 것은 그가 한 번도 만나본 적 없는 예수의 십자가형이 그리스 신비 종교에서 말하는 구원자의 죽음이라는 깨달음이었다고 생각합니다.

구원자의 죽음은 자연적 인간의 죽음과 영적 인간의 부활을 나타내는 상징입니다. 몸은 땅과 생명을 상징하는 십자가에서 바쳐져 아버지에게 가고, 십자가 나무는 동산에 있는 두 번째 나무인 불멸하는 생명나무의 대응물로 인식됩니다. 첫 번째 나무는 타락의 나무인 선악을 알게 하는 나무이고, 두 번째 나무는 인간이 동산에서 추방되면서 접근이 금지된 나무입니다. 성서에는 이렇게 기록되어 있습니다. "그래서 인간이 생명나무 열매를 먹고 우리처럼 되지 않도록 해야 한다." 말하자면, 예수는 케루빔이 지키는 문을 지나서 그 열매를 직접 먹었고, 이제 그 스스로 불멸하는 생명나무의 열매가 되었습니다. 이 얼마나 멋진 이미지입니까!

이 이야기는 기원후 1세기 중반에 생겨났습니다. 바울은 우리가 알고 있는 가장 오래된 그리스도교 저술가입니다(그의 서간문들은 50~60년대에 작성되었습니다). 바울이 이 모든 것을 직접 생각해 낸 것인지, 아니면 주변 그리스도교인들로부터 재료들을 가져와서 특별히 생생한 문장으로 꾸며 낸 것인지는 아무도 모릅니다. 다만 이 메시지가 이미 그렇게 해석되고 있었음을 보여 주는 단서가 하나 있습니다. 바로 「빌립보서」에 나오는 놀라운 구절입니다. 여기서 바울은 그리스도가 어떻게 신성을 포기하고 "사람의 모양으로 태어나 자기를 낮추고 십지가에서 죽기까지" 하는지 서술하고 있습니다. 그렇게 그리스도는 신성을 포기했고 십자가 죽음으로 인성을 포기했습니다. 죽음으로 신이 되고, 죽음으로 인간이 된 것이지요. 그렇게 해서 그리스도는 대립하는 인간과 신 사이에 있게 되고, 그 대립의 중간에 존재하는 상징을 대표하게 되었습니다. 바울은 이런 통찰을 가지고 있었고, 이 내용을 가르쳤습니다. 그리고 모든 위대한 가르침이 그렇듯 오독되고 폄하되었고, 역사적 사건을 다룬 신문 기사처럼 변질되면서 그의 가르침에 들어 있는 신비적 측면들을 대부분 잃어버렸습니다.

그리스도교 신자들은 성서 전통이라는 신화에 매달

립니다. 이 신화에는 가톨릭신자든 개신교신자든 소속 종파에 상관없이 따라야 하는 노선이 하나 있습니다. 그것은 세상에는 신이 오직 한 분 존재하며, 그 신의 이야기가 바로 성경이라는 원리입니다. 그리고 그것만이 신의 말씀입니다. 다른 경전은 존재하지 않으며, 신의 다른 말씀도 없습니다. 이런 이해는 그 근원이 외부 어딘가에 있는 것처럼 해석하는 신학적 해석 방법입니다.

그러나 동양에는 무수히 많은 성스러운 경전들이 마치 성단(星團)처럼 존재합니다. 그리고 사람들은 자기 성향에 따라 경전들 사이를 자유롭게 오가며 변화합니다. 말로 표현될 수 있는 진리는 궁극적 진리가 아니므로, "우리가 여기서 진리를 얻었다"라고 말하는 것은 신비를 정말로 단순화하는 것입니다. 이런 방식으로 신비를 구체화하는 위험한 과정이 동양 경전에서는 발견되지 않습니다.

스스로를 무신론자라고 생각하나요?

나처럼 많은 신을 믿는 사람을 무신론자라고 부를 수는 없다고 생각합니다.

선생님의 작품을 보면 신화 전통에 등장하는 모든 신을 "신의 가면들"이라고 부릅니다.

신의 가면은 우리가 신을 경험하도록 이끕니다. 이 가면은 그것이 이끄는 사람들의 정신과 영적 상태에 맞게 구성되었다고 할 수 있습니다. 대중 종교라는 순진한 관계에서는 내가 신의 가면이라 부르는 것을 신이라고 생각합니다. 그러나 신의 가면은 신으로부터 분리된 상태와 신비를 향한 움직임의 중간에 있는 매개체일 뿐입니다.

잠시 동안 나를 이끌어 주는 천사가 비슈누, 시바, 예수 혹은 붓다라고 불리더라도 그것은 나에게 중요하지 않습니다. 이름이나 머리 색깔에 마음이 흐트러지지 않는다면 같은 메시지가 다양한 형태로 표현된 것일 뿐입니다.

선생님은 유일신교를 거부하나요?

사실 유일신교 같은 것은 존재하지 않습니다.

서양 문화에서 주류 종교를 믿는 사람들은 선생님 생각에 동의하지 않을 것 같습니다.

신이 무엇인지에 대한 나의 논의가 아직 끝나지 않았어요. 나는 신이란 우주 에너지를 인격화한 것이라고 강조해서 말했습니다. 쏟아지는 이 에너지 전체를 인격화하고 싶은 마음에 시바, 비슈누, 여호와와 같은 고등신이 나올 수 있었습니다. 우선 여호와는 잠시 빼놓기로 하죠. 이런 전체를 대표하는 신들은 많습니다. 그러나 이와 같은 에너지 작용은 다양한 기원과 특성 때문에 다양하게 변형됩니다. 그래서 종교의 일반적 형태는 다신교로 나타납니다.

그러나 이 모든 것의 이면에는 분화되지 않은 에너지가 있습니다. 가장 원시적인 민족들도 이런 생각을 가지고 있었습니다. 인도에서는 이 분화되지 않은 에너지를 브라흐만이라고 부르고, 칼라하리사막의 부시맨 부족은 이것을 은툼(ntum)이라고 부릅니다. 부시맨들은 황홀경 춤(trance dance)을 춥니다. 부시맨들은 밤새 아주 뻣뻣하게 춤을 추고 여자들은 박수를 칩니다. 그러다 갑자기 펑 하고 은툼이 그들을 사로잡으면 그들은 쓰러지고 황홀경에 빠집니다. 피그미족도 이런 에너지에 대해 말합니다. 이와 같은 원초적 에너지는 모든 종교에 있습니다. 그러나 이 에너지는 인격화된 것이 아니며 모든 인격화된 신보다 앞서 존재합니다. 유일신교 이전에 원시유일신교(proto-monotheism)가 존재하는 것이죠.

이제 유일신교에 관해 이야기해 보죠. 우리가 운 좋게 물려받은 한 가지 신화를 제외하면 세계 모든 신화는 신을 이런 분화되지 않은 에너지가 인격화된 것이라고 봅니다. 그런데 유대·그리스도교 전통은 신을 에너지의 기원으로 봅니다. 완전한 전환이 일어난 것이죠! 이것을 우리는 유일신교라고 부릅니다. 자신들 이외에 어떤 누구도 이런 종류의 신을 갖고 있지 않으므로, 자신들 이외에 신을 가진 민족은 없습니다. 다른 민족이 말하는 신은 모두 악마가 됩니다.

이런 관점은 굉장히 독특합니다.

헤겔이 기체성 척추동물†이라고 불렀던 신이 방귀처럼 견고한 사실이 되는 순간 인간 역시 하나의 사실이 되고 그 사실과 관련을 맺게 됩니다. 그러나 신화에서 신은 초월이 드러나도록 투명해집니다. 동시에 인간 또한 초월이 드러나도록 투명해집니다. 그다음에는 단순한 경배 대신 경이로운 즐거움, 바로 그 에너지가 우리 자신의 에너지와 동일하다는 놀라운 황홀감을 느끼게 됩니다. 신은 이제 우리 내면과 모든 것 안에 있는, 생명을 생성하는 에너지가 될 것입니다.

상징의 기능은 초월이 드러나도록 투명해지는 것이며, 유대·그리스도교 전통 전체의 특성은 초월을 가로막는 불투명성입니다. 다른 모든 사람은 신화와 상징의 의미를 이렇게 이해했습니다. 예외적으로 유대·그리스도교

---

† 원래 이 말은 헤겔이 아니라 올더스 헉슬리(Aldous Huxley)가 한 말이라고 한다. 신 논의의 지나친 관념화와 추상화를 풍자적으로 비판하는 표현이다. 기체성 척추동물이라는 말 자체가 모순적이기 때문이다.

만이 자신들이 구체화한 신 관념으로 세계를 개종하기 위해 돌아다니면서 장애물 구실을 하고 있습니다.

"초월을 위한 투명"이란 무슨 의미인가요?

이 개념의 의미를 간단히 말하자면, 초월은 모든 개념을 넘어서며 모든 개념화의 저편에 있다는 뜻입니다.

선생님이 말씀하는 초월은 신을 가리키는 또 다른 표현인가요?

만약 당신이 초월을 인격화하기를 원한다면 그렇습니다. 산스크리트어로는 그것을 브라흐만이라고 합니다. 알곤킨어로는 마니투(Manitou), 이로쿼이족의 언어로는 오렌다(Orenda)라고 합니다. 수 부족에서는 그것을 와칸 탄카(Wakan Tanka)라고 하죠.

힌두교 전통에서 브라흐만과 브라흐마의 차이는 무엇인가요?

브라흐만은 중성명사입니다. 브라흐만의 어근은 에너지를 뜻하는 brr입니다. 브라흐만은 신비스러운 에너지를 가리키는 이름이며, 전 세계가 바로 이 에너지의 현현입니다.

브라흐마(Brahmā)는 브라흐만의 의식이 인격화된 것입니다. 브라흐마는 신이자 인격화된 존재입니다. 모든 신은 이차적이죠. 브라흐만은 에너지이고, 브라흐만의 창조주로서의 측면이 인격화된 것이 바로 브라흐마입니다. 시바도 브라흐만이 또 다른 모습으로 인격화된 것입니다. 비슈누 역시 다른 인격화입니다. 이 모든 인격화된 신들은 변형을 하나씩 보여 줍니다.

시바는 생식기관인 링감(lingam)과 연결되고, 요가(yoga)와도 연결됩니다. 시바는 요가 수련자의 원형으로, 세상을 창조하는 에너지와 세상을 초월하는 빛을 모두 나타냅니다. 비슈누는 에로틱한 신에 가깝습니다. 비슈누는 세상에 어려움이 닥칠 때마다 화신(化身)이 되어 세상에 사랑으로 들어옵니다. 비슈누의 화신 형태는 끝이 없습니다. 힌두교의 관점에서 보면 그리스도도 비슈누의 화신이라고 할 수 있습니다. 그래서 그리스도교 선교사가 성육신(成肉身)에 대해 말하면 힌두교인은 "그게 무슨 새로운 소식인가요?"라고 말합니다.

또한 비슈누는 귀족적 특성이 있지만, 시바는 그렇지 않습니다. 시바는 재를 쓰고 밖에서 명상하는 요가 수행자이지요. 시바는 10만 년 동안 목욕을 하지 않은 모습에 긴 머리를 하고 있습니다. 대단하지 않습니까? 그러나 비슈누는 실제 귀족 카스트인 크샤트리아와 연결되는 고상한 신입니다.

비슈누는 보호자라고도 불리지 않나요?

이 세 신, 브라흐마, 비슈누, 시바가 합쳐지면 트리무르티(trimūrti, 삼신일체) 혹은 세 가지 형상의 신이 됩니다. 여기서 브라흐마는 창조자, 비슈누는 보호자, 시바는 파괴자 역할을 합니다. 그러나 실제로 시바 역시 창조자이며, 비슈누 또한 파괴자가 되기도 합니다. 2차 역할 분담이라고 할 수 있죠. 이런 일은 신화에서 흔하게 일어납니다. 서로 다른 계급과 기원을 가진 신들이 한 체계 안에 모일 때, 이 신들은 새롭게 역할을 부여받고 위치를 배정받아야 합니다. 그렇게 신들에게 2차 역할이 주어집니다. 이런 과정은 고전 전통 전체에서 볼 수 있습니다. 예를 들어,

포세이돈과 제우스가 있죠. 두 신 모두 주신(主神)입니다.
제우스는 실제로 북쪽에서 왔고, 포세이돈은 에게해 지역
전통에 속하지요. 두 전통이 합쳐지면서 두 신에게 각각
역할이 분배된 것입니다.

여호와는 어떤가요?

여호와도 인격화된 신입니다. 여호와도 그것(it)입
니다.

**그러나 그분은 "너머"에 계시므로 그분의 이름을 말해서는
안 됩니다.**

여호와는 그런 초월적 존재로 남아 있어야 마땅합니
다. 그러나 우리는 여호와에 대한 모든 것을 알고 있어요.
다시 말하면, 여호와는 우리에게 자신에 대한 모든 것을
알려 주었고 우리가 어떻게 행동해야 하는지도 말해 주었
습니다.

신화의 기본 개념은 인격화를 초월합니다. 인격화란
인간 의식을 배려하여 인간이 이런 초월적인 것들에 대해
말할 수 있도록 도와주는 방법입니다.

우리는 상징들을 다시 읽을 수 있습니다. 신비가들과
용감한 이단자들은 기존의 상징들을 다시 읽고 해석해
왔고, 그렇게 재해석된 상징들을 우리는 세심하게 연구
하고 있습니다. 카발라[Kabbala, 신비주의 유대교]와 하
시디즘[Hassidism, 엄격한 종교적 신념과 전통을 따르
는 유대교의 초정통파]은 여호와의 독특한 힘을 부정하
지 않으면서도 놀랍고 풍성한 신비 경험에 최대한 가까
이 다가갑니다. 그러나 유일한 신이자 모든 것의 실제 근
원이라는 여호와의 정체성과 여호와의 독특한 힘에 매달

려 있는 한, 우리는 여전히 여호와에 갇혀 있게 됩니다.

그러니까 무한한 존재가 자신을 우리에게 드러낼 줄 때 인간의
마음은 그 상황을 제한된 용어로만 이해할 수 있기 때문에
"신이 우리에게 말씀하셨다"라고 응답한다는 뜻인가요?

맞습니다. 바로 그 이야기입니다.

만약 그 존재가 나에게 말을 걸고 "나는 곧 나다"라고 말한다면
어떻게 될까요?

당신은 그렇게 들었을 것입니다. 그러나 그 존재가
"나"라고 말하는 순간, 이미 그 존재는 자신을 축소한 것
입니다. 이를 가리키는 인도 단어가 아함카라(ahaṁkāra,
"'나'라는 소음을 만들기")입니다. 아함(ahaṁ)은 "나"이고
카라(kāra)는 "만들다"라는 뜻입니다. "나"라는 단어를 사
용하는 순간 이미 그 무한한 존재에서 벗어난 것입니다.

서양 종교에서는 사람들이 가면에서 멈춘다는 말씀인가요?

우선, 오늘날 서양 신학자들의 깊은 고민거리가 된
문제는 신이라는 개념입니다. 성서에 나오는 신은 어딘
가 다른 곳에 있는 신입니다. 신은 피조물을 창조하며, 신
과 피조물은 같지 않습니다. 신은 A이고, 피조물은 B입니
다. 둘은 같지 않습니다.

신을 외부에 두고 거기에 계속 머물게 하는 종교는 신
을 내부, 진정한 인간 내면에 머물게 하는 종교만큼 강력
하지 않다고 말하고 싶습니다. 신이 내 마음이 아닌 저기
밖에 있다는 이런 생각은 성서 전통이 가진 큰 문제 중 하
나입니다. 성서에 따르면 회개하기 전까지 우리 마음은
타락해 있고, 회개한 이후에도 여전히 타락해 있습니다.

따라서 타트 트밤 아시("네가 그것이다" 혹은 "나와 그것은 하나다")라고 말하지 못하고 대신 내가 그것과 적절한 관계를 맺고 있는지를 물어야 합니다.

유대교, 그리스도교, 이슬람교는 관계의 종교입니다. 관계를 맺는 방법은 역사적 숭배 의식에 참여하는 것입니다. 그 의례에 참여하지 않으면 신과 적절한 관계를 맺지 못합니다. 좀 노골적으로 말하자면, 나는 이것을 열등한 종교가 사용하는 방식이라고 부릅니다.

서양 종교의 목표는 신과의 관계를 형성하는 데 있고, 동양 종교의 목표는 신과의 동일성을 깨닫는 데 있습니다. 이 점이 핵심적인 차이입니다. 모든 동양 종교에서 기본 개념은 우주의 신비인 신의 신비가 곧 나의 신비라는 것입니다. 우리는 우주의 일부입니다. 신 개념은 다른 세계가 아니라 자연 세계의 어떤 차원을 나타내는 개념입니다. 그래서 『찬도갸 우파니샤드』에 나오는 훌륭한 문장 타트 트밤 아시("네가 그것이다")는 전체 동양 종교의 관점을 보여 주는 핵심이라고 할 수 있습니다.

당신이 찾고 있는 신성한 신비는 바로 당신 존재가 가지고 있는 신비 그 자체입니다. 그러나 그 존재는 당신이 자신을 생각할 때 떠올리는 "당신"이 아닙니다. 그런 "당신"에게는 신비로움이 없기 때문입니다. 당신은 그것에 이름을 붙일 수 있고, 그것을 보호할 수 있으며, 또한 그것을 생겨났다가 사라져 버릴 일시적 현상으로 생각하면서 오랫동안 지속시키기 위해 온갖 노력을 기울입니다. 그러나 당신 자신의 근본적이고 절대적인 존재인 존재 그 자체(Being)는 우주와 마찬가지로 시작도 끝도 없이 시간을 초월하여 존재합니다.

그래서 이런 종교에서는 참된 신비적 목표를 가지고

있습니다. 궁극적 신비와 함께 있고 결과적으로 우주에 있는 모든 존재와의 동일성을 깨닫는 것입니다. 하지만 서양에서는 이런 목표를 갖는 것을 중대한 이단으로 여깁니다. "내가 신이다"라고 말하는 사람은 화형당할 수도 있습니다.

그리스도교 전통에서 그리스도는 "나는 아버지와 하나입니다"[03]라고 말했습니다. 이 말은 히브리인들의 관점에서 보면 신성모독이었지만, 정확히 동양의 신비적 통찰과 일치합니다. 그러나 그리스도교에서는 오직 그리스도만이 이렇게 말할 수 있습니다. 이것이 그리스도교의 특성입니다. 반면 동양적 믿음에서는 모든 사람이 이렇게 말할 수 있습니다.

그렇지만 "내가 신이다"라고 믿는 것은 광기의 징후가 아닐까요? 어떻게 하면 이런 함정에 빠지지 않을 수 있을까요?

동양에서는 심지어 인간의 가장 깊은 본질은 자신이 알고자 노력하며 인격화된 신으로 표현되는 성스러운 힘이라고까지 말합니다. 그러므로 다소 거칠게 해석한다면 "인간은 신이다"라고 말할 수도 있습니다(동양인들은 초인격적 형태로 표현하여 "인간은 브라흐만이다"라고 말할 것입니다).

그래서 한 소년은 구루에게 자신이 신이고 모든 존재가 신이라고 배웠습니다. 이 명상에 고무되고 완전히 빠진 소년은 걸으면서 그 가르침을 깊이 묵상했습니다. 그리고는 마을로, 시골로 향했습니다. 그때 이 소년 앞으로 거대한 코끼리가 내려오고 있었습니다. 코끼리 머리에는 코끼리를 조종하는 머하웃(mahout)이 타고 있었고, 몇 사람이 앉아 있는 거대한 하우다(howdah, 코끼리 등에 설치하는 가마]가 코끼리 등에서 앞뒤로 흔들리고 있었으며, 딸랑딸랑 소리를 내는 종들이 그물에 달려서 딸랑거리고 있었습니다. 자신이 신이라는 이 기적에 집중하고 있던 소년은 코끼리에 관심을 두지 않았습니다. 그때 머하웃이 말했습니다. "비켜, 이 미친놈아!"

소년은 신경도 쓰지 않았습니다. "나는 신이다. 코끼리도 신이다. 신이 신에게 길을 비켜 주어야 할까?" 이런 생각이 명상 중인 소년의 들뜬 마음에 떠올랐습니다.

소년은 위기의 순간을 지나 진실의 순간에 도달했죠. 코끼리는 긴 코로 소년을 감아서 길 밖으로 던져 버렸습니다. 이 불쌍한 소년은 큰 충격을 받았습니다. 크게 다치지는 않았지만, 세상에, 소년이 처한 상황을 보세요! 소년은 흐트러진 모습으로 구루에게 돌아갔습니다. 구루가 소년에게 물었습니다. "도대체 무슨 일이 있었던 거냐?"

소년은 구루에게 코끼리 사건 이야기를 들려주면서 이렇게 덧붙였습니다. "스승님이 저에게 신이라고 말씀하셨잖아요."

구루가 "너는 신이다"라고 말했습니다.

"코끼리도 신이죠?"

"코끼리도 신이다." 구루가 대답했습니다.

"신이 신에게 길을 비켜 주어야 할까요?"

"그런데 왜 코끼리 머리에 앉아 비키라고 소리치던 신의 말을 듣지 않았느냐?"

형이상학적 깨달음의 영역으로 들어갈 때도 의식의 다른 영역, 즉 일상 세계의 영역이 존재한다는 점을 기억해야 합니다. 이것이 이 이야기의 핵심입니다. 그리고 우리가 자신과 동일시하는 "나(I, 자아)"는 당신을 지탱해 주는 위대한 원리와 완전히 동일한 것이 아닙니다. 코끼리 이야기처럼 의식의 여러 차원들이 뒤섞이면 어리석은 일들이 많이 생길 수 있습니다.

예를 들어, 그 단계에 도달하면 삶의 목표와 삶의 기쁨이 사라지지만, 다시 현실로 돌아올 때는 그 단계에 있었던 것을 그 자리에 두고 와야 합니다. 그것이 그 자리에 있다는 것을 알고 있되, 우리는 시공간 차원에서 살아가면서 자동차가 오면 길을 비켜야 합니다!

신에 대한 이해는 성스러움으로 가는 문이 될 수도 있고 장벽이 될 수도 있겠군요.

신을 이해하는 심리적 방식은 우리의 내면에 근원이 있다는 것을 인식하는 것이며, 이는 힌두교와 불교의 방식과 연결됩니다. 힌두교와 불교는 모든 신이 우리 안에 있다고 말하는데, 그리스도교의 특정 양식에서도 같은 메시지를 발견할 수 있습니다.

특히 우리는 삶을 꾸려 갈 때 우리를 이끌어 가는 생각과 목표로 삼을 수 있는 특정한 이미지들을 가져야 합니다. 이 이미지들은 목표가 됩니다. 그리스도교 사상도 마찬가지입니다. 그리스도라는 개념을 앞에 두면, 그 사상을 초월하는 어떤 것으로 나아가는 데 도움이 됩니다. 신화는 진리의 한쪽 면에 있지만, 우리를 진리로 이끌어 줍니다.

예수는 은유인가요?

그리스도는 예수가 아닙니다. 그리스도는 어제도, 오늘도, 내일도 거룩한 삼위일체의 영원한 제2위격입니다. 예수는 역사적 인물입니다. 예수는 그리스도와 동일시되었으며, 우리도 각자 마땅히 그리스도와 동일시되어야 합니다. 그러나 스스로 그리스도인이라고 생각하는 많은 사람이 그리스도를 가리키는 구체적인 대상에 집착하고 있습니다. 여호와조차도 가능한 한 구체적인 존재로 표현됩니다.

동양적 종교 체계에서는 현세에 가장 밑바닥에서 비참한 삶을 사는 사람조차도 이 신비와 궁극적인 동일성을 경험할 수 있습니다. 동양 대중 종교들의 가장 단순하고 원시적인 측면에도 이런 가르침이 들어 있습니다. 그들은 언제나 이 동일성을 향해 나아가도록 가르칩니다.

우리는 어떤 이미지를 앞에 두고 동양식으로 절을 하는 모습을 보면 "우상 앞에 고개를 숙이는구나"라고 생각합니다. 하지만 실제로는 투영을 통해 깨달은 자기 자신의 어떤 측면에게 절을 하는 것입니다. 그리고 궁극적으로는 이런 깨달음을 얻게 될 것입니다. "나는 그것이다. 나는 그것이 마치 바깥에 있는 것처럼 그것에게 경배를 드린다."

선불교에서 전해지는 경구가 있습니다. "길 위에서 붓다를 만나면, 붓다를 죽여라!" 당신이 붓다에 얽매여 있는 한, 길에서 그를 죽이지 않는 한, 당신은 여전히 외부의 대상에 헌신하는 상태에 있는 것입니다. 대립하는 쌍과 숭배의 대상을 뛰어넘어 타트 트밤 아시("네가 바로 그것이다")라는 것을 아직 깨닫지 못한 것이죠. 만약 초월의 이미지를 구체화했다면 그 이미지를 버리십시오!

그리스도를 죽이라고요?

뉴욕에서 한 세미나가 끝났을 때 한 젊은 수녀가 나에게 와서 물었습니다. 그 수녀는 나의 강연을 들은 후 수녀원을 떠났다고 하더군요.

"예수님이 하느님의 아들이라고 믿나요?"

나는 대답했습니다. "글쎄요, 우리 모두가 하느님의

자녀가 아니라면, 예수만 그렇다고 믿지는 않습니다."

"오." 수녀는 놀랐습니다.

그래서 나는 이렇게 말했죠. "「도마복음서」를 구해서 읽어 보세요. 그 복음서가 당신이 생각하고 있는 문제를 해결해 줄 것입니다."

우리가 그리스도가 아니라면 어떻게 그리스도를 닮을 수 있겠어요? 이미타티오 크리스티(imitatio Christi, 그리스도를 본받기)는 밖으로 나가서 십자가에 못 박히라는 말일까요? 아닙니다. 그것은 우리와 성부는 하나임을 깨닫는 것입니다. 그것이 전부입니다. 그렇지 않으면 그리스도를 닮자는 말은 아무 의미가 없습니다.

『우파니샤드』에는 네티, 네티(neti, neti)라는 명상이 있습니다. 네티라는 말은 "그것이 아니다"라는 뜻입니다. 이티가 아니라는 말입니다. 이티 이티는 "이것이 여기에 있다, 이것이 여기에 있다"라는 뜻입니다.

이 명상에는 두 단계가 있습니다. 첫 번째, 이티가 아님을 명상합니다. 즉, 우리는 자기 내면에서 영원한 것, 불멸하는 것을 찾고 있고, 우리가 이름 붙일 수 있는 모든 것은 이티가 아닙니다. 그것은 여기에 있지 않습니다. 두 번째, 불멸을 찾은 후 우리는 그것이 어디에나 있음을 알게 되고 이렇게 말합니다. "이티, 이티, 이티." 「도마복음서」에 나와 있듯이, "아버지의 왕국은 지상에 펼쳐져 있지만 사람들은 그것을 보지 못합니다". 당신이 그것을 본다면, 그것은 여기에 있습니다. 당신이 그것을 보지 못하면, 그것은 이티하지 않습니다. 즉, 여기 있지 않습니다.

그렇다면 인간이 그것을 실현할 유일한 방법은 자기 안에서 그리스도나 붓다가 되는 것인가요?

그것이 선불교에서 "길 위에서 붓다를 만나면, 붓다를 죽여라"라고 말하는 이유입니다. 당신은 그가 바깥에 있다고 생각하기 때문입니다. 그것이 이 경구의 전체 핵심입니다. 상징과 상징이 가리키는 것을 동일시했다면, 그 상징을 죽여야 합니다. 그리스도의 문제가 여기에 있습니다. 그리스도인들은 나사렛 예수라는 인물에 담긴 그리스도의 이미지를 너무 구체화해서 예수에게서 그리스도를 떼어 내지 못합니다. 그리스도가 바깥에 있는데 어떻게 당신 안에 있는 그리스도를 찾을 수 있을까요?

나는 《파라볼라(Parabola)》라는 잡지에서 나를 비난하는 편지를 썼던 어떤 신부와 논쟁을 벌였습니다. 그 신부는 가톨릭교회의 근본 교리는 그리스도와 예수의 절대적 동일성이라고 말했습니다. 나는 "이제 내가 사는 것이 아니라 내 안에 계신 그리스도께서 사십니다"라는 바울의 말을 어떻게 생각하는지 반문했습니다. 구체적인 교리에 따르면, 예수는 이미 하늘로 올라갔습니다. 바울은 예수가 다시 내려와 자기 안에 살고 있다고 상상했을까요? 교리 자체가 이런 구체화에서 벗어나게 해 줍니다. 그래서 우리는 예수를 길 위에서 만나면 예수를 죽여야 합니다. 그럴 때 우리는 예수를 닮을 수 있습니다.

두 가지 단순한 내용을 위해 온갖 종교 용어를 사용한다는 것이 너무 안타깝습니다. 하나는 나의 현세적 존재이고, 다른 하나는 모든 현세적 존재 안에 있는 영원한 생명과 의식입니다. 그 영원한 것은 내 안에도 있습니다. 그리고 가장 거대한 신비체험은 자신의 정체성을 물리적 육체와 완전히 동일시하는 것에서 벗어나 그 육체를 인식하는 의식과 동일화하는 것입니다. 일단 그런 경험을 하면 육체는 사라져도 괜찮습니다. 또 이런 경험을 하게 되면,

모든 몸이 떠나도 괜찮습니다. 의식은 여전히 그곳에 있기 때문입니다.

마이스터 에크하르트는 "궁극적 떠남은 신을 위해 신을 떠나는 것"이라고 말합니다. 성부와 하나 됨으로 돌아가기 위해 십자가에서 물리적으로 죽은 예수에 집착하면, 십자가를 통한 그 여정을 충분히 진지하게 받아들이지 않은 것입니다.

"천국은 너희 안에 있다"라는 예수의 수수께끼 같은 말도 이와 같은 생각을 의도한 것입니다. 우리가 이런 관점을 가질 때, 우리는 자기 자신 안에서, 자신의 가장 깊은 곳에서, 신학 용어를 이용한다면 신의 경계 안에서 편안하게 머문다는 뜻입니다. 그리고 예수는 우리 내면에서 우리에게 말을 겁니다. 불교, 그리고 궁극적으로는 힌두교와 마찬가지로 신이라는 이미지를 버리면, 우리가 성스럽다고 말하는 힘이 무엇이든 상관없이 그 힘이 우리 내부에서부터 근원으로 작동하는 것을 인식하게 될 것이고, 자기 본성에 대한 믿음을 갖게 될 것입니다.

그래서 다시 신은 "초월을 위해 투명"해져야 한다는 생각으로 돌아가는군요.

신만 초월을 위해 투명해져야 하는 것이 아니라 인간도 투명해져야 합니다.

나는 이 개념을 카를프리트 그라프 뒤르크하임으로부터 빌려왔습니다. 그는 독일의 철학자이자 위대한 선생이었습니다. 치유자이자 정신분석학자였던 뒤르크하임은 이렇게 말합니다. "우리의 정신은 우리를 자신의 본성으로부터 멀어지게 합니다. 정신분석과 심리치료가 가지고 있는 기능 중 하나는 신성을 다시 불러와 우리 본성과 일치시키는 것입니다. 우리 본성에 들어 있는 에너지의 근원은 우리 지식을 초월하며, 우리는 그 에너지가 어디서 오는지 알지 못합니다."

우리의 삶은 초월적 에너지에 대한 우리의 경험입니다. 이 초월적 에너지에 대한 우리의 첫 번째 지식은 우리 내면에서 비롯됩니다. 우리는 우리 삶이 어디서 오는지 모르지만, 이 에너지를 경험할 수는 있습니다. 우리는 바로 여기에 앉아 그것들이 솟아오르게 함으로써 그것들을 경험하고 있습니다. 우리는 스스로를 자신의 몸에서 나오는 에너지를 조화롭게 구성하는 도구로 만들어야 합니다. 이런 방식으로 우리는 이 에너지들의 빛나는 초월적 신비를 드러내는 현현이 될 것입니다. 그리고 이 신비들이 우리에게 명백해질 것입니다. 이런 의미에서 우리는 "초월을 위한 투명함"입니다.

최근에 나는 진로 및 직업 상담사 리처드 볼레스(Richard Bolles)의 이야기를 들었습니다. 볼레스는 상담을 주제로 책을 여러 권 저술했고, 그 가운데 한 권은 몇 년 동안 베스트셀러 목록에 올라 있었습니다.[04] 볼레스는 초월을 드러내는 투명함과 거의 같은 용어를 사용했습니다. 그는 우리가 "우주의 빛을 비추는" 존재가 되어야 한다고 말합니다. 두 표현은 같은 의미입니다. 말하자면, 우리의 감각과 정신과 합리적 능력을 활용하여 우리의 깊은 본성과 일치하는 삶을 살아야 한다는 것입니다. 신학 개념을 이용하여 설명하자면, 우리의 깊은 본성은 신성한 것에 기초합니다. 이 모든 이야기는 그것, 곧 그 깊은 본성은 기초이자 근원이고, 그것은 우리의 이해를 초월할 뿐만 아니라 과학의 도구적이고 인과적인 지향성을 넘어선다는 것을 의미합니다.

종교: 관점의 차이들

고대 그리스인들은 인간에게 한 개인으로서 "나는 존재한다"라고 주장할 권리가 있다고 생각하지 않았나요?

인간은 어떤 일을 할 용기만 있다면 무슨 일이든 할 권리가 있다고 생각합니다. 그러나 인간이 한 일을 보세요. 인간은 자신의 현상을 영원한 것으로 만들었습니다. 그것이 잘못된 일은 아니지만, 현상은 영원하지 않습니다. 단지 일시적일 뿐입니다. 영원은 형상들을 만들어 내고는 그 형상들을 다시 흡수하는 신비로운 근원입니다.

우리는 어떻게 그 영원 안에서 중요한 의미를 찾을 수 있을까요?

그럴 필요가 없습니다. 그냥 즐기세요.

그리스신화도 유대·그리스도교만큼 서양 세계의 형성에 큰 영향을 미쳤나요?

나는 종교 문학 가운데 가장 흥미롭게 대조를 이루는 것들 중 하나가 욥과 프로메테우스라고 생각합니다. 신은 욥에게 끔찍한 일을 저질렀습니다. 그것은 의심의 여지가 없죠. 신은 욥을 두고 친구 사탄과 내기를 했습니다. 이 이야기는 "나의 종 욥을 살펴본 적이 있는가? 정말로 훌륭하고 나에게 헌신적인 사람이다"라는 신의 말과 함께 시작됩니다.

사탄이 말합니다. "욥이 당신에게 헌신하지 않을 이유가 어디 있겠어? 당신이 욥에게 너무 잘 대해 주었잖아.

욥을 험하게 대하고 무슨 일이 생기는지 한번 보자고."

신이 말했습니다. "나와 내기를 하자."

악마는 "좋아"라고 대답했죠.

그러자 신이 말했습니다. "가서 욥을 네 마음대로 하라." 그다음에 이 가엾은 사람에게 무슨 일이 생겼는지 우리는 알고 있습니다. 욥은 비참한 상황에 처하고 말았습니다. 가족을 잃었고, 모든 것을 빼앗겼습니다. 그리고 욥의 "위로자"라고 불리는 사람들이 몇 가지 이유를 들고 와서 말했습니다. "이런 일을 당한 것을 보니 자네는 틀림없이 정말 나쁜 사람이었을 것이야."

마침내 거대한 존재가 와서는 욥에게 정말 엄청난 학대를 가했습니다. 거대한 존재는 "욥, 너는 대단했다"라고 말하지 않았습니다(실제로 욥이 한 일은 대단했습니다). 거대한 존재는 자신을 완곡하게 정당화하려고 노력하지도 않았습니다. 그저 이렇게 말했습니다. "네가 위대한가? 낚시로 레비아탄을 잡을 수 있겠는가? 나는 잡았다. 한번 시도해 봐라."

그러자 욥이 말합니다. "저는 누구입니까? 사람이 무엇이길래 당신이 그를 돌봐야 할까요? 저는 머리에 재를 뿌렸습니다. 당신을 의심했던 것이 부끄럽습니다."

욥의 모습은 복종하는 올바른 종교적 태도입니다. 그러나 이런 태도는 그리스적 태도와는 정반대입니다.

욥과 반대로 프로메테우스는 이렇게 말합니다. "저 위에 있는 신들은 왜 저 불, 저 변화무쌍한 힘을 가지고 있나? 인간들을 위해 나도 저 불을 갖고 싶다."

프로메테우스가 불을 훔쳤을 때 위대한 남성신 제우스는 그를 바위산에 묶고 작은 대리단을 파견하여 "사과

하라. 그러면 제우스께서 너를 풀어 줄 것이다"라는 말을 전합니다. 「욥기」와 거의 같은 시대에 나온 아이스킬로스의 희곡에서 프로메테우스는 이렇게 말합니다. "제우스에게 가서 내가 그를 경멸한다고 말하라. 그가 원하는 대로 하게 하라."

프로메테우스 이야기는 끔찍한 상황에 맞서는 인간적 가치를 긍정하고 있습니다. 이렇게 우리는 그리스 종교와 히브리 종교라는 두 개의 종교를 물려받았습니다. 어떻게 우리가 미치지 않을 수 있을까요? 지금 우리는 월요일, 화요일, 수요일, 목요일, 금요일, 그리고 토요일에는 저쪽에서 프로메테우스와 함께 보내고, 일요일 30분 동안은 욥과 함께 보냅니다. 그리고 그다음 주 월요일에는 정신의학과 소파에 앉아 있습니다. 무엇이 문제일까요? 문제는 우리가 완전히 상반된 두 가지 관점을 갖고 있다는 것입니다. 하나는 인간을 존중하는 유럽의 관점이고, 다른 하나는 신을 존중하는 레반트, 근동의 관점입니다. 우리는 신이 인간 안에 있다는 것을 인정하지 않으면서 이 두 관점을 분리합니다.

이런 대조적인 관점을 힌두교인에게 보여 주면 그는 이렇게 말할 것입니다. "뭐가 문제죠?" 이 두 가지는 살아가는 존재의 두 측면입니다. 코끼리와 소년 같은 것이죠.

깊이 들어가면 모든 종교가 같지 않을까요?

내가 비교신화학에서 말하는 요지가 그것입니다. 누구는 이런 시각을 가지고 있고 누구는 저런 시각을 가지고 있지만, 그들 모두 같은 본질에 관해 이야기하고 있습니다. 신화는 보편언어이지만, 사회마다 상황에 따라 각각 지역적 형태를 띠게 됩니다. 신화들 사이에는 많은 공통점이 있지만, 지역의 맥락과 특수성에 맞게 충실하게 번역되므로 중요한 차이들도 존재합니다.

유대교와 힌두교를 예로 들어 봅시다. 이 두 종교는 출생 종교, 곧 태어나면서 소속이 되는 종교입니다. 따라서 이 두 종교는 기본적으로 민족종교입니다. 유대인으로, 혹은 힌두인으로 태어나는 것이죠. 이와 달리 그리스도교, 불교, 이슬람교는 신조 종교입니다. 크레도(credo), 즉 "나는 믿습니다"라는 고백이 중요합니다. 출생과는 아무 관련이 없습니다. 신조나 믿음이 중요하므로 민족종교처럼 인종에 얽매이지 않습니다. 이것이 중요한 차이점입니다. 정신적으로도 역사적으로도 매우 중요한 차이입니다.

유대교에서 그리스도교가 생겨났듯이 힌두교에서 불교가 생겨났고, 그리스도교와 불교는 믿음의 종교입니다. 그래서 불교는 인도에서 중국으로, 티베트로, 한국으로, 일본으로, 힌두인이 아닌 민족에게 전파될 수 있었습니다. 이와 마찬가지로 그리스도교도 히브리 민족이 아닌 민족에게 전파되었습니다. 나는 두 종교가 더 일찍 출현했던 종교들에 담긴 윤리와 형이상학의 핵심을 수용했다고 생각합니다. 나는 그리스도교는 수출을 위한 유대교이고, 불교는 수출을 위한 힌두교라고 말합니다. 이 두 종교는 자신들이 나온 종교의 기저를 이루는 기본 인식을 가지고 퍼져 나갈 수 있었습니다. 유대교와 같은 신이 그리스도교에도 있습니다. 다시 말해, 『구약성서』에 등장하는 신은 그리스도교의 신이기도 합니다. 마찬가지로 힌두교의 신들 역시 불교의 신들입니다.

그러나 불교, 그리스도교, 그리고 이슬람교 같은 세계 종교들도 각각 나름의 방식대로 배타성을 갖고 있습니다. 이 신앙을 추종하는 사람들도 있고, 이 신앙의 바깥에 존재하는 사람들도 있습니다. 그래서 나는 현대 세계에서는 이 종교들도 조금은 시대에 뒤떨어져 있다고 말하고 싶네요.

그리스도교와 이슬람교의 전파 방식과 비교할 때 불교는 평화적이고 덜 공격적이라는 평판을 받습니다. 왜 이런 차이가 생겼을까요?

예를 들어, 불교가 일본에 전파되었을 때 신토를 없애지 않았습니다. 신토와 불교는 서로 조화를 이루고 있습니다. 모든 존재는 붓다 의식의 현현이므로 신토의 신들도 지역 문화 속에 나타난 붓다 의식의 신화적 현현으로 이해되었습니다. 이와 달리 그리스도교가 어떤 지역에 들어가면 그 지역의 신들은 악마가 되었습니다. 이런 관점은 「열왕기하」 5장 15절에 나오는 놀라운 진술에 들어 있습니다. 솔직히 나는 "온 세상에 이스라엘 이외에는 신이 없다"05와 같은 구절을 그리스도교, 이슬람교, 유대교를 제외한 어디서도 찾지 못했습니다. 이는 다른 곳에서 신으로 여기는 것은 신이 아니라는 뜻입니다. 이렇게 사나운 유일신론을 가진 사람들은 다른 생각을 하지 못합니다. 자신들만이 신을 알고, 신을 가진 유일한 민족이라고 생각하죠. 그리스도교와 이슬람교의 무자비한 정복 뒤에 바로 이런 태도와 의식이 숨어 있습니다.

어떤 종교가 내면으로 가는 길에 가장 개방적인가요?

힌두교와 불교라고 생각합니다. 나는 두 종교 중에 불교를 더 높이 평가합니다. 앞에서 말했듯이, 불교는 출생과 계급에서 비롯되는 종교가 아니라 신앙에서 비롯되는 종교이기 때문입니다. 믿음과 자각의 종교라는 말이죠. 내가 보기에 과거로부터 물려받은 전통 중에는 특히 대승불교가 최고인 것 같습니다. 정말로 그렇습니다. 그러나 나는 나바호족과 호피족 같은 부족들의 대단히 단순한 종교에서도 아름다운 울림을 발견합니다. 자연과 세계, 그리고 우리 자신 안에 있는 힘을 인식하는 이런 부족 종교에서 우리 모두 대단히 중요한 가르침을 얻을 수 있다고 생각합니다. 이 종교들은 사람을 구별하지 않습니다.

나는 신화에는 크게 두 가지 유형이 있다고 생각합니다. 우선, 성서에 나오는 신화와 비슷한 신화들이 있습니다. 이 신화들은 개인을 집단 속에 적절히 배치하는 일과 관련이 있습니다. 개인은 집단의 구성원입니다. 세례, 할례, 그리고 이와 비슷한 방식을 통해 개인은 집단에 소속됩니다. 그 집단은 소속된 개인에게 공감과 연민을 보여줍니다. 그리고 구성원 개인은 집단 외부를 향해 공격성을 표출합니다.

둘째, 자연 질서에 따른 정서 생활을 통해 성장하는 종교가 있습니다. 우리는 결국 원초적으로는 사회 구성원이 아니라 자연에 속한 존재입니다. 고대 그리스의 디오니소스교, 힌두교, 그리고 동양에서 전해진 명상 관련 종교들에는 이런 내용들이 풍부하게 들어 있습니다.

이 주제에서 인도가 이렇게 두드러지는 이유는 무엇일까요?

요가 때문이라고 생각합니다. 요가는 인도 방식으로 무의식의 심리학을 해석하는 근원입니다. 우리가 가진 가장 오래된 증거는 기원전 2000년경 인더스 계곡 문명 시대에 나온 몇몇 인장들입니다. 이 인장들에는 요가 자세로 앉아 있는 인물들이 그려져 있습니다. 그러니까 인도인들이 내면을 탐구해 온 역사가 4000년 정도 되었다는 말이지요.

요가란 무엇인가요?

인도에서 요가의 목표는 마음을 고요하게 만드는 것입니다. 마음은 저절로 매우 활발해지고 늘 움직이는 상태에 있습니다. 마치 연못의 수면 위에 바람이 계속 불어서 물결을 만들어 내는 것과 같습니다. 물결이 일어 수면에 비친 이미지들을 깨뜨리면 우리는 깨진 채 이리저리 흔들리는 반사 이미지들만을 보게 됩니다. 우리 삶도 이와 같습니다. 우리가 보는 모든 것은 깨진 이미지들입니다.

그러나 만약 당신이 바람을 없앨 수 있다면[열반(nirvāna)이 바로 "바람불기가 멈춘, 바람이 꺼진", 즉 바람이 사라진 것을 의미합니다] 연못은 완벽하게 고요해질 것입니다.

바람이 물러나게 하세요. 연못을 잠잠하게 하세요. 그러면 당신은 이 모든 깨진 반사 이미지들 속에서 단 하나의 이미지만을 보게 될 것입니다.

마음이 고요해질 때, 당신은 반사된 이미지 하나만을 보게 됩니다. 그 이미지는 당신이 반사하고 있는 존재들의 존재(Being of Beings)입니다. 그것이 바로 신입니다. 당신의 역사적이고 물리적인 몸과 존재들의 존재를 동일시하지 마세요. 당신의 몸은 세상과 당신의 삶에 영향을 주는 에너지가 반사되어 만드는 이미지들 가운데 하나일 뿐입니다.

이제 이런 에너지들은 이 세계와 당신의 삶에서 다양하게 변형됩니다. 당신의 뇌를 통해 들어오는 에너지가 있고, 허파의 숨을 통해 들어오는 에너지도 있으며, 성 기관을 통해 들어오는 에너지도 있습니다. 이 에너지들은 서로 다른 신성을 갖고 있고, 한 에너지가 여러 개로 분화된 것입니다. 이것이 바로 신들(pantheon)이라고 알려진 것입니다. 이 시스템에는 다섯 가지 기본 요소가 있다고 보는데, 인도에서 에테르(또는 공간), 공기, 불, 물, 흙이 바로 그 다섯 가지 요소라고 말합니다. 그리고 우리는 이런 요소들로 구성되어 있습니다.

쿤달리니(kuṇḍalinī) 요가에서는 프라나야마(prāṇa-yāma) 혹은 호흡 조절을 통해 마음을 고요하게 합니다.

쿤달리니 체계에는 척추를 따라 위치한 일곱 차크라 혹은 파드마가 있습니다. 나는 이 개념이 동양에서 발견한 내용을 서양 심리학 연구와 조화롭게 통합하는 데 도움이 되는 중요한 실마리라고 생각합니다. 더욱이 기원전 제2천년기는 중기 청동기시대이고, 바로 이 시기에 후기 요가 전통, 특히 인도 체계와의 관계를 암시하는 모티프들이 유럽과 중국에 등장합니다. 그러므로 나는 인도 요가가 당시 유럽과 아시아에서 이미 확인될 수 있는 심리적 방향성들을 발전시키고 개선하고 풍부하게 만들었다고 생각합니다.

다른 고대 문화권에도 이런 지식이 있었나요?

나는 이집트인들이 이 모든 것에 대해 알고 있었다고 확신합니다. 이집트 예술에서 이와 관련된 단서를 충분히 찾아볼 수 있습니다. 그리고 이집트에서는 인도보다 수세기 먼저 인도 사상과 관련된 내용이 등장합니다. 예를 들어 깃털로 심장 무게를 재는 그림이 있습니다. 이 그림은 기원전 1400년경에 그려진 것으로, 이 그림에 나오는 저울의 수직대에는 정확히 일곱 개의 작은 돌출이 있는데, 이는 일곱 차크라와 일치합니다. 그리고 심장이 깃털보다 무거운 사람을 먹어 치우는 하마를 닮은 동물을 알고 있나요? 이 괴물의 코는 정확히 세 번째 차크라와 네 번째 차크라 사이에 있습니다. 처음 차크라 세 개는 동물적 본성에 해당하고, 네 번째 심장 단계에서 영적 전환이 일어납니다. 이 동물의 코는 개코원숭이 형상을 한 토트(Thoth)가 앉아 있는 단상을 가리키고 있는데, 토트는 헤르메스의 상징이자 영혼을 불멸로 인도하는 안내자입니다.

인도에서 온 또 다른 이미지는 아트만을 감싸고 있는 다섯 개의 덮개입니다.

가장 바깥쪽에는 음식 덮개가 있습니다. 그다음은 호흡의 덮개로, 이 덮개는 음식 덮개를 활성화하고 산화시켜 생명을 불어넣습니다. 다음 덮개는 마음의 덮개이며, 처음 두 덮개와 연결되어 있습니다. 그다음에 깊은 단절이 있고, 지혜의 덮개가 이어집니다. 지혜의 덮개는 몸의 지혜이자 자연의 지혜이고, 원형질과 세포의 지혜입니다. 여기서 모든 것을 형성하는 초월적 에너지가 세계로 쏟아져 나옵니다. 그 아래에 희열의 덮개가 있습니다. 투탕카멘의 석관을 보면 직사각형 상자 세 개가 거대한 석관을 감싸고 있고 석관은 덮개 두 개로 덮혀 있습니다. 바깥 덮개는 금과 청금석으로 장식된 나무 덮개이고, 안쪽 덮개는 순금으로 만들어진 희열의 덮개입니다.

요가와 현대 심리학 사이의 공명을 어떻게 설명할 수 있을까요?

내가 쓴 『신화의 이미지』에는 심리학과 요가를 다룬 장이 있습니다. 이 장 앞부분에서 이 주제를 잘 설명하고 있는데, 그 내용은 다음과 같습니다.

현대 심층심리학을 요가와 같은 맥락에서 말할 수 있는 이유는 세 가지 공통점이 있기 때문이다. 첫째, 개인의 운명은 그의 심리적 성향의 결과라는 생각이다. 자신에게 그냥 들이닥치는 것처럼 보이는 재앙들은 스스로 초래한 것이다. 둘째, 신화와 종교에 등장하는 형상들은 하늘에서 내려온 계시가 아니라 정신에서 나온 것이며, 정신적 환상이 만든 투영이라는 생각이다. 즉, 신과 악마는 우리 내면에 존재한다. 셋째, 개인의 심리적 성향은 꿈과 운명적 사고처럼 보이는 일들에 의식적으로 주의를 기울임으로써 변형될 수 있다는 지식이다.

이 글은 이 주제에 대한 나의 입장을 잘 보여 줍니다.

"꿈에 대한 통제된 주의"란 무엇인가요?

우리는 실제로 의식적으로 꿈에 주의를 기울여서 꿈을 이끌어 갈 수 있습니다. 이 말은 우리가 자신의 삶을 이끌어, 바로 지금 우리 내면에서 화산처럼 뜨겁게 솟구치는 꿈의 힘과 어떤 관계를 형성한다는 의미입니다. 힌두교 전통에서는 깨어 있는 의식의 형태는 이미 과거에 속한 것이며, 이미 생겨났고 경험된 것들이라고 말합니다. 하지만 꿈의 형상들은 지금이며, 바로 현재의 운명을 보여 주는 신호라고 합니다.

『우파니샤드』에 이런 구절이 있습니다. "우리는 매일 밤 보물이 묻혀 있는 브라흐만 세계로 간다." 밤낮으로 묻혀 있는 보물 위를 걸으면서도 그것을 알지 못하는 것처럼, 잠을 자는 동안 자신도 모르게 브라흐만 세계를 돌아다닌다고도 말합니다. 그렇게 우리는 매일 밤 깨달음에 가까이 다가갑니다.

선생님은 "꿈은 사적인 신화이고, 신화는 공적인 꿈이다"라고 이야기한 적이 있습니다. 그렇다면 개인의 꿈이 문화 전반의 신화를 반영할까요?

정신의학 저널들에 발표된 수많은 꿈에 대한 기록들을 읽어 보면, 인간 정신의 역동성을 표현하는 이런 꿈에 담긴 이미지들이 많은 경우 토요일과 일요일 아침의 공식적인 종교의례에서 사람들이 떠올리는 이미지들과 일치하지 않는 것을 알게 됩니다. 사람들의 꿈이 실제 그리스도교 이미지들과 일치한다면, 그것은 종교가 실제 삶에서 작동하고 있음을 의미합니다. 중세시대에 자주 그러했었죠.

사람이 완전히 무너져 조현병과 같은 변화와 의식 상태에 빠질 때 떠오르는 이미지가 종종 힌두교적이라는 점은 흥미롭습니다. 이런 일이 힌두교나 불교를 전혀 몰랐던 사람들에게 일어납니다. 『경험의 정치학(The Politics of Experience)』 6장에서 로널드 데이비드 레잉(Ronald David Laing)은 매우 성숙한 한 남성이 겪었던 조현병 위기에 대해 이야기합니다. 이 남성은 자연적으로 호전된 후 자신이 겪었던 일에 대해 설명하는데, 그 이미지는 완전히 힌두교적입니다. 그리고 결정적 이미지는 보살의 이미지입니다.

그러므로 사람들이 자신의 삶을 이끌어 준다고 생각하는 신화와 실제로 삶을 이끌어 주는 신화 사이에 괴리가 있는 듯합니다. 이런 괴리가 생기는 한 가지 이유는 당연히 공식적으로 승인된 종교 전통의 이미지들이 너무 낡았기 때문입니다. 이 이미지들은 기원전 제1천년대에 속하는 목축시대에서 비롯된 것으로, 이 중에서 오늘날 적절한 이미지는 거의 없습니다. 개인이 이상적이고 깊은 의

미에서 자신은 종교 전통의 기초 위에서 바르게 살아간다
고 믿을 수는 있지만, 실제 그 전통은 그에게 현대 산업사
회에 필요한 삶의 모델을 제공하지 못합니다.

그렇다면 잠과 꿈은 삶 자체를 위한 은유로 이용될 수 있나요?

잠을 다룬 고전 문헌 가운데 하나인 『만두키야 우파
니샤드』는 의식의 네 단계에 대해 이야기합니다. 즉, 의식
은 깨어 있는(waking) 의식, 꿈 의식, 꿈이 없는 깊은 잠, 그
리고 완전히 깨어난(awake) 상태, 즉 깨달음의 상태로 꿈
없는 깊은 잠으로 들어가는 신비로운 상태, 이렇게 네 단
계가 있습니다. 이 마지막 단계가 어둠의 차원을 뚫고 분
화되지 않은 의식으로 들어가는 단계입니다

완전히 깨어난 상태로 꿈 없는 잠으로 들어간다고요?

그렇습니다. 그것이 요가의 기능이지요. 사실 요가는
수도원 수련법 중 하나로, 지식을 깨우는 만트라를 암송
하면서 잠으로 들어가는 것입니다. 요가는 깨어 있음에
서 초월적 의식으로 데려가 주는 낚싯줄 같은 것입니다.
붓다가 "깨어난 사람"을 의미한다는 사실 자체가 여기서
중요한 교훈을 가르쳐 줍니다.

잠과 깨어남의 은유는 정확히 불교의 그 상태와 관련
이 있습니다. 붓다는 분화되지 않은 의식으로 깨어났습
니다. 이 관점에서 보면 깨어나지 못한 우리는 합리적 삶,
일상적 삶, 더 나아가 꿈꾸는 삶 속에서도 잠들어 있습니
다. 깨어남은 거대한 돌파입니다.

이 수면 상태를 표현하는 또 다른 이미지는 물입니다.
예수는 제자들에게 말합니다. "내가 너희를 사람 낚는 어
부가 되게 하리라." 물속에서 잠에 빠져 있는 평범한 어부

를 물속에서 꺼내고 깨워서 그들을 완전한 인간 의식으로 이끌겠다는 것입니다. 이 모티프는 오르페우스교 전통에서 왔습니다. 어부인 오르페우스는 물고기 상태에 있는 우리를 끌어올려 수면 위에 있는 빛으로 데려갑니다.

이것이 전부입니다. 이것은 신성한 빛이 어둠에 갇혀 있다는 마니교의 생각과 같습니다. 우리는 어둠이 빛을 가두고 있는 이중 세계에 살고 있으며, 깨어남은 그 어둠을 뚫고 빛을 해방시키는 것입니다. 같은 생각을 「도마복음서」에서 찾을 수 있는데, 「도마복음서」에서 예수는 이렇게 말합니다. "하늘의 왕국은 지상에 널리 퍼져 있지만 사람들은 그것을 보지 못한다." 깨어나십시오! 하늘나라는 바로 여기, 당신 앞에 있습니다 [보리는 "깨어남, 깨달음"입니다. 보리와 붓다에 해당하는 그리스어 단어는 그노시스(gnosis, 영지)입니다. 따라서 영지주의와 불교는 동일한 가르침을 기반으로 합니다]. "아버지의 나라는 지상에 널리 퍼져 있지만 사람들은 그것을 보지 못합니다." 그러니 보세요! 그것이 보리입니다. 그것이 깨어남입니다. 그것이 그노시스입니다.

석가모니 혹은 그리스도의 역할은 다른 사람들을 깨우는 것인가요?

그렇습니다.

그런데 동양 전통은 최소한 서양 전통보다는 자신들의 신화를 문자 그대로 받아들이지는 않는 것 같습니다.

힌두교와 불교는 신화의 공통된 요소들을 인정합니다. 그들은 신화를 이해하죠. 그러나 서양 종교들은 그렇지 않습니다. 몇 년 전 달라이 라마가 뉴욕에 왔을 때 대단히 흥미로운 일이 있었습니다. 달라이 라마 환영 행사가 성 패트릭 대성당에서 열렸고 이 자리에는 랍비들, 가톨릭 사제들, 동방교회 성직자들, 개신교 목사들도 참석했습니다. 그리고 달라이 라마는 모든 종교는 의식의 확장과 보편성에 도달하는 다양한 방법을 나타낸다고 말했습니다. 그때 지금은 고인이 된 쿡 추기경이 일어나서 말했죠. "우리는 다릅니다." 실제로 우리는 다릅니다.

동양의 가르침은 언제나 신뢰하기 힘든 역사적 전설이 아니라 내면적, 심리적 차원에 초점을 맞춥니다.

일반적으로 동양 신화와 관련된 언급들은 늘 심리적인 것입니다. 역사적 배경이 존재하지만 그것은 중요하지 않습니다. 예를 들어, 고타마 붓다는 실존했던 적이 없다는 말을 들어도 전혀 문제가 되지 않을 것입니다. 그렇지 않을까요? 그런 사실은 조금도 중요하게 여기지 않을 것입니다! 중요한 것은 고타마 붓다의 가르침이 우리에게 어떤 영향을 주었는지, 그리고 그 가르침이 우리를 깨워서 깨달음으로 이끌었는지입니다.

그러나 나사렛 예수의 생애에서 어떤 점들이 의심스럽다는 말을 그리스도교 신자가 듣는다면, 그는 동요할 것입니다.

지금까지 발견된 고타마 붓다의 생애를 다룬 문서 가운데 가장 오래된 것은 기원전 80년경에 나왔습니다. 붓다는 기원전 483년경에 세상을 떠났다고 추정됩니다(고타마 붓다는 기원전 563년부터 483년까지 살았다고 합니다). 그러니까 400년의 간극이 있는 것입니다. 붓다의 생애에 등장하는 사건들의 정확성을 진지하게 받아들이는 사람은 없을 것입니다. 몇몇 사건들은 확실히 공상적입니다. 사실, 그리스도의 생애에 관한 사건들도 공상적이죠. 예수는 물 위를 걸었다고 하지요. 붓다도 500년 전에 물 위를 걸었습니다(물 위를 걷고 불 위를 걷는 것은 신화의 기본 모티프입니다). 한쪽에서는 그것이 사실로서 중요하고, 다른 쪽에서는 물에 가라앉지 않은 정신의 사례로서 중요합니다.

붓다 자신이 불교의 핵심이 아니라면 불교의 핵심은 무엇인가요?

우선 불교 전통은 삶의 부정적 측면을 강조합니다. 붓다의 네 가지 고귀한 진리, 사성제(四聖諦)를 봅시다. (1)모든 삶은 고통입니다. 실제로 그렇습니다. (2)이 고통에서 벗어나는 방법이 있습니다. 이 고통에서 벗어난다는 것은 무엇일까요? (3)고통에서 벗어나는 것을 열반이라고 하는데, 열반이 무엇인지 나중에 살펴볼 것입니다. 그렇다면 열반에는 어떻게 도달할 수 있을까요? (4)여덟 가지 올바른 길, 팔정도(八正道)를 통해서입니다. 팔정도에는 올바른 견해, 올바른 의도, 올바른 말, 올바른 행동, 올바른 생활 등이 있습니다.

초기 불교는 욕망과 두려움에서 벗어나기 위해 세속으로부터 출가를 하는 수도승 종교의 경향이 강했습니다. 우리를 세속에 묶어 두는 것은 두 가지, 바로 세상 재물에 대한 욕망과 그것을 잃을지 모른다는 두려움입니다. 그런데 붓다의 핵심 가르침은 이 모든 대립하는 쌍이 마야(māyā)의 영역 안에서 경험된다는 것입니다. 속박과 자유, 세상에 참여하는 것과 세상에서 벗어나는 것을 구분하는 한, 우리는 이 대립되는 쌍 안에 머무는 것입니다.

고타마 붓다가 세상을 떠난 지 500여 년이 지난 기원후 1세기 초에 대승불교(Mahāyāna, 마하야나)로 알려진 새로운 운동이 등장했습니다. 이 시기에 대승불교는 저쪽 편에 있는 해안, 즉 피안(彼岸)의 이미지를 이야기했습니다. 즉 "우리는 고통과 슬픔의 해안인 윤회의 굴레에서 벗어나 열반의 해안으로 가고 싶다"라고 말한 것이죠. 열반의 해안은 서양 종교에서 말하는 성스러운 땅과 다르지 않을 것입니다. 그리고 대승불교는 저쪽 해안으로 사람들을 데려가는 나룻배에 대해 이야기하는데, 그것이 바로 야나(yāna)입니다. 야냐는 "탈 것" 혹은 "나룻배"를 뜻합니다. 마하야나는 "큰 나룻배"를, 히나야나(Hīnayāna)는 "작은 나룻배"를 뜻합니다[초기 불교는 세속을 포기한 출가자들만이 탈 수 있는 작은 나룻배라는 의미에서 히나야나(소승불교)라고 불렸습니다].

그러나 대립쌍을 초월하는 해안인 저쪽 해안에 도달하고 나면 자신이 그곳에 있었다는 사실을 깨닫습니다! 따라서 열반을 깨닫는 것은 단순히 어딘가에 있는 다른 곳으로 가는 것도, 자신의 삶을 죽이는 것도 아닙니다. 의식의 초점을 사물에 대한 집착에서 벗어남으로 옮기는 것입니다. 그리고 타트 트밤 아시("네가 곧 그것이다")와 자신은 늘 그곳에 있었다는 것을 깨닫는 일입니다.

그다음에 보살에 대한 긍정적 서술이 이어집니다. 보살은 자신 안에서 영원을 발견하고 그 영원을 세상 안에서 깨닫는 존재입니다. 보살에는 "세상의 고통과 슬픔에 기쁘게 동참하기"라는 아름다운 의미가 담겨 있습니다. 보살은 잘 살아온 삶이 이 세상에서 끌어낼 수 있는 광채가 무엇인지 깨닫고 자신과 세상을 위한 고통과 슬픔을 받아들입니다. 고통에 스스로 동참하면서 삶의 고통에서 벗어나는 일은 바로 그 고통의 영역에 이루어져야 합니다.

붓다 의식이라는 개념은 모든 존재가 붓다와 같은 존재라는 의미입니다. 명상과 그 밖의 모든 수행의 목적은 내면에 있는 붓다 의식을 발견하고, 눈과 귀의 관심사가 아니라 붓다 의식을 기반으로 살아가는 것입니다. 눈과 귀의 관심사들은 우리 자신의 참되고 가장 깊은 존재와 목적으로부터 우리를 분산시킬 수 있습니다. 명상의 목표는 내면에서 우리의 참된 존재와 목적인 붓다 의식을 발견하고, 그것이 삶을 주도하도록 하는 데 있습니다.

이 개념을 그리스도교 방식으로 번역하면, 우리 안에 있는 그리스도를 발견하는 것입니다. 이 두 가지는 정확히 같은 개념입니다. 그리스도교에서는 내면의 존재를 그리스도의 마음이라고 부르고, 불교에서는 붓다 의식이라고 부릅니다. 그러나 두 개념을 대표하는 형상은 상당히 대조적입니다. 불교는 내면의 평화와 고요를 찾는 평화로운 측면에 집중하는 반면, 그리스도교는 그리스도의 십자가와 함께 영웅적 삶의 태도를 강조합니다. 즉 혼란스러운 세상의 한가운데에서 자신을 해체하고 자기 안에 있는 신성을 찾는 태도를 강조합니다.

십자가 위에 있는 인물이 상징하는 것은 시간의 고통에 동참하는 영원의 열정입니다. 이 은유에 따르면, 그리스도는 신이라는 생각을 포기했습니다. 다시 말하지만, 바울은 「빌립보서」에서 이렇게 말합니다. "그분은 내려오셔서 종의 모습을 취하시고 십자가에서 죽기까지 하셨습니다." 이것은 세상의 슬픔과 고통에 참여하려는 열렬한 열망입니다. 불교에도 보살 개념이 있습니다. 보살은 피할 수 없는 삶의 고통과 슬픔에 기꺼이 즐겁게 참여합니다. 왜냐하면 시간이 있는 곳에는 늘 슬픔과 고통이 있기 때문입니다.

그리스도와 붓다라는 형상이 신화의 관점에서 전하는 메시지는 무엇일까요?

두 형상은 삶으로의 초대라고 말할 수 있습니다. 두 형상은 충격을 견딜 수 있게 해 주고, 각자의 존재 안에 고통받는 육체보다 더 깊고 더 크고 훨씬 더 생기 있는 측면이 있다는 것을 깨닫게 해 줍니다.

통합

선생님은 앞에서 유대·그리스도교 전통은 원래 영성보다 윤리에 더 초점을 두는 것 같다고 말씀했습니다.

분명 그런 것 같습니다. 유대·그리스도교에서는 죄와 속죄가 중요하죠. 죄와 속죄를 강조하는 것은 자신 앞에 장막을 세우는 것과 같습니다. 이 장막 때문에 선과 악, 남성과 여성, 활동과 비활동, 인간과 신과 같은 모든 대립하는 쌍 너머에 있는 형이상학적 주제로 나아가지 못합니다. 결국 천국에 있는 신과 지옥에 있는 악마라는 궁극적인 대립쌍에 갇혀 버리는 셈입니다. 아담과 이브는 대립쌍을 알게 되는 지식의 열매를 먹은 후 낙원에서 쫓겨났습니다.

나는 서양보다 동양이 더 우월하다고 광고를 하는 것처럼 보이고 싶지 않습니다. 그것은 나의 입장이 아닙니다. 다만 두 세계 사이에 나타나는 특별한 차이를 설명하기 위해 다음과 같은 사실을 강조해 왔습니다. 서양의 종교의례에서 생각나는 태도는 기도하는 자세와 외부를 향해 호소하는 모습입니다. 손을 모으고 무언가를 호소하는 모습이지요. 반면 동양의 종교의례를 생각하면, 명상하는 요가 수행자 혹은 현자의 평온함과 휴식이 떠오릅니다. 이것이 핵심입니다. 동양 종교들은 본질적으로 형이상학과 같은 성향을 가지고 있습니다. 동양 종교들은 궁극적 신비를 찾아 내면으로 향합니다. 그러나 서양 종교들은 이런 관계적 맥락에 중점을 두기 때문에 윤리를 더 강조합니다. 또한 인간과 인간 사이의 시공간적 관계를 더 중시합니다. 이것이 서양이 생각하는 진보의 근간을 이루고 있습니다. 그리고 실제로 윤리적 진보가 있었던 것도 사실입니다.

그러나 서양 역사 전반에 걸쳐 또 다른 흐름이 있었다는 점을 지적하고 싶습니다. 이런 흐름은 비정통적이었지만 지금까지도 존재합니다. 그리고 그리스도교의 전통적 상징들을 이런 방식으로 해석하지 못할 이유가 전혀 없습니다.

서양의 흐름은 성서 전통을 기반으로 합니다. 성서에는 에덴동산의 타락 이야기가 있습니다. 아담과 이브는 선악을 구별하는 지식을 얻고 동산에서 쫓겨납니다. 그리고 노여워하는 아버지에게 속죄하는 문제가 등장합니다. 우리 모두는 아담과 이브가 범한 한 가지 죄 때문에 에덴동산에 머물 수 없습니다. 이것이 바로 원죄 개념입니다.

동양 전통에는 "낙원에서의 타락"이 없다는 것은 원죄 개념도 없다는 의미인가요?

동양에서는 이미 저질러진 죄와 같은 개념이 없습니다. 대신 우리 감각이 만드는 결과가 있을 뿐입니다. 인간의 감각은 세상에 흩어진 개별 존재들에게 집착하게 만들고, 그 결과 우리의 사고를 신성한 의지(혹은 자연의 역동성)와의 내적 일치에서 떼어놓으려는 경향이 있습니다.

그렇게 우리는 산만해지고, 개인의 실존을 걱정하게 됩니다. 또한 죽음을 두려워하고 삶을 욕망하게 됩니다.

바로 이 두려움과 욕망이 어린 시절의 순수함에서 우리를 갈라놓습니다. 어린 시절에는 두려움과 욕망이 없었던 것이죠. 여기서 핵심 개념은 자기 자아에 대한 집착을 내면에서 제거함으로써 우리가 나왔고 다시 돌아가야 하는 위대한 근원과 다시 접촉할 수 있다는 것입니다. 이런 집착의 제거는 우리 자신의 심리적 태도에서 나오는 결과입니다. 말하자면, 우리는 심리적 전환을 통해 지식의 나무로 돌아갈 수 있습니다. 반면에, 서양 전통에서는 화난 아버지에게 속죄할 때만 귀환할 수 있습니다. 이 두 가지는 완전히 다른 태도이지만, 상징은 놀랍도록 같습니다.

그래서 서양에서는 아담과 이브가 낙원에서 쫓겨나지만, 동양은 본질적으로 "에덴에 오신 것을 환영합니다. 자연과 지식에 오신 것을 환영합니다"라는 입장이라는 뜻인가요?

이런 환영을 받을 때 두 가지 문제가 있습니다. 하나는 세상을 내려놓는 문제입니다. 이런 질문을 던지게 됩니다. 세상의 방식을 포기할 것인가? 자기 자신과 자신이 사랑하는 것을 지키는 일을 멈출 생각인가? 성공하려는 노력을 중단할 것인가? 만약 그렇다면 당신은 수도자가 되어 세상으로부터 멀어지게 됩니다.

그러나 수도자가 될 생각이 없다면, 이런 세상을 인정해야 합니다. 이것이 우리의 젊은이들이 아직 해결하지 못한 문제입니다. 그들은 앞에 나온 소년과 비슷합니다. 자신이 신이라는 말을 들은 소년은 자기 앞으로 걸어오는 코끼리를 피하지 않습니다. 자신은 다치지 않을 거라고 생각한 것이죠. 하지만 결국 다치게 될 것입니다.

그리고 내려야 할 유일한 결정은 어떤 길을 선택할 것인가입니다. 세상에서 물러날 것인지, 아니면 세상에 적극적으로 참여할 것인지 결정해야 합니다. 두 가지를 모두 선택할 수는 없습니다.

유대교, 그리스도교, 이슬람교에서 창조신은 피조물들과 분리되고 구분됩니다. 이와 같은 단절은 자연, 즉 물질의 세계는 이 신성에 참여하지 않는다는 뜻인가요?

몇 년 전 에라노스(Eranos)‡에서 스즈키 다이세츠(鈴木大拙)가 했던 강연의 재미있는 첫 장면이 생각나네요.06 스즈키는 허리에 손을 얹고 앞으로 몸을 기울이면서 청중 앞에 서 있었습니다. 그리고 아주 천천히 그리고 엄숙하게 말했습니다. "인간에 대적하는 신. 신에 대적하는 인간. 자연에 대적하는 신. 신에 대적하는 자연. 자연에 대적하는 인간. 인간에 대적하는 자연. 아주 재미있는 종교입니다." 스즈키는 서양 종교들을 이렇게 요약했습니다. 절대적이고 최종적인 이원성이 있는 곳에는 궁극적 메시지가 없습니다.

이런 분리는 어디서 시작되었나요?

이런 분리는 유대·그리스도교 전통이 성서에 나오는 신화 내용을 역사화하는 실수에서 비롯되었습니다.

성서는 히브리 민족의 초창기를 다룬 이야기입니다. 성서에 나오는 모든 신화는 이스라엘의 유사역사적 사건들에 기초합니다. 유대민족 신화는 자연에 대한 신뢰가 없습니다. 이것이 유대민족 신화의 핵심입니다. 유대교 축

---

‡　1933년부터 매년 스위스 몬테 베리타에서 열리는 학술 토론 모임이며, 주로 종교와 심리 관련 주제를 다룬다.

제들을 보세요. 다른 모든 민족도 같은 축제들을 기념합니다. 그러나 유대민족은 이 축제들을 유사역사적 사건들을 나타내기 위해 특별하게 만들었습니다. 유월절은 아도니스(Adonis)의 부활을 기념하는 축제였습니다. 하누카는 태양신의 탄생을 기념하는 축제였습니다. 유대인들은 이런 신화들을 역사화하면서 자연세계와의 연결을 잃어버렸습니다. 성서는 반자연적입니다. 창세기에 따르면 자연은 "타락"했습니다.

그리스도교와 유대교는 할례나 세례를 받지 않는 한 모든 자연적 행위들을 죄악으로 여깁니다. 이런 태도는 자연의 과정은 악할 수 없다고 보는 신토 사상과 뚜렷이 대조됩니다. 신토는 자연의 과정은 선하다고 봅니다! 동아시아 종교들, 중국과 인도의 종교들은 자연을 선한 것으로 보며, 의례의 목표를 인간과 자연이 조화를 이루게 하는 데 둡니다.

그러나 조로아스터교, 유대교, 그리스도교, 이슬람교 같은 근동 지역의 종교들은 자연을 타락한 것으로 보고, 자연을 올바르게 바꾸는 일을 자신들의 과제로 여깁니다. 하지만 자연은 타락하지 않았습니다! 자연과 자연계는 선과 악의 혼합체입니다. 이것이 중국의 도(道)를 나타내는 형상, 다시 말해 움직이는 흑과 백의 이미지가 유대·그리스도교의 자연 개념과 정확히 반대되는 이유입니다. 서양종교는 자신을 어둠에 대항하는 빛과 동일시하고 언제나 자연을 올바르게 바로잡고자 합니다. 이런 의미로 볼 때 서양에서 자연 종교(Nature religion)는 경멸이 담긴 용어입니다.

자연계의 정신적 대응물은 집단무의식입니다. 번역하자면, 우리는 같은 신들을 공유합니다. 우리는 같은 원형으로부터 정보를 받습니다. 우리를 움직이는 자연의 힘은 공통된 것이고 신성한 것입니다.

이것이 동지중해로부터 그리스도교가 들어오기 이전 유럽의 정서였습니다. 그리스인, 게르만인, 켈트인, 로마인 등 모든 민족의 성전(聖殿)은 숲에 있어서 늘 자연과 함께할 수 있었지만, 『구약성서』에서는 숲이 공격받았습니다. 유다와 이스라엘의 왕들이 숲에 있는 성전을 다시 찾았을 때 그들은 징벌을 받았습니다.

이것이 이 분열과 단절의 시작입니다. 왜 근동 지역 민족들이 자연과 단절되었는지는 대단히 복잡하고 어려운 질문입니다. 나는 이것을 신화적 분리(mythic dissociation)라고 부르는데, 여기서 신은 외부에 존재하고 자연의 핵심에는 존재하지 않습니다. 이것은 까다로운 문제인데, 서양인 대부분은 이제 그렇게 느끼지 않기 때문입니다. 그러나 여전히 서양종교는 그런 감정을 가르치고 있습니다.

선생님은 영웅의 여정을 모든 문화권의 신화에서 반복되는 가장 보편적 모티프라고 평가했습니다. 유대교 신화 전통에서 핵심 영웅은 누구인가요?

「출애굽기」는 기원전 5세기경 에스라 시대 이후에 나온 신화입니다. 아주 늦게 만들어진 신화죠. 이 신화는 유대인 사회가 중요하게 여기는 생각을 보여 줍니다. 「창세기」에서 요셉과 족장들은 한 가족의 형태로 이집트로 들어갑니다. 그다음에 이집트에서는 누가 나오나요? 이집트에서 나오는 것은 민족입니다.

선택받은 민족, 집단 영웅을 의미하나요?

이스라엘 민족은 이집트라는 심연에서 발견된 거대

한 보석으로 밝혀졌습니다. 신화 속에서 우리가 어디로 내려갔고 어디서 올라왔는지, 무엇이 내려갔고 무엇이 올라왔는지를 탐색하면 그 심연에서 발견된 보석이 무엇인지 알 수 있습니다. 이 경우에 위대한 보석은 민족입니다. 그것이 바로 성서 전통의 영웅인 유대 민족입니다.

모세는 이스라엘 민족에게 해방을 가져온 단순한 대리인에 불과합니다. 모세 자신은 성스러운 땅에 도달하지 못했습니다. 여기서 다음과 같은 구조를 볼 수 있습니다. 요셉은 우물, 즉 물을 통해 이집트로 들어갑니다. 이스라엘 민족은 물을 통해(홍해를 통해) 이집트에서 나옵니다. 그리고는 요단강을 건너 가나안으로 들어갑니다. 다시 물을 건너는 것이죠. 물을 통과하는 것은 일반적인 출생의 모티프이고, 이것은 분명 출산의 위기, 양수 등과 관련이 있습니다.

그러나 여기서는 물을 건넌다는 상징이 인류 역사를 위해 대단히 중요한 일이 일어났다는 이야기를 전하는 데 사용됩니다. 즉, 유대 민족이 이집트에서 형성되었고, 억압에서뿐만 아니라 자신들이 탄생한 장소에서 해방되었다는 것입니다.

디아스포라 이후 유대 역사는 초점을 잃어버렸습니다. 유대 민족은 흩어졌습니다. 내가 아는 랍비와 유대인들에게서 내가 배운 것은, 유대교는 진정 유배의 종교라는 것입니다. 자신들은 유배 중이고, 동산 밖의 유배지(타락한 자연에서) 망명 중이라는 뜻입니다. 그리고 그런 상황과 관련된 어떤 우울감을 갖고 있었습니다.

그래서 민족을 하나로 묶는 것이 문제가 되었습니다. 유대교의 메시아 개념은 훌륭한 지도자가 이스라엘을 회복시킬 것이라는 뜻입니다. 유대인들에게는 지금이 그런 메시아의 시대입니다. 유대인들의 전통에서 보면 정말 그렇습니다. 그리고 이스라엘은 미국의 도움을 크게 받아 여러 나라들 사이에서 자신들의 자리를 회복해 왔습니다.

유대인들은 왜 예수를 메시아로 받아들이지 않았을까요?

잘 모르겠습니다. 아마도 예수가 정말로 영지주의를 설교한 것이 하나의 이유라고 추측해 봅니다. 「도마복음서」에 이런 내용이 나옵니다. 「도마복음서」의 마지막 부분을 보면 유대인들은 예수에게 표징과 기적을 요구합니다. 예수는 이렇게 답하죠. "아버지의 나라는 지상에 널리 퍼져 있지만 사람들은 그것을 보지 못합니다." 이것은 분명 영지주의 관점의 답변입니다.

선생님은 이 말을 믿나요?

네, 믿습니다.

유대교의 최고 영웅이 선택된 민족이라면 인도의 신화 전통에서는 누가 중요한 영웅인가요?

이 질문과 직접 연결되는 대단히 흥미로운 경험을 한 적이 있어요. 인도에 있을 때 나는 봄베이(뭄바이)에서 작은 전위예술 극단과 잠시 인연을 맺었는데, 이 극단은 자신들을 씨어터 유닛(Theater Unit)이라고 불렀습니다. 이 극단 구성원은 대부분 힌두교도가 아닌 인도인들이었습니다. 이 극단을 운영하던 친구는 아랍 출신이었고, 그의 가장 친한 동료는 인도 유대인이었습니다(인도에는 아주 오래된 유대인 공동체가 있습니다). 극단 참여자 다수는 파르시(Parsees), 즉 페르시아에서 인도로 피신 왔던 조로아스터교 신자들의 후손이었습니다. 그들은 무슨 공연을 했을까요? 그들은 〈오이디푸스 왕〉을 공연했습니다. 이 극단의 공연에 익숙한 단골 관객들이 꽤 있었습니다. 나는 이들이 봄베이의 이런 관객들 앞에서 공연을 하는 것을 보았습니다. 그리고 몇 달 후 그들은 뉴델리에서 공연을 하게 되었죠. 뉴델리에서는 인도인으로만 구성된 관중을 앞에 두고 〈오이디푸스 왕〉 공연을 했습니다.

세상에, 믿을 수가 없었습니다! 나는 관객석에 앉아 있었습니다. 나는 인도에 오래 머물렀으므로 관객의 반응을 어느 정도 이해할 수 있었는데, 그것은 공포였습니다! 관객들은 완전히 경악했습니다. 나는 그런 충격적인 무대를 본 적이 없었습니다. 관객들은 그리스비극을 본 적도, 읽은 적도 없었죠. 그들은 그리스 전통에 대해 전혀 아는 바가 없었습니다.

인도에서는 개인을 없애는 것을 강조합니다. 개인의 자리는 없습니다. 심지어 산스크리트어에는 "개인"이라는 단어조차 없습니다. 인도인은 개인이 아닙니다. 그들은 카스트의 구성원이고, 가족의 일원이며, 어떤 연령 집단에 속해 있고, 특정한 분위기에 속합니다. 이 모든 것이 일반적인 일입니다. 그런데 이 연극에는 대단히 폭력적이고 금기를 깨는 개인적 사건이 있었습니다! 청중들은 그저 넋이 나갔습니다.

이 연극은 인도인들이 무대에 올려야 한다고 생각하는 모든 것을 완전히 위반한 공연이라고 할 수 있습니다. 동양에는 비극 같은 것이 없기 때문입니다. 윤회를 믿는데 어떻게 비극이 있을 수 있겠어요? 아시아의 전통 연극은 동화 같은 연극입니다. 사랑스러운 분위기와 재미있는 상황들은 있지만, 정말로 심각한 것은 없습니다. 동양의 비극에서 고통받는 존재는 어차피 고통받아야 하는 존재이며, 곧 비인격적 몸입니다. 그것이 버려지든 말든 아무도 신경쓰지 않습니다.

수년 전 『천의 얼굴을 가진 영웅』을 집필할 때 실패의 사례가 필요할 때마다 그리스신화들을 탐색했던 기억이 납니다. 그리스 영웅들은 고난을 받는 존재들이니까요. 반면에 동양의 영웅들은 신화 내내 편안하게 여정을 즐기는 존재들입니다.

인도신화에서 강조하는 영웅 테마는 인간이 아닙니다. 그것은 페르소나를 입고 벗는 환생한 시바입니다. 그리스인들은 영웅을 개인으로 변환했습니다(그리스인들은 인간 존재가 독립된 실체라는 것을 처음으로 인식했습니다). 동양에서는 모험에 실패하는 인간은 광대나 바보이지만, 서양에서는 실패하는 존재가 바로 인간입니다.

그래서 현대 서양 세계의 영웅은 개인인가요?

거듭 강조하지만, 동양 문화에서는 한 개인이 개인으로서 갖는 중요성은 서양에서만큼 중요하지 않습니다. 내가 보기에 서양 세계에서 히브리인들과 그리스도인들이 동료 인간에게 보이는 자연스럽고 일상적인 관심은 동양에서 보여 주는 정말로 지독한 무관심과 극명한 대조를 보여 주는 것 같습니다.

동양에서 구원은 구루들이 이미 표시해 두었던 길을 따라가는 것입니다. 구도자는 완전한 믿음을 가지고 아무런 의문을 품지 않은 채 구루를 찾아갑니다. 구도자는 구루에게 질문하지 않습니다. 그래서 이론적으로는 최소한 고대의 순수한 지혜의 빛이 개인의 창조력에 의해 변형되지 않은 채 전승됩니다. 진리가 드러나기 위해서는 개성이 사라져야 합니다. 동양 신비주의의 목표는 에고를 없애는 데 있습니다. 욕망과 갈망을 제거할 때 남은 것은 무(無)입니다. 그것이 열반입니다. 그래서 동양 신비주의 목표는 열망이나 개성이 아닙니다.

예를 들어 동양에서는 개인적 구원이란 개념조차 없습니다. 그러나 서양에는 구원이라는 개념이 존재합니다. 지하세계로 간 오디세우스는 그곳에 있는 모든 사람을 알아봅니다. 지옥, 연옥, 천국에 간 단테도 그곳에 있는 모든 사람을 알아봅니다.

그러나 만약 누군가 동양의 지옥, 천국 혹은 연옥에 간다면, 그곳에 있는 누구도 알아보지 못할 것입니다. 영혼은 개인이 갖고 있던 개체성을 벗어 버리기 때문입니다. 위대하고 성스러운 책 『바가바드기타』는 인간은 옷을 입고 벗듯이 육체를 입고 벗는다고 말합니다. 반면에 서양은 (동양에서는 관심을 두지 않는) 개인과 개인의 특성을 대단히 강조합니다. 바로 개인의 특성을 강조하지 않을 때 우리는 낙원으로 돌아갈 수 있다는 것입니다.

자연은 개인에게 무관심합니다. 한 불교 승려가 파리를 때려잡으면서 "좀 더 바람직한 형태로 돌아와"라고 말하던 것이 기억납니다.

그리고 죽었다가 다시 돌아오는 사람은 …… 글쎄요. 생명이 하나뿐이라면 훨씬 더 소중하겠죠.

그렇다면 서양의 접근방식이 최선일까요?

글쎄요. 반대로, 어떤 사람이 자신을 참자아(the Self)와 동일시한다면 그 사람의 삶은 활력이 넘칠 것입니다. 삶에서 새로운 힘과 용기도 얻을 것입니다. 삶의 현상은 내면에 있는 영원한 힘에게 복종할 것입니다. 이것은 강력하고 힘을 주는 깨달음이 되겠죠. 전체와 동일시한다고 해서 자신을 잃는 것은 결코 아닙니다.

서양은 전혀 다른 점을 강조하지만, 나는 그것 역시 소중하게 여겨야 한다고 생각합니다.

개인적 경험을 이렇게 강조하는 것은 "그리스, 독일, 켈트, 로마"와 같은 유럽 이교 문화의 일부지만, 오늘날 서양에 퍼져 있는 종교는 근동에서 이식된 것입니다. 근원적으로 개인주의 경향이 강했던 이런 문화들이 그리스도교를 만났을 때 어떤 일이 일어났나요?

내 생각에 4세기 펠라기우스[Pelagius, 영국 또는 브리튼 출신의 신학자. 인간의 자유의지를 옹호하고 원죄론을 부정하여 이단으로 정죄되었다]는 아일랜드인이거나 웨일스인이었던 것 같습니다. 그는 아우구스티누스와 동시대 인물이고, 내가 근동의 부족주의라고 부르는 것에 대항하여 서양의 개인주의 전통을 옹호했습니다. 교황은 로마에 있었고, 이 문제와는 크게 관련이 없었습니다. 공의회들은 동방교회 지역에서 열렸고, 보잘것없는 교황은 공의회에서 작은 역할을 했을 뿐입니다. 이 시기에 열렸던 공의회들이 그리스도교 교회의 모든 교리를 결정했습니다.

예를 들면 어떤 것이 있을까요?

예를 들면, 마리아가 예수를 낳았는지, 아니면 신을 낳았는지가 중요한 질문 중 하나였습니다. 예수는 세례의 순간에 매개자이자 중재자가 되었는지, 아니면 원래부터 하느님의 아들로 태어난 것인지의 문제도 있었습니다. 431년 에페수스공의회가 이 문제를 종결지었습니다. 마리아를 하느님의 어머니라고 결정한 것이죠. 그리고 아버지와 아들의 관계, 아들과 성령의 관계는 무엇일까요? 이 모든 문제들이 에페수스공의회, 예루살렘공의회 등에서 논의되었습니다.

그런 공의회들의 기록이 남아 있나요?

네, 모두 남아 있습니다. 모든 것이 아주 깔끔하게 기록되어 있습니다. 도서관에 가서 미뉴(Migne)를 검색해 보세요.[07] 그러면 그리스 교부들, 라틴 교부들, 그리고 그 모든 것에 관한 책 200여 권을 찾을 수 있을 겁니다. 환상적입니다! 19세기 파리에서 이 방대한 출판을 책임졌던 사람이 바로 미뉴입니다.

펠라기우스는 이단자였습니다. 그는 동시대인이자 승자가 된 아우구스티누스의 교리에 반대하는 주장을 펼쳤습니다. 그 가운데 하나가 원죄입니다. 펠라기우스는 인간은 타인의 죄를 물려받지 않는다고 말했습니다. 그러므로 아담의 죄는 누구에게도 이월되지 않습니다. 그는 또한 타인의 행동으로는 구원받을 수 없다는 말도 했습니다. 이는 십자가의 예수 문제를 통째로 부정하는 주장이었기에 결국 기각되었습니다.

펠라기우스는 개인의 책임이라는 교의를 옹호했습니다. 이 생각이 어디서 왔는지 모릅니다. 그러나 확실히 동양이나 근동의 생각과는 반대되는 전형적인 유럽적 관점이었습니다. 인간을 한 집단의 단순한 구성원이 아니라 개인으로 봤던 것이죠.

인간은 어떻게 동양과 서양이라는 두 가지 다른 접근법에서
초월에 도달할 수 있나요?

아이를 훈육하는 방식에서 동양과 서양은 엄청난 차

이가 있습니다. 서양 아이들은 이런 질문을 받습니다. "어떤 아이스크림을 먹고 싶니? 초콜릿, 아니면 바닐라? 누구와 결혼하고 싶니, 이 사람 아니면 저 사람?"

동양은 자아 결정 능력의 발달을 고려하는 이런 허용권이 전혀 주어지지 않습니다. 개인의 자아는 처음부터 평가절하되고 지워집니다. 나는 지금 전통적인 동양을 말하는 것입니다. 소년은 원하는 것이 무엇인지 질문받지 않습니다. 소명을 찾으라는 요구도 받지 않습니다. 소명이 무엇이고 무엇을 해야 하며 결혼은 언제 해야 하는지 들을 뿐입니다. 결혼하게 될 상대를 볼 수도 없습니다. 소녀도 결혼하기 전까지 결혼 상대를 볼 수 없습니다. 베일이 벗겨질 때 처음 상대를 보게 되지요. 이에 대한 아무런 저항도 없습니다. 이런 문화야말로 자아를 없애는 통합 체계입니다. 반면, 서양의 문화는 자아의 발전을 위한 체계입니다.

오늘날처럼 동양이 서양으로 들어오면 무슨 일이 생길까요?

신화적 이미지들이 서양 전통에서는 일어난 적도 없는 역사적 사건들과 결합되어 있는 경우가 많습니다. 하지만 동양의 스승들이 이런 신화적 이미지들을 정신적 차원과 관련지어 다시 제시할 때, 사람들은 어릴 때 만들어졌던 상징들과의 연결을 찾습니다. 그리고 의식 영역과 무의식 영역 사이에서 소통의 흐름을 다시 구성합니다.

나는 이 모든 일에 아주 오랫동안 관심이 있었습니다. 나는 1923년쯤에 처음 이 주제를 접했고, 한동안 이 주제에 몰두했다가 빠져나오고, 다시 몰두하기를 반복했습니다. 그리고 이 일에 관련된 친구들도 여럿 있습니다.

동양의 명상 체계는 궁극적으로는 자아를 파괴하기 위해 설계되어 있죠. 사실 자아 자체가 그 문화 안에는 거의 존재하지도 않는데 말이죠. 서양인이 이런 동양의 명상 체계를 경험하게 되면, 그리고 서양인의 잘 발달되고 풍부한 자아 의식 및 세계가 동양의 명상 체계를 직면하게 되면, 서양인은 자신에게 무슨 문제가 있는지 계속 궁금해합니다. 자아가 사라지지 않기 때문입니다. 이것은 마치 유리병을 깨는 데 적당한 작은 망치로 바위를 깨려고 시도하는 것과 같습니다. 그래서 자신의 문화 전통을 멀리하고 동양적이 되려고 노력하지만, 그럴 수 없다는 좌절감이 밀려옵니다.

서양인들에게 좀 더 적합한 방식은 무의식적 질서를 우리 의식 세계의 활동 속에 조금씩 천천히 끌어들이는 것입니다. 말하자면, 삶의 과정을 통해 느리게 통합해 가는 것입니다. 이렇게 하면 가능합니다. 내 생각에, 우리는 그 과정에서 어떤 깨달음을 얻습니다. 이 깨달음은 동양적인 것과는 구조가 다른 서양 정신의 전형적인 깨달음입니다.

어느 쪽이 더 낫거나 나쁘다고 말하는 것이 아닙니다. 분명히 서로 다르다는 것입니다. 개에게 "야옹"을 가르칠 수 없는 것과 마찬가지로, 서로 다른 질서라는 것입니다. 그러나 나는 동양의 방법이 우리에게 갖는 커다란 가치를 이렇게 규정하고 싶네요. 동양의 방법은 신화적 상징들을 심리적 지시로 번역해 주고, 서양의 종교 전통이 붕괴하면서 사라져 버린 상징의 내용을 회복하게 해 줍니다.

서양은 자신들의 신화적 상징들을 역사적 지시로 읽었습니다. 모세는 산으로 올라갔고, 신에게 율법이 새겨진 석판을 받았습니다. 모세는 산에서 내려와 그 석판을 깨뜨렸고, 다시 올라가 두 번째 석판을 받아 내려왔습니다. 이 내용을 문자 그대로 사실로 받아들입니다. 유대민족은 홍해를 건넜고, 그다음에 요르단강을 건넜습니다. 예수는 동정녀에게서 태어났고 죽은 후 부활했으며, 하늘로 올라갔습니다. 이처럼 계시, 영적 탄생, 승천과 같은 중요한 상징들이 모두 역사적 사실로 이해되었습니다.

동양에서 전해진 동일한 상징들은 인간 정신 속 힘을 표현하는 심리적 지시 개념으로 해석됩니다. 이 힘들은 나의 정신, 여러분의 정신에도 포함되어 있으며, 우리는 적절한 상징 형태에 대한 명상과 묵상을 통해 그 힘을 불러오고 개발할 수 있습니다. 그러므로 이 상징들은 우리 안에 있는 것을 가리킵니다. 동양의 상징 이해는 바로 이 점을 알려 주고 있습니다.

나는 동양의 상징들이 서양 전통을 통해 전해진 상징들보다 더 유연하여 적응력이 뛰어나고 현재의 경험에도 더 잘 적용될 수 있다고 생각합니다. 가장 주목할 점은 이 동양의 이미지와 생각들이 현대 서양 정신에 미치고 있는 영향입니다.

동양의 생각들은 18세기 말과 19세기 초에 산스크리트어 번역이 시작되면서 놀라운 깨달음으로 다가왔습니다. 유럽의 낭만주의 운동 전체가 실제로 이런 동양사상에서 영향을 받았고, 에머슨, 소로와 같은 인물들이 펼쳤던 뉴잉글랜드의 초월주의 운동은 동양의 생각을 자신들이 찾고 있던 말이라고 여겼습니다. 그리고 그 동양의 생각과 이미지가 지금 다시 강력하게 전해지고 있습니다.

오늘날 동양의 철학과 종교가 서양으로 진출하고 있다는 말인가요?

지금 미국에서 린포체, 구루, 로시 들[선불교에서 스승을 뜻하는 일본어]의 성공이 그것을 증명합니다. 나는 동양적인 것이 자신들에게 의미 있는 무언가를 찾고 있는 젊은이들뿐만 아니라 다양한 종교의 성직자들에게도 영향을 미치고 있다고 생각합니다. 다양한 성직자들이 나를 찾아와 많은 대화를 나누는데, 그들은 이런 동양의 자료들에 큰 관심이 있습니다. 이렇듯 나는 동양이 서양의 권위 있는 전통에 미치는 영향을 알고 있습니다. 몇 달 전에는 사제를 양성하는 가톨릭 신학교로부터 강의 요청을 받았습니다. 나를 초청한 신부님은 내 책이 내면의 삶으로 이끌어 주었다며 나를 꼭 초대하고 싶다고 했습니다. 나는 60년 전 내가 신자였던 때의 가톨릭교회를 기억합니다. 이번에 그 신학교에 갔을 때, 그곳에 있는 사제들은 선불교 명상법 등을 연구하고 있었습니다. 나의 기억과는 다른 가톨릭의 모습이었습니다. 이렇게 동양적 영향은 기존의 주류 학교에도 미치고 있습니다.

그러나 우리는 동양의 오래되고 낡은 사회 문제들도 모두 함께 넘겨받고 있습니다. 그것은 우리에게 맞지 않습니다. 마치 일본인이나 힌두인처럼 옷을 입는 것과 같지요. 그래서 우리는 자신의 문화에서 벗어나고, 뿌리를 잃어버립니다. 우리가 처한 조건에서 메시지를 읽지 못하고, 우리의 조건을 바꾸려고 합니다. 이런 시도는 효과를 거둘 수 없습니다. 아주 드물게 효과가 있는 경우도 있기는 합니다. 대단한 경지에 오른 사람들에게는 이런 시도가 효력을 발휘합니다. 그들은 동양의 재료들을 철저하게 흡수하여 그 재료들이 어디서 자신에게 맞고 어디서 맞지 않는지, 그리고 어떻게 그 속으로 들어가야 하는지를 알고 있습니다. 그들은 불교 사원에서의 수련과 그 밖의 비슷한 수행을 계속할 수 있으며, 그런 수행이 자신에게 갖는 가치를 정확히 알고 있습니다. 그러나 이런 경우는 극히 드뭅니다.

서양 세계에서는 이런 내면적 접근을 어디서 찾을 수 있을까요?

신비주의와 신비가들에게서 이런 접근을 찾을 수 있습니다. 신비가란 이런 상징적 형태들을 상징적으로 읽은 사람들입니다. 신비가는 신학자가 아닙니다. 신학자는 경전의 어휘들을 마치 초자연적 사실을 가리키는 것처럼 해석하는 사람들입니다.

그리스도교 전통에는 많은 신비가들이 있습니다. 단지 우리가 그들에 대해 많이 듣지 못했을 뿐입니다. 그러나 종종 그런 이들을 마주치게 됩니다. 마이스터 에크하르트(Meister Eckhart)가 그런 신비가 중 한 명입니다. 토머스 머튼도 그런 일을 했습니다. 단테도 마찬가지입니다. 디오니시우스 아레오파기타(Dionysus the Areopagite)도 같은 일을 했습니다. 십자가의 성 요한은 때때로 돌파구를 마련하지만, 다시 뒤로 물러서곤 합니다. 그는 앞뒤로 왔다갔다 합니다.

나는 제임스 조이스의 작품이 신비와 일상적 현상의 상징적 결합으로 가득 차 있다고 생각합니다. 조이스만큼 나가지는 못하지만 토마스 만의 작품에도 그런 내용이 담겨 있습니다. 그러나 이상하게도 토마스 만이 죽은 후 문학에서 그런 특성이 사라지고, 우리는 더는 그것을 접하지 못하게 되었습니다.

쇼펜하우어는 이런 신비를 아름답게 표현합니다. 쇼펜하우어, 니체와 괴테, 그리고 독일 낭만주의 전통 전체가 동양과 서양의 조화를 가장 잘 이루어 냈습니다.

4장

네, 끝까지!

신화의 형이상학

선생님은 종종 융주의자로 규정됩니다.

나는 융주의자가 아니에요. 나는 쇼펜하우어주의자입니다.

쇼펜하우어주의자라고요?

쇼펜하우어와 니체가 나와 같은 종족이지요.

어떤 의미에서 그렇게 말씀하는 거죠?

내가 처음으로 역사에 눈을 뜨게 해 준 사람은 바로 오스발트 슈펭글러(Oswald Spengler)였습니다. 나에게 역사의 흥미를 진정으로 느끼게 해 준 인물이죠.[01] 슈펭글러의 『서구의 몰락』은 제1차세계대전 이후 독일의 몰락을 다룬 책이 아닙니다.[02] 이 책은 긍정적 성격의 책이에요. 슈펭글러의 관점에서 우리는 카르타고 전쟁과 로마의 부상 시기에 있습니다. 우리 눈앞에 로마시대가 온전히 펼쳐지고 있는 것이죠. 카이사르의 시대는 아직 시작되지 않았고, 곧 도래할 것입니다.

슈펭글러는 자신이 아는 모든 것은 니체와 괴테에게 배웠다고 말합니다. 그래서 니체를 읽다 보면 쇼펜하우어를 읽은 다음에야 니체를 읽을 수 있다는 것을 알게 됩니다. 그래서 쇼펜하우어를 읽다 보면 칸트를 읽은 다음에야 쇼펜하우어를 읽을 수 있다는 것도 알게 되죠. 그러다 보면 독일 사상 전체를 이해하게 됩니다. 그리고 신화와 관련된 모든 것을 이해하게 됩니다.

내가 보기에 이 상황은 이마누엘 칸트의 『순수이성비판』에서 시작됩니다. 칸트는 이 책에서 모든 경험은 경험하는 신체 기관에 의해 좌우된다고 지적합니다. 칸트의 선험적 감성론에서는 우리가 경험하는 모든 것이 시간과 공간 안에서 경험됩니다. 그다음에 그 경험에 대해 생각할 때 모든 경험은 생각의 범주에 따라 규정됩니다. 이 범주에는 존재와 비존재, 여기와 저기, 나와 너 등이 포함됩니다. 우리는 이런 영역에 갇혀 있는 셈입니다.

영어권 철학은 타불라 라사(tabula rasa), 즉 빈 서판이라는 오래된 개념에 기초합니다. 불완전한 시각과 같은 문제 때문에 몇 가지 차이가 생길 수는 있지만, 이런 시각에서 볼 때 세상에 있는 것들은 기본적으로 저기 바깥에 존재합니다. 그리고 거기서 한 걸음 더 바깥에 신이 있습니다. 여기서 신은 하나의 사실로 간주됩니다. 앵글로색슨족이 독일인보다 신화를 이해하는 데 어려움을 겪는 한 가지 이유는 칸트가 전달하는 메시지를 제대로 이해하지 못했기 때문입니다. 칸트의 메시지는 우리의 모든 경험이 시공간이라는 미적 형식에 좌우된다는 것입니다. 정신은 타불라 라사, 다시 말해 빈 서판이 아닙니다.

1800년경에 인도 고전 문헌들의 최초 번역본들이 서양에서 출간되었습니다. 쇼펜하우어는 당시 유일하게 존재하던 『우파니샤드』의 번역본을 읽었습니다[이 번역본은 산스크리트어에서 페르시아어로 번역된 작품을 두페롱(Duperron)이 다시 라틴어로 옮긴 것입니다. 두페롱은 젊은 프랑스인으로, 인도로 가서 영국군과 싸우기 위해 프랑스군에 입대했습니다. 그는 인도에 머무는 동안 인도 종교들을 연구했고 조로아스터교와 초기 우파니샤드 문헌들을 최초로 서양으로 가져왔습니다].03

쇼펜하우어는 인도의 마야 개념이 정확하게 칸트가 말하는 조건이라는 것을 처음으로 인식한 사람입니다. 시간과 공간, 그리고 인과성이 마야이며, 쇼펜하우어의 『의지와 표상으로서의 세계』에서 이 두 원리가 처음으로 조화롭게 연결됩니다. 니체는 바로 이 쇼펜하우어의 사상 위에 자신의 철학을 세웠습니다. 니체는 쇼펜하우어를 바탕으로 가능성의 긍정적 측면을 크게 강조했고, 자신의 사상에서 이 가능성들을 발전시켰습니다. 이렇게 쇼펜하우어와 니체 덕분에 이 조화가 동양의 관점에서뿐만 아니라 서양의 관점에서도 완벽하게 타당한 방식으로 이루어질 수 있었습니다.

이 서양 철학자들이 동양적 사유와 손을 잡은 이유는 무엇일까요?

타트 트밤 아시("네가 곧 그것이다")라는 개념을 인식했기 때문입니다. 그리고 당신은 언제나 거기에 있습니다! 이 깨달음은 "세상의 고통과 슬픔에 기쁘게 동참하기"라는 아름다운 문장으로 요약되는 보살 사상에서 다시 잘 나타납니다. 고통과 슬픔에 자발적으로 참여하여 고통에서 벗어나는 일이 바로 이 고통의 영역에서 일어납니다. 이것이 진정으로 긍정적인 태도이며, 바로 니체의 사상입니다.

쇼펜하우어는 해탈에 대해 좀 더 부정적 시각을 가지고 있지만, 헌신과 개입에서 벗어나면 온 세계가 새로운 방식으로 생명을 얻는다는 말도 합니다. 이런 내용이 『의지와 표상으로서의 세계』의 마지막 부분에 나옵니다. 아름다운 문장이지요. 니체는 보살의 측면을 선택하고 대단히 놀라운 방식으로 이것을 진술합니다.

쇼펜하우어가 말하는 "의지"란 어떤 의미인가요?

삶의 역동성, 에너지, 삶의 에너지를 말합니다.

"의지"에 대한 이와 같은 이해는 오늘날 흔히 통용되는 방식 아닌가요?

오, 아닙니다. 이것은 18세기에 사용되던 "의지" 개념 입니다. 당시에는 지성으로 의지가 결정된다고 보았습니다. 마음을 정하면 "의지력"을 갖게 되고, 자신이 원하는 것을 할 수 있는 "의지력"이 생긴다고 본 것이죠. 그러나 이런 의지력을 압도하는 다른 의지가 있다는 것을 발견하게 됩니다. 의지의 해석에 이런 전환이 일어난 것은 쇼펜하우어 시대쯤입니다.

그렇다면 의지를 "의지력"으로 해석하는 것은 부자연스러운 것인가요?

그것은 부차적인 문제입니다. 의지는 개인에서 출발 합니다. 개인은 이 모든 생각을 담당하는 머리를 가진 별 도의 개체입니다. 머리는 이렇게 말합니다. "그래, 이런저 런 죄를 짓지 않는 것이 중요해." 예를 들어, 여자들을 쫓아 다니는 일 같은 죄 말입니다. 따라서 의지력을 가지고 있 는 개인은 이런 죄를 짓지 않을 것입니다. 그러나 또 다른 의지, 쇼펜하우어가 말하는 만물의 근원이 되는 의지(the Will)는 다른 말을 합니다.* "오, 그래, 그것이 바로 네가 가 야 할 길이야." 그래서 그는 결국 무언가를 할 어떤 "의지" 도 남아 있지 않음을 깨닫게 됩니다.

---

* 쇼펜하우어는 이성에서 나오는 개인 의지와 생명의 근원적 욕구와 충동에서 나오는 우주적 의지를 구별한다. 개인 의지는 결국 우주적 의지 앞에서 힘을 잃는다.

쇼펜하우어나 니체, 슈펭글러의 저작을 나치가 읽었다는
이유로 읽어서는 안 된다고 말하는 사람도 많습니다.

만약 싫어하는 사람들이 읽은 것은 읽고 싶지 않고, 싫어하는 사람들이 충분히 많다면, 당신은 어떤 것도 읽을 수 없게 됩니다. 나는 이런 주장을 전혀 이해할 수가 없습니다. 이건 마치 "무솔리니가 스파게티를 먹으니까 나는 스파게티를 먹으면 안 돼"라고 말하는 것과 같습니다.

독일 전통에서는 윤리적 종교와 영원의 철학 사이의 구분을 어떻게 다루고 있나요?

니체는 자신의 위대한 책 『차라투스트라는 이렇게 말했다』에서 차라투스트라(조로아스터)가 선과 악은 상대적인 것이 아니라 절대적인 것이라는 절대 윤리라는 개념을 처음 정립한 사람이라고 이야기합니다. 니체에 따르면, 우리는 이런 윤리적 강조에서 많은 것을 배웠지만 조로아스터가 오늘날 다시 돌아온다면 이렇게 말할 것이라고 합니다. "좋아요. 당신은 이 가르침을 배웠으니 이제 다음으로 넘어갑시다. 선과 악 너머에 있는 신비의 원리 말입니다."

도덕성은 지역적이고 시대적인 것이며, 형이상학적 관점은 그것들을 초월하는 것입니다. 즉, "민속 관념(folk idea)"이라기보다는 "기본 관념"이라고 할 수 있습니다. 이것이 종교의 근본 문제입니다. 선과 악이라는 지역적 윤리 개념을 영원하고 지역을 넘어서는 형이상학 관점과 연결하면서 생기는 문제이지요. 절대 선이나 절대 악 같은 것은 존재하지 않습니다. 윤리는 시간과 공간에 따라 지역에 맞게 변환되며, 선과 악은 우리 삶에서 하나로 이어집니다.

우리는 살면서 선과 악에 대해서도 결정을 내려야 하지만, 형이상학적 지식에서는 선과 악을 뛰어넘어 지혜로 나아가야 합니다.

니체는 선한 사람이라는 개념을 무생물적 생각이라고 말합니다. 선한 사람의 행위는 인간의 절반밖에 표현하지 못합니다. 모든 행위는 선한 결과와 악한 결과를 동시에 낳습니다. 호랑이에게 좋은 일은 영양에게는 나쁜 일입니다. 그러나 영양은 그것을 받아들입니다. 이것이 고대 원시 사냥꾼들의 생각입니다. 이런 양면성이 생명의 본성이며 동물 세계와 인간 세계 사이에는 계약이 있다고 생각했습니다. 동물은 생명의 본질을 다시 근원으로 돌려줄 의례가 있으리라는 것을 알고 자신을 기꺼이 희생제물로 내어줍니다. 동물은 다시 돌아올 것입니다. 이런 이해로 사람들은 물리적 육체의 종말을 무시합니다. 물리적인 것은 마지막이 아닙니다. 그것은 그 너머를 살아가는 어떤 것의 외피일 뿐입니다. 그리고 초월하는 것에 대한 인정과 감사가 그 안에 들어 있습니다.

이것이 볼프람 폰 에셴바흐(Wolfram von Eschenbach)가 성배의 전설을 다룬 『파르치팔(Parzival)』에서 제기한 주제입니다. 에셴바흐는 모든 행위는 빛과 어둠을 함께 포함하고 우리가 할 수 있는 일은 빛을 의도하는 것밖에 없다고 말하며 이야기를 시작합니다. 그러나 어둠은 드러날 것입니다. 그리고 나는 우리가 이런 원리를 세계대전을 통해 배웠다고 생각합니다. 한 가지 목적을 위해 일어났던 두 번의 세계대전은 다른 결과를 낳았습니다. 그렇지 않습니까? 우리는 미덕을 위해 노력했지만 다른 것을 성취했지요.

신의 행위는 자연의 행위와 같아서 선과 악에 무관심합니다. 헤라클레이토스는 이런 말을 했습니다. "신에게 모든 것은 선하고 올바르며 정당하다. 그러나 인간에게 어떤 것은 옳고 어떤 것은 악하다."04 그래서 니체는 『차라투스트라는 이렇게 말했다』에서 우리를 "선악의 저편"으로 되돌려 놓습니다.

그러나 어떤 일의 목표가 악을 이기는 것이 아니라면, 무슨 의미가 남나요? "선하다"라는 것은 어떤 의미가 있을까요?

니체는 『도덕의 계보학』에서 덕(virtue)이라는 단어를 읽는 두 가지 방법을 이야기합니다. 비르투(virtu)라는 더 오래된 방식이 있다는 것이죠. 덕이 있는(virtuous) 사자는 양을 찢는 것과 같은 사자다움의 모든 잠재력을 보여 주는 사자입니다. 이것이 비르투가 있는 사자입니다. 좋은 칼은 어떤 것이든 잘 잘라 버리는 칼입니다. 이것은 인도의 다르마 개념과 비슷합니다. 자신의 운명, 자신의 의무를 다한다는 뜻입니다. 그러나 이 단어를 윤리의 관점에서 읽으면 단순히 "선하다"와 동의어로 볼 수 있습니다. 이는 "좋은 것과 좋지 않은 것"의 대립이 아니라 선과 악의 대립으로 생각하는 방식입니다.

반복해서 말하지만, 원시 및 동양의 생각과 대조되는 (나는 이 두 사고방식을 점점 더 존중하기 시작했습니다) 서양 사상의 한 가지 특성은 자연을 바로잡아야 한다는 생각입니다. 이 생각은 오래된 성서적 관점에서 비롯되었습니다. 자연은 타락했고 인간은 동물과 자연, 그 밖의 모든 것에 대한 지배권을 부여받았으며, 우리가 여호와의 선한 날을 회복할 때 개혁이 일어날 것이며 모든 것이 은혜를 받고 다시 완전해질 것이라는 시각이죠. 터무니없는 이야기지만, 이 이야기가 사람들을 움직이고 있습니다.

나는 미덕 관리자가 현대 세계의 진정한 저주라고 생각합니다. 미덕 관리자란 올바름은 자신에게 있고 그 밖의 모든 사람은 바로잡아야 한다고 생각하는 사람입니다.

그렇다면 다른 대안은 무엇인가요?

건강에도 큰 도움이 되고 영적 안정을 가져다주는 태도는 자연의 잔혹함과 공포 속에서도 자연에 순응하는 것입니다. 우리는 잔혹함과 공포를 악이라고 생각합니다. 하지만 그렇지 않습니다. 잔혹함과 공포는 자연스러운 자연의 작용 중 하나일 뿐입니다. 이런 태도 속에는 성서 전통에는 없는 자연에 대한 믿음이 들어 있습니다. 만물은 그 자체로 완벽하여 세상의 완벽한 현현과 조화를 이룬다는 믿음입니다. 자연의 과정은 악할 수 없다는 격언이 있습니다. 이 격언은 끔찍한 생각이지만, 자연 과정 속에 어떤 일이 일어나는지 떠올려 보세요.

몇 년 전 나는 《내셔널 지오그래픽》에서 치타 세 마리가 영양 한 마리를 먹고 있는 사진을 봤습니다. 영양은 아직 살아 있었어요. 치타들은 영양의 배 부위를 뜯어먹고 있었고 영양의 머리가 들려 있었습니다. 나는 나 자신에게 물었습니다. "우리가 저런 행동에 '예'라고 말할 수 있을까?" 물론 그렇습니다.

**선생님의 말씀처럼 모든 것에 대해 "예라고 말하는 것"은
부도덕함을 용인할 위험이 있지 않을까요?**

확실히 그렇습니다. 그것이 어려운 점이고, 문제의 핵심입니다. 당신은 얼마나 오래 그처럼 잔혹한 장면을 지켜볼 수 있나요? 얼마나 자세히 볼 수 있나요? 얼마나 견딜 수 있나요? 아니면 "새들이 지저귀는 소리를 들어 봐. 너무 달콤하지? 치타 세 마리에게 먹히는 영양은 보지 마"라며 작은 게임을 하려고 하나요?

선택은 당신의 몫입니다. 도덕주의자가 되고 싶다면 그렇게 하세요. 생명을 사랑하고 싶다면, 그렇게 하세요.

그러나 삶은 잔혹하다는 것을 알아야 합니다. 그리고 생명은 죽음을 동반하기 마련입니다. 슬픔과 고통은 세계의 일부입니다. 당신이 걱정해야 하는 것은 그런 것이 아닙니다. 걱정해야 하는 것은 완전함, 성취입니다. 니체가 말하는 "초인"은 "착한 사람"이 아니라 인간의 잠재력을 성취한 사람입니다.

그렇다면 우리는 생명의 폭력에 참여하는 것인가요?

아니요, 참여하는 것은 아닙니다. 그러나 생명의 폭력을 단죄할 수도 없습니다. 그것이 생명의 일부이기 때문입니다.

끝까지 "예"라고 말하려면 정말로 엄청난 내면의 힘이 필요합니다. 당신은 생명을 직시할 에너지와 힘을 가지고 있나요? 생명은 당신이 기꺼이 내줄 수 있는 것보다 더 많은 것을 요구할 수 있습니다. 그럴 때는 "생명은 이렇게 해서는 안 되는 거야. 나는 이 게임에 참여하지 않겠어. 명상을 할 거야. 나는 손을 떼겠어"라고 말하면 됩니다.

생명과 욕망을 통해 우리는 무언가를 알게 됩니다. 그것을 알게 되는 데에는 두 가지 방법이 있습니다. 첫째, 감각적 측면을 통해 아는 방법이 있고, 둘째 생명과 욕망을 통해 당신에게 말을 걸어 오는 신비를 통해 아는 방법이 있습니다. 탄생과 죽음은 같은 신비이며, 이것이 생명이 작동하는 방식입니다.

생명에 참여하는 방식에도 두 가지가 있습니다. 하나는 강박적으로 참여하는 방법입니다. 두 번째 방법은 경험을 어느 정도 쌓은 후 생명과 죽음을 다루는 통제력을 얻는 것입니다. 이는 살얼음판 위를 걷는 것과 같은 섬세한 작업입니다. 생명을 지나치게 통제하면 생명은 죽게 될 것입니다. 다른 선택지는 생명이 흘러가도록 놓아두는 것입니다.

중세시대에는 생명의 힘은 달리는 말로, 정신의 힘은 기수로 상징화되었습니다. 그래서 볼프람 폰 에셴바흐의 『파르치팔』에서 파르치팔은 성배의 성을 찾아갈 때 고삐를 쥐고 있지 않고 내려놓았습니다. 파르치팔은 성으로 말을 몰아 갈 수 없었죠. 오히려 말이 성의 위치를 알고 스스로 그 길로 안내했습니다. 이처럼 인간은 우리 몸 중 꼭대기에 있는 머리가 아니라 자연의 안내를 받아야합니다.

자신을 보호하려는 생각 대신 생명 편에 서는 것은 조금은 흥분되는 일입니다. 자신이 붙잡고 있던 생명에 관한 이 모든 보호적 생각이 무너질 때, 우리는 그것이 얼마나 끔찍한 일인지를, 그리고 자신이 바로 그 끔찍한 일임을 깨닫게 됩니다. 이것이 바로 그리스 비극의 황홀함으로, 아리스토텔레스는 이것을 카타르시스라고 불렀습니다. 카타르시스는 의례 용어로, 자아의 관점을 제거하는 것, 자아 체계를 없애 버리는 것을 의미합니다. 합리적 구조를 없애 버리고, 자아 체계를 부수고 "쾅!" 하고 생명이 나오게 하는 것입니다. 디오니소스적인 힘은 모든 것을 파괴합니다. 그렇게 당신은 늘 삶의 기초로 삼고 있던 자아 판단 시스템에서 벗어나게 됩니다.

니체가 말했던 그리스 문화에 있는 아폴론 전통과 디오니소스 전통의 상호작용이 바로 이것인가요?

아폴론은 빛의 세계에서 개별화된 형태의 신입니다. 개별화된 형태의 매력과 즐거움을 의미하죠. 디오니소스는 시간의 흐름을 지배하는 주인으로 기존의 형태를 파괴하고 새로운 형태, 바로 폭발을 가져옵니다. 이 두 가지는 삶에서 함께 작동합니다. 니체는 삶 속에서 디오니소스적인 것을 인식해야 한다고 말합니다. 아폴론적인 개별성에 대한 인식만 있고 디오니소스적인 것이 없다면, 그리고 이 두 가지를 보고 인식하고 그 모호성을 긍정하는 이중적 관점이 없다면, 어떤 역동성도, 에너지도 갖지 못합니다.

그리고 그것이 "예"라는 대답의 핵심입니다.

니체는 이 둘을 결합하는 능력을 찬양합니다.

균형을 갖추는 것도 함께 찬양하지요. 니체는 아폴론적 원리 없이 디오니소스적인 것을 너무 크게 강조하여 단순히 파괴와 해체에 기뻐하고 황홀해 하는 일부 동양 사상에 반대합니다. 이런 사상을 혁명 원리라고 부를 수도 있겠습니다. 어떤 결과를 가져올지 전혀 생각하지 않은 채 파괴를 즐기는 것은 아무 의미 없는 단순한 파괴일 뿐입니다.

쇼펜하우어와 니체로부터 얻은 핵심적인 교훈은 무엇일까요?

인간은 역사적이고 현상적인 존재가 아닙니다. 역사적이고 현상적인 특성은 우리의 진정한 본질을 전달하는 수단일 뿐입니다. 인간은 모든 것을 형성하는 의식입니다.

진리에는 두 가지 차원이 있습니다. 우선 사실이라는 현상이 있습니다. 이 차원은 사려 깊은 신중함과 행복한 삶의 문제와 관련이 있습니다. 그러나 이 사실들을 해석하면서 얻게 되는 경험, 특히 자신과의 관계 안에서, 그리고 자신이 누구이고 무엇인지라는 질문 안에서 이 사실들을 해석하면서 얻게 되는 경험이 바로 이와 같은 수련의 목표이자 의도이며 핵심입니다. 가장 중요한 질문은 결국 이것입니다. "나는 누구인가? 나는 의식의 매개체인 현상적 육체인가, 아니면 나는 의식인가?"

그리고 "내가 곧 의식"이라는 사실을 깨달을 때 당신은 다른 모든 사람 안에 있는 의식과 하나가 됩니다.

그렇다면 니체는 상징적 사고를 풀어내는 데 도움을 주나요?

괴테는 "모든 일시적인 것은 참조일 뿐이다"라고 말했습니다. 여기에 니체는 이렇게 덧붙입니다. "모든 영원한 것도 참조일 뿐이다."

문학 속 신화적 모티프들

이런 생각들은 그다음에 어디로 이어지나요?

니체가 문학에 미친 가장 중요한 영향은 토마스 만의 작품에서 드러난다고 나는 생각합니다. 토마스 만의 대표 소설인 『마의 산』을 보면 주인공 한스 카스토르프가 세상에 존재하는 선과 악의 문제를 풀기 위해 노력하는 장면이 있습니다. 카스토르프는 스키를 타러 갔다가 너무 지쳐서 눈밭에 누워 잠이 들고 꿈을 꿉니다. 그 꿈에서 그는 그리스인들의 세계와 그 세계가 얼마나 고결하고 아름다운지를 보게 됩니다. 그다음에 카스토르프는 어깨 너머로 누군가 자신을 보고 있다는 느낌에 고개를 돌려 보니 마귀 같은 노파가 한 아이를 찢어 죽이는 모습이 보였습니다.

아폴론의 빛과 디오니소스의 그림자가 동시에 드러난 것입니다. 카스토르프는 생명의 심연, 즉 생명을 구성하는 이런 깊은 어둠의 측면을 인식할 때 문명의 예의, 아름다움, 품위가 필요하게 된다고 말합니다. 우리는 양쪽을 모두 긍정해야 하지만 빛이 있는 쪽에 강조점을 두어야합니다.

나는 학교에서 토마스 만을 가르치던 중 어디선가 이 내용을 읽었던 기억이 떠올랐습니다. 그래서 니체의 『비극의 탄생』을 찾아보니 맨 마지막 단락에 똑같은 이미지가 있었습니다.

당시에 토마스 만을 개인적으로 잘 아는 친구가 있었는데, 그 친구에게 내가 발견한 것을 이야기했습니다. 나는 물었습니다. "토마스 만은 자신이 한 일을 알고 있었을까? 그러니까 젊은 시절에 니체의 작품을 접한 후, 여러 해 동안 니체를 단순히 인용하고 있었다는 것을 자신은 알고 있었을까?"

그 친구는 "글쎄, 다음에 토미를 만나면 한번 물어볼게"라고 말했습니다.

그 이후 그 친구가 나에게 편지를 보냈는데, 그 편지에 이렇게 적혀 있었습니다. "내가 그 얘기를 꺼냈는데, 토미는 마치 명치를 얻어맞은 것 같은 반응을 보였어." 토마스 만은 그런 사실을 인식하지 못하고 있었던 것이죠. 이 일화는 그 이미지가 토마스 만의 작품에서 얼마나 중요한지를 알려 줍니다.

우연의 일치는 아니었을까요? 아니면 융의 개념대로 혹시 동시성 현상(parallelism)은 아닐까요? 그러니까 무의식적 정신으로부터 물질이 자발적으로 분리되어 표출된 것은 아닐까요?

그것은 동시성 현상이 아니라, 잠재기억(cryptomne-sia)이라고 알려진 현상입니다. 잠재기억은 문학에서 가끔 등장하는데, 내가 아는 가장 극적인 사례가 바로 토마스 만의 책에 나오는 절정의 깨달음입니다. 만은 자신이 스스로 깨달았다고 생각했지만, 그 내용은 이미 젊은 시절에 니체로부터 배웠던 것이죠. 물론 두 사람 모두 독일 낭만주의 철학에 깊이 빠져 있었습니다. 토마스 만은 자기 자신과 자기 작품의 동기와 원동력에 관한 방대한 에세이를 남겼는데, 그 에세이를 보면 니체가 상당한 역할을 했음을 알 수 있습니다. 그리고 특히 그의 소설 『마의 산』에서 그 역할이 드러난 것이죠.

제임스 조이스의 『율리시스』는 『마의 산』보다 2년 먼저 출간되었습니다. 이 두 책은 제1차세계대전 중에 집필되었습니다. 이 책들은 겉으로는 자연주의 소설처럼 보이지만 신화적 토대를 바탕으로 한 최초의 작품들입니다. 마법의 산이라는 제목 자체가 신화적 배경을 나타냅니다[마법의 산은 몬스 베네리스(mons Veneris), 즉 시간의 영역 너머로 들어가는 비너스의 산을 의미합니다]. 율리시스라는 이름도 신화적 배경을 나타내는데, 실제로 『율리시스』에는 율리시스와 관련된 내용이 전혀 없습니다.

나는 조이스와 만으로부터, 특히 『율리시스』와 『마의 산』에서 개인적으로 큰 도움을 받았습니다. 두 작품은 순수한 신화적 기초 위에서 이런 신화적 이미지들이 실제 오늘날 젊은이의 삶에서 어떻게 작동하는지를 보여 주었습니다.

만은 조이스가 하고 있던 작업에 대해 알고 있었나요?

나는 『피네간의 경야를 여는 곁쇠(A Skeleton Key to

Finnegans Wake)』의 집필을 끝내고 유진 마이어(Eugene Meyer)의 부인인 아그네스 마이어(Agnes Meyer) 여사에게 한 권을 보냈는데, 마이어 여사는 그 책을 토마스 만에게 보냈습니다. 그 이후 토마스 만은 마이어 여사에게 편지를 보냈는데, 그 편지는 토마스 만 편지 모음집에 실려 있습니다. 나도 그 모음집을 갖고 있습니다. 나는 그런 종류의 책을 볼 때 당연히 색인에서 내 이름을 먼저 찾아봅니다. 그 편지 모음집에 나에 대한 편지가 하나 있더군요.

토마스 만이 아그네스 마이어 여사에게 보낸 편지에는 이런 내용이 들어 있습니다. "조지프 캠벨의 책을 보내주셔서 감사합니다. 이 책을 갖게 되어 정말로 감사드리는데, 저는 『피네간의 경야』를 혼자서는 읽을 수가 없었기 때문입니다. 캠벨의 책을 읽으면서 20세기 최고의 소설가는 제임스 조이스가 아닐까 하는 저의 수년에 걸친 추측이 확신으로 바뀌었습니다."

이 말은 토마스 만의 말인데, 인쇄된 글로도 남아 있습니다. 이런 인정은 토마스 만에게도 대단한 일입니다. 정말로 큰 의미가 있는 것이죠.

나에게는 이 위대한 작품 『피네간의 경야』가 오늘날의 성서나 마찬가지입니다. 조이스의 주제에서 내가 얻은 에피파니(epiphany), 그러니까 섬광 같은 깨달음에 대해 들어 보겠어요?

당연하죠!

『피네간의 경야』를 관통하는 숫자가 있습니다. 1132입니다. 이 숫자는 특허번호처럼 등장하고, 웨스트 11번가 32번지와 같이 주소로도 나오죠. 같은 방에 있는 사람의 숫자로도 등장하고, 날짜로도 등장하는 등 거의 모든 곳에 나옵니다.

오래전『피네간의 경야를 여는 곁쇠』를 작업하고 있을 때, 나는 이 숫자를 해석하려고 했습니다.『율리시스』에서 레오폴드 블룸은 거리를 방황하면서 종종 "낙하하는 물체의 법칙"을 생각합니다. 알다시피 낙하하는 물체는 "1초마다 32피트"씩 속도가 빨라집니다.[05] 그래서 32는 추락의 수라고 할 수 있습니다. 매우 그럴듯해 보입니다. 그다음으로 11은『율리시스』에서 11일 만에 죽은 레오폴드의 어린 아들과 관련된 숫자이고, 레오폴드가 우연히 만난 청년 스티븐 디덜러스는 22세입니다(11 더하기 11은 22로, 스티븐은 레오폴드에게 그 아들의 귀환을 상징합니다). 또한 10년이 지나고 나면, 즉 1, 2, 3, 4, 5, 6, 7, 8, 9, 10년이 지나고 나면, 11부터 새로운 10년이 시작됩니다. 따라서 11은 구원의 숫자입니다. 그래서 나는 이 숫자들이 타락과 구원을 의미한다고 느꼈습니다.

그로부터 몇 년이 지난 후, 나는 세라로런스대학에서 그리스도교의 부상과 그리스도교 신화를 다루는 초기 그리스도교 관련 비교신화학 수업을 준비하다가 바울의 서신들을 읽으면서 내용을 다시 검토하던 중에「로마서」에서 눈에 띄는 구절을 만났습니다. "하느님이 모두를 불순종에 빠지게 하신 것은 모든 사람에게 자비를 보여 주기 위함이다."

내가 보기에 이 구절은『피네간의 경야』가 담고 있는 아이러니 전체를 드러내는 것 같았습니다. 하느님은 자비를 보여 주기 위해 우리 모두를 불순종에 빠지게 했습니다. 조이스의 말을 빌리자면, 할 수 있을 만큼 불순종하여 하느님이 자비를 모두 쏟아붓게 하자는 것이지요. 하느님의 자비가 미치지 못하는 곳은 없습니다.

『피네간의 경야』에서 주인공은 생각할 수 있는 모든 범죄, 추악함, 지저분함을 보여 주지만, 조이스는 언제나 그 주인공에게 자비롭습니다. 우리가 베푸는 자비의 범위는 우리 삶의 범위이자 예술의 범위입니다. 예술가가 삶을 비난하기 시작하는 순간, 존재하는 것 위에서 군림하게 되고 작품은 교훈적인 글이 되어 버립니다.

어쨌든 "하느님이 모두를 불순종에 빠지게 하신 것은 모든 사람에게 자비를 보여 주기 위함"입니다. 이 구절은 「로마서」 11장 32절입니다! 아무도 이 구절의 의미를 발견하지 못한 것 같습니다. 이 구절은 나에게는 계시와도 같았습니다. 이후에 나는 『피네간의 경야』에 대한 작업을 다시 살펴보았습니다. 『피네간의 경야』 관련 작업을 할 때 나는 일종의 색인을 만들어 두었는데, 1132 관련 항목을 보니 대단히 중요한 1132 항목 중 한 부분에서 불과 세 줄 안에 ROM이라는 음절이 나오는 것을 발견했습니다 [ROM은 「로마서」의 약어 표기이다]. 그것은 분명 의도적인 것이었습니다. 의심의 여지가 없었죠.

이 구절을 옮겨 적으면서 11장 32절이라고 썼을 때 내가 어떤 느낌이었을지 상상해 보세요! 그 전율 말입니다!

그래서 우리는 삶에서 겪는 모든 고통 속에서도 삶을 포용하고 모든 분석을 중단해야 하나요?

아닙니다. 나는 분석을 그만두지 않았어요. 토마스 만도 분석을 중단하지 않았습니다. 토마스 만은 우리에게 분석해야 한다고 말합니다. 분석은 예술가가 해야 할 역할입니다. 가장 적절하고 올바른 단어와 표현을 선택하기 위해서는 분석이 필요합니다. 그러나 그와 동시에 선택된 단어에 의해 부정된 것을 긍정하는 태도가 필요합니다. 이것이 토마스 만이 말하는 유연한 아이러니(plastic irony)입니다.

"유연한"이란 무슨 의미인가요?

유연하다는 말은 평면적이지 않다는 뜻입니다. 빛과 그림자가 있고 둘 사이에는 상호작용이 있습니다. 이것이 평면적이지 않고 유연하다는 말입니다. 눈 두 개가 작동하는 것이죠. 아우구스트 스트린드베리[August Strindberg, 19세기 스웨덴의 극작가]는 "모든 정치인은 외눈박이 고양이다"라고 말했습니다. 정치인들은 대상을 이렇게만 보거나 저렇게만 봅니다. 그러나 예술가는 "이중 시각"으로 접근하여 사물을 원근법으로 살펴봅니다.

이것이 이 주제에 대해 내가 설명할 수 있는 최선입니다. 토마스 만이 말하고 있는 의미에서 예술은 아이러니합니다.

토마스 만은 자기 작품 속의 인물만큼 "유연한" 사람이었나요?

토마스 만이 어떤 사람이었는지는 자신을 다룬 이야기인 『베니스에서의 죽음』에서 드러납니다. 이 소설은 아셴바흐라는 작가를 다루고 있습니다. 사람들은 그를 두고 이렇게 말하곤 했습니다. "그는 늘 이렇게 행동했어. 저렇게는 절대 하지 않았어." 만 역시 그런 면이 많았던 사람입니다.

나는 토마스 만을 세 번 만났고, 그중 한 번은 꽤 긴 시간을 함께 보냈습니다. 만은 형식을 중시하는 사람이었고 태도는 대단히 격식이 있었지만, 격식을 차리는 그의 모습은 자연스러웠습니다. 그것은 마치 소네트를 쓰는 것 혹은 일본식 다도 의례와 비슷합니다. 형식을 알고 그 형식을 정복해야 그 형식 안에서 편안할 수 있는 것과 같습니다. 이 과제는 예술에서 중요한 문제입니다. 기술이 없는 예술가는 존재할 수 없기 때문입니다.

만은 자신이 하는 일을 잘 알고 있었습니다. 만의 작품은 영웅의 여정을 현대적 맥락 안에 완벽하게 옮겨 놓은 것입니다. 아셴바흐는 영웅의 여정 첫 단계를 이제 막 시작한 인물입니다. 영웅의 여정에는 세 단계가 있습니다. 첫 단계는 단순한 세계를 떠나는 출발입니다. 그다음 단계는 죽음과 마주할 수도 있는 입문(initiation)을 경험하는 단계입니다. 세 번째 단계는 귀환하여 새로운 통찰을 가지고 단순한 세계를 마주하는 것입니다.

만은 그저 아셴바흐를 죽음으로 이끌고 갑니다. 만의 초기 작품들은 모두 떠나고 나아가는 것을 다룹니다. 『베니스에서의 죽음』이 바로 떠나기와 나아가기라는 주제의 정점에 있는 작품이지요. 그다음으로 『마의 산』에서 한스 카스토르프는 삶과 욕망에 대한 관계에서 정신적으로 총체적 변환을 겪은 후 최악의 상황에서도 삶을 긍정할 준비를 하고 돌아옵니다. 그러나 그가 돌아온 곳은 죽음의 현장인 전쟁터입니다. 삶이 곧 죽음이라는 것이지요. 이 소설은 한스 카스토르프가 자진해서 참호로 들어가면서 끝이 납니다. 그다음에 만은 요셉을 다룬 소설로 신화를 통해 이 영웅의 여정이 어떻게 전개되는지 보여 줍니다.

만이 『요셉과 그 형제들』을 집필하는 동안 나는 만의 다른 작품들을 읽고 있던 기억이 납니다. 만의 의식 전체가 변화하는 모습을 보는 것은 대단히 흥미로운 일입니다. 다음 책이 나오면 그 책 또한 완전히 새로운 어떤 것이 될 겁니다.

『요셉과 그 형제들』은 오래된 성서 이야기를 다듬고 꾸민 것에
불과한 것 아닌가요?[06]

성서 속 이야기들은 우리와 너무 다른 문화를 배경으로 하지만, 대단히 큰 장점도 있습니다. 성서 이야기들은 이미 유아기 때부터 우리 서양인에게 주입된 이미지라는 것이지요. 지금 성서를 저기 멀리서 일어났던 일이 아니라 앞으로 우리에게 일어날 어떤 일, 그리고 지금 일어나고 있는 일로 읽는 것은 이 자료를 영적 양식이자 진정 우리를 이끌어 주는 것으로 해석하는 일입니다. 그래서 나는 우리 전통을 이렇게 읽어 내는 만의 작업이 대단히 흥미롭다고 생각합니다. 야곱과 에서를 비롯한 모든 인물이 우리 안에서, 우리 자신의 에너지 체계의 한 측면으로 새롭게 살아납니다.

나는 『요셉과 그 형제들』은 2부인 『청년 요셉』이 절정이라고 생각합니다. 『청년 요셉』은 정말 대단한 책입니다.

2부라고요? 왜 마지막 책이 절정이 아닌가요?

토마스 만의 삶이 다른 국면에 접어들었기 때문입니다. 완전한 전환이었죠. 그 시기는 히틀러가 등장하고 토마스 만이 독일에서 탈출한 이후입니다. 엄청난 환멸, 슬픔, 정치적 각성을 겪은 시기이죠.

그런 경험이 어떻게 표현되었나요?

만은 1930년대 초반, 히틀러가 등장하던 무렵에 『요셉과 그 형제들』을 집필하기 시작해서 1940년대 중반이 되어서야 마무리했습니다. 대단히 긴 기간이었고, 대단히 암울했던 시절입니다. 만이 독일을 떠나 스위스에서 강연을 하고 있을 때 그의 자녀 클라우스와 에리카가 그에게

독일로 돌아가지 말라고 강력하게 이야기했습니다. 그때부터 토마스 만은 정치적 글쓰기를 시작했습니다.

토마스 만이 이전에는 결코 해 본 적 없던 일을 하게 된 것이죠. 예술가나 문학가가 정치 영역에 발을 들이기 시작하면, 위험에 빠지게 됩니다[에즈라 파운드[Ezra Pound, 미국의 모더니즘 시인]에게 일어난 일을 생각해 보세요]. 독일에 있던 토마스 만의 재산은 히틀러에 의해 몰수당했습니다. 그렇게 토마스 만은 미국으로 왔고, 자신의 글을 이용해 독일을 향해 폭탄을 던지기 시작했습니다. 라디오에서 히틀러와 나치를 신랄하게 비판하는 강연을 하기도 했습니다.

이런 대단히 흥미롭고 이상한 일이 토마스 만에게 일어났습니다. 바로 이 시기에 나는 토마스 만을 개인적으로 알게 되었습니다. 토마스 만은 완전히 정치적으로 변모했고 미국의 참전을 촉구하면서「민주주의의 다가오는 승리」와 같은 글을 쓰고 있었습니다.

만이 정치적 태도를 보여 준 것이 적절하지 않았다는 말인가요?

오, 아닙니다. 적절한 행동이었죠. 나는 그의 행동이 적절하지 않다고 말하는 것이 아니에요. 인간으로서 만의 태도는 적절했습니다. 그러나 소설가로서 그렇게 균형을 잃어버리는 것은 위험한 일이었습니다. 결국 만은 선전물을 쓰는 데 많은 시간을 쏟았고, 그로부터 빠져나온 후에도 바로『요셉과 그 형제들』로 돌아갈 수 없었습니다. 그는 4부를 바로 집필하지 못했어요. 그 사이에 다른 책 두 권,『로테, 바이마르에 오다』와『뒤바뀐 몸과 머리』를 썼습니다. 그다음에야 그는『요셉과 그 형제들』의 마지막 권인

4부로 돌아갈 수 있었습니다.

그 무렵에는 모든 것이 사라졌습니다. 토마스 만은 모든 끈, 신화로 가는 모든 실마리를 잃어버렸습니다. 역동적이고 놀라운 것들이 사라졌고, 『요셉과 그 형제들』의 4부는 나에게 대단히 지루하고 무겁게 느껴졌습니다. 그 소설은 이집트로 들어가 파라오의 정신분석가가 되는 한 청년의 이야기입니다. 그 청년이 자신의 능력을 이용해 특별한 위치에 오르고, 그 후 그의 가족들이 유복한 생활을 위해 이집트로 들어와 그 청년에게 도움을 받는다는 단순한 이야기입니다.

나는 토마스 만이 결코 회복하지 못했다고 생각합니다. 히틀러 치하에서 드러나 밖으로 표출되었던 독일에 대한 그의 부정적 감정들이 그의 초기 작품들에서 아주 중요했던 경쾌하고 유연한 아이러니와 연민이라는 모티프를 파괴했습니다. 그래서 나는 토마스 만 자신에게는 큰 의미가 있었던 후기 대작인 『파우스트 박사』를 끝까지 읽지 못했습니다. 대략 3분의 2 정도 읽고 나자 "내가 왜 이런 고생을 사서 하고 있지?"라는 생각이 들었죠.

토마스 만의 초기와 중기 작품들에 들어 있던 모든 것, 모든 아이러니와 유희들이 사라졌습니다. 그리고 남은 것은 심판과 단죄, 경멸이었습니다. 그래서 어쨌다는 거냐고요?

나의 느낌이 그랬다는 말입니다.

마지막 책인 『먹여 살리는 자, 요셉』에서 가치 있는 내용을 찾지 못했다는 말인가요?

맞아요. 분명 그렇습니다. 요셉과 파라오 사이에는 유희 넘치는 대인 관계의 역동성이 있었습니다. 만은 그 역동성을 다룰 줄 알았지만, 『청년 요셉』과 『이집트에서의 요셉』 이후에는 너무도 억제되었어요. 심지어 문체도 긴장을 잃어버렸습니다.

신화적 주제를 도입하는 방식에서 만과 조이스는 독특했나요?

1930년대 초현실주의 사조를 통해 시각 예술에 신화적 주제가 들어오듯이, 바로 이 시기에 신화라는 주제가 문학에도 들어오기 시작합니다. 당시 스위스에는 스키라 출판사가 발행하던 《미노타우레(Minotaure)》[07]라는 잡지가 있었습니다. 스키라는 피카소, 마티스, 달리 등 여러 예술가들을 초대해 잡지 여러 호의 표지를 장식할 그림을 그리게 했습니다. 바로 이 시기에 그들 모두가 심리적인 것의 밑바탕에 놓여 있는 신화적인 것을 다루기 시작했습니다. 처음에는 초현실주의에 대한 심리적 관심이 생겼고, 그 이후 신화로 관심이 확대되었습니다. 1930년대에 나타난 신화에 대한 관심은 융이 신화 연구를 시작한 지 30년 후에 일어난 일입니다.

만, 조이스, 피카소와 같은 예술가에 대해 이야기할 때 우리는 대단히 심오한 영역에 들어서게 됩니다. 만약 이 문제들이 삶을 흔들 만큼 심오한 것이 아니라면, 왜 이런 예술가들이 평생을 바쳐 이 문제에 매달렸겠습니까? 이 문제는 삶과 예술의 관계와 관련된 문제입니다. 예술은 삶을 죽일까요? 아니면 삶을 성장시킬까요? 예술은 삶을 성장시킵니다.

신화의 심리학

**선생님의 많은 작품이 신화적 상징이 개인의 심리에 미치는
중요성을 다루고 있습니다. 이 주제에 그렇게 많은 관심을
갖고 있는 이유는 무엇인가요?**

세라로런스대학에서 수업을 하면서 만났던 여학생들 덕분에 나는 신화의 바로 이런 측면을 생각하게 되었습니다. 나는 여성이 남성보다 삶에서 무엇이 어떻게 작용하는지를 훨씬 더 직관적으로 이해한다고 믿습니다. 세라로런스대학에 남학생들이 들어온 이후에야,† 나는 오랫동안 나를 사로잡았던 역사적 문제에 남학생들도 같은 흥미를 느낀다는 것을 알게 되었습니다. 그러니까 여학생들 덕분에 내가 심리적 영역에 계속 머물 수 있었던 것이죠. 『천의 얼굴을 가진 영웅』이 바로 이 여성들과의 경험에서 나왔습니다.

나의 책들은 신화적 상징들의 심리적 의미를 다룹니다. 사람들이 나의 책을 읽는 이유가 바로 이 주제 때문이라는 것을 나는 확실히 알고 있습니다. 그것은 아마도 사람들이 신화적 상징들의 심리적 의미를 중요하게 여기고, 그것에 응답하고, 마음을 열고, 더 넓은 영성 지평의 길잡이로 신화적 상징들을 인정하고 있다는 뜻일 겁니다.

심리학을 영성으로 가는 관문으로 볼 수 있을까요?

영성적이라는 단어는 다소 모호하고, 심지어 엉뚱하

---

† 원래 여자 대학이었던 세라로런스대학은 1968년에 남녀공학으로 바뀌었다.

고 유치하게 들릴 수도 있습니다. 하지만 이 단어가 권위를 갖는 이유는 우리 내면에 있는 잠재력을 인식하고 있기 때문입니다. 이 잠재력은 우리의 꿈과 비전 같은 상징과 징표를 통해, 그리고 우리가 운 좋게 신화적 맥락 안에 있다면 우리 민족의 신화를 통해 우리의 자아 체계에 말을 겁니다.

선생님은 종교와 구분하여 영성을 어떻게 정의하나요?

나는 영성이란 전체 역사에서 경험했던 우리 삶의 다양한 굴곡 속에서도 인류의 공통성을 인정하고, 참여의식, 특히 동료에 대한 연민을 갖는 것이라고 말하고 싶습니다. 이런 동료의식은 새의 세계, 벌의 세계, 그리고 자연세계까지도 확장될 수 있습니다. 이런 동료의식을 가진 사람은 스스로를 그 영역 안에서 자기 이익에 따라 기능하는 존재라고 인식하는데, 여기서 자기 이익은 전체 공동체의 이익을 포함하고 있습니다.

심리학자들이 다루는 질문은 이것입니다. 우리는 왜 동일하게 등장하는 원형적 기본 관념들을 계속 가지고 있을까요? 이 관념들은 의식적인 의도와 해석보다 우리의 무의식 속에 더 깊이 뿌리를 두고 있기 때문입니다.

이런 기본 관념들은 시간 영역 바깥에 존재하는 무의식 구조가 발현된 것일까요, 아니면 문화 및 역사적 사건들과 변증법적 상호작용을 하면서 발전하나요?

훌륭한 질문입니다. 기본 관념들은 정신에 기반을 두고 있습니다. 이 문제에 대한 나의 접근법은 이 주제에 대한 심리학적 관점에서 나왔습니다. 이 문제와 관련해서 가장 유용한 심리학은 카를 융의 심리학입니다. 융은 바스티안에게서 엘레멘타르게당켄(Elementargedanken, 기본 관념들)이라는 개념을 가져와서 그것을 "무의식의 원형들"이라고 불렀습니다. 따라서 내 생각에는 질문 내용 중 첫 번째 문장이 기본 관념에 대한 올바른 설명인 듯합니다.

사회와의 변증법적 관계는 푈케르게당케(Völkergedanke, 민속 관념) 속에서 나타납니다. 환경과의 관계, 문화 속 특정 산업이나 기술적 특성과의 관계, 우주에 대한 개념과의 관계 등 이 모든 것이 투영된 원형들을 반영하는 거울입니다. 말하자면, 원형들은 기본 관념들에 포함되므로 자기 문화의 의례에 참여하는 개인은 자기 문화를 경험하는 동시에 원형과 연결되고 그것을 접하게 됩니다.

결국에는 문화와 개인이 분리되는 때가 옵니다. 이때 관념의 껍질이 벗겨지고 기본 핵심이 개인을 다시 자기 정신으로 안내합니다. 그것이 바로 인생입니다. 삶의 전반부는 민속 또는 민족의 가면에 따라 역사의 영역으로 들어가서 그 영역과 자기 방식대로 관계를 맺습니다. 원형이 이끄는 인생 후반부에는 영원히 지속되는 생명이 실제로 당신의 삶이고, 당신이 곧 영원과 동일하다는 깨달음으로 돌아갑니다(당신은 영원의 작은 조각입니다).

한 사회가 전환기에 있을 때 변해야 하는 것은 기본 관념일까요, 아니면 민속 관념일까요?

기본 관념은 변하지 않습니다. 중요한 것은 기본 관념과의 접점을 유지하는 것입니다. 특정 사회질서 및 구조와 관련이 있는 민속 관념들이 다른 사회구조의 등장으로 더 이상 기능하지 않을 때, 우리는 정신적 혼란에 빠집니다.

이런 혼란이 오늘날 우리가 직면한 문제 중 하나입니

다. 사회 시스템과 사회가 지향하는 이상, 심지어 물리적 환경도 너무 빨리 바뀌면서 어떤 것도 전통으로 굳어져서 발전할 기회가 없는 것이죠. 나는 나의 생애 동안 일어난 변화를 믿을 수가 없습니다. 물리적 변화뿐만 아니라 윤리를 보는 관점 및 사람들의 행동에서도 대단히 놀라운 변화가 있었죠.

한 문화의 신화를 만드는 이런 관념들은 어디서 비롯되나요?

신화를 창조하는 상상력은 어디서 올까요? 그것은 정신의 저 깊은 곳에서 나옵니다. 그래서 인도에서는 신화 형태에 나타나는 공통된 두 가지 측면을 인정합니다. 첫째, 민속적 측면, 즉 단순하고 대중적인 측면을 데시(deśī)라고 하는데, 이는 지방, 지역, 대중적인 것을 의미합니다. 그리고 기본 개념을 가리키는 대단히 흥미로운 단어가 있는데, 바로 마르가입니다. 길을 뜻하는 마르가는 사냥과 관련된 단어 무르그(murg)에서 나왔는데, 이는 동물의 혼적을 따라가는 것을 의미합니다. 기본 관념을 따라가며 신화적 형태 속에서 그것들이 정신적 메시지로 드러나는 것을 인식하는 것은 동물이 남긴 흔적을 따라가는 것과 같습니다. 그리고 이때 흔적을 남긴 동물은 인간의 심리, 곧 융이 말한 '집단무의식'이라고 할 수 있습니다.[08]

다시 출발점인 융의 접근법으로 돌아가는군요.

글쎄요, 융의 접근법이 나의 출발점은 아니었습니다. 융은 우연히 발견한 것이었죠.

20대 후반에 독일에서 공부하면서 나는 신화와 관련하여 심리학이라는 위대한 학문 세계를 발견했습니다. 그리고 이것은 신화의 정신적 기초를 이해하는 데 많은 도

움이 되었습니다. 프로이트, 융, 딜타이(Dilthey) 등 많은
학자들이 문화 및 신화 자료들을 심리학적으로 해석하는
것과 연결되어 있었습니다. 한동안 나는 프로이트와 융을
심리학적 관점에서 신화를 해석하는 주요한 해설자로 여
기면서 두 사람을 연구하는 데 똑같이 몰두했지만, 시간
이 지나면서 내게는 융의 관점이 훨씬 더 중요하게 생각되
었습니다.

프로이트는 왜 아니었나요?

한동안 프로이트는 나에게 중요한 인물이었습니다.
그러나 지금은 신화를 설명하는 좋은 안내자는 아니라고
생각합니다. 프로이트는 신화가 병리 현상이 되는 과정을
보여 주었습니다. 예를 들어, 히스테리 혹은 신경증에 걸
린 사람은 자신의 제한되고 고정된 관점에서만 신화적 상
징을 해석합니다. 프로이트의 근본적인 실수는 유아기의
위기와 가족 로맨스 상황을 확장하여 문화 전체를 해석
하려고 한 것입니다. 역사적 문화를 지탱해 온 기본 신화
들은 유아기 패턴으로 퇴행하는 인류를 표현한 것이 아니
며, 인간 정신을 무한한 가능성과 성취의 영역으로 열어
주는 조력자입니다.

프로이트는 유대·그리스도교 전통에 있는 성서 신화
를 역사화하는 오류를 범했습니다. 성서는 히브리 종족
의 초창기에 대해 이야기합니다. 이 모든 신화는 이스라
엘의 유사 역사적 사건들에 기초합니다. 같은 방식으로
프로이트는 오이디푸스 드라마라는 유아기 유사 사건에
서, 그리고 나중에는 원시 부족 이론에서 성격 형성 원리
를 찾았습니다. 그리고 이 패턴을 사회 전체에 투영했습
니다.

프로이트가 이드의 본능적 힘을 의심하면서 이드는 자아에 의해 통제되고 형성되어야 한다고 가정한 것은 여호와와 자연 여신 사이의 적대감을 반영한 것입니다. 프로이트 전통에 있는 모든 사람은 자연을 두려워합니다. 여기에는 사르트르와 같은 실존주의자들도 포함됩니다. 그들이 보기에 자연은 불합리합니다. 그 불합리가 구토를 유발하죠.

선생님은 프로이트와 융의 심리학을 어떻게 구분하나요?

프로이트식 접근은 무의식 현상을 주로 유아기 초기와 생애 초기 경험의 잔재로 봅니다. 말하자면, 프로이트주의자들은 무의식 현상이 개인사적 기반을 갖는다고 보는 반면 융주의자들은 생물학적 기반을 갖는다고 생각합니다. 융에 따르면, 꿈에는 두 가지 차원이 있습니다. 융이 개인적 차원이라고 부르는 꿈에서는 개인적 관심과 경험이 동기를 부여하는 요소로 영향력을 갖습니다. 다른 차원의 꿈에서 개인은 초개인적 체계로 진입합니다. 여기서 개인사적으로는 해석할 수 없는 신화적 형태가 등장합니다.

더 나아가서 프로이트는 신화를 실제로 신경증 증상으로 봅니다. 이와 달리 융은 신화를 자아보다 더 넓고 깊은 경험을 열어 주는 개인 심리의 보완적 요소로 봅니다. 결과적으로 융의 작업은 프로이트를 포괄하면서도 그 단계에만 머물지 않았습니다.

최소한 신화와 관련된 심리학 분야에서는 제자가 스승을 넘어섰군요.

아닙니다. 융과 프로이트의 관계에 대해 근본적인

오해가 있습니다. 융은 프로이트의 제자가 아니었습니다. 절대 제자가 아닙니다! 프로이트가 1900년에 첫 번째 저서 『꿈의 해석』을 출판했을 때, 융은 이미 취리히에 있는 브르크횔츨리 정신병원에서 인정받던 정신과의사였습니다.[‡]

프로이트와 융의 복잡한 관계를 좀 더 설명해 줄 수 있나요?

융은 프로이트보다 젊었습니다. 융은 명성을 얻은 최초의 심리학자였습니다. 융의 첫 번째 논문은 「소위 오컬트 현상의 심리학」이었는데, 융은 이 논문에서 자동 글쓰기, 몽유병, 무아 상태 등과 같은 신비 현상에 관한 당시까지의 연구를 다루었습니다. 융은 개인적 관심으로 교령원탁[망자의 혼이 빙의되도록 탁자에 둘러앉아 초자연적인 현상을 보여 주는 의식]과 교령회[죽은 이의 영혼을 소환하여 그 영혼과 대화하기 위한 모임] 사례를 약 2~3년 동안 연구했고, 이 연구에서 나온 결과를 기초로 논문 작업을 시작했습니다.

융은 단어 연상 심리학에 대한 연구를 시작한 후(단어 연상 검사에서 연상 지연과 같은 타이밍의 중요성을 처음 인식한 사람이 바로 융입니다) 연구를 진행하던 중에 프로이트의 『꿈의 해석』을 읽게 됩니다.

융의 중요한 스승은 조현병(schizophrenia)이라는 단어를 만들어 낸 오이겐 블로일러(Eugen Bleuler)였습니다. 그들이 근무하던 병원에는 블로일러와 융이 함께 돌보던 조현병 환자들이 있었습니다. 프로이트의 주된 관심사는

---

‡   융이 프로이트의 제자가 아닌 것은 맞지만, 1900년에 융은 막 국가고시를 통과한 수련의였고 블로일러의 조교이자 박사과정생이었다.

신경증이었습니다. 여기에 두 사람의 차이가 있습니다. 정신증은 집단무의식(생물학) 영역의 저 깊은 곳에 있습니다. 신경증은 개인적 무의식(생애) 영역에 있습니다.

융은 한 논문에서 당시에는 누구도 감히 하지 못했던 일을 했습니다. 프로이트는 당시에 기피 인물이었고, 그 이름만 언급해도 명성을 잃을 수 있었습니다. 그때 융이 나서서 프로이트를 옹호했습니다. 융은 프로이트에 대해 호의적인 글을 쓴 최초의 인물이었습니다.

융은 프로이트의 제자가 되었나요?

융은 첫 번째 논문에서 곧바로 자신이 프로이트의 위대한 업적이라고 여긴 것과 자신이 받아들일 수 없는 점에 대해 언급했습니다. 마치 성(性)으로 시작해서 성으로 끝나는 것 같은 프로이트의 성 이론을 융은 받아들일 수 없었습니다.

융이 훌륭하다고 생각했던 것은 프로이트의 억압 이론인 억압 기제입니다. 융은 이미 억압 문제를 발견한 상태였지만, 프로이트가 제시한 억압 기제에 찬사를 보냈습니다. 이후에 프로이트는 융을 빈으로 초대했고, 두 사람은 열세 시간 동안 쉬지 않고 대화를 나누었습니다. 이때 누가 누구에게 어떤 이야기를 했을까요? 우리는 콤플렉스라는 단어가 융에게서 왔다는 사실을 알고 있습니다. 내향성과 외향성이라는 단어도 융에게서 왔죠. 이것뿐일까요?

프로이트는 융이 자신과 함께 일하고 싶어 한다는 것을 즉시 알아차렸습니다. 프로이트는 막 창립된 국제정신분석학회 회원들에게 융을 종신 회장으로 임명할 것을 요구했습니다. 융은 프랑스와 독일 등에 관련 센터를 만들었습니다. 이런 사례에서도 알 수 있듯이, 융은 프로이트의 제자가 아니었습니다! 프린스턴대학교 출판부에서 나온 프로이트와 융의 멋진 서간집을 읽어 보면, 두 사람이 함께 일했고, 프로이트의 선택으로 융이 프로이트학회의 지도자가 되었다는 사실을 알 수 있습니다.

두 사람이 분열하게 되는 원인의 뿌리는 처음부터 존재했나요?

프로이트는 융보다 나이가 많았습니다. 아마 열여섯 혹은 열일곱 살 정도 많았을 겁니다. 프로이트가 융에게 "자네가 내 후계자라네"라고 말했습니다. 그러자 융이 프로이트에게 물었습니다. "그런데 오컬트 문제에 대해서 어떻게 생각합니까?"

프로이트는 "말도 안 되는 헛소리야!"라고 대답했습니다.

이 이야기를 들은 적이 있나요? 놀라운 점은 프로이트를 존경하던 융이 정말로 자신이 하고 싶었던 말은 하지 않으려고 했다는 것입니다. 그때 융은 횡격막에서 열기가 올라오는 것을 느꼈고, 그 순간 책장에서 갑자기 폭발이 일어났습니다. 융은 "선생님은 방금 투사된 긴장증이 만드는 촉매 현상(projected catatonic, catalytic phenomenon)§의 목격자가 되셨습니다"라고 말했습니다.

프로이트는 "헛소리!"라고 소리쳤어요.

융이 다시 말했습니다. "폭발이 또 일어날 것입니다." 그리고 실제로 폭발이 일어났습니다. 프로이트는 융에게

---

§ 카를 융의 자서전에서는 "촉매에 의한 외면화 현상(catalytic exteriorisation phenomenon)"이라고 표현되었다.

보낸 편지에서 이 일을 순전히 기계적으로 설명하려고 노력했습니다.

이후에 두 사람 사이에 균열이 발생하기 시작되었습니다. 두 사람은 1909년 명예학위를 받기 위해 미국으로 향했습니다. 두 사람은 배 안에서 같은 객실을 쓰면서 서로의 꿈을 해석했습니다. 그 이후 융이 심리학에서 어떤 식으로든 자신의 지위를 대신할 것처럼 보일 때마다 프로이트는 융 앞에서 두 번이나 기절했습니다(프로이트는 오이디푸스콤플렉스를 늘 마음에 두고 있었습니다). 정말 환상적인 이야기입니다!

그러나 진짜 결별은 융이 『리비도의 변환과 상징들(Wandlungen und Symbole der Libido)』을 집필한 후에 일어났습니다. 의식의 변환을 다룬 이 책은 영어로는 『변환의 상징들(Symbols of Transformation)』이라는 제목으로 번역되었습니다.[¶] 나는 오래전에 이 책을 독일어로 읽었는데, 이 대작은 나에게 새로운 세상을 열어 주었습니다. 이 책에서 융은 개인의 꿈은 문화적 상징과 신화에 대응하는 것이라고 지적합니다. 신화는 공적인 꿈이고, 꿈은 개인적 신화라는 것이죠. 융은 자신의 꿈을 확장하여 개인의 참조 영역을 자아초월적 참조 영역으로 열어 가는 법을 보여 주었습니다. 이를 통해 각자 자기 삶에서 인간 경험의 위대한 규범과 접촉하고, 그 규범들 때문에 고통받는 대신 그 규범들을 적극적으로 활용하며 살아가게 된다고 말합니다.

이 작품이 나왔을 때 프로이트도 이 책을 읽었습니다. 프로이트는 이 책이 프로이트주의에 속하지 않으며, 자

¶　한국에는 『무의식의 심리학』으로 번역되어 있다.

신과 융은 더 이상 관련이 없다는 것을 알게 되었죠. 결별을 선언한 사람은 프로이트였습니다. 그는 모든 사람과 결별했어요. 오토 랑크(Otto Rank), 알프레드 아들러(Alfred Adler), 그리고 누구든 자신과 다른 생각을 가졌다고 생각되는 사람과는 결별했습니다. 그러나 융에 대한 반감은 특별히 격렬했습니다. 융이 자신의 후계자가 될 것이라는 희망과 믿음이 있었기 때문입니다. 하지만 두 사람은 사회적으로도, 조직적으로도 갈라섰습니다.

그 이후에 일어났던 일은 정말로 추잡합니다. 한때 융이 회장을 맡기도 했던 프로이트학회 전체가 융에게 등을 돌렸고, 융을 신경증 환자라고 부르며 융은 위험한 인물이라는 등의 말을 쏟아냈습니다. 그들은 심지어 제2차 세계대전 시기에 융을 나치라고 부르기도 했습니다. 융은 나치가 아니었습니다.

융은 실제 나치와 접촉을 했습니다.

당시 융이 독일인들과 서신 교환을 했던 목적은 정신분석학회 독일 내 지부를 유지하기 위해서였습니다. 이를 통해 독일 내 유대인 정신분석학자들이 국제적 지원을 받을 수 있게 하려던 것이었죠. 이 작업을 위해 융은 헤르만 괴링(Hermann Göring)의 사촌에게 편지를 써야 했습니다. 괴링의 사촌이 관련 분야 책임자였기 때문입니다.[09] 융은 나치가 아니었습니다. 미친 사람도 아니었죠. 나는 동료들로부터 완전히 고립된 채, 그들이 모욕적인 말로 등을 돌리는 경험을 하는 것이 얼마나 힘든 일인지 조금은 알고 있습니다. 감당하기 쉬운 일이 아닙니다. 그런 것을 정신적 균열이라고 부르죠. 이런 정신적 균열이 융을 덮쳤습니다. 융은 그 어려움을 감내했고 생존할 수 있었습니다. 우리가 극복할 수 있는 모든 상처와 잔인함은 우리를 지금보다 더 크게 만들어 줍니다. 융은 바로 이런 일을 겪었습니다. 정말 대단한 사람이었습니다. 나는 융을 만난 적이 있습니다. 융에 대한 프로이트주의자들의 공격은 정말 지저분한 이야기이고, 사람들은 이 이야기를 쓰고 싶어 하지 않을 뿐입니다.

**융이 인종적 무의식을 말하면서 아리안족의 우월성을
주장하는 것 아닌가요?**

그것은 우리가 흔히 생각하는 인종과는 아무 관련이 없습니다. 나는 융이 이 단어의 잘못된 해석 때문에 인종주의자로 여겨지면서 상당히 고통받았으리라 생각합니다. 그는 인종주의자가 아니었습니다. 융이 말하는 인종(race)은 인류(human race)를 의미하며, 우리가 공유하는 집단무의식 혹은 일반 무의식을 가리킵니다. 우리는 인간 존재를 어디서나 알아볼 수 있습니다. 그리고 그 신체에 따라 나오는 정신이 집단무의식의 기초가 됩니다.

**두 사람의 분열을 이해하는 선생님의 시각에서는 융이 옳다는
말인가요?**

아닙니다. 프로이트가 틀렸다고 말하는 것도, 융이 옳다고 말하는 것도 아닙니다. 두 사람은 이런 정신적 충동을 읽어 내는 방법이 달랐을 뿐입니다. 내가 생각하기에 프로이트는 정신적으로 혼란을 겪는 사람이 신화적 상징들을 어떻게 이해하는지를 알려 주었다는 점에서 상당히 중요합니다. 그는 개인적 참조 체계 안에서 신화적 상징들을 읽습니다. 반면에 융은 개인적 맥락을 자아초월적 영역으로 확장하는 방법을 알려 준 사람 중 한 명이

었습니다. 나의 관점에서는 융의 이론이 신화 연구에 적절합니다.

내가 평생 연구해 온 분야는 심리학이 아니라 신화학입니다. 신화를 해석하는 심리학자들을 찾을 때, 나는 프로이트학파가 신화를 문화적 맥락에서 기능하는 요소로서 해석하는 것을 발견하지 못했습니다. 모든 시대의 위대한 예술과 철학을 아버지에 대한 아이의 공포와 엄마를 향한 욕망의 승화로 축소하는 것은 나에게 터무니없는 일처럼 보입니다. "글쎄, 프로이트 같은 사람이 거짓된 내용을 제시할 리가 없잖아"라는 생각만 없다면 아무도 받아들이지 않을 것 같은 수준이라는 생각도 듭니다.

『천의 얼굴을 가진 영웅』 집필을 끝낸 후, 나는 두 학파 사이에서 균형을 잡기 위한 시간을 가졌습니다. 프로이트의 논문을 읽고, 그다음에는 융의 논문을 읽고, 다시 프로이트의 논문과 융의 논문을 번갈아 읽으면서 단절과 차이의 진짜 핵심을 이해하려고 노력했습니다. 『천의 얼굴을 가진 영웅』을 쓰고 있을 때는 지금보다 프로이트에게 더 많은 비중을 두었고, 융에게 더 적게 무게를 두었습니다. 그러나 이 책은 두 학파 모두에게 호소력이 있었습니다. 그래서 나는 프로이트학파와는 물론이고 융학파와도 많은 교류를 합니다.

그런데 프로이트주의자들은 신화와 관련해서 자신들이 연구한 인쇄물, 논문들을 늘 나에게 보냈습니다. 이것이 결국 나를 지치게 했습니다. 그들은 신화나 민담을 자기들 방식대로 해석했는데, 나는 그것을 읽으면서 이렇게 혼자 생각하곤 했습니다. "이번에는 이 이야기를 어떻게 오이디푸스콤플렉스와 연결할까?" 결국 그들은 길고 먼 길을 돌아서 여기에 어머니를 원하고 아버지에게 거세당할까 봐 두려워하는 작은 소년이 있다는 것을 반복해서 보여 주었습니다.

모든 것을 프로이트의 성 이론으로 환원할 수는 없다는 말씀인가요?

강의실 밖 로비에 나가면 티베트의 탕카가 걸려 있는 것을 볼 수 있습니다.[10] 탕카 속 인물은 '티베트 사자의 서'로 불리는 『바르도 퇴돌(Bardo Thödol)』에 나오는 위대한 보살 중 한 명으로, 충격적인 춤 동작을 취한 채 배우자를 껴안고 있습니다. 프로이트에 따르면 모든 것이 성적 관계를 의미한다는데, 이 그림에서 성적 관계는 무엇을 가리킬까요?

내가 좋아하는 멋진 이야기가 하나 있습니다. 한 남자가 꿈 때문에 괴로워하고 있었습니다. 그는 정신과 의사를 찾아가서 말했습니다. "지금 저는 돈은 아주 많은데 시간이 거의 없어요. 선생님께 제 꿈을 말씀드리고 싶습니다. 그 의미를 저에게 알려 주세요. 그것이 제가 원하는 것입니다. 저는 단지 이 반복되는 꿈에서 벗어나고 싶어요."

의사는 말했습니다. "저는 그런 진료를 하지 않지만, 그런 진료를 해 줄 친구가 하나 있습니다. 그 친구에게 가면 환자분이 원하시는 진료를 해 줄 겁니다."

꿈 내용은 다음과 같았습니다. "나는 호수 위에서 작은 배를 타고 노를 젓고 있습니다. 나는 폭풍이 오고 있다는 것을 느끼고는 주변을 둘러보며 피신할 곳을 찾았죠. 호숫가에 숲이 우거진 작은 만이 있었고 나는 그곳으로 노를 저어 가기 시작했습니다. 그 만에 가까워질수록 폭풍은 강해졌습니다. 폭풍은 점점 더 거세졌습니다. 결국 폭풍 때문에 노가 부러졌고 나는 만에 도달하지 못했습니다."

소개를 받고 찾아간 의사는 이렇게 말했습니다. "음, 아주 간단한 이야기군요. 환자분은 당연히 어머니 콤플렉스가 있습니다. 어머니와 성관계를 하고 싶은 겁니다. 만은 환자분이 도달하고 싶은 어머니입니다. 그리고 환자분은 아버지의 노여움을 두려워하고 있어요. 그러니까 폭풍은 아버지를 의미합니다. 결국 환자분은 거세당합니다. 노를 잃어버린 것은 바로 그것을 상징하는 것입니다."

그 남자가 말했습니다. "그렇군요. 잘 알겠습니다. 여기 진료비가 있습니다."

몇 달 후 그 남자는 첫 번째 의사를 만났습니다. 첫 번째 의사가 이렇게 물었습니다. "내 친구 의사를 만나셨어요? 다 좋아지셨나요?"

"네, 만났습니다."

"그 꿈 때문에 더 이상 힘들지 않습니까?"

"네, 그 꿈은 문제가 없습니다. 지금은 완전히 다른 꿈을 꿉니다. 꿈속에서 어머니가 부엌에 있어요. 나는 어머니를 강간하고 싶어합니다. 내가 부엌으로 들어가자 아버지가 고함을 치면서 계단을 내려오고 고기를 써는 칼을 들고 와서 나를 거세합니다."

의사는 이렇게 말했습니다.

"아, 그건 다소 혼란스러운 꿈이네요. 힘든 시간을 보내셨을 것 같아요."

그러자 그 남자가 이렇게 대답했죠. "아니요. 나는 이 꿈의 뜻을 알아요. 나는 호수 한가운데에서 노 젓는 배를 타고 있다는 뜻이지요. 그리고 나는 호숫가로 가고 싶어합니다."

이것이 바로 문제입니다. 오직 한 방향으로만 상징을

읽는다는 것이죠. 프로이트주의자들이 이렇게 하고 있는
데, 우려스러운 일입니다.

융의 신화 이해

**융의 심리학과 선생님의 신화 이해 사이에는 어떤 연관이
있나요?**

나는 융의 작품들을 1927년 독일에서 공부할 때 발견
했습니다.

융 자신도 그 당시에 신화학을 학문적으로 탐구하고
있었습니다. 이 탐구는 『리비도의 변환과 상징들』을 쓰고
있던 1909년경에 시작되었습니다. 융은 이 책에서 처음
으로 꿈과 신화의 관계, 신화의 원초성을 다루었죠.[11] 이
때부터 융은 신화를 심리학적으로 이해하는 데 몰두했습
니다. 나는 융이 이 분야에 있는 누구보다도 더 멀리 나갔
다고 생각합니다.

융은 스스로 자신이 신화를 완전하게 설명했다거나,
자신의 관점이 신화를 해석하는 유일한 방식이라고 말하
지 않았습니다. 심지어 어떤 신화 하나를 완벽하게 해석했
다고 말하지도 않았습니다. 융의 관점에서 보면, 같은 언
어를 사용하더라도 어떤 문제에 대해 사람마다 다르게 이
야기하듯이, 모든 신화는 각자 나름대로 해석해야합니다.

융은 개인 심리학을 신화 심리학으로 넓혀 주면서, 나
에게 신화 심리학에 관해 가장 많은 가르침을 주었습니

다. 융은 '작은 꿈'과 '큰 꿈'을 구분했는데, 작은 꿈은 개인의 사적이고 지엽적인 문제에 관한 꿈이고, 큰 꿈은 존재 문제에 대한 인류의 위대한 깨달음에서 열리는, 진정으로 예지적인 꿈을 뜻합니다. 그러나 그는 자신이 이 주제의 경계를 확정했다고 주장하지 않았습니다. 그는 계속 탐구하고 있었을 뿐입니다.

그렇다면 신화는 선생님의 심리학 이해와는 어떻게 연결되나요?

그것이 내가 융의 치료법에 흥미를 느끼는 부분입니다. 융의 치료법은 환자의 결점을 줄이기보다는 증폭하기 위해 설계되었습니다. 꿈은 억압된 인격의 한 측면을 그 강점 및 약점과 함께 모두 드러냅니다. 자신의 결점에 의지할 때 균형을 찾을 수 있습니다. 결점에 대한 이런 관점은 『천일야화』 같은 민담, 가령 비틀거리고 넘어진 곳에서 황금을 발견한다는 이야기 등에서 흔히 볼 수 있는 주제이기도 합니다.

나는 1949년에 출판한 『천의 얼굴을 가진 영웅』에서 바로 이 관점을 제시했습니다. 인간은 심연으로 들어갔다가 다시 나옵니다. 미칠 수도 있고, 광기를 통과하여 반대편으로 나올 수도 있습니다. 이것이 융의 독특하고 다른 관점입니다. 프로이트학파에 속하는 정신분석학자들은 일반적으로 정신병을 제거하고 억누르려 하는데, 그럴 경우 한 사람이 전체 경로, 온전한 여정을 끝까지 통과하여 반대편으로 나오는 것을 방해할 수도 있습니다.

기억해야 할 점은 천사의 관점에서 보면 악마처럼 보이는 것이 사실은 적절한 대접을 받지 못했던 천사라는 것입니다. 연극 〈에쿠우스〉를 보았다면, 심리학자들의 문제를 기억할 것입니다. 융은 자신의 치료가 환자가 숭배하는 것을 없애고 있다는 사실을 깨닫습니다. 그리고 "숭배하는 것이 없는 사람은 무엇인가?"라고 자문합니다. 악마를 쫓아낼 때 우리 안에 있는 최고의 것을 쫓아내지 않도록 조심하라는 니체의 경고도 같은 점을 지적합니다. 정신분석적 치료는 인격에서 살을 바르고 내장을 제거할 위험도 있다고 말할 수도 있겠죠.

또한 융은 정신증과 신경증에 방향이 있다고도 생각했습니다. 정신증과 신경증은 제거하고 차단하는 것이 아니라 한 사람이 그 과정을 끝까지 겪어 낼 수 있도록 촉진해야 한다고 생각했습니다.

융 자신이 이런 심연으로 내려가지 않았나요?

맞습니다. 『리비도의 변환과 상징들』을 마무리하여 출판한 후에 융은 이렇게 말했습니다. "나는 신화와 함께 산다는 것의 의미, 그리고 신화 없이 산다는 것의 의미를 깨달았다. 나는 어떤 신화로 살아가고 있는지 자문했고, 그것을 모른다는 사실을 알게 되었다. 나는 어떤 신화로 살아가는지 발견하는 일을 가장 중요한 과제로 삼았다."

융은 이 과제를 어떻게 이루어 냈나요?

융은 어린 시절에 정신없이 빠져들어 시간 가는 줄도 모르고 놀았던 놀이가 무엇이었는지 자문했습니다. 융은 돌로 작은 도시와 마을을 만들던 놀이가 기억났습니다. 그 놀이를 할 때 몇 분 밖에 지나지 않았다고 생각했지만 실제로는 몇 시간이 지났을 겁니다. 이런 경험을 할 때 시간에서 영원의 차원으로 넘어갑니다. 그래서 융은 볼링겐 호수 반대편에 땅을 사서 호숫가에 작은 건축 프로젝트를 시작했고, 점차 큰 돌을 다루면서 직접 그 유명한 돌탑을 만들었습니다.

그것은 어떤 결과를 가져왔죠?

그 작업은 융의 상상력을 활성화했습니다. 융에게는 엄청난 내적 경험이었습니다. 융은 자신의 내면에서 그 일을 해내야 했습니다. 우리가 해야 할 일은 융이 했던 것처럼 자신의 신화가 무엇인지 알아내는 것입니다. 당신의 꿈에 귀를 기울이세요. 당신의 의식적인 마음, 즉 당신의 자아는 자신이 모든 것을 꾸려 간다고 생각합니다. 당신은 어떤 이유로 여러 일들을 하고 있고, 그 일들은 당신에게 의미가 있다고 말하죠. 그러나 당신의 꿈은 당신에게 이렇게 말합니다. "아니에요, 선생님! 당신 삶을 꾸려 가는 것은 자아가 아닙니다. 자아가 당신을 밀어붙이는 바람에 당신의 삶은 엉망이 되고 있어요." 그것이 무엇인지 찾아보세요.

만약 당신이 자신이 선택한 신, 당신의 삶에서 실제로 끓어오르는 힘이 무엇인지 찾는다면, 그 힘이 무엇인지 알든 모르든 상관없이 당신의 삶은 그 힘에 따라 움직이게 될 것입니다. 그러나 당신의 신이 누구인지 알고 그 신과 함께 살아가는 것은 큰 도움이 됩니다. 자신의 신이 누구인지 아는 것은 자신의 역동성을 발견하는 위대한 일입니다.

개인적인 신이 있다는 말인가요?

불교에는 이런 개인적인 신이 있습니다. 이 신을 티베트불교에서는 이담(yidam)이라고 부르고, 산스크리트어로는 이슈타데바타(iṣṭadevatā)라고 부르는데, 이들은 선택된 신입니다. 이담에는 다양한 유형이 있습니다. 칼

라차크라(Kālacakra)도 그중 하나입니다. 차크라삼바라(Cakrasaṃvara)라는 이담도 있습니다. 당신이 선택한 신은 붓다의 한 측면이며, 붓다는 이 신을 통해 당신에게 이야기합니다.

개인적인 신들은 신화에서 공통적으로 나타나나요?

평범한 상황에서 주요 신들은 우주적 신이었고, 보조 신들은 지역을 관장하는 부족 신이었습니다. 예를 들어, 인도에서 바루나(Varuṇa)는 순환하는 하늘의 신, 아그니(Agni)는 불의 신이지만, 인드라(Indra)는 특정 사회의 수호신이었습니다. 또한 모든 개인은 각자의 수호신이 있었습니다. 그 신이 바로 이슈타데바타, 선택된 신입니다. 이 신들은 다른 신들을 부정하지 않습니다. 다만 다른 신들의 영역에서 자신을 선택한 개인을 지지하고 이끌어 줍니다.

어렸을 때 가톨릭신자였던 나는 수호천사가 있었습니다. 이런 수호천사가 바로 당신의 이슈타데바타입니다. 수호천사는 당신을 돌보고, 당신은 개인적 어려움이 있을 때 수호천사에게 청원합니다. 우리는 우주에 대한 경외심과 우주에 자신을 일치시키려는 노력으로 고등신들에게 말을 겁니다. 그러나 "지금 무슨 일을 어떻게 할까요?"라는 질문을 제우스에게 하지는 않습니다. 우리는 자신을 이끌어 주는 힘에 의지합니다. 지금 내가 이야기하고 있는 주제가 바로 그것입니다.

이것이 이슈타데바타에 담긴 주요 개념입니다. 세계의 위대한 가르침이 각자의 삶에 어떻게 영향을 미치고 있는지를 각자의 이슈타데바타가 알려 줄 것입니다. 이 위대한 가르침이 지금 내 마음과 삶의 상태, 그리고 내가 맺고 있는 인간관계의 상태에 어떤 영향을 미칠까요? 이 질문을 제우스에게 할 수는 없습니다. 고대이집트에서도 마찬가지였습니다. 이집트의 무덤 예술을 보면 바(Ba)와 카(Ka)가 있습니다. 바와 카는 무덤에 묻혀 있는 개인을 구성하는 요소들이고, 이 중에 카는 개인을 이끌어 가는 역할을 합니다.

융은 자신의 이슈타데바타를 발견했나요?

융은 자신의 꿈과 비전에 등장하는 흰 수염을 길게 기른 지혜로운 노인의 이미지에서 자신의 길잡이를 발견했고, 이 노인을 필레몬(Philemon)이라고 불렀습니다.

융의 필레몬은 땅과 자연의 인간, 문명에 짓밟히고 있는 인간을 상징하는 이미지입니다. 문명은 의식적인 정신에서 생겨나는 전체 시스템입니다. 필레몬은 인간 내면에 있는 자연의 목소리라고 할 수 있습니다. 우리의 정신은 컴퓨터를 만들고 그것을 다루는 방법을 배우지만, 우리의 몸은 다른 말을 하고 있습니다. 이 두 개를 어떻게 통합할 수 있을까요?

이것이 바로 융이 관심을 가졌던 문제이고, 필레몬이 상징하는 주제입니다. 이렇게 융은 자신의 안내자를 찾았습니다. 필레몬은 융의 신이자 융의 데몬(Daemon)입니다. 당신의 데몬은 무엇인가요? 당신은 자신이 신봉하는 어떤 종교나 고전적 전통, 또는 이런저런 것에 담긴 신화에 따라 살고 있다고 생각할 수 있습니다. 그러나 당신 삶의 진정한 동력은 무엇인가요?

이런 신들이 실제로 존재하나요?

나는 신들이 존재한다고 말하는 것이 아닙니다. 나는

그들이 존재하지 않는다고 말하는 것입니다. 그런 신들은 존재하지 않습니다. 그런 신들은 단지 자신의 정신을 관조하고 투영하는 형태일 뿐입니다. 그런 신들은 은유입니다. 우리가 살아 있는 이 거대한 존재에 자신을 연결할 때 도움을 주는 은유이지요. 어떤 안내자 혹은 가르침이 다가오더라도 우리는 이 거대한 존재를 자신이 선택한 신을 통해 보게 됩니다. 그리고 자신이 선택한 신과 이 거대한 존재가 실제로 일치하는지에 따라 이 거대한 존재가 자신에게 미치는 영향이 정해질 것입니다.

인간은 고정된 특성이 없는 동물입니다. 니체는 인간을 병든 동물(das kranke Tier)이라고 불렀습니다. 인간은 자신이 할 일이 무엇인지 모릅니다. 탁월한 기량을 갖춘 창조물이라서 아흔여덟 개의 서로 다른 존재가 될 수도 있습니다. 그래서 친구들이 이끄는 대로 경로에서 벗어날 수도 있습니다.

그러나 우리에게는 자신만의 경로가 있습니다. 세상은 가능성이라는 방법으로 우리에게 특정한 환경을 제공합니다. 이 특정한 환경 속에서 자신의 경로를 찾으세요. 자신을 유혹하고 붙잡는 것을 찾으세요. 그곳에서 자신을 찾지 못하면, 그곳에는 아무것도 없는 것입니다. 그러나 그곳에서 자신을 발견한다면, 그것을 잡으세요! 그것이 자신이 선택한 신이며, 자신의 안내자입니다. 융은 필레몬을 자신이 선택한 신으로 발견했습니다. 선택한 신이 있으면 세상을 통해 우리가 얻은 모든 가르침은 그 신을 통과하여 우리에게 올 것입니다. 실제로 그렇게 될 것입니다.

만약 자아가 우리의 합리적, 의식적 정신을 표현하지만 우리의 본성에서 나오지 않은 부자연스러운 존재라면, 자아의 근원은 무엇인가요?

내가 합리적 정신이라는 자아가 부자연스러운 존재라고 말했나요?

그렇게 말씀한 것 같은데요.

아닙니다. 나는 이성적 사고방식이 반드시 자연의 질서와 일치하지는 않는다고 말했습니다. 지금 우리가 있는 이 건물을 한번 보세요. 이성이 이런 건물을 지었고, 그 모양은 직사각형입니다. 합리적 사고가 반드시 나무와 식물 같은 모양으로 형태를 창조하지는 않습니다.

우리의 동물적 본성과 인간적 본성에서 나오는 합리적 정신은 사실 어린아이와 같습니다. 이것이 합리적 정신이 가지고 있는 문제입니다. 이런 정신이 지배자 자리를 차지하게 두어서는 안 됩니다. 합리적 정신, 곧 이성은 삶의 행위자일 뿐이며, 삶의 지배자가 아닙니다. 이성이 삶의 지배자 위치에 올라가면, 인간은 분열됩니다. 이런 분열이 바로 전체 성서 전통에서 일어났던 일입니다. 바로 우리가 다루었던 타락의 교리, 즉 세상을 있는 그대로 긍정하지 않고 수정해야 하는 것으로 보는 교리가 이런 분열을 가져온 것입니다.

우피나샤드나 불교 문헌에 나오는 "자아"는 오늘날 "나" 또는 "자기(self)"와 같은 의미인가요?

산스크리트어에 아함이라는 단어가 있죠. 자아를 뜻하는 라틴어 에고(Ego)는 단순히 "나"를 뜻합니다. 오늘날 심리학 용어에서 자아는 자신에 대한 의식과 그 의식에서 비롯되는 것, 즉 자아 의식(ego consciousness)을 의미합니다. 그리고 그것이 정확히 산스크리트어로 아함입니다.

　　한편 융이 사용했던 "자기(the Self)"라는 개념은 우리 몸 안에서 일어나는 생물학적 에너지의 역동적 구조를 말합니다. 산스크리트어에서 "자기"는 그런 의미가 아닙니다. 융의 자기 개념은 그보다는 지바(jīva)에 가깝습니다. 지바는 우리 몸을 입었다 벗었다 하는 살아 있는 실체를 말합니다. 궁극적 자기를 뜻하는 아트만은 분화되지 않은 의식이라고 번역할 수 있습니다.

의식의 중심인 자아는 자신이 의식하는 것 이상은 알지 못합니다. 하지만 융 심리학에서 말하는 자기는 이런 의식보다 더 많은 것을 포괄하지 않나요?

　　융이 관심을 가진 것은 인간 안에서 구현된 의식입니다. 그것은 분화되지 않은 의식으로, 힌두교의 관심사죠. 융이 말하는 것은 인간 몸 안에 있는 의식입니다. 융은 단순히 인간의 몸 안에 있는 의식이 아니라, 특정한 인간의 몸 안에 있는 의식에 관심을 둡니다. 그리고 의식은 이런 특정한 몸의 성격에 의해 제한받고 규정됩니다.

　　최근에 전체를 살펴보고 기록하는 홀로그래픽 패러다임을 통해 새로운 의식 개념이 제기되고 있습니다. 이는 의식의 차원에서는 우리 모두는 하나이고, 우리는 전체와 하나이며, 잠재적이고 실제적으로 우리는 전지(全知)하다는 생각입니다. 그러나 우리가 이곳이라는 특정한 시공간에서 살 수 있도록 뇌는 우리를 이곳으로 데려옵니다. 따라서 뇌는 우리의 지식을 제한하는 압축기 역할을 합니다. 우리는 이곳에서 우리에게 도움이 되는 모든 사실을 알고 있습니다. 그러므로 우리는 지금 여기라는 맥락 안에서, 이 특수한 초점을 긍정하면서 살아야 하지만, 그와 동시에 다른 초점들, 다른 가능성, 그리고 전체 영역을 포괄하는 지식과 함께 살아야 합니다. 여기라는 맥락에 한정된 도구인 우리의 육체는 제한되고 집중된 의식만을 갖습니다. 그러나 진정한 존재, 우리의 절대적 실체는 의식의 발현입니다. 이것이 내가 할 수 있는 최선의 설명입니다.

그런데 힌두교의 의식 개념과 어느 정도 겹치는 부분은 없나요?

힌두교에는 옴(AUM)으로 상징화되는 의식의 네 가지 측면이 있습니다. A, U, M이라는 각 음절과 옴에서 나와 다시 돌아가는 침묵이 그것입니다.

이 네 가지는 의식의 단계입니다. A는 깨어 있는 의식, 즉 우리 모두 지금 서로 관계를 맺고 작동하는 그 의식과 관련됩니다. 이 의식 단계에서 나는 네가 아니고, 너는 내가 아닙니다. 우리는 서로 분리되어 있습니다. 우리는 스스로 빛을 내지 않고 외부로부터 빛을 받는 비대하고 무거운 몸입니다. 그리고 천천히 형태를 바꿉니다. 이 의식 단계에서 적절한 논리는 "a는 a 아닌 것이 아닌 것이다"라는 아리스토텔레스의 논리입니다. 나는 네가 아닙니다. 이것은 저것이 아닙니다. 이것이 의식의 한 단계이고, 이 의식은 머리에서 나옵니다.

그다음에 우리는 잠을 자고 꿈을 꿉니다. 이것이 U라고 부르는 의식 단계이며, 꿈 의식이라고도 부릅니다. 우리는 꿈을 경험하며, 주체로서 우리는 꿈에 놀랍니다. 하지만 꿈이 무슨 말을 하는지조차 모릅니다. 그러나 꿈은 자기의 표현입니다. 주체와 객체는 동일합니다. 단지 그 사실을 모를 뿐입니다. 꿈속에 있는 몸은 스스로 빛을 내며 환하게 빛납니다. 그 몸은 아주 빠르게 형태를 바꾸며,

이것들은 아주 많은 의미를 담고 있습니다.

아리스토텔레스의 논리는 여기서 무너집니다. 이곳은 신화의 영역입니다. 꿈, 비전, 신의 영역입니다. 당신의 신이란 당신이 신으로 경험하고 인식하고 생각할 수 있는 것입니다. 그러므로 당신의 신은 당신의 꿈과 마찬가지로 자신의 기능입니다. 당신과 당신의 신은 하나입니다.

이런 이해는 유일신교의 모든 주장을 무너뜨립니다. 모든 사람을 위한 신이 하나일 수는 없습니다. 같은 기도실에 있는 세 사람조차 같은 신을 가질 수 없으니까요! 각자 자신만의 신을 경험하고 자신만의 신에 대한 개념을 갖고 있습니다. 이것이 의식의 두 번째 차원이며, 신화의 단계입니다. 이 단계에는 스스로 빛을 내는 이미지들이 있는데, 불교에서는 이 단계를 삼보가카야(saṃbhogakāya), 희열의 몸이라고 부릅니다. 여기에 희열, 꿈의 희열이 있습니다.

의식의 다음 단계는 M으로 표현되는 꿈이 없는 깊은 잠의 단계입니다. 몸은 여전히 의식을 갖고 있습니다. 추워지면 우리는 이불을 끌어올립니다. 더워지면 이불을 내리죠. 뒤척이고, 편안해지고, 불편해지고 심장은 뛰고 신경은 기능하고 있습니다. 그러나 "여기 위"에 있는 의식은 "저기 아래"에 있는 의식과 연결되어 있지 않습니다. 이것이 꿈 없는 깊은 잠의 의식입니다. 이 단계는 식물의 몸입니다. 나는 이것을 지혜의 몸이라고 부릅니다. 이 의식에서 나오는 에너지가 바로 꿈을 알려 주고 있습니다.

요가의 목표는 깨어 있는 의식 영역으로 들어가는 것, 즉 깨어 있는 의식을 아래로 데려가는 것입니다. 이때 경험하게 되는 것은 분화되지 않은 의식, 다시 말해 어떤 것에 대한 의식이나 관계의 의식이 아니라 순수하게 분화되지 않은 의식입니다.

이런 의식은 서양 철학에서는 다루지 않지만 모든 동양 철학의 근본 관심입니다. 그리고 이것이 바로 쇼펜하우어가 말했던 것입니다. 쇼펜하우어는 자신과 동일한 의식에 관해 말했죠. 그 의식이 곧 자신입니다.

융을 개인적으로 알았나요?

나는 1953년에 융을 만났습니다. 당시에 나는 12년이 걸렸던 하인리히 치머의 『유고집』 편집 작업을 하고 있었습니다. 치머는 융의 친구이자 나의 절친한 벗이었습니다. 그래서 치머와 인도, 그리고 융의 작품에 내가 관심을 보이면서 우리 부부는 융 부부의 초대를 받았고, 취리히 호수 볼링겐에 있는 자택을 방문하여 함께 차를 마시는 엄청난 특권을 누렸습니다. 우리는 정말로 멋진 한 시간을 보냈습니다. 그러나 겨우 한 시간이었죠. 그것이 전부입니다.

당신과 융의 제자들 사이의 차이는 무엇인가요?

나는 신화의 역사적 측면, 즉 신화가 어떻게 확산되어 가는지에도 똑같이 관심을 가졌습니다. 이 점에서 나는 융학파의 관점에서 벗어납니다. 융학파에서 확산은 적절하지 않은 단어이므로, 나는 온전히 헌신적인 융의 추종자로 분류될 수는 없을 듯합니다.

반면에, 신화라는 주제의 심리적 측면에서 융만큼 깊이 들어간 사람은 없다고 생각합니다. 나는 융의 연구가 그저 놀랍다고 생각합니다. 동양의 자료들을 내면과 연결하는 융의 방식은 아름답습니다. 예를 들어, 융은 『티베트 사자의 서』를 소개하는 글에서 자신의 한계를 지적하고 동양에서 대단한 것을 배웠다고 말합니다.

융에 대해 말하지 않고 오늘날 심리학에 대해 어떻게 말할 수 있을지 모르겠습니다. 그것은 불가능하다고 생각합니다. 행동주의를 상징의 해석과 같은 질문에 적용할 수는 없습니다. 절대 그럴 수 없죠. 행동주의는 인간 경험의 다른 영역에 속하니까요.

행동주의는 감정을 무시하기 때문인가요?

감정이 아니라 경험을 무시하기 때문입니다! 경험 뒤에 감정이 생긴다고 말할 수도 있겠지요. 하지만 대성당이 주는 공간적 경험은 느낌이 아닙니다. 당신의 느낌은 경험의 결과로 나타납니다. 행동주의학파는 도대체 무슨 이야기를 하는 걸까요? 그들은 심지어 자극과 반응의 차이도 모릅니다!

상징에 대한 접근에서 융이 훨씬 더 정교합니다. 융은 나에게 이런 상징들이 말하는 것, 이런 상징들이 전하는 내용을 알려 줍니다.

오늘날 개인이 각자 현대적이고 개별적인 추구를 할 때 이런 전통들을 현대의 맥락에서 이해할 수 있도록 도움을 줄 필요가 있습니다. 그 점에서 개인화를 주제로 한 칼 융의 작품들이 우리가 가진 것들 중에서 가장 신뢰할 만하고 유용한 도구라고 생각합니다. 칼 융의 작품들이 전통을 대표하지는 않지만, 매우 뿌리 깊은 정신에 대한 통찰을 보여 주고 있습니다.

내가 자신있게 말할 수 있는 것은 젊은이들에게 융보다 더 좋은 안내자는 없다는 것입니다. 융은 젊은이들에게 그들 자신의 과제를 알려 줍니다.

그 과제가 무엇인가요?

그 과제는 자신을 자기 세계와 관련짓는 일입니다. 어딘가에 있어야 할 세계, 어딘가에 있는 세계가 아니라 자신의 세계와 연결해야 합니다. 그 세계 안에서 자신의 위치를 찾아야 합니다. 그다음에 인생의 중반기쯤 되면 우리는 자신이 살고 있는 세계를 통해 다가오는 영성의 새로운 차원을 찾기 시작할 것입니다. 그리고 마지막에 쇠락이 찾아옵니다. 떨어져야 할 때가 오면, 인생의 두 번째 풍요로움을 얻게 됩니다. 융이 이 시기에 대해 잘 설명해 줍니다. 나도 이제 이 시기를 잘 알고 있습니다. 그 시기에 들어와 있기 때문이죠. 이런 시기들은 모두 저절로 찾아옵니다.

당신은 자신을 온전히 존중하면서 자신의 길을 진실하고 정직하게 살아가야 합니다. 그리고 당신이 해야 하는 것보다 너무 많은 양보를 삶에게 하지 마십시오. 여기서 삶이란 세상이 당신에게 되라고 요구하는 것을 의미합니다.

나는 융 말고 안내자로서 내게 그만큼 신뢰할 수 있는 다른 사람을 알지 못합니다.

5장

내 면으로의 전환

기초가 무너질 때

옛 신화들이 더는 유효하지 않은 시대에 개인은 무엇을 해야 할까요?

신화가 살아 있을 때는 언제나 내면에 참조 체계가 존재합니다. 그림이나 상징과 같은 도상학적 구조에 대해 깊이 생각할 때, 사실 우리는 거울에 비친 모습을 통해 자신의 영성, 자기 내면의 진리에 대해 깊이 생각하게 됩니다. 그러나 그런 형상들이 사라질 때, 그 형상들이 진부해지고 우리가 그 형상들이 탄생한 경험의 장에서 벗어난 까닭에 그 형상들이 더는 말을 걸어 오지 않을 때, 개인이 직접 자기 내면을 탐구할 필요가 있습니다.

예전에도 한 사회가 자신의 신화를 잃어버렸던 경우가 있었나요?

현대의 상황을 비유할 만한 좋은 사례가 하나 있습니다. 아메리카 평원 인디언들은 대부분 버펄로 사냥꾼이었고, 그들의 전체 사회질서는 핵심 상징인 버펄로에 기초하고 있었습니다. 부족민의 생존을 좌우하는 동물이 영적 전달자가 되는 일은 수렵 민족들에게 자연스러운 일이었습니다.

여기서 문제는 그들이 다른 존재의 죽음을 토대로 살아간다는 것입니다. 수렵 민족의 신화에서는 보통 동물이 자신을 기꺼이 희생물로 바칩니다. 여기에는 그 동물들이 다시 태어날 수 있도록 어머니 대지로 동물의 피를 돌려보내는 의례들이 거행되고, 동물들이 다음 해에 다시 돌아온다는 믿음이 있습니다. 동물은 육체를 떠나지만, 그 생명은 죽음을 초월하는 것이죠. 전체 사회가 이런 의례적 맥락을 중심으로 조직되어 있으며, 이때 버펄로는 대단한 상징성을 갖습니다. 조지프 에페스 브라운(Joseph Epes Brown)과 니이하트가 쓴 검은고라니 관한 책들에서 이 주제에 대한 훌륭한 사례들을 찾아볼 수 있습니다.[01]

1870년대와 1880년대에 인디언들은 버펄로 사냥꾼들에게 밀려났습니다. 사냥꾼들의 목표는 버펄로들을 제거하는 것이었는데, 그들이 버펄로를 없애려 했던 이유는 첫째, 아무런 방해 없이 철도를 놓고 밀을 재배하는 백인들이 그 평원으로 들어가 살 수 있도록 하기 위해서였습니다. 또한 인디언들이 자신들의 일상적 식량 공급원을 잃고 보호구역으로 들어가 살 수밖에 없도록 만들기 위한 것이었는데, 실제로 그렇게 되었습니다.

두 번째 문제는 인디언들이 자신들의 의례를 잃어버린 것입니다. 상징 자체가 사라져 버린 것입니다. 주변에 버펄로가 없고, 더 이상 버펄로를 먹지도 않으면서 버펄로에 대해 계속 말할 수는 없으니까요. 사회적 의례는 완전히 붕괴되었습니다. 그다음에는 무슨 일이 일어났을까요? 환각 선인장인 페요테를 먹고 신과 교류하는 페요테 의식이 멕시코에서 들어와 평원을 휩쓸었습니다. 페요테가 어떤 역할을 하는지 알고 있나요? 페요테는 내면에서 환시를 보게 해 주죠. 따라서 외부의 사회구조는 더 이상 의례를 통해 성화(聖化)되지 않습니다. 의례는 완전히 사라져 버렸습니다. 의례의 대상도 더는 존재하지 않고 의례를 중요하게 만들어주던 삶의 방식도 사라졌습니다.

의례는 참례자들이 각자 자신의 내면으로 내려가서 그곳에서 모든 상징의 근원이 되는 형태들을 찾는 방법입니다. 더는 버펄로 모습을 한 상징은 나오지 않을 것입니다. 그 대신 각자가 처한 문제의 맥락 안에서 자신만의 고유한 방식으로 새로운 상징이 등장할 것입니다.

자신의 신화에서 벗어난 또 다른 문화의 사례가 있을까요?

있습니다. 헬레니즘 시대에 신비주의가 숭배되던 시기에 비슷한 일이 있었죠. 당시에 초기 도시 형태인 폴리스라는 신화가 무너지고 사람들은 세계도시인 코스모폴리스에서 살고 있었습니다. 오늘날의 세계도시처럼 엄청난 규모는 아니었지만, 당시 사람들은 상대적으로 오늘날과 거의 비슷한 경험을 했습니다. 그리고 오늘날처럼 당시에도 내면으로의 전환이 일어났습니다. 이 시기에 시저주의(Caesarism)가 등장합니다. 시저주의란 시저 같은 절대군주가 백성이 아닌 군중을 통제하는 것을 뜻합니다. 군중과 백성 사이에는 큰 차이가 있습니다. 군중은 완전히 이질적인 출신과 신앙을 가진 사람들의 집합입니다. 이들은 공통된 윤리와 가치 없이 한 곳에 던져진 존재입니다. 그들은 힘으로만 결속할 수 있으며, 그렇지 않으면 사회는 분열됩니다. 그리고 바로 시저가 부상하던 이 시기에 개인이 내면으로 눈을 돌리는 일이 함께 일어났습니다. 외부에서 찾을 수 없는 구조적 형태를 내면에서 찾으려는 움직임이 나타난 것입니다.

이런 경우 개인이 선택할 수 있는 유일한 안식처는 내면으로의 전환입니다. 외부가 아닌 내면에서 자신의 종교를 찾는 것이죠. 바로 이런 일이 지금 우리에게서 일어나고 있습니다. 무의식의 사회구조가 해체될 때마다 개인은 영웅의 여정을 떠나야 하고 내면으로 가서 새로운 형상들을 찾아야 합니다.

무엇이 이런 변화를 촉발하나요?

그 원인은 신화의 역사화에 있습니다. 모든 상징이 역사적 사실에 기원이 있다고 해석하면서 전승되는 종교들의 권위가 이제 의문에 처하게 된 것이죠. 서양 문화를 구성하는 신화로 작동했던 성서 전통이 대체로 효력을 잃었고, 성서의 계시적 주장들이 반박되고 있습니다. 홍해를 건너고 산에서 계명판을 받은 모세, 예수의 동정녀 출생, 죽음, 부활 등 이 모든 사건들을 역사적 사실로 진지하게 받아들이는 사람은 더 이상 없습니다. 이 신화는 끝이 났습니다. 적어도 우리 문화 속 많은 젊은이에게는 그리스도교와 유대교는 신뢰를 잃고 위태로운 상태에 놓여 있습니다.

성서 전통에서 온 것이든 인디언 전통에서 온 것이든 상관없이, 이런 신화들의 주요 모티프가 되는 상징들은 인류에게 보편적인 것입니다. "모든 기본 상징들은 보편적이다"라는 말은 역사적 사건은 중요한 기준이 될 수 없음을 의미합니다. 역사적 사건이 역사적 신화가 되는 과정을 통해 사회의 역사는 의식뿐 아니라 무의식의 참여까지 불러일으키는 특별한 정신적 가치를 부여받았고, 그 결과 활기차고 살아 있는 세계가 탄생했습니다. 하지만 이제 이런 신화는 더 이상 존재하지 않습니다. 오늘날 서양사회는 기술과 합리성의 원칙에 기초합니다.

그래서 새로운 탐색이 반드시 필요합니다. 1960년대에는 페요테 및 LSD 열풍과 함께 내면으로의 전환이 일어났습니다. 오늘날 LSD는 명상에 그 자리를 내주었습니다. 역사적 연속성에 묶여 있던 상징들은 사라졌습니다. 이런 상징들이 풀려난 것입니다. 이제 사람들이 자신의 내면으로 깊이 들어가게 되면서 그곳에서 역사적 기준이 아니라 정신적 기준으로 동일한 기본 형상들이 생겨납니다.

그렇다면 1960년대가 대단히 중요한 변환의 시대였군요.

이 시기는 LSD를 통해 내면을 발견하던 시대였습니다.

1960년대에는 LSD가 있었고, 아메리카 평원에는 페요테
선인장, 멕시코에는 환각버섯이 있으며, 라틴아메리카
전역에는 환각약물인 아야우아스카가 있습니다. 그리고
이제 학자들은 보리를 원료로 한 맥각 음료가 고대 그리스
엘레우시스 밀교 의례의 중심이었다고 주장하고 있습니다.
그렇다면 환각이 우리의 구원자일까요?

나는 이런 약물들이 이성과 계산적 평가가 지배하는
사회에서 무의식의 깊이를 드러냈다고 생각합니다. 이 약
물들은 우리 무의식 안에 원형들이 존재한다는 것을 많은
사람들에게 보여 주었습니다. 1960년대에 사람들은 신화
에서 상징으로 나타나거나 표현된 이런 힘들이 실제로 자
신 안에 존재한다는 것을 발견했습니다. 이런 힘들은 책
상과 의자처럼 실제로 존재합니다.

그러나 약물 문화는 점성술, 카발라, 타로, 주술, 점술
등과 같이 모호한 영역에 빠져들거나, 선(禪), 명상, 요가
등 동양의 종교적 신화 및 수행과 훨씬 더 진지하게 조우
하기도 했습니다. 이 모든 과정에서 지나친 폭력과 광란
이 나타나기도 했습니다. 정신의 세계를 경험한 젊은이들
이 당황했던 것 같습니다. 그들은 이 세계에 너무 빠르게
젖어 들어갔습니다. 이것은 마치 그리스신화 중에서 한
사람이 신에게 "당신의 모든 힘을 나에게 보여 주세요"라
고 말하는 상황과 비슷합니다. 신은 모든 힘을 보여 주었
고, 그 사람은 산산조각이 났죠. 갑자기 『천의 얼굴을 가진
영웅』이 내면 여행을 위한 일종의 안내서가 되었고, 사람
들은 이 책에서 자신들의 경험을 해석하는 데 도움이 될

수 있는 무언가를 발견하고 있습니다. 이 책은 신화의 위대한 주제 하나를 보여 줍니다. 바로 탐험, 발견, 귀환으로 구성된 내면으로 떠나는 여행입니다. 내면이든 외면이든, 가치를 찾기 위해 여행을 떠나는 사람은 누구나 인류의 신화 속에서 수없이 묘사된 여정에 오르게 됩니다. 나는 단지 그 신화들을 책 한 권에 모아 놓았을 뿐입니다. 내가 그 책에서 제시했던 것은 영웅적 탐험의 원형입니다. 이는 바로 오늘날 사람들이 시작하고 있지만 사회가 더 이상 안내해 주지 않는 탐색입니다.

영웅의 여정

그렇다면 우리가 사는 다원주의 문화에서는 각자가 자신만의 신화를 창조해야 하나요?

　　　　그것이 영웅의 여정이 지닌 본질적 의미입니다. 나는 영웅의 여정이 고대 영웅들의 영적 모험과 현대인들의 의미 탐구를 하나로 이어 주는 중심 신화라고 생각합니다.

1949년에 처음 출판된 후 지금까지도 꾸준히 판매되고 있는 『천의 얼굴을 가진 영웅』은 세계 신화들을 관통하는 영웅의 여정이라는 모티프를 상세하게 다루고 있습니다. 선생님은 이후 수십 년 동안 이 주제에 대해 많은 강연을 하고 다양한 작품을 발표했습니다. 선생님의 작업에 익숙하지 않은 사람들을 위해 이렇게 반복되는 양식을 간결하고 명료하게 설명해 줄 수 있을까요?

늘 그렇듯이, 영웅은 상식의 세계에서 벗어나 초자연적 경이로움의 영역으로 모험을 떠나야 합니다. 그곳에서 악마와 천사, 용과 도움을 주는 영적 존재 같은 엄청난 힘들을 만나고, 격렬한 전투 끝에 어둠의 세력을 상대로 결정적 승리를 거둡니다. 그다음에 신비로운 모험에서 얻은 지식 혹은 불과 같은 선물을 가지고 돌아와 그 선물들을 동료 인간들에게 나누어 줍니다.

어떻게 영웅의 여정이라는 구조를 단계별로 구분했나요?

꽤 오랫동안 다양한 민족들의 신화를 연구한 후에 나는 이 구조를 주장하기 시작했습니다. 이 주장은 신화의 근본 형태가 존재한다는 생각, 즉 신화에는 기본적인 형성 원리가 있고 그 원리는 모든 신화에서 드러난다는 생각에 기반합니다. 이것은 그저 내 머릿속에 들어 있던 기본 생각이었습니다. 나는 이 생각을 내가 연구했던 사람들로부터 얻었습니다.

레오 프로베니우스[Leo Frobenius, 독일의 민족학자이자 고고학자]는 자신의 저서 『태양신의 시대(Zeitalter des Sonnengottes)』[02]에서 신화의 기본적인 모티프를 제시했습니다. 이 모티프는 지하세계로 내려갔다가, 가령 고래 뱃속으로 들어갔다가 다시 돌아오는 개념에 기초합니다. 이 개념은 신화의 재료들을 끝없이 제공합니다. 융을 읽으면서 나는 융이 실제로 이런 하강과 귀환의 모델로 프로베니우스를 활용한다는 것을 알게 되었습니다. 그다음으로 조이스와 토마스 만을 연구하면서 그들의 소설에도 이와 같은 신화적 이미지가 반복되고 있다는 것을 발견했습니다. 이후에 나는 오비디우스의 『변신 이야기』를 아주 심도 깊게 연구하기로 마음을 먹었습니다. 이 시 안에 고전 전통의 신화 주제 전체가 요약되어 들어 있기 때문입니다. 나는 이 이야기가 내가 생각한 순환구조에 잘 들어맞으리라고 예상했습니다. 실제로 모든 내용이 그 순환주기에 딱 들어맞았습니다! 그래서 나는 생각했습니다. "그래, 바로 이거야!" 이때부터 나는 세라로런스대학에서 비교신화학 수업을 하면서 영웅의 여정을 신화 구성의 핵심 주제로 사용하기 시작했고, 이 이론을 반박하고 무너뜨릴 수 있는 방법을 늘 연구하고 찾기 시작했습니다. 그러나 찾지 못했습니다.

『피네간의 경야』에 대해 연구하고 친구 헨리 모턴 로빈슨(Henry Morton Robinson)과 함께 『피네간의 경야를 여는 곁쇠』를 출판한 후, 로빈슨은 사이먼앤드슈스터출판사에서 책을 한 권 쓰고 있었습니다.[03] 어느 날 로빈슨이 나에게 전화를 걸어 이렇게 말했습니다. "사이먼앤드슈스터에서 너와 오찬을 하고 싶어 해. 신화를 주제로 한 책을 내고 싶대. 쓸데없이 건방 떨면서 이 제안을 거절하면, 너한테 다시는 연락도 안 한다!" 나는 작가로서 처음 점심 초대를 받았습니다!

초대받은 자리에서 나는 한 편집자와 대화를 나누었습니다. 나는 물었죠. "어떤 책을 원하세요?"

"우리는 현대적인 불핀치(Bulfinch)를 원합니다."

나는 대답했습니다. "그런 작품을 쓰기는 좀 힘들 것 같네요."

"그럼 어떤 책을 쓰고 싶습니까?"

"신화를 읽는 방법, 신화가 말하고 있는 내용을 다루고 싶습니다."

그 편집자는 내가 말한 책을 일종의 자기계발서로 이

해하면서 이렇게 말했습니다. "좋습니다. 우선 제안서를 하나 작성해 주세요."

나는 제안서를 작성했고 계약을 하게 되었죠. 원고료는 750달러였습니다! 250달러는 계약금으로, 250달러는 집필 중간에, 나머지 250달러는 원고 완성 후에 받기로 했습니다.

나는 세라로런스대학에서 수업 시간에 하던 이야기들을 글로 쓰기 시작했습니다. 그러나 서론으로 쓰고 있던 글이 점점 길어지자 아내가 말했습니다. "여보, 서론이 너무 길지 않아요?" 그래서 나는 서론을 잘게 쪼개어 『천의 얼굴을 가진 영웅』 전반부에 실었습니다. 그런데 책을 완성했을 때 출판사가 책을 받아 주지 않았어요. 나는 작업을 끝내고 원고를 출판사에 보냈지만, 아무런 대답이 없었죠. 내가 문의했더니, 출판사에서 더는 관심이 없다고 하더군요. 판테온북스의 쿠르트 볼프(Kurt Wolff)도 그 원고를 읽고 이렇게 말했습니다. "이걸 누가 읽겠어요?"

그래서 나는 그 원고를 볼링겐재단에 보냈습니다. 그리고 재단으로부터 이런 전보를 받았습니다. "영웅 이야기가 꿀처럼 달콤하네요." 결국 볼링겐재단에서 이 책을 출판했고, 이 책은 그들에게 엄청난 판매고를 안겨 주었죠. 이것이 내 저술 활동의 출발점이었습니다. 운명처럼 흥미진진한 길로 들어서게 된 것이죠.

제목부터 정하고 집필을 시작했나요?

아닙니다. 처음에 나는 이 책에 "신화를 읽는 법" 혹은 그와 비슷한 제목을 붙였습니다. 『천의 얼굴을 가진 영웅』이라는 제목은 거의 집필 마지막에 나왔어요. 책의 가장 마지막 두 페이지 정도를 남겨 두고 나왔다고나 할까요.

이 책이 수십 년 동안 이렇게 꾸준히 판매되는 이유가
무엇이라고 생각하나요?

정말 좋은 책이기 때문이죠. 또한 이 책은 사람들이 알고 있었지만 자신들이 알고 있다는 사실마저 잊고 있었던 것을 열어 줍니다. 다름 아니라 전체 세계가 우리가 뮤즈라고 부르는, 상상력의 영감이자 삶의 원동력인 영(靈)의 영역까지 뚫고 들어간다는 사실 말이지요.

영웅의 여정은 몇 단계로 구성되나요?

세 단계로 구성됩니다. 첫 단계는 황무지를 떠나 입문 장소로 가는 것입니다. 두 번째 단계에서는 입문을 경험하게 되는데, 그것은 죽음의 경험이 될 수도 있습니다. 세 번째 단계는 확장된 의식을 가지고 귀환하여 황무지의 삶, 더 이상 황무지가 아닌 그 삶을 확장된 의식의 관점에서 다룹니다.

"황무지"는 무엇을 의미하나요?

황무지는 자신의 진정한 삶을 살지 않고 다른 사람들이 기대하는 삶을 사는 사람들의 땅입니다. 먹고살기 위해 일자리를 구하고, 그렇게 고단한 일상을 살아가는 것이죠.

영웅의 여정은 오늘날 내면의 여행을 떠나는 사람들의 삶에서
어떻게 작동할까요?

인간은 한 사회 안에서 태어납니다. 사회는 개인에게 특정한 이상, 특정한 목표, 특정한 삶의 가능성을 각인시킵니다. 이러한 것들이 개인의 고유한 잠재력과 일치하지 않을 수도 있습니다. 혹은 개인이 자신의 지성으로 사회적 이상과 목표들의 단점과 결점을 볼 수도 있습니다. 이

것이 인습을 거부하는 사람들에게서 나타나는 모습입니다. 이는 젊은 시절의 전형적인 경험으로, 평생 자신에게 각인되었던 모티프들이 내가 실현하고자 하는 요구와 일치하지 않음을 깨닫는 것이지요.

그다음에 탐색과 탐험 작업이 시작됩니다. 그리고 다른 누군가가 아닌 자신만의 정신적 삶을 찾아서 아무도 가 본 적 없는 검은 숲으로 들어갑니다. 이 과정은 당신을 끔찍한 위험이 기다리고 있는 영역으로 인도합니다. 그리고 전형적인 위기들을 마주합니다. 떠남이라는 이 첫 번째 위기가 바로 내가 모험의 부름(the Call to Adventure) 혹은 소명이라고 이름 붙인 단계입니다.

황무지에 살고 있는 사람에게 모험의 부름은 긍정적 대안을 제시하나요?

이 부름은 부정적 형태일 수도 있고, 긍정적 형태일 수도 있습니다. "나는 이곳에 있는데, 이곳에서 더 이상 견딜 수가 없어. 여기서 나가야 해"라고 생각할 수도 있고, "오 이런! 저기 너머에 멋진 것이 있어!"라는 부름일 수도 있습니다. 가족들이 원하지 않는 유혹을 따라야 할 수도 있고, 자기 능력을 넘어서거나 심지어 부도덕하다고 느끼는 일을 해야 할 수도 있습니다. 어떤 방식이든 이런 부름을 통해 평범한 생활에서 벗어나게 됩니다.

이 부름은 어디로 이어지나요?

출발(the Departure)로 이어집니다.

부름을 들었지만 응답하지 않는다면 어떻게 되나요?

부름이 있지만 그것을 거부할 수도 있습니다. 이미

들은 부름을 거부하는 것은 매우 바람직하지 않습니다. 필요한 모험이 거부당했다는 사실을 당신의 내면 전체가 알기 때문입니다. 그리고 결국 정체 상태에 빠지게 됩니다.

신화 속 모든 영웅은 처음에는 부름을 거부하나요?

그렇지 않습니다. 때로는 영웅이 사냥을 하다가 동물을 따라가기도 합니다. 이런 이야기 속 동물은 대단히 매혹적인 존재이고 영웅을 모험으로 이끌죠. 예를 들어, 시간 밖의 영역에 있는 요정들의 여왕이 거처하는 작은 산으로 영웅을 안내하기도 합니다.

부름에 응답하거나 거부하는 단계를 지나가면 그다음에는 어떤 일이 생기나요?

그다음에는 경험의 관문, 자기 지식의 영역을 넘어서는 곳으로 나아가게 됩니다. 심리학적으로 이 관문은 무의식으로 들어가는 입구입니다. 달리 설명한다면, 우리가 전혀 알지 못하는, 무슨 일이든 일어날 수 있는 행동의 영역으로 가는 관문입니다. 그곳에서 일어나는 일은 좋은 일일 수도, 나쁜 일일 수도 있습니다.

부름, 출발, 관문. 이 모든 과정에는 옛 자아가 해체되거나 십자가에 매달리거나 고래 뱃속에 들어가는 등 언제나 시련이 따릅니다. 좋은 일들은 아니지요.

만약 자신을 움직이는 것이 진정 자신의 삶이라면(요즘 다른 사람들이 모두 하기 때문이 아니라 진정 자신의 소명이라면) 도움이 찾아올 것입니다. 예상하지 못했던 삶의 우연이 도움을 줄 것입니다. 나는 이것을 마법 같은 도움(the Magical Aid)이라고 부릅니다. 구루, 작은 조력자,

거미여인 혹은 다른 무언가가 나타나 이 어려움을 통과할 수 있는 실마리를 제공하는 것이죠.

아주 멋진 일입니다. 도움이 찾아온다는 것을 나는 분명 알고 있습니다. 나는 내가 가르치던 젊은이들에게서 이 사실을 확인했습니다. "무슨 일을 하며 살아야 할까? 아버지는 법률가가 되기를 원하셔. 하지만 나는 인류학자가 되고 싶어. 그런데 인류학으로는 돈을 벌 수 없어. 게다가 내가 하고 싶은 인류학은 학교에서 가르쳐 주지 않아."

그래서 앞으로 무슨 일을 해야 할까요? 법률가가 될까요? 그렇다면 부름을 거부한 사람이 되겠죠. 그리고 나중에 조금 어려움을 겪게 될 것입니다.

이 부름을 받아들이고 나아간 사람은 고생을 하고 어쩌면 오랜 시간이 걸릴지도 모르지만 분명 예상하지 않았던 일들이 찾아옵니다. 그리고 자신의 삶을 살아갑니다.

기대하지 않았던 도움을 받으면서 모험은 계속되겠죠.

이런 도움과 함께 모험에서 겪어야 하는 시험의 강도도 커집니다. 부름, 가능한 거부, 출발, 관문, 마법 같은 도움, 시험(Test). 이런 경로를 거치게 되죠.

시험에는 매혹적인 삶의 유혹 같은 것도 존재합니다. 괴물도 등장합니다. 괴물은 이런 이야기에서 흔히 등장하는 전형적인 모티프입니다. 시련이 계속 이어지며 쓰러질 수도 있습니다(이것이 행복한 이야기라는 말은 아닙니다. 이 여정은 재앙일 수 있습니다. 실제로 주변에서 그런 사례들을 쉽게 찾아볼 수 있습니다).

하지만 여정을 떠난 후 결정적인 순간이 찾아오고 진짜 위협을 만나게 됩니다. 그 시점에 문화의 틀, 이성적 원리, 도덕적 질서 등으로 통제되지 않는 자신의 심리 속 어떤 측면을 불러내기 때문입니다. 여행자는 이것을 다루는 법을 모릅니다.

마지막 단계에서는 자신이 떠나온 곳에 부족했던 것과 없던 것을 발견하고 그것을 자기 것으로 만들어 내는 경험을 하게 됩니다(이 단계는 "저기 위"나 "저기 아래" 혹은 "저기 바깥"으로 생각될 수 있습니다). 그것은 개구리 공주 이야기에 나오는 황금 공처럼 떠나온 곳에서 도둑맞아 잃어버린 것일 수도 있고, 어딘가에 틀림없이 있어야 한다고 직감으로 아는 어떤 것일 수도 있습니다. 그것은 삶을 원래 마땅히 그래야 할 모습으로 만들어 줄 그 무엇입니다.

이것은 괴물과의 큰 전투인데, 융은 이것을 그림자와의 대결(Confrontation with the Shadow)이라고 불렀습니다.

우리는 어떻게 이런 경험을 할 수 있을까요?

신화에서 모험의 절정은 네 가지 전형적인 방식으로 표현됩니다. 첫 번째는 완벽한 신부 혹은 완벽한 신랑과의 결혼입니다. 지상의 연인이 여신을 만나 여신의 배우자가 될 자격을 갖추거나 혹은 반대로 젊은 요정에게 신이 접근하지만 요정이 그 신성한 존재에 의해 파괴되지 않고 그 경험을 흡수하는 것입니다.

이것이 첫 번째 방식인 히에로스 가모스(hieros gamos) 혹은 성스러운 결혼입니다. 이 모든 시험에 담긴 전체 의미는 의식과 무의식, 남성과 여성, 아버지와 아들처럼 서로 대립하는 쌍을 하나로 만드는 것입니다. 따라서 첫 번째이자 정상적인 모습은 성스러운 결혼의 에로틱한 이미지입니다. 이 주제는 신화의 역사 전체를 거슬러 올라갑니다. 또한 성스러운 결혼이라는 모티프는 동화에서도 두드러지게 나타납니다.

두 번째는 아버지에게 속죄하는 아들로, 성서와 같이 본질적으로 가부장제 중심 전통에서 찾아볼 수 있습니다. 아들은 속죄를 통해 아버지에게 인정받게 됩니다. 자연의 질서를 대표하는 아버지와 소원해지고 자연의 질서에서 제거된 아들은 아버지가 물려준 자신의 특성을 찾으려고 노력합니다.

아들과 아버지는 성서에 기초한 전통의 지배적인 모티프입니다. 다른 전통에서 아들과 아버지는 부차적인 방식으로 등장하지만, 성서 전통에서는 기본 모티프로 등장합니다. 유대·그리스도교 전통에서는 아들과 아버지의 관계 회복을 속죄라고 부릅니다. 속죄를 의미하는 영어 단어인 atonement는 아버지와 "하나 되기(at-one-ment)"를 의미합니다. 분리되어 있던 아들이 아버지에게 속죄하고 아버지와 "하나(one-ment)"가 되는 것이지요. 유대·그리스도교 전통에서 최후의 유혹이나 최후의 욕구는 성적 욕망을 의미하는 경우가 많은데, 인간은 이것을 거부하고 통과해야 합니다. 아들은 현세의 의식을, 아버지는 깨달아야 할 성스럽고 영원한 원리를 상징합니다. 그리고 마침내 이 두 존재가 하나로 결합합니다.

이 설명은 남성의 관점에 따른 것입니다. 여성도 같은 경험을 하나요?

여성의 경우, 이에 상응하는 것이 무엇인지 나도 잘 모르겠습니다.

그 이유가 여성은 영웅의 여정을 경험하지 못하기 때문인가요?

모든 위대한 신화와 세계 곳곳에서 발견되는 신화적

이야기 대부분은 남성의 관점에서 나왔습니다.『천의 얼굴을 가진 영웅』을 집필할 때 여성 영웅의 사례를 들고 싶었는데, 결국 동화를 이용할 수밖에 없었습니다. 알다시피, 동화는 여성이 아이에게 들려주는 것이라서 그 이야기 속에서 여성의 여정을 느낄 수 있습니다.

시련과 난관에 대한 여성적 대응물도 있지만, 영웅의 여정과는 분명히 방식이 다릅니다. 나는 영웅의 여정에 맞는 여성적 대응 모델은 잘 알지 못합니다. 남성인 척하는 여성이 아니라 이런 경험에 대한 일반적인 여성 원형이라고 할 수 있는 모델 말입니다. 아마 앞으로도 모를 겁니다.

그렇다면 누가 알 수 있을까요?

만약 여성들의 여정도 동일하다면 여성들이 우리에게 영웅의 여정을 경험하는 자신들의 방식에 대해 말해 주어야 할 것입니다.

여정의 절정을 표현하는 세 번째 방법은 무엇인가요?

세 번째 형태는 불교 전통에서 찾아볼 수 있는데, 자신이 바로 신성한 존재임을 깨닫는 것입니다. 이를 신격화라고 합니다. 말하자면, 우리는 모두 붓다 의식의 그릇이고, 우리가 할 일은 우리의 의식을 붓다 의식과 일치시키는 것입니다. 그러면 우리는 자신의 삶과 존재에서 붓다 의식의 현현이 됩니다.

그리스도교에서는 영지주의 전통을 제외하고는 신격화가 허락되지 않습니다. "내 안에 그리스도의 본성이 들어 있다"와 같은 말을 할 수가 없죠. 몇 년 전에 나는 한 강연에서 내 안에 있는 그리스도를 불러오는 것에 대해 이야기를 한 적이 있습니다. 몇 주 전에 어떤 여성을 만났는데, 그 여성이 이렇게 말하더군요. "선생님이 내 안에 있는 그리스도에 대해 강연하셨던 자리에 저도 있었어요. 그때 제 옆에 한 신부님이 앉아 계셨는데, '저건 신성모독입니다!'라고 말씀하시더군요." 그러니 굳이 그리스도에 대해 말할 필요는 없을 것 같습니다. 그냥 붓다 의식에 대해서만 이야기하는 게 좋겠어요. 이것이 바로 세 번째 방법입니다.

네 번째는 흥미로운 영웅신화에서 자주 등장하는 방식으로, 영웅이 모든 세력의 저항을 물리치고 나아가 특별한 것을 훔쳐 내는 것입니다(불을 훔치는 프로메테우스, 혹은 신부를 잡아서 함께 탈출하는 신부 도둑 모티프 등이 여기에 해당합니다). 그다음에는 영웅의 행동에 동의하지 않았던 세력들로부터의 모든 위협적 요소가 문제로 등장합니다. 예를 들어 LSD를 복용하고 아래로 내려가 너무 빨리 지혜를 얻으려 할 때 무슨 일이 일어났는지 생각해 보세요. 영웅은 아직 모든 문제를 해결한 것이 아닙니다.

이 네 가지 방법에는 세상으로의 귀환이라는 모티프가 있습니다.

지금까지 설명한 것이 성취를 경험하는 네 가지 방법입니다. 남성과 여성의 관계, 부모와 자식의 관계, 모든 것이 자신 안에 있음을 깨닫는 것, 그리고 네 번째 방법인 불 훔치기 혹은 신부 훔치기가 있죠. 격렬하게 내려치는 번개처럼 준비 없이 아래로 내려가 LSD를 가져오는 여행도 이 방법에 속합니다. 그렇게 고도의 경험을 한 다음에는 정말로 그것을 감당해야 합니다.

한 모험에서 이 네 가지를 모두 경험하나요?

가톨릭교회에는 "대죄 하나를 범했으면 모든 대죄를 범한 것이다"라는 말이 있습니다. 성취를 맛볼 수 있는 방으로 들어갈 수 있는 문이 네 개 있다고 볼 수 있는 것이죠. 그중 어느 문으로 들어가든 성취를 이룰 수 있습니다. 그리고 성취를 이루면, 모든 문이 그의 것이 되죠.

어떤 문으로 들어가는지는 중요하지 않다는 말씀인가요?

우리는 다양한 이야기를 발견합니다. 예를 들어, 동화에서는 보통 신부를 찾는 일, 가끔은 신부를 훔치는 일과 성스러운 결혼 모티프가 나오죠. 로마가톨릭 전통에서는 아버지에 대한 속죄가 모티프가 나오는데, 이때 여성은 마리아처럼 아버지에게로 이끄는 안내자이거나 이브나 이브의 자녀들처럼 유혹하는 존재입니다. 그리스도교 전통에서는 신격화를 경험해서는 안 됩니다. 그리스도교 신자들은 자신들을 그리스도라고 생각해서는 안 되지만, 불교 전통에서는 붓다가 되는 것이 수행의 목표입니다.

모험을 하면서 깨달음을 경험한 다음에는 무슨 일이 생기나요?

그다음에 진짜 문제가 시작됩니다. 자신이 찾은 것을 가지고 떠나왔던 세계로 돌아온 후 그 세계에 자신이 찾은 것을 도입해서 자기 본성의 요구와 일치하는 조화로운 환경을 만드는 일, 그것이 진짜 문제입니다.

떠나온 세계로 돌아오지 않으면 모험을 완전히 수행한 것이 아닙니다. 숲으로 들어가야 할 시간이 있고, 귀환해야 할 시간이 있습니다. 여행자는 그때가 언제인지 알고 있습니다. 정말로 잘 알고 있지요. 숲에서 귀환하는 것은 약간 위험한 일이며, 영적 생활뿐만 아니라 모든 종류의 탐색과 발견에서도 중요한 문제입니다. 과연 돌아올 만한 용기가 있을까요? 사실 숲에 있다가 다시 돌아오려면 엄청난 용기가 필요합니다.

돌아오는 관문을 어떻게 넘어야 할지 아는 것은 쉽지 않습니다. 돌아오기 위한 관문을 넘는 것은 떠나기 위해 관문을 넘는 것보다 훨씬 더 어렵습니다. 하지만 두 관문은 결국 동일합니다. 바로 그 관문을 통해 영웅은 자신이 떠났던 세계가 잃어버린 것, 하지만 잃어버렸다는 사실조차 모르고 있던 것을 그 세계에게 다시 알려 줍니다.

영웅은 다른 세계로 귀환하나요?

영웅은 떠났던 세계로 다시 귀환합니다. 그렇지 않으면 여정은 완성되었다고 할 수 없습니다. 가장 중요한 문제는 정신의 위치를 바꾸는 것입니다.

그래서 영웅은 집으로 돌아오는군요.

그렇습니다. 정확히 같은 지역, 같은 마을, 같은 동네가 아닐 수는 있지만, 같은 인생 경력이라고 말할 수는 있습니다. 다시 말해, 영웅은 자기 삶으로 돌아오는 것입니다.

물론 영웅이 느끼는 가장 큰 만족은 자신이 해야 하는 이야기가 틀림없이 사람들이 원하는 것이며 사람들을 진정으로 풍요롭게 해 주고 있음을 발견하는 것입니다. 그러나 모든 영웅이 준비가 되어 있는 세대를 만나는 행운을 누리지는 못합니다. 바람에 맞춰 노래를 불렀던 윌리엄 블레이크(William Blake) 같은 사람을 보세요. 그는 반세기 혹은 그 이상이 지나고 나서야 진정한 스승으로 인정받기 시작했습니다.

사회가 그 선물을 받을 준비가 되어 있지 않다면 어떻게 해야 하나요?

세계로 귀환한 후 이런 경험을 하게 된 한 예술가가 있다고 가정해 봅시다(진정으로 자기 작품에 힘을 쏟아 본 모든 예술가는 이런 경험을 합니다).

이 예술가는 고향을 떠나 문화의 중심지인 뉴욕의 그리니치빌리지로 갔습니다. 그리고 요정들과 다른 조력자들의 도움을 받아 마침내 자신의 인생과 예술을 발견했습니다. 이 예술가는 그 작품을 가지고 57번가나 그 작품을 팔 수 있는 곳으로 가져가지만, 미술상은 차갑고 딱딱한 시선으로 이렇게 말합니다. "그래서 이 작품은 뭐죠? 우리가 받을 수 없는 작품입니다."

세상으로 돌아와 자신이 찾은 보석을 사회에 내놓는 것은 정말로 어려운 문제입니다. 그 세계를 떠나는 것보다 훨씬 어렵습니다. 나는 이런 상황에 대처하는 네 가지 방법이 있다고 생각합니다.

첫 번째, "이런 제기랄!"이라고 말하고 작업실로 돌아갈 수 있습니다. 경제적 여유가 있다면 홀로 작업에만 몰두할 수 있습니다. 2000년쯤 뒤에 세상이 이 작품을 발견하고 당대 최고의 작품이었음을 인정해 줄 거라고 생각하면서 작업을 하는 것이죠.

또는 "그렇다면 사람들이 원하는 것은 뭐지?"라고 생각하면서 지금까지 배운 기술을 이용하여 사람들이 원하는 것을 만들어 낼 수도 있습니다. 이들이 바로 상업예술가들입니다. 그들은 요구받은 작품을 만들어 주고 돈을 받지만, 내면에는 언제나 채워지지 않는 어떤 느낌이 있습니다.

또 다른 태도는 "나는 그들이 싫어. 그들을 날려 버릴 거야"라는 태도입니다. 청년 폭탄 테러범의 모티프라고 할 수 있겠죠.

마지막으로 네 번째 방법이 있는데, 나는 이 방법이

할 수만 있다면 진정 큰 만족을 느낄 수 있는 방법이라고 생각합니다. 그 사회 안에서 당신이 가진 것을 필요로 하는 집단을 찾으려고 노력하는 것입니다. 당신이 겪었던 어려움과 같은 종류의 문제를 안고 있는 사람들 중에 당신이 도울 수 있는 사람들이 있을 것이기 때문입니다. 이것이 바로 당신의 작품을 그것이 필요한 사람들에게 전달하는 교육적 기능입니다. 필요하지 않은 사람들에게 주는 것은 소용없는 일입니다. 그들은 그것이 무엇인지 이해하지 못할 테니까요. 자신이 얻은 것을 함께 공부하는 사람들에게 그들이 이해할 수 있는 언어로 조금씩 소개하세요. 이런 작업은 자신의 메시지를 더 큰 사회에 전달할 수 있는 발판이 되어 줄 것입니다.

이렇게 하면 최소한 가르치는 일은 할 수 있습니다.

그럴 경우 자신의 길에서 벗어나는 것은 아닐까요? 이런 작업은 어떻게 진행될까요?

한 예술가가 돌아와서 미술을 가르치는 직업을 택합니다. 그 일은 그가 가진 모든 것을 내주는 일은 아니지만, 그가 줄 수 있는 것 중 일부를 내놓는 일입니다. 이 예술가는 생계를 유지하는 데 필요한 적절한 수입을 얻습니다. 그리고 계속해서 그림을 그리면서 서서히 자기 작품을 좋아하는 갤러리 관객들을 만들어 갑니다. 이 과정은 어려운 길입니다. 실망스러운 길이죠. 그러나 가능성은 여기에 있습니다.

나의 경우를 이야기하자면, 나는 대공황이 한창 진행되던 시기에 숲으로 들어갔습니다. 독서밖에 할 일이 없었습니다. 5년 동안 직업도 없이 책만 읽었습니다. 나는 기꺼이 돌아가고 싶었지만, 대공황 시절인 당시에 "반문화"

라고 불리던 사람들은 사회 밖으로 쫓겨났습니다. 문화 자체가 붕괴했고, 그렇게 그 사람들은 배제되었죠.

나는 별 하나를 따르고 있었고, 정말로 그 5년 동안에 지금 내가 하고 있는 이야기들을 찾아냈습니다. 그리고 마침내 "일자리를 원하나요?"라는 짧은 메시지를 받았죠. 그리고 세라로런스대학에서 연봉 2200달러의 일자리를 얻었습니다.

이것이 일반적인 순환구조입니다. 이 순환은 출발, 시험과 고난들, 어떤 깨달음으로 계속 이어집니다. 이런 순환은 거대한 것일 수도 있고, 작은 것일 수도 있어요. 그러나 그 과정에서 깨달음을 얻을 수 있습니다. 그다음에는 깨달음과 함께 떠났던 사회로 돌아오고, 당신이 얻은 것으로 사회에 어느 정도 기여합니다(여정에서 얻은 영험한 약이나 혜택을 돌려주는 것이죠). 도시, 문명, 종교, 위대한 예술 전통 등의 창시자를 다룬 모든 이야기가 바로 이런 내용을 담고 있습니다. 사람들은 어떤 식으로든 이런 이야기를 찾을 수 있을 겁니다. 이것이 오비디우스를 비롯한 신화에서 이야기하는 여정의 단계입니다. 하지만 나는 내 삶을 통해서도 직접 이런 이야기를 할 수 있습니다.

성 배 탐 색

이런 모티프는 어느 서양 전통에 등장하나요?

이 모티프는 성배 로맨스에 등장합니다. 유럽 세계의

핵심 신화를 설명하는 나의 개념이 여기에 기초합니다.

아서왕은 원탁의 기사들에게 모험이 시작되기 전까지 식사를 시작할 것을 허락하지 않았습니다. 당연히 그 멋진 시절에는 언제나 모험이 일어났습니다. 하루는 비단 천으로 덮인 성배가 연회장 공중에 나타났다가 사라지는 특별한 사건이 있었습니다. 아서왕의 조카인 가웨인 경이 자리에서 일어나 모두가 베일을 벗은 성배를 찾아 탐험을 떠나자고 제안했습니다.

가웨인은 정말로 리더 같은 기사였습니다. 그는 "숙녀들의 기사"로 알려져 있었습니다. 그 이후 이야기들에서 랜슬롯, 퍼시벌, 이웨인 등 다른 기사들도 모험을 떠나지만, 가웨인은 늘 그들과 어떤 식으로든 함께합니다. 숙녀의 기사가 되는 가웨인은 내가 말했던 모험의 시작을 보여 주는 완벽한 사례입니다. 사냥을 하러 나간 영웅이 동물을 따라가고, 동물은 영웅을 요정 여왕이 사는 언덕으로 인도합니다. 여왕은 어려움에 빠져 있습니다. 요정 왕이 요정 여왕과 결혼하기 위해 작은 요정 군대를 보내 요정 언덕을 정복하려고 하기 때문입니다. 여왕의 언덕으로 들어간 영웅은 여왕의 투사가 되어 여왕을 위한 승리를 가져옵니다.

가웨인은 아서왕의 조카이며, 진정한 기사입니다. 모험에 모험을 거듭하면서 가웨인이 하는 일은 여성 성주가 어려움을 겪고 있는 성으로 들어가는 것입니다. 그는 그 여성 성주를 위한 기사가 되어 성주를 위한 일을 한 후에 말을 타고 다른 성으로 떠납니다.

아서왕 이야기들은 역사적 사건들과는 관련이 없지 않나요?

아서왕 로망스는 사실 켈트 신화에 기반합니다. 이 사

실은 완전히 증명되었죠. 켈트 신화는 그리스도교가 도입되면서 5세기에 끝난 이교도 전사 시대까지 거슬러 올라갑니다. 약 700년 동안 잠복기를 거친 후 12세기에 이 이야기들이 다시 등장하면서 아서왕과 원탁의 기사들과 결합된 것이죠.

돌에서 검을 뽑고, 기네비어와 결혼하고, 황제와 싸우러 나가고, 귀환하여 기네비어가 자신을 배신한 것을 알게 되는 등 모든 아서왕 이야기는 특히 영국에서 나왔습니다. 영어로 된 대표적인 작품은 토머스 맬러리(Thomas Malory)의 『아서왕의 죽음(Le Morte d'Arthur)』입니다. 그런데 이 이야기들이 대륙, 특히 프랑스와 독일에 등장했을 때, 사람들은 아서왕보다는 기사들에게 더 큰 관심을 보였습니다. 그리고 이런 다양한 기사 이야기들은 켈트족 궁정까지 거슬러 올라갑니다.

이런 켈트 신화들이 어떻게 12세기 프랑스 전통으로 자리 잡게 되었나요?

정복왕 윌리엄은 노르만계 프랑스인으로, 1066년에 영국을 정복했습니다. 그전에는 영국이 켈트족들을 정복한 적이 있었죠. 그 결과 세 계층이 존재하게 되는데, 켈트인들(켈트 민족), 영국인들(앵글족, 색슨족, 그 밖의 게르만 부족들), 그리고 프랑스 노르만인들이 삼단 케이크 같은 구조를 이루고 있었습니다.

켈트인들은 프랑스 궁정의 주요 연예인이 되었습니다. 프랑스에 있는 노르만 궁정에서는 켈트 음유시인의 노래들이 공연되었고, 옛 켈트 영웅들은 그리스도교 기사들로 변모했습니다. 진정한 변신이었죠. 아일랜드 전통에서 중요한 연작 신화 중 하나는 콘호바르왕의 조카

인 쿠훌린과 관련이 있습니다. 또 다른 중요한 연작 신화
는 핀 맥쿨(Finn MacCool)의 조카인 디어미드(Diarmuid)
의 이야기입니다. 이들은 왕인 삼촌을 위해 온갖 종류의
모험에 참여하는 위대한 영웅들입니다. 아서왕의 조카인
가웨인은 이 두 인물에 대응하는 기사입니다.

성배를 찾아 나서자고 제안하는 사람도 가웨인입니다.

　　그렇습니다. 그들은 미사가 끝난 후 떠나기로 하죠.
그런데 여기서 나에게 영감을 준 구절이 있습니다. "그
들은 집단으로 나가는 일이 치욕스럽다고 생각했다. 그
래서 모든 사람은 숲으로 들어가서 각자가 선택한 지점
으로 갔다. 그곳은 가장 어둡고 길도 없고 오솔길조차 없
는 곳이었다." 나는 이 구절을 이렇게 해석합니다. 오솔길
이 있다면 그것은 이미 다른 사람이 다닌 길이라는 의미
겠죠.

그렇다면 그들은 어떻게 자신의 길을 찾을 수 있었을까요?

　　탐색과 탐험을 통해서입니다. 탐색은 우리가 모두 살
면서 하는 일입니다. 그렇지 않으면 다른 사람이 다닌 길,
충분히 검증된 길만 따라가게 될 것입니다. 성배의 기사는
다른 사람이 만든 길을 따라가려고 할 때마다 완전히 길
을 잃었습니다. 길 혹은 오솔길이 있다는 것은 다른 누군
가가 남긴 발자취가 있다는 것이니까요.

　　우리 각자는 자신의 길을 찾아야 합니다. 아무도 우리
에게 신화를 가져다줄 수 없습니다. 자신에게 의미가 있는
이미지들을 자신의 꿈에서, 자신의 비전에서, 자신의 행동
에서 찾게 될 것입니다. 그리고 이 모든 과정이 지나고 나
서야 그것이 무엇인지 알게 됩니다. 세상 그 누구도 당신

이 가진 특별한 재능과 능력, 가능성을 가진 적은 없었습니다. 다른 사람이 했던 일을 하면서 이런 재능과 능력, 가능성을 낭비하는 것은 부끄러운 일입니다.

내가 보기에 이런 이해는 서양의 훌륭한 특성을 잘 요약해 줍니다. 모든 개인은 독특하고 유일한 현상입니다. 삶의 과제는 이 독특함이 결실을 맺게 하는 것입니다. 이런 이해는 서양에서 나타나는 독특한 개성에 대한 동경을 잘 설명해 줍니다. 서양인은 무엇을 갈망할까요? 서양인은 이 세상에 존재하지 않았던 것, 즉 오직 고유한 개인만이 만들어 낼 수 있는 개성의 성취를 갈망합니다. 이것이 바로 쇼펜하우어가 말한 "획득된 성격"으로, 다른 누구도 아닌 자신 안에서 끌어낸 잠재력을 의미합니다.

이것이 바로 서양 세계에 진취적이고 창조적인 특성을 부여하는 요인입니다. 사회학적 관점에서 보면 동양에는 두 가지 특성이 있습니다. 하나는 사회가 자신에게 부여한 의무를 수행하면서 사회에 참여하는 것입니다. 그런 다음, 인생의 후반기에 내면의 자아를 찾는 것입니다. 첫 번째는 마을의 다르마(혹은 미덕)이고, 그다음은 숲의 요가입니다. 서양에서는 이 두 가지 특성이 하나로 합쳐집니다. 이것이 서양의 위대한 신비적 힘이지만, 너무 쉽게 그것을 잃어버릴 수도 있습니다.

이런 상징적 내용은 각자가 전체이고, 전체가 바로 우리라는 생각과 조화를 이룰 수 있고, 실제로 그렇게 조화를 이루어 왔습니다. 성배 전설의 근본 주제인 연민의 경험은 타인과 함께, 혹은 타인을 통해 자신의 정체성을 경험하는 것입니다[이것을 독일어로는 미트라이트(Mitleid)라고 하는데, 이는 "함께 고통받는" 것을 뜻합니다].

"각자가 전체"라면, 집단적으로 함께하는 것의 단점은
무엇일까요? 사람들 수십 명 또는 수백 명이 같은 결론에
도달하여 결국 숲속에서 같은 장소에 도착하고 모두 함께
성배를 찾는 데 동참할 수도 있지 않을까요?

그럴 수도 있습니다. 그러나 집단은 개인들이 결정한 행동을 하는 대리인입니다. 개인과 집단의 관계는 성배 탐험과 조직화된 교회의 관계와 같습니다. 아서왕의 전설에서 성배는 준비된 사람, 즉 영적으로 환시를 볼 자격이 있는 사람에게만 나타납니다.

교회에는 추종자들에게 무엇을 생각해야 하고 어떻게 경배해야 하는지 알려 주는 지도자들이 있습니다. 사제들은 고백을 듣고, 미사를 집전하며 신자들에게 구원의 확신을 심어 줍니다. 그러나 모험가는 언제나 홀로 성배를 찾아야 합니다. 말 그대로 모험가는 군중과 함께 갈 수 없습니다. 모험이 끝난 후 영웅은 자신이 원하면 군중을 가르칠 수 있습니다.

그리스도와 붓다 신화에 대단히 흥미로운 점이 있습니다. 붓다 전설에서 아난다는 붓다가 가장 아끼는 제자이자 매력적인 성격을 지닌 인물입니다. 그리스도교 전설에서는 베드로가 아난다와 같은 역할을 합니다. 아난다는 일을 제대로 처리하는 경우가 없었습니다. 베드로도 마찬가지였습니다. 그리스도는 이런 말을 한 적도 있습니다. "베드로야, 너는 영적인 일을 이해하지 못하는구나. 내가 너를 교회의 수장으로 삼겠다." 붓다는 아난다에게 이렇게 말합니다. "너는 왜 일을 명확하게 이해하지 못하느냐? 나는 너를 내 교단의 수장으로 삼겠다." 군중의 지도자는 꼭 필요한 사람이지만 그들은 일을 제대로 이해하지 못합니다.

이것이 바로 정확히 현대인이 가지고 있는 문제입니다. 전통사회에서는 사회적 가치를 전달하는 매개체인 상징과 신화들이 의례 속에서 표현되었습니다. 의례는 사회적으로 유지되었고, 개인은 이 의례를 경험해야만 했습니다. 모든 의미가 집단 속에 존재했으며, 자기를 표현하는 개인에게는 존재하지 않았습니다. 오늘날 이런 상황은 완전히 뒤바뀌었습니다.

신화화하는 삶

그렇다면 우리는 제도보다는 자기 자신에게 의지해야 할까요?

개인은 자신만의 신화를 탐험하기 위해 나서야 합니다. 삶에 대한 자신만의 성화(聖化), 자신만의 정당화, 그리고 자신의 삶에 활력이 될 수 있는 것을 찾아야 합니다. 이것이 개인적 탐험입니다.

제도는 몇 가지 실마리를 주면서 도움을 줄 수 있지만, 이 여정은 스스로 해 나가야 합니다. 우리는 자신만의 길을 찾아야 하고, 그 길이 삶의 시작과 지금 상황에서 어떤 의미가 있는지 발견해야 합니다. 이것이 내가 『천의 얼굴을 가진 영웅』에서 말한 영웅의 여정입니다. 개인은 반드시 자신만의 탐험을 떠나야 합니다. 이것은 무례한 개인주의가 아닙니다. 자신이 누구인지를 찾는 일은 누구에게도 상처를 주는 일이 아니기 때문입니다. 이 여정이 끝난 다음에 살아 있는 존재로 귀환한다면 우리는 안내자이자 사람들에게 무언가를 줄 수 있는 존재가 됩니다.

샤먼이 했던 일의 본질이 바로 이것입니다. 샤먼은 자발적으로 조현병적 분열을 경험하고, 그렇게 시적 이미지들의 근원, 즉 자기 정신의 근원으로 내려갔다가 다시 돌아옵니다. 바로 이런 일을 우리 모두가 해야 합니다. 이런 샤먼의 이미지 때문에 카를로스 카스타네다[Carlos Castañeda, 페루 출신의 미국 문화인류학자. 1960년대 말부터 인디언 샤먼 돈 후앙과의 만남과 그의 가르침을 정리한 책을 10여 권 썼다]의 책들이 특히 삶의 의미를 찾고 있는 젊은이들에게 예상을 훨씬 뛰어넘는 큰 영향을 미쳤던 것입니다.[04] 구세대는, 적어도 이야기를 전했던 세대는 젊은이들에게 그런 것을 제공하지 못했습니다.

그러므로 우리는 홀로 그것을 찾아야 합니다. 그것이 지금 이 시대에 대한 나의 생각입니다. 당신은 당신 자신의 여행을 떠나야 합니다. 그런 여정은 누구에게도 상처를 주지 않으며, 해로운 행위도 아닙니다. 어떤 무리가 당신에게 "글쎄요, 그건 개인주의이자 유아론(solipsism)입니다"라고 말한다면, 그들은 당신이 어딘가에서 열리는 피켓 시위에 동참하기를 바라는 집단이며, 그들의 말은 당신의 정신만 산란하게 만들 뿐입니다. 만약 여정을 떠나지 않고 자신만의 길을 찾지 않았다면, 당신은 자신이 아닌 다른 사람을 위해 무언가를 하고 있는 꼭두각시에 불과합니다.

영웅의 여정이라는 관점에서 삶을 볼 때, 지금 무언가가 자신을 잘못된 길로 이끄는지, 아니면 여정의 다음 단계 혹은 또 다른 여정으로 이끄는지 어떻게 알 수 있나요?

그것이 큰 함정입니다. 신화 속에서 반복적으로 등장

하는 것이 바로 사람들을 잘못된 심연으로 이끄는 사기 안
내자입니다. 그러므로 조심해야 합니다. 오늘날 구루를 자
처하는 사기꾼은 무수히 많습니다. 내가 보기에도 그런 사
람이 도처에 있으며, 그들은 매우 많은 추종자를 거느리고
있습니다. 최근 남미에서 일어난 말도 안 되는 끔찍한 사건
을 생각해 보세요.[05] 그러므로 정신을 똑바로 차리고 있어
야 합니다.

**선생님은 신화를 작품의 틀로 활용한 여러 작가들(제임스
조이스, T. S. 엘리엇, 토마스 만)에 관한 글을 썼습니다.
그런데 선생님의 작품 역시 현대 작가들에게 안내서 같은
역할을 했습니다.**

작가들뿐만 아니라 다른 예술가들에게도 안내서 역
할을 했습니다. 얼마 전 뉴욕에서 나의 여든 살 생일을 맞
아 축하 파티가 있었어요. 처음에 나는 그런 파티를 하는
것이 싫었습니다. 나는 "이젠 굿바이, 조! 아디오스, 소년
이여!" 같은 자리라고 생각했죠. 하지만 너무나 기분 좋은
파티였습니다. 마사 그레이엄(Martha Graham)은 나에게
큰 도움을 받았다는 말을 해 주었고, 『샤르딕(Shardik)』과
『워터십 다운(Wathership Down)』을 쓴 작가 리처드 애덤
스(Richard Adams)는 나의 책들이 자신을 작가로 만들어
주었다고 말했습니다. 그리고 『2001: 스페이스 오디세이』
는 나의 책 중에서도 특히 『신의 가면 1: 원시 신화』1장을
기초로 하고 있습니다(이 책을 봤을 때 나는 "오 마이 갓, 이
책은 내 책에서 바로 가져온 것이군!"이라고 생각했습니다).
아서 C. 클라크(Arthur C. Clarke)도 나중에 그렇게 말했죠.

선생님이 『천의 얼굴을 가진 영웅』에서 묘사한 많은 신화적

주제와 패턴들이 〈스타워즈〉 시리즈에 등장합니다.

조지 루카스는 자신의 영화가 나의 책에 기초한다고 말했습니다.

나의 〈스타워즈〉 경험은 정말 특별합니다. 정말 멋지고 훌륭한 경험이었습니다. 나는 30년 동안 영화를 보지 않았어요. 어렸을 때 나에게는 영웅이 있었습니다. 나의 야망은 배우 더글러스 페어뱅크스(Douglas Fairbanks)와 예술가 레오나르도 다빈치의 통합체가 되는 것이었습니다. 그 이후 나는 유럽으로 유학을 갔고, 미국으로 돌아왔을 때 영화는 유성영화가 되어 있었습니다. 그리고 곧이어 컬러 영화가 등장했습니다. 나는 영화들이 곧 관객과 함께 방을 걸어 다닐 거라고 예상했죠. 그러나 영화의 재미는 나에게서 사라졌는데, 삶이 침묵과 정신의 평면에 투영되는 것처럼 느껴졌기 때문입니다. 찰리 채플린 영화 같은 것이 지금은 없죠. 채플린 영화는 다른 차원을 경험하게 해 주었습니다. 더군다나 그 무렵 나는 학문 세계에 깊이 빠져 있었습니다.

그런데 조지 루카스가 내가 사는 하와이로 와서 나의 작품과 교육용 텔레비전 프로그램에 관심이 있다고 하더군요. 루카스는 우리 부부를 캘리포니아 산라파엘에 있는 자택으로 초대했고, 우리는 아침에 〈스타워즈〉를, 오후에는 〈제국의 역습〉을, 저녁에는 〈제다이의 귀환〉을 봤어요. 그다음에는 아주 기분 좋고 유쾌한 〈청춘 낙서(American Graffiti)〉라는 영화를 봤어요. 나만 전혀 모르고, 모두가 아는 영화 같았습니다. 이 영화는 대단하지 않습니까? 영화 속 아이들은 자신들이 생각했던 것보다 훨씬 더 복잡한 상황 속으로 들어가고 있어요. 그다음에 루카스는 자신의 첫 번째 영화 〈THX 1138〉을 보여 주었습니다. 나는 정말 큰 감명을 받았습니다! 이건 대단한 일이었어요. 한 작품에서 다음 작품으로 넘어갈 때마다 엄청난 발전을 보여 주었거든요.

〈2001: 스페이스 오디세이〉를 봤을 때도 같은 "아하!" 경험을 했나요?

나는 영화 속에 활용된 내 책의 내용을 분명하게 알아볼 수 있었습니다. 정말 놀라운 일이라고 생각했습니다. 정말 흥분했지요. 내가 보기에 이 영화는 서양 예술사에서 중요한 작품인 것 같아요. 이 영화는 대중에게 말합니다. 젊은이와 노인에게, 다시 말해 신화적 이미지가 전달되어야 하는 모두에게 말을 건네죠. 엘리트들은 집에 앉아서 이런 위대한 작품들을 읽고 몰입할 수 있지만, 일반 대중들이야말로 이런 이미지와 개념 들을 알리고 전달해야 하는 이들이죠.

그리고 〈스타워즈〉 시리즈에 나오는 몇몇 장면들, 첫 번째 영화에 나오는 바에서 우주비행사를 찾는 장면, 그리고 마지막에 이런 놀라운 사람들이 비행선을 타고 숲으로 들어가는 장면 등은 정말 대단했습니다! 그리고 〈제다이의 귀환〉 끝부분에는 아들과 아버지의 속죄 장면이 나옵니다. 여기서는 아들이 아버지를 구하죠. 나는 내 책들이 이런 식으로 어떤 작품의 시작점이 되었다는 것이 대단히 자랑스럽습니다! 나는 정말 기뻤습니다!

나는 또한 현대 세계를 신화의 양식으로 보는 데까지 다다른 놀라운 상상력을 발견했습니다. 이런 새로운 신화를 창조하는 것이 예술가들의 역할입니다. 신화는 예술가들로부터 나오기 때문입니다.

나는 이런 경험을 통해 내가 예술가들에게 활력을 주

는 무언가를 발견했다는 사실을 알게 되었습니다. 나는 단지 예술가와 나의 학생들을 위해 글을 쓰고 있을 뿐인데 말이죠.

오늘날 신화 양식은 어떤 형태를 취하고 있나요?

현대의 신화는 기계, 공중 촬영, 우주의 크기 등과 관련되어야 합니다. 즉, 현대의 신화는 우리가 살고 있는 현실을 다루어야 합니다. 영웅신화의 오래된 구조를 가져오는 것도 중요하지만, 지금은 그 신화를 하늘과 우주 속으로 던져서 상상력을 계속 펼칠 수 있도록 해야 합니다. 역사적 사실에 얽매여서는 안 됩니다. 역사에 얽매이면 영성을 잃어버립니다. 이것이 바로 성서의 문제입니다. 모든 것이 영적으로 활성화되는 대신 역사적인 사실이 되어 버리죠.

그런데 조지 루카스의 또 다른 훌륭한 점은 기계냐, 인간성이냐라는 현대의 문제를 규정했다는 점입니다.

조지 루카스의 영화들을 보면서 나는 이 영화들이 괴테가 쓴 『파우스트』의 2부 마지막 부분에서 다루는 주제를 엄청나게 많은 관객에게 완전히 새로운 매체를 통해 보여 준다고 느꼈습니다. 파우스트가 악마와 맺은 계약을 기억하나요? 괴테의 요점은 서양인 혹은 슈펭글러가 말하는 파우스트적 인간은 언제나 자신이 가진 것 이상을 추구하는 존재라는 것입니다. 이런 인간은 주어진 것에 만족하면서 휴식을 취하기보다 그것을 넘어서려고 노력합니다.

메피스토펠레스는 기계를 만드는 사람입니다. 메피스토펠레스는 파우스트가 원하는 목표에 도달하는 데 필요한 모든 것을 제공할 수 있습니다. 그러나 메피스토펠레스는 파우스트가 무엇을 원할지 혹은 어떤 존재가 될지를 결정할 수 없습니다. 〈스타워즈〉는 본질적으로 이와 동일한 문제를 다룹니다. 기계는 인류를 통제하게 될까요, 아니면 인류에게 봉사하게 될까요?

기계의 지배를 받는 사람은 인간성을 잃고 기계의 희생양으로 전락한 괴물 로봇입니다. 다스 베이더는 기계에 장악되어 스스로 기계가 되어 버린 인간입니다. 국가 자체도 기계라고 할 수 있습니다. 국가에는 인간성이 없습니다. 세계를 운영하는 것은 정치와 경제이며, 정치와 경제는 영적인 삶과 아무 관련이 없습니다. 그래서 우리에게는 이런 공허함이 남습니다.

제다이는 기계가 봉사해야 하는 인류의 원칙을 상징합니다. 그리고 〈제다이의 귀환〉 마지막 부분에 등장하는 숲에 사는 멋진 대지의 종족인 이워크족은 넘쳐나는 자연과 생명의 활력을 상징합니다.

이런 이야기를 해도 될지 모르겠습니다만, 루카스가 나에게 말하길, 〈제다이의 귀환〉 마지막 장면에서 작은 자연 종족이 거대한 기계 문명을 무너뜨리는 설정에 대한 영감을 베트남전쟁에서 얻었다고 합니다. 베트남전쟁에서는 땅의 민족, 소박한 민족이 컴퓨터로 무장한 기계 문명의 기획을 무너뜨렸죠.

『천의 얼굴을 가진 영웅』을 읽을 때 저는 주로 영웅신화를 생각하고 있었습니다. 그런데 선생님은 이 책의 모티프가 연금술적 과정이기도 하다는 말씀도 했어요.

맞습니다. 연금술적 이미지는 열등한 물질에서 금을 얻는다는 관점에서 영웅신화와 같은 이야기를 전하는 한 가지 방법입니다. 금은 원질료(*Prima materia*)라는 열등한 물질 안에 잡혀 있습니다. 연금술적 가열 작업과 액체를 붓는 등 그 밖의 다른 작업을 통해 금이 추출됩니다.

금은 열등한 물질(당신의 육체적 이해에 따른 삶) 안에서 흐려져 있는 당신 자신의 영적 생활입니다. 당신의 영적 특성이라는 금을 끌어내고 알아내는 역할을 하는 것이 바로 신화적 명상(mythic meditation)입니다.

이 과정은 오래 걸리나요?

그렇습니다. 그러나 이런 과정이 당신의 삶에서 한순간에 일어날 수도 있습니다. 때로는 완전히 준비가 안 된 상태에서 황금처럼 보이는 무언가를 경험하면 무력한 상태가 되기도 합니다. 완전히 정신을 잃고 움직일 수조차 없습니다. 너무 빠르게 그것을 얻었기 때문입니다. 따라서 천천히 그 금을 향해 가야 합니다. 여정에서 겪는 시련이 바로 이것을 의미합니다. 시련은 삶을 점진적으로 명료하게 해 주고 정화하는 과정입니다. 중요한 것은 그 시련에서 금을 얻어 내고, 삶의 조합에서 나오는 찌꺼기가 아니라 금의 관점에서 삶을 운용하고 살아가는 것입니다.

자신의 진리를 찾기 전까지는 결코 자신의 주인이 될 수 없습니다.

**이런 내면으로의 전환에 우리 문화를 변화시킬 힘이
있을까요?**

오늘날 미국에는 자기 내면에서 이 중심을, 중심이 되고 중심을 잡아주는 눈을 찾으려는 대단히 강력한 운동이 최소한 개인 차원에서는 존재합니다. 나는 그렇게 믿고 있습니다. 그리고 충분히 많은 사람이 이런 중심을 자기 안에서 발견한다면, 그것이 정부를 운영하는 데에도 작동하게 될 것입니다. 그러나 대립하는 두 가지 시각을 넘어 자기 안에서 중심에 있는 핵심을 깨닫고 그런 관점에서 사고하는 사람이 많지 않다면, 공적인 삶에서 이 공평의 원리는 작동하지 않을 것입니다. 이 원리는 우선 개인적인 생활에서 발견되어야 합니다. 의식의 전환에서 일어나게 될 모든 일은 우선 개별 인간의 마음속에서 미리 일어나야만 합니다. 그런 변화를 경험했던 개인들이 그 존재 자체로 더 큰 공동체에 영향을 미치게 될 것이라고 나는 말하고 싶습니다.

어떻게 하면 우리 삶에서 이런 깨달음에 도달할 수 있을까요?

어떻게 하면 당신 안에서 신성한 힘을 찾을 수 있을까요? 열광(enthusiasm)이라는 단어는 "신으로 가득 찬"이라는 뜻입니다. 무엇이 당신을 열광하게 만드나요? 그것을 따라가세요.

이것이 "무엇을 해야 할까요?"라고 묻는 젊은이에게 내가 항상 해 주는 조언입니다. 나는 사립 남학교에서 학생들을 가르친 적이 있는데, 어린 소년들은 그 시기에 진로를 결정해야 했습니다(예전에는 그랬는데, 지금은 어떤지 모르겠습니다). 그들은 어떤 길로 나아갈까요? 선택을 눈앞에 둔 학생들은 설렘으로 잔뜩 들떠 있었습니다. 어떤 학생은 예술을, 어떤 학생은 시를, 어떤 학생은 인류학을 공부하고 싶어합니다. 그러나 아버지는 법을 공부하라고 말하죠. 그래야 돈을 벌 수 있으니까요. 좋습니다. 이제 결정을 해야 합니다. 그들에게 내가 뭐라고 대답했을지 알고 있을 겁니다. "네가 열광하는 그곳에 답이 있단다."

그래서 나는 짧게 말합니다. "당신의 희열을 따라가세요." 희열은 신이 당신에게 전하는 메시지입니다. 당신의 삶은 그곳에 있습니다.

그 희열이 사회적 이상과 대립하더라도 따라야 할까요?

사회적 이상으로 구성된 가치 체계가 주어지면, 자신이 그 가치에 따라 살기를 원하는지 스스로 평가하게 됩니다. 그리고 그 가치 체계에서 벗어났다고 할 수 있으려면 "이것들이 그 가치들이군. 상관없어. 이 가치들은 내게 아무 영향도 미치지 않아"라고 말할 수 있어야 합니다. 만약 이 가치들이 여전히 마음 속에서 성가신 잔소리처럼 여겨진다면 그것은 위기입니다. 이런 가치들이 더는 성가시지 않다면 걱정할 필요가 없지만, 여전히 조금은 고통을 주고 있다면, 반드시 그 가치들을 없애야 합니다. 그냥 그 가치들은 지역적인 것에 불과하다고 생각해 보세요. 그 가치들은 내가 아니라 오래전 다른 곳에 살던 누군가가 만든 것입니다. 하지만 세상은 완전히 달라졌습니다. 그렇다면 이 새로운 세상에 맞는 그런 가치들은 무엇일까요?

이것이 바로 내가 희열을 따르는 것이 중요하며, 그것이 가치 있는 삶이라고 말하는 이유입니다. 그런 희열을 빼앗아 가는 것이면 무엇이든 자신의 삶에서 제거해도 괜찮습니다.

파리대학교에서 공부하던 때가 기억납니다. 나는 문헌학을 공부하고 있었습니다. 라틴어와 불가타 라틴어가 프랑스어, 스페인어, 이탈리아어에서 어떻게 변환되어 왔는지를 연구하고 있었죠. 나는 생제르맹 거리에 있는 클뤼니중세박물관의 작은 정원에 앉아 있었습니다. 그리고 생각했습니다. "식당에서 식사 주문도 제대로 할 줄 모르는데, 이 모든 지식이 나에게 무슨 소용이 있을까?" 그래서 나는 나의 회열이 있는 곳, 내 삶이 있다고 느끼는 곳을 탐험했고 학자의 일을 내려놓았습니다.

선생님은 살아 온 방식으로 그 조언에 담긴 진리를 분명하게
보여 주신 것 같습니다.

음, 나는 그렇게 살아 왔습니다. 대공황 시기에 5년 동안 직업을 찾지 못하면서도 나는 여전히 희열을 따라가고 있었습니다.

자신의 길을 찾는 것은 자신만의 희열을 따르는 것입니다. 이를 위해서는 자신을 관찰하고 진정으로 깊은 희열이 있는 곳을 찾기 위한 분석이 필요합니다. 잠깐의 짧은 흥분이 아니라 삶을 가득 채우는 깊이 있는 진짜 희열이어야 합니다. 나에게 희열의 길은 독서였습니다. 나는 아무리 중요한 책이라도 지루한 책은 끝까지 읽지 않았습니다. 그것이 나의 규율이었습니다. 그 결과 나는 읽어야 할 많은 책을 끝까지 읽지 못한 채 남겨 두었고, 읽지 않아도 되는 많은 책을 끝까지 읽었습니다(자랑할 만한 일은 아니지만, 나는 레오 프로베니우스가 쓴 모든 책을 읽었습니다).

희열이란 개념에는 어떻게 도달하게 되었나요?

산스크리트어에는 초월 바로 직전의 경지를 가리키는 세 가지 용어가 있습니다. 사트(sat), 시트(cit), 아난다(ānanda)입니다.

사트는 "존재"를 의미합니다. 당신은 살아가면서 아마도 존재의 경험이 무엇인지 알 수 없을 것입니다. 어떤 경험을 하지만, 그것이 존재의 경험일까요?

시트는 "의식"을 뜻합니다. 그러나 나 자신에 대한 나의 의식, 의식에 대한 나의 의식이 실제로 궁극적 의식일까요?

아난다는 "희열"을 뜻합니다. 희열은 알 수 있습니다. 자신의 희열, 자신의 환희가 초월로 데려가는 길잡이라

고 나는 말합니다. 자신의 희열을 따라가면 모든 원형들이 떼를 지어 찾아올 것입니다. 그래서 나는 젊은이들에게 어떻게든 "당신의 희열을 따라가세요"라고 말합니다. 관심 있는 일을 따라가라는 것이죠. 아이들은 무언가에 관심을 가져야 합니다. 그렇지 않으면 바보가 되고 맙니다! 무언가에 관심을 가지세요. 그러면 그것이 어떤 삶으로든 안내할 것입니다. 당신의 희열은 그 안에 있습니다.

젊은 사람들에게는 훌륭한 조언이라고 생각합니다. 그러나 우리 중 많은 사람들은 인생의 후반부에, 많은 약속과 의무를 떠맡은 후에야 이런 깨달음을 얻게 됩니다. 그럴 때 이런 의무들을 던져 버리고, 그러니까 대출이자도 잊어버리고, 배우자도 버리고, 이런 사소한 일들은 놓아둔 채 희열을 찾아 길을 떠나야 할까요?

한번은 심각한 고민에 빠진 한 남성이 나를 찾아왔습니다. 그는 나와 반드시 상담해야 한다고 고집을 부렸습니다. 나는 정신과의사나 그런 비슷한 일을 하는 사람이 아니라고 말했죠. 그는 대뜸 "내가 인도에 가야 한다고 생각합니까?"라고 물었습니다.

나는 "글쎄요, 여기서 해야 할 일이 있지 않나요? 결혼했습니까?"라고 물었죠.

"예."

"아이가 있습니까?"

"예."

"그럼 인도에 갈 수 없어요. 인도가 당신에게 오게 해야 할 겁니다."

"어떻게 하면 그렇게 할 수 있나요?"

"지금 하고 있는 일들을 그냥 하십시오. 단지 여러 가지 일들 가운데 한 가지를 기록하고 그것에 대해 생각하고, 그것을 의식 속으로 가져오십시오. 그러면 인도가 삶 안으로 제대로 들어올 것입니다."

이 조언은 효과가 있었습니다. 몇 년 동안은 그 사람이 미쳐 버릴 수도 있다고 생각했지만, 나의 조언이 그 사람에게 정말로 효과가 있었습니다.

지금 조립라인에서 일하면서 지옥에서 일하는 것 같고 성취감 없는 삶에 갇혀 있다는 느낌을 받는 사람은 어떨까요?

지옥은 자신이 있는 곳에 갇혀 있는 상태입니다. 천국을 탐험하는 것은 그 상태를 뛰어넘는 것이죠. 나는 두 사람이 조립라인에 있어도 한 사람은 지옥을 느끼고, 다른 사람은 천국을 느낄 수도 있다고 생각합니다.

나는 조립라인에 일하면서 천국에 있다는 사람을 본 적이 없습니다.

내가 그렇습니다.

진심입니까?

그것은 사실 마음에 달려 있습니다. 혹은 자신이 하는 일을 대하는 태도에 달려 있습니다. 정말 힘든 것은 일이 지루해지는 것입니다. 나는 글쓰기도 조립라인에서 일하는 것만큼 지루한 일이 될 수 있다고 생각합니다. 가르치는 일도 마찬가지입니다. 삶에서 지루한 일은 절대 없으리라는 생각은 잘못된 것입니다. 어떤 일에 충분히 몰두하고 헌신해서 그것이 언제나 의미 있는 행동이 되도록 해야 합니다.

세계 모든 종교에 있는 기본 수련법 중에 한 음절을 단조롭게 반복하는 것이 있습니다. 그것을 자파(Japa)라고 합니다. 염주를 돌리면서 기도하는 것이지요.[06] 나는 이 기도를 불교 사원에서 들은 적이 있습니다. 자파는 끊임없이 반복되는데, 마치 조립라인에서 일을 하는 것과 비슷합니다.

그러나 목적이 다릅니다. 조립라인에 있는 노동자와 만트라를 반복하는 불교 신자는 서로 다른 목적을 가지고 있습니다.

글쎄요, 그 두 가지를 함께 할 수 있습니다. 너트를 볼트에 끼우는 일을 자파 수행처럼 할 수 있느냐에 달려 있겠지요. 그렇게 할 때 의식이 생각의 굴레에서 벗어나며 단순히 존재하고 살아 있다는 경험을 할 수 있습니다.

물론, 사람들 대부분은 그것만으로 충분하지 않을 것입니다.

사람들에게 어디에 있든 그냥 안주하라고 권하는 것은 아니지요?

전혀 그렇지 않습니다. 나는 조립라인에서 일하라고 전도하는 것이 아니에요.

그러나 모든 직업에는 지루한 면이 있기 마련입니다. 모든 직업에는 설거지 같은 요소가 늘 있죠. 학생의 논문을 교정하는 일도 설거지 같은 일의 좋은 사례입니다. 그런 지루하고 귀찮은 작업도 지금 하는 일의 일부입니다. 그러나 설거지를 하는 동안에도 그것이 명상이 될 수 있습니다. 설거지는 허드렛일이 아니라 삶의 행위입니다. 이런 일들을 자파로 만들어 보세요.

오늘날 우리 문화에서 신화를 되살리는 데 도움이 될 만한 방법이 있을까요?

나의 영역은 문학이었습니다. 나는 시를 공부하라고 권하고 싶군요. 시 읽는 법을 배우세요. 메시지를 이해하거나 메시지에 대한 암시를 얻기 위해 반드시 직접적인 경험이 필요한 것은 아닙니다.

초월의 경험에 다가가는 방법은 많습니다. 의례도 그중 하나입니다. 의례는 신화를 재연하는 행위입니다. 우리는 의례에 참여함으로써 이미지를 받아들일 수 있도록 자신 안에 무언가를 준비하게 되고, 그렇게 메시지가 우리 안으로 들어옵니다. 이것이 우리가 알고 있는 방법입니다.

이런 제안과 함께 경고하고 싶은 것도 있나요?

당신의 지금 상황을 과장해서 해석하지 말라는 말을 가장 먼저 하고 싶군요. 이것은 신비적 삶에서 지켜야 할 기본 원리입니다. 고작 발목만 젖었을 뿐인데도 물에 빠졌다고 생각합니다. 이미 저 깊은 심연에 도달했다고 생각하기도 하죠. 이런 종류의 일은 대단히 빠르게 일어납니다. 얕은 곳에 있어도 대단히 흥미롭거든요. 세상은 정말 놀라운 경험의 공간이니까요.

(38년 동안 학교에서 학생들을 가르치면서) 나는 젊은 이들이 무의식에서 오는 이와 같은 유혹 때문에 길에서 벗어나 도랑에 빠질 수도 있다는 것을 발견했습니다. 정말 안타까운 일입니다. 왜냐하면 그 시기는 의식을 가지고 무의식의 영역으로 나아가며 자신들이 무슨 일을 하는지 깨달아야 하는 시기이기 때문입니다. 지금 주변을 살펴보면 안내해 줄 길잡이들이 많이 있습니다. 이 길잡이들의 도움을 잘 받으면 물에 빠지지는 않을 것입니다.

신화가 그런 길잡이 역할을 할 수 있을까요?

현대 생활은 급속하게 변화하는데, 사회는 어떤 길잡이도 제시하지 않습니다. 오늘날 사회는 잘못된 길만 제시한다고 말할 수도 있습니다. 이런 상황에서 개인이 자신의 길을 찾을 때 신화를 활용할 수 있습니다. 이것이 내가 가장 흥미롭게 생각하는 신화 자료의 활용법입니다. 그렇다면 어떻게 우리는 다시 신비로운 것에 대해 말하는 정직과 진실의 영역으로 돌아가 신비로움과 계속 접촉하게 해주는 용어로 그 신비로운 것에 대해 이야기할 수 있을까요? 또한 그 신비로움을 자신의 삶과 연결할 수 있을까요? 이처럼 서로 상충하는 요구들이 많은 세상에서 이런 일을 어떻게 할 수 있을까요?

이 작업의 목표는 우리 삶의 구체적 행동과 경험 속에 은유적 함의(metaphoric implication)가 들어 있고, 이 함의가 곧 신화의 원형 속에 들어 있는 의미라는 점을 깨닫는 것입니다.

신화는 우리에게 실제 삶을 본성과 일치시키는 방법을 가르칩니다. 신화를 마음에 품고 살아가면 신화적 상황 속에 항상 당신이 있습니다. 신화적 상황은 당신에게 일어날 수 있는 모든 일을 다룹니다. 당신은 당신 삶의 구체적 행위와 경험에 담긴 은유적 함의를 깨닫게 될 것이고, 그것이 신화의 원형에 담긴 은유적 함의라는 것도 깨닫게 될 것입니다. 이런 깨달음 덕분에 당신은 신화를 삶과 연결시키는 동시에 삶을 신화와 연관시켜서 해석할 수 있을 것입니다.

신화라는 렌즈를 통해 자기 삶을 보게 된다는 말이군요.

이 점이 바로 신화의 놀라운 점입니다. 모든 사람은 각자의 고유한 방식으로 신화를 이해합니다.

그래서 나쁜 상황에서도 신화의 관점으로부터 실마리를 얻을
수 있을까요?

당연합니다! 나쁜 상황이란 통합을 가져오기 위해 반
드시 거쳐야 하는 신화적 붕괴의 순간 중 하나입니다. 무
엇이 붕괴한 것일까요? 그것이 왜 무너질까요? 무언가가
빠졌기 때문입니다. 붕괴는 균형이 깨졌기 때문에 일어납
니다. 그럼 이제 균형을 맞출 반대편을 찾아봅시다.

나는 에살렌연구소, 만 랜치 세미나, 시카고의 오아
시스 같은 성장 센터들을 자주 방문했습니다. 그곳에서
나는 성인들이 정말 어려움을 겪을 때, 그리고 그들이 보
호받는 환경에 들어와서 아이처럼 자신을 내보일 수 있
을 때 실제로 어떤 일이 일어나는지 보았습니다. 나는 이
런 세미나나 모임에 참석했던 사람들을 상당히 많이 알
고 있고, 그 모임이 그들에게 어떤 영향을 미치는지 직접
경험했습니다. 기본적으로 이런 사례들을 보면 한 사람
이 어떤 장애물을 경험할 때 그런 장애물 열 개 중 아홉 개
는 신화 전통에 상응하는 장애물이라는 것을 알 수 있습
니다. 그 사람에게 자신을 가로막는 장애물과 신화 사이
의 유사성을 알려 주면 대단히 놀라운 결과를 얻을 수 있
습니다. 나는 이런 작업을 직접 함께했고 그 놀라운 결과
를 함께 보았습니다.

신화적 믿음에 사로잡히는 경우도 있을까요?

나는 오래전에 에살렌연구소에서 샘 킨(Sam Keen)과
함께 어떤 작업을 하면서[07] 상당히 흥미로운 경험을 했습
니다. 이 이야기를 해도 될지 모르겠네요.

샘은 사람을 분석하고 어디에 문제가 있는지를 찾는
데 정말로 탁월했습니다. 사실 나는 오랫동안 정신분석

은 누구에게도 필요 없는 일이라고 생각했습니다. 사람들 대부분이 어려움을 겪는 이유는 무언가가 그들을 가로막기 때문인데, 그 장애물은 머릿속에 있는 문제, 즉 에너지의 흐름을 방해하는 머릿속의 어떤 생각 때문인 경우가 많습니다. 나는 한 가지 이론을 세웠습니다. 만약 샘이 어떤 사람에게서 장애물이 되고 있는 생각을 찾는다면, 나는 거기에 맞는 신화적 대응물을 찾아서 그 사람이 자신의 신화적 여정에서 자신이 어디에 있는지 알 수 있게 해 주자는 것이었죠. 그리고 알다시피, 이 이론은 계속해서 효과를 발휘했습니다.

가장 감동적인 사례를 하나 소개하면, 목발을 짚고 심하게 절뚝거리며 들어온 한 여성이 있었습니다. 그 여성을 루스라고 부르겠습니다. 루스는 어린 시절 성폭력을 겪었는데, 독실한 가톨릭신자인 루스는 그 일을 자신의 죄로 받아들였습니다. 그래서 루스는 자신에게 일어난 끔찍한 일, 뼈에 생긴 질병을 하느님의 처벌이라고 생각했습니다.

샘은 정말 대단했습니다. 샘은 루스가 실제로는 그렇게 믿지 않는다는 것을 스스로 깨닫게 하는 데 성공했는데, 동시에 루스가 감추고 있는 어떤 것을 스스로 드러내게 했습니다. 그것은 내가 본 가장 감탄할 만한 치유 과정 중 하나였습니다. 샘이 어떻게 그렇게 빨리 그런 생각을 해냈는지 모르겠어요. 샘은 의자 하나를 가져와 루스 앞에 두고 말했습니다. "좋아요, 루스. 여기 앉으세요." 샘은 몸을 돌려 그곳에 있던 힘센 남자 두 명에게 루스를 들어 올려 무대에 있는 다른 의자에 올려 달라고 했습니다.

그 방에는 거대한 장식용 유목이 있었는데, 샘은 그 유목을 루스가 원래 앉아 있던 의자 위에 두고 루스에게 몸을 돌려 말했습니다. "루스, 이제 당신은 하느님이고 이

나무가 루스입니다. 루스에게 왜 그런 일을 했는지 말해 보세요." 루스는 하느님처럼 말하려고 계속 노력했고 샘은 루스를 보고 있었습니다. 샘이 "좋아요"라고 말했습니다. 그다음 두 남자가 다시 루스를 무대 아래로 데려가 원래 의자에 앉혔고, 유목을 무대 위 하느님 의자에 놓았습니다. "이제 하느님이 당신에게 한 일에 대한 당신 생각을 하느님에게 말해 보세요." 루스는 말했습니다. 마침내 샘이 끼어들어 이렇게 말했습니다. "루스, 나는 당신이 지금처럼 정직하게 말하는 것은 처음 들어요. 그런데 당신은 이것을 조금도 믿지 않네요."

나는 이제 내 차례라고 생각했습니다. 이제 치통보다 더 큰 고통은 겪어 본 적이 없는 내가 진짜 고통 속에 있는 여성에게 말했습니다. "하느님이 당신에게 벌을 주었다고 당신은 생각하지만, 하느님은 그러지 않았어요."

루스는 "맞아요. 그 하느님은 떠났습니다"라고 말했어요.

나는 물었습니다. "하느님이 갔다면 어디로 가셨죠?"

루스는 잘 알고 있었습니다. "여기로요"라고 말하면서 자신을 가리켰습니다.

나는 물었습니다. "누가 당신에게 벌을 주었나요?"

루스는 말했습니다. "내가 그랬어요."

말로 표현하기 힘든 문제였지만, 나는 이렇게 말했습니다. "당신의 삶은 당신 의지에 따른 결과라고 생각해야 합니다. 바로 당신의 의지가 어떤 신비한 방식으로 당신에게 이런 일을 했던 것입니다. 그것이 당신의 삶이었습니다. 당신의 고통은 당신의 구루였습니다. 당신 안에 있는 무언가가 이런 것을 요구했고, 그것이 당신이 이런 고통을 겪은 이유입니다. 그러니 누구도 탓할 필요가 없습니다. 이 고통을 당신 안으로 가져오세요."

지금 이 일은 내가 했던 말이 옳았는지 혹은 틀렸는지 와는 아무 상관이 없습니다. 나는 한 여성에게 일어났던 일을 이야기하고 있습니다. 나는 루스에게 일어났던 일을 알고 있습니다. 루스는 두려움을 잊어버렸고, 죄의식을 떨쳐 냈습니다. 루스는 자기 삶과 상황에서 기쁨을 얻었습니다. 나는 이렇게 말했습니다. "지금 당신이 처한 조건을 부정한다면 그것은 당신의 삶을 부정하는 것입니다. 당신의 고통, 당신의 괴로움이 바로 당신을 아름다운 사람으로 만들어 주었기 때문입니다. 고통이라는 구루가 없었다면 어떠했을까요? 어떤 식으로든 당신이 그 구루를 선택했습니다." 나중에 루스는 어머니가 자신을 낳기 전에 괴물을 낳는 꿈을 꾸었다는 것을 알게 되었습니다. 이 일이 루스에게 평생 영향을 미쳤던 것이죠.

이 경험은 나에게 큰 의미가 있습니다. 마음의 방향을 정하고 삶이 흘러가는 대로 "예!"라고 말하는 것이 바로 니체가 말하는 긍정입니다. 루스는 가끔 나에게 전화해서 말합니다. "고맙습니다. 고맙습니다. 고맙습니다. 내 삶은 아름다워요."……그리고 정말로 삶은 아름답습니다. 그렇습니다.

삶과 함께한다면 삶이 흡수하지 못할 고통은 없습니다. 그러나 고백하자면, 나는 루스에게 그런 말을 하면서 "도대체 내가 뭐길래 이런 말을 하는 거지?"라고 생각했습니다. 내 말이 조금은 폭력적인 행동 같았거든요. 그러나 그 말은 효과가 있었습니다. 그리고 나의 조언이 옳았습니다. 그 조언이 옳았음을 알 수 있었던 것은 니체를 읽고 자신이 가진 모든 것을 긍정하는 것의 가치를 배웠기 때문입니다.

예술과 신화적 이미지

워크숍이나 성장 센터에 참석할 여유가 없다면, 혹은
샘 킨이나 조지프 캠벨처럼 이런 과정을 이끌어 줄 사람이
주변에 없다면, 이런 수준으로 상상력을 활성화하기 위해
무엇을 할 수 있을까요?

오늘날 개인은 이런저런 예술 활동을 통해 해방됩니다. 예술 활동의 종류는 중요하지 않습니다. 자신이 참여하는 새로운 예술의 어려움에 점점 더 익숙해지면서 그런 창조적 활동은 더 큰 의미를 갖게 됩니다. 그런 예술은 리비도를 창의적이고 기능적 표현에 투입하는 수단이 됩니다.

미술에 대한 담론과 미술사를 통해 예술에 흥미를 가질 수도 있습니다. 그러다가 갑자기 어느 날 어떤 예술 작품에 완전히 마음을 빼앗기고, 그 작품 때문에 문자 그대로 변신할 수 있습니다. 혹은 음악에서는 이런 일이 어떻게 일어나는지 생각해 보세요. 어떤 나이에 이르면 특정 음악 장르에 흥미를 느끼고 완전히 사로잡혀 그 음악에 참여하게 됩니다. 그러다가 그 음악은 사라지고 다른 음악이 다가오죠. 나는 림스키코르사코프(Rimsky-Korsa-kov)의 〈세헤라자데(Sheherazade)〉를 처음 들었던 때를 기억할 수 있습니다. 열여덟 살쯤 되었을 때였습니다. 그 음악을 듣고는 정말 엄청나다고 생각했어요! 지금은 도저히 들어줄 수가 없어요.

예술은 우리 안에 있는 가능한 경험에 말을 겁니다. 그리고 우리는 그 경험을 발전시킬 수 있습니다. 음악과 함께하다 보면 곧 도메니코 스카를라티(Domenico

Scarlatti, 바로크 시대 이탈리아의 음악가]와 바흐의 음악을 듣고 있게 될 것입니다. 그다음에 라가[rāgas, 인도 전통 음악에서 사용하는 음계이자, 동시에 선율, 연주법, 음악 구성 등도 가리키는 핵심 개념]와 또 다른 메시지 세계가 들어 있는 힌두 음악을 듣게 될지도 모르죠.

선생님은 모든 사람에게 해당하는 개인적 경험에 대해 이야기하면서도, 한편으로는 예술가들에게 특별히 말을 건넵니다. 『우주 공간의 내곽(The Inner Reaches of Outer Space)』에서는 예술과 신비주의를 비교했죠.

그 책의 마지막 장은 미학에 관한 내용입니다. 무용가인 나의 아내가 이런 말을 한 적이 있습니다. "예술가의 길과 신비가의 길은 아주 닮았어요. 신비가에게 기술이 없다는 점만 빼면 말이죠." 나는 이 말을 실마리로 여겼습니다. 신비가는 내면의 삶으로, 그리고 내면의 삶과 우주와의 관계 속으로 들어갑니다. 그리고 그곳에서 영혼과 신의 동일성을 발견하지요. 이것은 미적 정지 상태와 비슷합니다. 유일한 차이는 신비가는 내면적 탐색을 통해 세상에서 벗어날 수 있지만, 예술가는 자신이 사용하는 물질들과 이런 신비적 깨달음을 반영할 작품을 만들려는 의도 때문에 세상에 묶여 있습니다. 나는 서양 예술과 동양 예술, 특히 종교 경험과 예술의 관계가 매우 분명한 인도 예술을 다루었습니다.

선생님은 오늘날 예술가는 선각자 역할을 수행한다고 믿고 있습니까?

네, 나는 진심으로 그렇게 믿습니다. 모든 신화적 이미지는 선각자 혹은 예언자로 불리는 사람들을 통해 표현됩니다. 오늘날 우리는 그들을 예술가라고 부를 수 있습니다. 예술가는 비전의 눈을 열고 현상으로 드러나는 형태 너머에 있는, 그 형태들을 살아 움직이게 하는 형태학적 원리를 보고 그것을 우리에게 제시합니다.

나는 예술가란 지금 여기, 우리 자신의 땅에서 우리에게 약속의 땅을 다시 보여 주어야 하는 사람이라고 생각합니다. 예술가의 비전이야말로 많은 사람들이 보지 못하는, 세상을 관통해 빛나는 영적 광휘에 대한 지식의 비전을 우리에게 가져다준다고 생각합니다.「도마복음」에 나오는 예수가 "아버지의 왕국은 지상에 널리 퍼져 있지만, 사람들은 그것을 보지 않는다"라고 한 말을 떠올려 보세요. 예술가는 사람들이 보지 않는 아버지의 왕국을 보고 그것을 우리에게 보여 줄 수 있다고 나는 생각합니다.

예술이 전하는 진정한 메시지는 지금 여기 우리가 가지고 있는 영광입니다. 자연과 세계는 바뀌어야 하는 것이 아니라 이미 신성한 영혼으로 영원히 빛나고 있다는 메시지입니다.

예술은 인간을 다른 차원으로 보낼 수 있을까요?

그렇습니다. 자신의 깊은 본성에서 자신을 확인하는 존재 상태로 보낼 수 있습니다. 만약 당신이 언제나 동적인 결과만을 추구한다면, 로빈슨 제퍼스(Robinson Jeffers)가 "신성한 잉여의 아름다움(divinely superfluous beauty)"이라고 부른 것을 제대로 감상할 수 없습니다.[08] 예술은 동적 결과만을 추구하는 이런 태도 때문에 큰 어려움을 겪습니다.

"동적 결과"의 뜻을 좀 더 자세히 설명해 주세요. 이 개념이

적절한 예술과 부적절한 예술에 대한 선생님의 이해와 관련이 있을까요?

"적절한 예술(proper art)"이라는 개념은(이 개념은 제임스 조임스의 미학 논의에서 나왔습니다) 예술의 고유한 기능, 곧 예술 아닌 다른 분야는 할 수 없는 기능을 수행하는 예술을 가리킵니다. "부적절한 예술(improper art)"은 특별히 심미적인 것과 관련이 없는 다른 기능을 수행하는 예술입니다. 예를 들어, 광고, 사회 이론이나 사회 선전 같은 작업에 이용되는 예술을 말합니다.

심미적이라고요?

심미적(aesthetic)이란 단어는 감각과 관련이 있다는 뜻입니다. 그러니까 예술 작품은 사회적 메시지나 광고 같은 것이 아니라, 감각에 호소할 때 비로소 완성됩니다. 조이스는 이런 맥락에서 정적(static), 동적(kinetic)이라는 용어를 사용합니다. 적절한 예술은 정적인 예술입니다. 그런 작품을 바라보고 있으면, "미적 정지"라는 상태에 빠지게 됩니다.

반면에, 다른 기능을 하는 예술은 욕망을 불러일으켜 우리를 그 욕망의 대상에게 끌고가거나[조이스는 이런 예술을 "포르노그래피(pronography)"라고 부릅니다], 사회 선전물처럼 우리를 작품으로부터 밀어낼 것입니다. 정적 예술은 그저 그림 혹은 음악의 찬란함으로 우리를 황홀경에 빠지게 합니다. 반면에 "포르노그래피" 혹은 "교훈적(didactic)" 예술은 동적입니다. 이런 예술은 사람들을 밖으로 내보내 무언가를 하게 합니다. 미적 경험을 해 본 적이 없는 사람은 아마도 우리가 지금 하고 있는 이야기를 이해할 수 없을 것입니다. 그러나 이런 경험이 있는 사람은 바로 알아들을 것입니다.

포르노그래피 예술은 감상자의 마음을 열어 작품에 연민을 느끼게 하기보다는 작품을 소유하거나 이용할 대상으로 제공합니다. 또한 포르노그래피 예술은 연민보다는 욕망으로 인간을 채웁니다. 마틴 부버(Martin Buber)의 용어를 빌리자면, 대상을 "너(Thou)"가 아니라 "그것"으로 보는 것입니다.

그런 예술이 부적절하다고 생각하나요?

"적절한" 예술과 "부적절한" 예술의 뜻을 명확히 할 필요가 있겠군요. 이 개념은 윤리와는 아무 상관이 없어요. 적절한이란 단어는 "예술로서 적합한"이란 뜻입니다. 예술은 미적 경험, 즉 시각적 경험과 관련이 있습니다. 심미적인 것이란 감각과 관련이 있다는 의미입니다. 어떤 작품이 미적 경험이 아니라 에로틱한 경험을 불러온다면, 이런 작품을 부적절한 작품이라고 할 수 있습니다. 예술에 적절하지 않은 목적에 사용되기 때문입니다.

최소한 제임스 조이스의 관점에서 볼 때, 포르노그래피가 반드시 성과 관련될 필요는 없다는 말씀인가요?

조이스의 정의에 따르면, 모든 광고 작품은 포르노그래피입니다. 광고는 제시된 대상을 갈망하고, 소유하고, 구매하고, 가지고, 이용하고 싶은 마음이 들도록 만듭니다. 예전에 스쿠쿰(Skookum)이라는 사과 브랜드가 있었습니다. 이 브랜드는 오로지 자기 사과 사진만으로 광고를 했죠. 이 사진을 보면 벽을 타고 올라가 사과를 따 먹고 싶을 정도였습니다.

그러나 세잔의 사과를 따서 먹고 싶은 사람은 아무도

없을 것입니다. 세잔은 형태에 관심이 있었고, 무언가를 팔기 위해 그것을 광고하는 데는 흥미가 없었습니다. 그 그림을 사고 싶다는 것은 그림 속 대상과는 아무런 관련이 없습니다. 어떤 식으로든 그림 속 대상을 이용하고 싶다는 것, 그것이 바로 포르노그래피입니다.

동적 방식으로 작동하는 예술은 감상자를 대상을 향해 움직이게 하거나 외부에 있는 대상으로부터 멀어지게 합니다. 반면에 적절한 예술로서 기능하는 예술은 감상자의 마음을 열어 자기 존재의 본성과 형상을 깨닫게 해 주고, 감상자는 그 작품에 사로잡히게 됩니다. 적절한 예술은 내면 공간에게 말을 건네지만, 포르노와 교훈적 예술은 외부 공간과 감상자의 관계에 대해 이야기합니다. 심미적 사로잡힘을 경험하면, 감상자는 외부 공간으로 이동하는 것이 아니라 내면 공간에서의 경험에 빠져 버립니다. 그리고 이런 경험은 어떤 의미에서 은유입니다. 은유는 인간에게 내면적 삶의 차원들을 열어 주는 예술 작품이라고 할 수 있습니다.

상업예술은 오늘날 번창하는 분야입니다. 조이스의 정의에 따르면 포르노그래피는 물건을 팔려고 노력하는 시각적 이미지들입니다. 그것으로 각종 청구서들도 해결할 수 있고 그 이상의 수입도 얻을 수 있습니다. 선생님은 한 예술가가 적절한 예술과 포르노그래피적 예술이라는 두 분야에 모두 성공적으로 참여할 수 있다고 생각하나요?

예술가는 포르노그래피 작업을 할 능력이 없다는 뜻이 아닙니다. 사실 모든 예술가의 비밀 아카이브에는 방대한 포르노그래피 작품들이 있습니다. 이것은 자기 내면에 있는 포르노그래피적 요소를 제거하는 좋은 방법이라고 생각합니다. 그러나 이런 포르노그래피 작품들이 최종 작품은 아니지요.

명심해야 할 것이 하나 더 있습니다. 사람들에게는 포르노그래피로 보일 수 있는 작품이 예술가에게는 그렇지 않을 수 있다는 것입니다. 사람들에게는 놀라운 일이 예술가에게는 당연한 일일 수도 있습니다. 예를 들어, 히에로니무스 보스(Hieronymus Bosch)의 세 폭짜리 거대한 작품 〈세속적인 쾌락의 동산(The Garden of Earthly Delights)〉은 순수한 신화적 이미지입니다. 보스는 우리에게 외설적으로 보일 수도 있는 것들을 활용했습니다. 그러나 그런 의도가 아니었고, 당시에는 어땠는지 모르지만 현재는 외설적 효과도 없습니다.

그러나 적절한 예술은 우리를 내면으로 움직이게 하는 힘이 있습니다.

예술에는 두 가지 종류가 있다고 말할 수 있습니다. 첫째, 기본적으로 지성에 호소하는 예술이 있습니다. 이 예술은 도덕적 목적, 판단 등을 표현합니다. 둘째, 비극의 예술이 있습니다. 아리스토텔레스는 『시학』에서 비극이 "실용적 인간의 탄생을 지우고", 인간의 마음을 두렵고 매혹적인 신비(mysterium tremendum et fascinans)를 향해 열어 준다고 했습니다. 이것이 아리스토텔레스가 말한 카타르시스(katharsis)의 의미입니다. 아리스토텔레스의 카타르시스는 인간적 연민과 형이상학적 공포를 동시에 체험함으로써 마음을 현실적 두려움과 욕망에서 "정화" 하고, 초개인적 감정을 열리게 하는 과정입니다.

제임스 조이스는 이 질문을 『젊은 예술가의 초상』에서 훌륭하게 다루었습니다. 조이스는 이 책에서 사람의 마음을 움직여 대상들을 욕망하거나 혐오하고 두려워하게 하는 "동적" 감정들은 비극을 통해 삭제되고 초월된다고 단언합니다. 비극에서 유발되는 감정들은 조이스가 "정적"이라고 부른 감정, 즉 연민(pity, 타인의 고통에 대한 동일화와 참여)과 공포(terror, 제임스 조이스가 타인의 축소할 수 없는 슬픔의 "은밀한 원인"이라고 부른 것을 인식하기)입니다. 연민과 공포는 모든 현세적 존재의 본성을 볼 때 "마음을 붙잡는다"는 점에서 정적입니다. 정적 감정 상태에서는 현세적 존재에 대해 무언가를 하기 위한 움직임이 없습니다. 할 수 있는 일이 없기 때문입니다. 이런 깨달음에서 보면 두려움과 욕망에 기초한 모든 실제 행동은 무익한 것으로 여겨져 폐기됩니다.

불교 사상에서 대단히 중요하게 여기는 욕망과 두려움은 정확히 삶을 지배하는 감정으로, 붓다는 깨달음의 나무 아래, 소위 부동의 지점(Immovable Spot)에 앉아서 명상을 하면서 이런 감정을 초월했습니다. 그곳에서 붓다는 인간 내면에서 영감을 주는 신의 유혹을 받았습니다. 그 유혹이란 이 세상의 재화를 소유하고 싶은 욕망(카마)과 죽음으로 그 재화를 잃어버릴 것 같은 두려움(마라)입니다. 모든 살아 있는 존재는 바로 이 욕망과 두려움에 자극을 받고 동요합니다. 그러나 "깨어난 자" 붓다는 동요하지 않았습니다.

조이스의 관점에서 보면, 오직 예술가만이 붓다와 비슷하게 강렬한 욕망과 두려움에 동요하지 않고 이 세상에서 관찰되는 대상들을 있는 그대로 볼 수 있습니다.

세잔은 "예술은 자연과 조화로운 평행을 이룬다"라고 말합니다. 이 말은 자연 그 자체에 들어 있는 힘과 관계들의 어떤 본질적 구조를 보여 줍니다. 자연은 우리 안에도 있고 저 바깥에도 있습니다. 예술은 우리에게 엑스레이 사진처럼 자연 내부의 핵심과 구조를 보여 주고, 우리 내부의 자연은 예술작품에 대해 경탄과 미적 정지로 응답합니다.

나는 파리에서 공부할 때 위대한 조각가 앙투안 부르델(Antoine Bourdelle)을 만났고, 그를 스승이자 친구로 알고 지냈습니다. 부르델이 자신의 학생들에게 했던 이야기가 기억납니다. "예술은 자연의 웅장한 선을 끌어냅니다(L'art fait ressortir les grandes lignes de la nature)." 이 웅장한 선들은 죽음, 고통, 슬픔에 의해 축소되지 않은 채 전달됩니다. 예술가의 눈은 두려움과 욕망을 넘어 이 모든 것을 보고 긍정하고 거기에 참여합니다. 그리고 신화는 우리를 이런 미적 차원에서 초월의 깨달음으로 나아가게 합니다.

예술은 우리에게 우리 자신에 대해 알려 주는 메시지입니다.

세잔과 부르델은 자연을 모방해야 한다는 말을 하고 있나요?

두 사람이 말하는 자연의 모방은 자연의 작동 방식에 대한 모방을 뜻합니다. 자연의 표면을 모방하는 것이 아니라 자연의 역동성을 모방하는 것입니다. 이런 방법은 단순한 자연주의 접근법을 넘어섭니다. 자연주의는 마르크스주의에 속하고, 마르크스주의는 모든 것에 지적인 방법으로만 접근하는 사조를 대표합니다. 예술은 내면의 눈을 열어 자연의 신비적 차원을 보게 합니다. 또한 눈앞에 보이는 표면을 넘어섭니다.

"그냥 무슨 일이 일어났는지 보세요!"라고 말하는 것은 저널리즘입니다. 그렇지 않나요? 그러나 예술은 신화와 뮤즈들의 영원한 영역입니다. 이 모든 것의 배후에 있는 충동과 의식은 무엇일까요? 그 역동적 구조는 무엇일까요? 우리가 여기서 경험하고 있는 과정은 무엇이며, 우리는 그것과 어떻게 조화를 이루어야 할까요?

한 남자가 다른 남자에게 총을 쏘았습니다. 우리는 그 장면을 목격했어요. 신비는 A가 B를 쏜 이유가 아니라, 이 총격으로 이해할 수 있는 B의 운명에 관한 질문 혹은 이 총격으로 볼 수 있게 된 A의 성격에 관한 질문입니다.

예술은 우리의 보편적 인간성에 호소한다는 말인가요?

예술이 인간성을 낳을까요? 아닙니다. 예술은 당신의 인간성을 깨우는 것입니다. 인간성은 정치 이론과는 관련이 없습니다. 정치 이론은 인류 가운데 한 집단의 이해나 이상과 관련이 있습니다. 그러나 인간성은 적절한 예술이 제시하는 바로 그것입니다.

내면의 조화, 그리고 마음을 열어 인간성을 받아들이는 것, 그것이 핵심입니다. 예술은 모든 인류에게 마음을 열어야 합니다. 이것은 후퇴가 아니라 사회 이론의 특성인 인류에 대한 당파적 판단을 거부하는 것입니다. 예술가는 이런 당파적 판단을 넘어섭니다. 예술가의 일은 황무지를 변환하는 것입니다.

여기서 황무지란 무엇인가요?

황무지는 각 당파들이 서로 경쟁하는 영역입니다.

적절한 예술과 부적절한 예술의 넓은 의미는 이해가 되지만, 특정 작품에 이 개념을 적용하는 문제는 여전히 어렵습니다. 예를 들어 톨스토이의 소설 『안나 카레니나』는 이 정의에 따르면 포르노그래피일까요?

아닙니다. 나는 『안나 카레니나』에서 포르노그래피적인 것을 하나도 볼 수 없었습니다. 전혀요. 물론 작가가 의도하지 않았던 특정 방식으로 본다면 그렇게 볼 수도 있겠죠. 조이스의 포르노그래피를 이렇게 정의할 수도 있습니다. 수지를 사랑하기 때문에 당신이 바라는 것이 오직 수지의 사진뿐이라면, 그 사진은 다른 어떤 것을 위한 참조가 됩니다. 당신이 구매한 것은 사진 자체도 아니고 사진 속 대상도 아닙니다. 즉, 사진 자체가 아니라 그 사진 너머의 어떤 것 때문에 그 사진을 사는 것이죠.

그런데 톨스토이는 『안나 카레니나』에서 어떤 인물은 모방하고 다른 인물은 모방하지 말라고 나를 부추기는 것 같아요. 그러니까 나를 행동으로 안내하는 것 같거든요.

오호. 굉장히 좋은 질문입니다. 이것은 굉장히 미세한 경계에 있는 문제죠. 아주 좋습니다. 말하자면, 당신은 책을 읽을 때 작품에서 모방하고 싶은 인물을 발견하고, 그 인물은 당신의 롤 모델이 된다는 말이죠?

바로 그렇습니다.

조이스가 말하는 포르노그래피는 그런 의미가 아니라고 생각해요. 그 인물은 당신 안에 있는 어떤 특성을 불러오기 위해 작품 속에 있는 것이고, 그 특성 덕분에 당신이 그 인물을 모방할 수 있게 됩니다. 이것은 종교 예술의 기능입니다. 소위 롤 모델이 하는 역할이죠. 그것은 포르노그래피와는 다릅니다.

그 반대의 경우, 그러니까 작품 속 인물이 혐오감을 불러일으키고, 독자는 피하고 싶은 자기 안의 어떤 것을 보게

예술가가 혐오를 일으킬 의도로 인물을 표현했다면, 그 작품은 교훈적 작품이라고 할 수 있습니다. 나는 학생 때 예술가들과 함께 살면서 이 문제에 대해 이야기를 나누었던 기억이 있습니다. 그 대화에서는 언제나 순수하고 적절한 예술이라는 날카로운 기준이 있었죠. 그런데 가령 누드화를 그리고 있다고 상상해 보세요. 이 작품에 소금을 조금 뿌려 좀 더 맛깔스럽게 만들 수 있을까요?

벨라스케스가 그린 위대한 누드화를 아시나요? 이 누드화는 관객 쪽으로 등을 보인 채 누워서 거울을 보는 여인을 그린 작품입니다. 이 작품이 포르노그래피인지 아닌지는 보는 사람에 따라 달라집니다. 그러나 여성 누드가 서양 회화와 조각에서 이런 중요한 역할을 담당했다는 사실이 흥미롭습니다. 나는 벨라스케스의 작품이 포르노그래피에 가장 가까이 근접한 작품, 딱 경계에 있는 작품이라고 생각하지만, 이 작품은 결코 포르노그래피가 아닙니다.

그다음에 당신이 질문 중에 언급했던 또 다른 주제가 있습니다. 무언가를 가르친다는 교훈적 측면말인데요. 만약 예술가의 의도가 교훈을 주는 것이라면, 그 작품은 의도된 교훈적 작품입니다. 그러나 신화에서는 언제나 가르침들이 쏟아지지만, 그런 가르침들은 교훈도 포르노그래피도 아닙니다. 자, 보다시피, 경계는 아주 얇습니다. 예술가로서 자신의 마음을 유지하는 것과 작품을 볼 때 경험하는 것 사이의 경계는 정말로 미묘합니다. 당신은 그 작품 자체를 보고 있는 건가요, 아니면 그 작품을 나와의 관계 속에서 보고 있는 건가요?

다다이즘 작품들은 어떤가요?

아, 다다이즘은 포르노그래피가 아닙니다.

그러나 마르셀 뒤샹은 예술을 눈이 아닌 정신의 도구로
삼아야 한다는 생각에 대해 많이 이야기했습니다. 이런
예술관은 교훈적이므로 다다이즘은 부적절한 예술이라고
할 수 있지 않나요?

　　아닙니다. 나는 다다이즘 예술에서 어떤 것도 부적절
하다고 생각하지 않습니다. 물론 다다이즘에 교훈적 요
소가 들어 있기는 하죠. 다다이즘 운동은 합리적 시스템
에 저항하는 의도적 모독이었습니다. 그다음에 이런 이
상한 조합들의 결과로 사람들의 감정 반응이 일어났습니
다. 그것이 바로 초현실주의의 시작이었죠. 그리고 1900
년에 출판된 프로이트의『꿈의 해석』이 바로 이 시기에 지
식인 공동체에 스며들기 시작했습니다.

　　알다시피, 다다이즘과 초현실주의는 문학운동이자
시각예술 운동이었습니다. 이 두 분야는 함께 움직였고,
이 부분에서 문학에 대한 강조점이 분명히 있었습니다.
그러나 초현실주의는 달리와 사물의 위기라는 관념과 함
께 정말 시각적으로 바뀌었다고 생각합니다. 달리는 초
현실주의 예술을 다른 차원으로 끌어올렸습니다. 비록
그의 스타일은 맥스필드 패리시(Maxfield Parrish)의 환
상적 스타일과 거의 비슷하고, 순전히 미적 관점에서 볼
때 그다지 존경할 만한 수준은 아니지만, 달리는 정말로
그런 기여를 했습니다. 사실 달리가 보여 주고 있는 것은
꿈의 풍경이었습니다. 조르조 데 키리코(Giorgio de Chir-
ico)도 이런 꿈의 풍경을 보여 주었습니다.[09] 예술적으로
대단히 멋진 시기였습니다.

원시 문화 의례는 많은 교훈과 가르침을 계속해서 줍니다.
조이스의 관점에서 보면 이런 문화도 "부적절"하다고 분류할
수 있지 않을까요?

이제 이 문제의 정말 첨예한 지점까지 가고 있습니다. 살아 있는 신화는 의례라는 맥락에서 드러납니다. 의례에 참여하는 것은 곧 신화에 참여하는 것입니다. 말하자면 참례자는 마치 신이 된 것처럼 행동합니다.

의례의 기능은 사회생활을 조직하는 것입니다. 초기 사회는 의례에 기초했고, 삶의 모든 측면이 의례화되었습니다. 그래서 우리는 모든 의례가 원래는 삶을 구조화하기 위한 것이라고 생각할 수 있습니다. 이것이 바로 신화의 기능이며, 이 기능은 교훈적이지 않습니다. 다만 교육적(pedagogic)일 뿐입니다. 교육과 교훈 사이에는 차이가 있습니다. 대단히 미묘하지만, 분명히 서로 다릅니다.

신화의 이런 모든 기본 교육적 목표가 교훈적인 것과 얼마나 가까운지를 탐구하는 것은 나에게 대단히 많은 것을 가르쳐 준 주제였습니다.

여기서 "교육적"이란 말은 무슨 의미인가요?

내가 여기서 말하는 "교육"은 사람들을 특정 지식과 가르치는 방법으로 이끄는 일을 뜻합니다. 교육은 가르침을 위해 존재합니다. 반면 "교훈"은 진정한 가르침이 아니며, 특정한 대의를 앞세웁니다.. 전달하고 싶은 어떤 대의, 명분, 도덕적 지침이 있고, 그것을 내세우기 위해 글을 쓰는 것입니다.

많은 초기 문화들은 자신들이 하는 일들을 따로 구분해서 생각하지 않았고, 그 일들을 "예술"이라고 생각하지

않았으므로, 내가 던진 질문은 부당한 것일 수도 있겠습니다.

그렇습니다. 그러나 그 일들은 의례와 연결되어 있었습니다. 모든 초기 예술은 종교 예술입니다. 그리고 이 예술은 인격화를 통해 인간을 이런 삶을 구성하는 원형들과 연결하고 있습니다.

오늘날 예술은 어떤가요?

나는 예술이 우리 사회 일부로 어느 정도 자리 잡았다고 생각합니다. 그러나 한 가지 문제는 예술 중 상당 부분이 스튜디오 예술이라는 점입니다. 스튜디오 예술은 고상하고 미적 문제를 이해하는 사람들을 위한 예술입니다. 이 예술은 미국과 유럽 일부 지역에 있는 영성에 굶주린 사람들에게는 말을 걸지 않습니다. 교회도 이런 사람들을 위해 봉사하지 않고 있습니다. 교회는 사회학에 관해 말하면서 형이상학 차원은 이야기하지 않습니다. 에살렌 연구소 같은 인간 잠재력 운동 센터들이 미국을 채우고 있습니다. 나는 많은 센터에서 강연을 했는데, 사람들에게 이런 센터들이 갖고 있는 힘과 중요성은 믿을 수 없을 만큼 강력했습니다. 종교들이 바로 이런 일들을 했어야 하는데, 그러지 못하고 있습니다. 교회는 지금 사회학 주제에 열중하고 있습니다. 사회학이 나쁘다는 말이 아니라 사회학은 인간 자신의 내면과 영성 생활을 깨우는 기능을 하지 않는다는 뜻입니다. 이것은 예술가의 기능입니다. 예술가는 "경전"을 제공합니다. 인도에서는 이런 사람들을 르쉬스(ṛsis)라고 부릅니다. "세상의 노래에 귀가 열려 있는 존재"라는 뜻입니다. 그들이 바로 예술가입니다. 듣기 좋은 표현은 아니지만, 예술이 오늘날 사회에 자리 잡은 것은 속물주의와 투자 때문이라고 생각합니다.

예술 분야가 돈이 될 수 있고, 이 예술가의 작품이 30년 뒤에는 생각보다 더 높은 가치를 가질 수 있다는 것을 깨달았을 때 사람들은 예술 작품을 사기 시작했고 그렇게 공동체에 영향을 미치기 시작했죠.

그러나 예술가가 인식의 관문을 정화할 때, 즉 세상에 대해 자신이 가지고 있는 특별한 선호와 욕구, 계획을 제거하고 사물을 단순하게 바라볼 때, 미적 사로잡힘이 일어납니다. 이것이 바로 자기 정체성과 다른 대상과의 동일화 혹은 대상이 가리키는 것과의 동일화입니다.

그래서 나는 오늘날 세계에서 예술이 실제 수련이자 가장 높은 수준의 수련이라고 봅니다. 나는 교회가 이런 수련을 제공하지 않는다고 생각합니다. 하지만 예술 스튜디오에서는 사적인 의도나 교훈적이고 포르노그래피적 의향 없이 어떤 사물을 바라보고 작업할 때만, 작업자의 마음은 영적인 것에 개방된다고 생각합니다. 그럴 때 그 작품은 다른 사람들의 마음 또한 영적인 것을 향해 열어 줄 것입니다. 이것이 바로 내가 전하고 싶은 메시지입니다.

오늘날 우리가 배우는 주요 내용은 경제 및 정치와 관련됩니다. 우리는 우리 내면의 영적 측면을 기르지 않고 있습니다. 그래서 우리는 공허함을 안고 살아가게 됩니다. 이 새로운 신화들을 창조하는 것이 바로 예술가의 임무입니다. 신화는 예술가들에게서 나옵니다.

6장

이야기 구성을
복잡하게 만들기

자연의 무관심

우리 내면세계를 설명하는 문제에서 심리학이 종교의 자리를
대신한 것처럼 보이듯이, 우리를 둘러싼 세계를 설명하는
문제에서는 오늘날 과학과 종교가 서로 대립하고 있습니다.
과학도 스스로 발견한 것을 진리로 제시하는 신화라고 볼 수
있을까요?

선조들이 우리에게 전해 준 것은 "진리(the Truth)"입
니다.

그 대답이 과학을 신화로 볼 수 있느냐는 질문에 어떻게 답이
되죠?

과학과 전통이 진리를 생각하는 완전히 대조되는 방
식을 생각해 보세요. 전통적 방식에서는 오래된 전통일
수록 더 진리에 가깝고 더 존경받을 수 있습니다. 그러나
우리 사회에서는 10년 전에 나온 과학책은 이미 시대에
뒤떨어진 책이 되죠. 10년 전에 나온 과학책은 지금 해당
분야에 적용되는 법칙을 알지 못합니다..

과학적 진리 같은 것은 존재하지 않습니다. 과학에서
활용되는 가설이 존재할 뿐이죠. 과학 훈련을 받지 못한
사람들만이 과학자가 진리를 제시하려 노력한다고 생각
합니다. 과학자들은 적절한 증거가 제시되면 거리낌 없
이 기존 가설을 버리고 생각을 바꿀 수 있습니다. 그들은
늘 그렇게 하고 있어요.

진화론을 신화로 묘사할 수 있지 않을까요?

글쎄요. 진화론은 현재 자연현상을 해석하는 데 통용되는 가설이고, 꽤 잘 정돈된 이론처럼 보입니다. 진화론이 곧 폐기될 것 같다고 쉽게 말할 수는 없을 듯합니다. 최신 과학적 발견에 따르면 초기 인류의 출현은 거의 400만 년 전으로 거슬러 올라가는데, 이는 자연에서 인간이 차지하는 위치와 관련하여 전혀 다른 관점을 제공합니다. 기원전 4004년에 세계와 함께 인간이 창조되었다는 주장과는 완전히 다른 개념입니다. 신성에 대한 문제도 제기됩니다. 많은 사람은 신과 관계를 맺고 싶어 합니다. 그런데 이 새로운 발견들에서는 6000년 전 작은 세계를 창조했다고 하는 신과 완전히 다른 신이 제시됩니다.

지금 과학자들이 우리에게 보여 주는 무수히 많은 은하를 보세요. 말 그대로 은하가 수백만 개나 존재하며, 모든 은하에는 은하수와 같은 별무리들이 있습니다. 모든 항성 주위에는 태양계 같은 것이 존재할 가능성이 있고, 그런 태양계들 가운데 몇몇에는 생명체가 살고 있을 수도 있습니다. 더 많이 알수록 이 모든 것이 더욱 놀라운 기적처럼 느껴집니다. 이런 과학적 발견들은 우리가 물려받은 창조와 타락이라는 전체 전통 역사에 어떤 영향을 미칠까요? 그저 파괴할 뿐입니다.

그렇다면 과학과 신화 사이에 관계는 있을까요? 아니면 관계가 있어야 하는 걸까요?

진화는 과학적 발견이며 신화는 이런 발견에 맞춰 조정되어야 합니다. 만약 신화가 조정되지 않으면 세계에 대한 신화적(또는 종교적) 경험과 실제 경험 사이에 긴장이 발생합니다.

나는 우리의 모든 과학이 신화화되어야 하는 재료라

고 생각합니다. 신화는 오늘날 이해되는 자연 세계에 영적 의미를 부여합니다. 영적 의미를 정신적, 내면적 의미라고 부를 수도 있겠죠. 과학과 종교 사이에 진정한 갈등은 존재하지 않습니다. 과학이 우리에게 보여 주는 사실을 더 깊은 차원에서 깨닫는 것이 종교입니다. 우리는 현대물리학 세계에서 모든 종류의 암시를 발견할 수 있고, 이를 아무 문제 없이 산스크리트어로 번역할 수 있습니다. 힌두교에서는 이 모든 일을 이미 했습니다!

과학은 논리학에서 도구적 원인(instrumental causes)이라고 부르는 것을 다룹니다. 그러나 형식적 원인(formal cause)이라는 대단히 신비로운 또 다른 인과관계도 존재합니다. 과학자들은 바로 지금 이 신비의 영역으로 달려가고 있습니다. 과학자들은 단순히 도구적 원인의 관점에서 알 수 있고 분석할 수 있고 해석할 수 있는 내용의 한계에 도달했고, 스스로도 이 상황을 인식하고 있습니다.

위대한 물리학자 에르빈 슈뢰딩거는 자신의 책에서 힌두교 이미지에 주목하며 이렇게 말합니다. 타트 트밤 아시("네가 바로 그것이다"). 그리고 모든 것은 브라흐만이라고 말합니다.[01] 이것이 결국 그가 말하고자 하는 것입니다. 이 문장 속에 시간, 공간, 관찰의 영역을 넘어서며, 시간 및 공간의 영역이 다른 영역에 비해 부차적이라는 것을 깨닫게 하는 직관적 통찰이 있습니다.

지금 충돌하는 것은 성서 속에 있는 기원전 2000년대 과학과 현대 과학입니다. 신화 속 이미지는 현대적 사고 방식에 맞지 않습니다. 그래서 신화가 던지는 메시지는 현대인의 삶으로 들어오지 못하고 있습니다. 따라서 신화의 이미지와 메시지를 현대의 삶과 경험 속에서 해석해야 합니다. 신화는 경험을 검증하며, 그 경험에 영적 혹은 정신적 차원을 제공합니다. 신화 속에 현대의 자연관과 연결할 수 없는 것들이 너무 많으면, 우리는 그 신화를 이해할 수 없게 됩니다.

사실 자연은 우리 의식의 계획과 과정에 전혀 관심이 없습니다. 그렇지만 우리는 자연에 우리 자신을 일치시키는 방법을 찾아야 합니다. 나는 이것이 핵심 문제라고 봅니다. 우리 의식이 자연법칙이 있는 곳에서 우리를 벗어나게 하면, 우리는 불안해지고 아프고 그 밖의 여러 문제를 겪게 됩니다. 우리 자신의 힘이기도 한 자연적인 힘의 세계와 자신을 조화시킬 때 우리는 회복될 수 있습니다.

신화는 바로 이런 회복 기능을 가지고 있습니다.

단순한 생활을 위해 현대사회를 버리고 자연으로 돌아가자는 주장에 대해서 어떻게 생각하나요?

내가 보기에는 어리석은 생각입니다. 그런 생각을 하면서 동시에 테이프 녹음기와 텔레비전을 원한다면 어처구니없는 일이죠! 산업사회는 텔레비전을 만들고 이런 제품들을 실현하는 과학을 지원합니다. 산업사회와 작고 단순한 사회를 동시에 누릴 수는 없습니다. 그런 일은 불가능합니다!

나는 최소한 뉴욕에서는 이런 조언을 따를 수 없다고 말하고 싶어요. 지금은 매립이 되어 미네타 레인[Minetta Lane, 뉴욕 맨해튼 그리니치빌리지에 위치한 거리]이 된 곳에서 과거에 흐르던 미네타 수로를 찾는다고 해도 그것이 무슨 의미가 있을까요? 그 수로는 아마 하수도가 되어 있을 겁니다. 나는 우리가 과거로 돌아갈 수 없다고 생각합니다. 이곳은 예전 그 땅이 아니에요. 내가 소년 시절 뉴욕에 살 때, 지금은 마천루가 들어선 구역에서 염소들이 풀을 뜯고 있었습니다. 그 시절은 지나갔습니다. 우리는 어떻게든 앞으로 나아가야 하고, 이 구조화된 도시에서 유기체적 특성을 찾아야 합니다. 기괴한 방식이지만 이 도시 또한 유기체 특성이 있기 때문입니다. 바로 생명이 이런 것들을 만들어 낸 것이죠.

문명에서 벗어나 자급자족하면서 단순하고 반(半)원주민적 생활양식을 선택한 사람들이 현대사회가 스스로의 가치를 재점검하도록 영감을 줄 수도 있지 않을까요?

나는 그렇게 생각하지 않습니다. 나는 이 세계에서, 즉 지금 우리가 살고 있는 이곳에서 우리 삶을 바로잡기 위한 조언을 가장 잘할 수 있는 사람은, 이 세계에 머물면서 세계와 대면했던 사람이라고 생각합니다. 이 세계에 머물면서 그 속에 매몰된 사람이 아니라 이 세계에서 자신만의 풍부한 삶을 살았던 사람들 말입니다.

심리적으로 자연과의 연결을 회복하는 것은 좋은 일입니다. 그러나 만약 그 회복이 세상 자체를 거부하는 태도를 가져온다면, 그것은 곧 우리 마음과 삶의 한 측면에 반감을 갖는 것을 의미합니다. 자연으로 돌아가는 것과 애초에 자연의 일부인 것은 다른 문제입니다. 이것은 마치 "다시 어린아이가 되자"라는 말과 같습니다. 불가능한 일이죠.

신화와 자연은 어떤 관계인가요?

신화는 숲에 있는 나무들과 같은 근원에서 나옵니다. 신화들은 우리 안에 있는 우주 지혜의 몸인 비즈냐나마야 코사(vijñanamaya kośa)에서 나옵니다.

그렇다면 자연은 우리를 돌보고 있나요?

자연은 개인에게 철저하게 무관심합니다. 신화는 자연의 질서입니다. 우리는 현상이라는 도덕적 입장을 택하고 현상이 어떤 권리를 갖는다고 말합니다. 그러나 현상은 존재의 거대한 흐름이 던져 주는 수수께끼에 불과합니다. 신화가 더 관심을 갖는 것은 개별 현상이 아니라 존재의 흐름입니다.

우주가 우리를 신경도 쓰지 않는다고요?

우주는 인간에게 티끌만큼도 관심이 없습니다! 18세기에 리스본에 대지진이 있었습니다. 볼테르는 문명 공동체가 자연현상에 이렇게 파괴되는 것이야말로 신의 존재를 부정하는 근거라고 생각했습니다. 자연은 이런 문제에 전혀 신경도 쓰지 않습니다. 자연에서 생존하는 것은 마치 바다에서 폭풍우를 견디며 살아남는 것과 같습니다. 이를 위해서 우리는 항해하는 법을 알아야 합니다. 우리가 항해하지 못한다 해도 그것은 자연의 잘못이 아닙니다.

**그렇다면 신화도 자연처럼 이성 바깥에 있는 비합리적인
것일까요?**

그렇습니다. 그러나 자연은 그렇게 혼란스럽지 않습니다. 에너지는 이미 변형되고 특화되고 구성이 된 상태로 우리에게 옵니다. 데카르트 좌표에 맞지 않다고 해서, 다시 말해 깔끔하고 명확한 사고 체계로 환원될 수 없다고 해서 자연을 단순히 부조리하다고 할 수 없습니다. 비록 자연이 인간 이성이라는 좁은 범주를 자주 벗어나지만, 자연의 질서는 경이롭습니다.

이데올로기는 신화가 아닙니다. 이데올로기는 머리에서 나오며, 합리적 정신에 들어 있는 의도와 목표를 자

연에게 강요합니다. 이런 의도는 본질적으로 경제, 정치, 실용적 가치를 지향합니다. 그러나 자연은 그런 의미에서 실용적이지 않습니다. 아름다움은 실용적이지 않고, 인간 마음속에 있는 의지 역시 실용적이지 않습니다. 의지는 내면으로부터 자발적으로 움직이며, 신화는 바로 이 자발적 차원에서 나옵니다.

나는 카를 융이 말한 "집단무의식이라는 원형들"이 이 맥락에 적절하면서도 근본적인 개념이라고 생각합니다. 신화의 원형들은 우주의 본성과 일치하는 인간 본성의 표현입니다. 이런 원형들 앞에 인간의 한정된 지식에서 나온 세계에 대한 생각들을 끼워 넣으면, 합리적 사유 체계가 생겨납니다. 합리적 정신은 꿈 속에서 더 큰 본성의 충동을 인식하게 되며, 합리적 정신 자체도 더 큰 본성에 속하는 신체 기관에 불과하다는 것도 인식하게 됩니다. 이 한 가지 신체 기관의 의지를 전체에 강요하려면 폭력을 이용해야 합니다. 그것은 경찰국가와 같은 방식으로 강제로 진행될 수밖에 없습니다.

그러나 자연을 접하는 순간 힘의 중심이 이동합니다. 자연은 자신을 위해 그리고 자신에 대해 이야기합니다. 이것이 핵심입니다. 자연과는 달리 우리는 자연이 악하거나 어리석거나 충분히 좋지 않다는 생각에 기반한 사회적 폭력과 마주합니다. 그래서 자연을 교정하고, 바꾸려 합니다.

러시아에서 니콜라이 바빌로프(Nikolai Vavilov)가 당한 일을 읽었을 때, 나는 처음으로 이런 사회적 관점의 강력한 힘을 느꼈습니다. 바빌로프는 20세기 가장 진보적이고 중요한 식물학자 중 한 명입니다.[02] 바빌로프는 생물의 특성을 확립하는 요소로 유전자에 따른 유전을 강조했습니다. 그의 관점은 스탈린이 선호했던 환경결정론,

즉 환경이 생물의 유전을 결정한다는 이론의 대표자이자 대변인이었던 트로핌 데니소비치 리센코(Trofim Denisovich Lysenko)의 관점과 완전히 반대였습니다. 리센코는 러시아과학아카데미에서 열린 여러 회의에서 바빌로프를 반동적인 멘델과 모건 유전학의 전파자라고 비난했고, 결국 바빌로프는 1940년에 시베리아로 유배를 가야 했고, 그곳에서 사망했습니다. 그의 사망일조차 알려지지 않았습니다. 20세기 주요 과학자 한 명이 그의 연구 결과가 특정 국가사회제도의 요구에 반대되는 자연을 대변했다는 이유로 이렇게 죽어 갔습니다.

성서도 반자연적입니다. 「창세기」에 따르면, 자연은 "타락"했습니다. 그래서 지금 여기 우리가 가진 것은 자연 세계와 자연적 인간에 대한 탈신성화입니다. 이와 같은 탈신성화는 이미 성서에서 선언되었고, 그리스도교 역사를 통해 지속되었으며, 지금은 마르크스주의에서 "진보적"이라는 이름으로 계승되고 있습니다. 자연을 향한 제도화된 폭력이 약 3000년째 이어진 것이죠. 그러나 그 폭력은 완전히 승리하지 못했습니다. 자연은 언제나 창조적으로 돌파구를 마련합니다.

공산주의와 성서 전통 사이에 공명이 있다는 말씀인가요?

정치 이데올로기에는 형이상학적 차원이 빠져 있습니다. 내가 신화의 첫 번째 기능으로 여기는 것, 즉 신비적 차원과 신비적 차원을 열어 주는 기능이 정치 이데올로기에는 없습니다. 공산주의는 이 한 가지만 제외하고 잘 작동하는 신화의 모든 특성을 갖추고 있습니다. 신비적 감각만이 완전히 결여되어 있죠. 공산주의는 신비에 대해 오만한 태도를 보입니다. 나는 공산주의가 성서 신화의 무미건조한 변종이라고 말하고 싶습니다. 공산주의는 오직 하나의 사회만을 예견하고, 그 사회가 지구 전체에 대해 승리할 것이라고 예언합니다. 또한 자신들의 체체 밖에 있는 사람들을 사람으로 여기지 않습니다. 완벽한 면죄부를 가지고 그들을 없애버리고, 누구도 죄의식을 느끼지 않습니다. 또 다른 흥미로운 점은 공산주의자들에게도 계시가 담긴 성서처럼 숭배하는 책이 있다는 것입니다.[03] 예를 들어, 러시아와 중국 사이에서는 이 경전을 누가 올바르게 해석하는지를 두고 거대한 이념 논쟁이 벌어졌습니다. 이 논쟁은 비판해서는 안 되는 책을 둘러싼 사변적이고 형식적인 말싸움에 지나지 않았습니다. 그리고 미라처럼 방부 처리된 전통 성인들이 등장하는데, 그들은 그 사상의 진정한 해석자로 여겨졌지요. 그렇게 마리아의 품에 안긴 예수 성화 대신 마오쩌둥과 스탈린의 이미지가 곳곳에 걸려 있었고, 이런 특정 인물의 신화화를 통해 개인들은 사회와 연결되었습니다.

그다음으로 선한 사람과 악한 사람이라는 개념이 있습니다. 우리는 선한 사람이고, 타인들은 악한 사람들입니다. 이것이 전부입니다. 선한 세력과 악한 세력 사이에는 갈등이 진행 중이며, 이 갈등은 혁명의 날 혹은 여호와의 날 또는 재림의 날에 절정에 달할 것입니다. 그날이 오면 악은 제거될 것이고 오직 선한 세상만이 남게 될 것입니다. 그때 싸움이 끝나고 역사가 멈출 것입니다.

이것은 완벽한 신화적 구조인 동시에 완전히 독단적 구조이기도 합니다. 여기에는 일탈의 여지가 없습니다. 러시아에서 벌어졌던 숙청 재판들은 갈릴레오가 종교재판관 앞에 섰을 때처럼 대단히 잔인하게 진행되었습니다. 여기에 종교재판관과 고문도 더해집니다. 다른 모든 종교에 대한 공격, 다시 말해 일종의 성전(聖戰)이 벌어지고, 불교, 그리스도교, 심지어 시베리아 샤머니즘까지 반대하는 반(反)종교 운동도 펼쳐집니다. 그래서 공산주의는 신비적 차원을 제외한 모든 것을 갖추고는 무엇을 해야 하고 무엇을 믿어야 하는지 모두 세세하게 알려 줍니다. 나는 공산주의가 개인적 경험을 철저하게 제거해 버리는 끔찍한 반동 체제라고 봅니다. 티베트에서 일어났고, 바로 지금 일어나고 있는 일들을 보세요! 중국의 티베트 침공은 인종 학살과 그 밖의 모든 만행이 포함된 너무나도 끔찍한 이야기지만, 신문에서 그런 이야기를 읽은 적이 있나요?

**공산주의가 불교보다 유대·그리스도교 신화와 더 많이
일치한다는 말씀인가요?**

공산주의는 불교가 아닙니다. 불교가 될 수 없죠. 하지만 불교는 모든 것과 융합할 수 있습니다.

불교가 보여 주는 것은 생명과 세계의 모든 현상 안에 들어 있는 붓다 의식입니다. 낯선 땅에 불교가 들어갔을 때, 불교는 그곳의 신을 무너뜨린 적이 없습니다. 오히려 이렇게 말하죠. "이 또한 붓다의 것입니다."

예를 들어 일본에서는 결혼할 때 신토의 성직자가 결혼식을 주관합니다. 화장할 때는 불교 승려가 그 의례를 담당합니다. 이 문화는 민속적 측면과 근본적 측면, 두 가지 측면을 보여 줍니다. 하나는 인간을 삶으로 안내하고 다른 하나는 삶에서 떠나는 길을 안내하죠. 일본인들은 이 점을 깨달았던 것입니다. 인도에서도 불교는 아무런 문제가 없었습니다. 불교가 시작된 지 거의 천 년이 지난 5~6세기세기 무렵에 불교와 힌두교는 서로 비슷해지기 시작했습니다(붓다는 기원전 563년에서 483년까지 살았다고 합니

다). 그래서 나는 불교도들은 공산주의 세계에서 살아가는 데 아무 문제가 없으리라고 생각합니다. 그러나 공산주의자들이 그것을 허락할까요? 그것이 문제죠.

내가 가지고 있는 사진 두 장을 보여 주고 싶네요. 한 장은 달라이 라마가 살았던 거대한 포탈라궁의 사진입니다. 아름다운 건축물이죠. 이 궁은 하늘과 땅이 하나가 되고 영원과 시간이 만나는 세계의 산을 상징합니다. 또 다른 사진은 지금 티베트에 있는 시멘트 공장 사진입니다. 이 사진 두 장으로 두 사회, 두 건축물, 두 정신 상태 사이에 존재하는 차이를 느낄 수 있습니다. 첫 번째 사진은 영적 황홀감을 느끼게 해 주는 이미지를 제공하고, 두 번째 사진은 대단히 실용적이고 완벽한 기능을 갖춘 건축물을 보여 줍니다. 티베트는 이런 영적 황홀 상태에 빠져 있어서 경제적으로는 크게 뒤처져 있었습니다.

나는 몇 년 전에 젊은 티베트 라마 공라 라돗(Khyongla Rato)의 자서전 집필을 도왔던 적이 있습니다. 그것은 정말 놀라운 이야기였습니다![04] 공라 라돗은 달라이 라마가 게세(geshe) 학위[05] 시험을 칠 때 심사위원 중 한 명이었습니다. 이 젊은 사람이 시험관이었던 것이죠. 달라이 라마가 시험에 합격한 후 라싸에서 1마일 정도 떨어진 여름 궁전 노블링카에서 불교 강연을 하던 그날 밤에 공라 라돗도 그곳에 있었습니다. 나의 친구가 노블링카에서 라싸로 돌아왔을 때, 그곳은 흥분에 휩싸여 있었습니다. 공산당 군대가 달라이 라마를 극장 공연에 초대하면서 경호원 없이 오라고 했기 때문입니다.

라싸 주민 전체가 노블링카와 공산당 부대 주둔지 사이로 쏟아져 나오는 바람에 달라이 라마는 가고 싶어도 갈 수 없을 정도였습니다! 그 사이에 달라이 라마는 이미 탈출을 시작했고, 나의 친구도 두 노인과 함께 라싸를 벗어나기 시작했습니다. 기관총 부대가 난민 무리를 학살하는 상황에서 탈출하려고 애쓰는 이 티베트인들의 이야기는 안타깝고도 엄청난 이야기입니다. 이들은 인도로 흘러들어 갔지만, 그곳에서는 자기 민족조차 돌볼 수 없었습니다.

우리는 마침내 그 책을 『나의 삶과 삶들(My Life and Lives)』이라는 제목으로 출간했습니다. 더블데이출판사가 책의 시작과 탈출 부분만 남기고 많은 부분을 삭제해버린 탓에 책에 담긴 본래 이야기들을 많이 잃어버렸습니다. 그러나 공산당 부대가 티베트로 들어왔을 때 벌어진 사건은 너무나 참혹했습니다.

한 스위스 법학자 모임에서 1959년 티베트에서 일어났던 일을 두 권짜리 보고서로 출판했습니다. 나는 이 보고서가 처음 나왔을 때 구매했는데, 지금은 그 책을 구할 수 없습니다. 나는 『신의 가면 2: 동양 신화』 중 '불교와 새로운 행복'이라는 장에서 티베트 민족이 겪은 파괴를 다루었습니다. 그것은 가혹하고 잔인하며 끔찍한 사건이었습니다.

그러나 이 불교도들은 불평이 없는 놀라운 사람들입니다. 이런 일도 세상의 과정이고, 붓다의 과정이라는 것이죠. 나는 공라 라돗과 몇 년 동안 함께 생활했지만, 그가 중국에 대해 부정적으로 말하는 것을 들은 적이 없습니다. 나는 그에게서 종교가 무엇인지를 배웠습니다. 종교는 진정한 사랑입니다. 종교는 무한한 자비입니다. 종교는 관세음보살과 장자의 지혜와 미덕입니다. 달라이 라마로부터도 이것을 배우게 됩니다. 그도 부정적인 말을 절대 하지 않습니다. 불교도들은 사물을 긍정적으로 읽습니다. 정말 놀라운 일입니다!

미국 신화

**선생님은 "문화는 경제가 아니라 신화에서 나온다"[06]라고
말씀했습니다. 그러나 미국 문화는 처음부터 물질적 부의
획득에 기초하지 않았나요?**

나는 버지니아와 남부 식민지 개척의 동기는 식민지
화와 재산, 세속의 재화에 있었다고 생각합니다. 그곳에
정착한 사람들은 더 귀족적인 집단이었죠[월터 롤리 경
(Sir Walter Raleigh)이 대표적인 사례입니다]. 이 사람들
은 단순히 인디언들의 땅을 빼앗아 자신들의 재화를 늘
리려는 식민지 개척자들이었습니다. 그러나 그들은 식민
지 지배국인 스페인 및 프랑스와 격렬한 종교 갈등을 겪
으면서 끔찍한 시간을 보냈습니다. 그들이 겪은 고통과
재난을 생각해 보세요! 따라서 그들은 분명 오늘날에는
상상하기 힘든 엄청난 원동력에 의해 움직였을 것입니다.

그러나 뉴잉글랜드에 정착했던 사람들을 움직였던
것은 대체로 종교의 힘이었습니다.

그들은 예배의 자유를 찾아서 뉴잉글랜드까지 온 것인가요?

그들이 뉴잉글랜드에 온 이유는 다른 그 무엇도 아닌
바로 자신들을 위해서였습니다.

그들이 어떤 원칙을 위해 싸웠다고 생각하지는 않는군요.

그렇습니다. 나는 그렇게 생각하지 않습니다. 그들이 그곳에 온 이유는 알고 있습니다. 그들은 이기적이었죠. 북부 지역, 즉 뉴잉글랜드에 정착한 사람들이 그곳까지 온 이유는 자신들의 종교적 자유 때문이었습니다. 그들은 각자 어둠의 체계를 가지고 그곳까지 왔으며, 그 때문에 그들과 다른 생각을 가진 사람은 그곳에서 살 수 없었습니다. 그래서 뉴잉글랜드에는 수많은 작은 주들이 생겨났는데, 각각 다른 종교 분파의 구성원들에 의해 세워진 것들입니다.

그러나 종교적 독단 같은 것에 기초하지 않고 설립된 세계 최초의 주는 로드아일랜드였습니다. 로드아일랜드가 미국 1달러짜리 지폐에 담긴 생각을 가장 잘 보여 준다고 할 수도 있습니다. 거기에는 독단주의가 아니라 사람들이 품위 있게 함께 살아가는 문제에 대한 인본주의적 시각이 담겨 있습니다.

그래서 1달러 지폐가 미국 신화를 상징한다는 말인가요?

나는 미국 1달러 지폐 뒷면에 있는 상징 이미지에 미국 건국의 이상이 담겨 있고, 달러 지폐의 가치를 뒷받침하는 이상과 원칙이 들어 있다고 생각합니다. 그 이상은 단순한 경제적 물질주의가 아닙니다.

우리는 1달러짜리 지폐 뒷면에서 미국 국장(the Great Seal of the United States) 앞면과 뒷면을 동시에 볼 수 있습니다. 지폐 뒷면 왼쪽에 있는 국장 뒷면에는 이집트 양식의 피라미드가 있습니다.

어떻게 이집트 피라미드가 국장에 새겨지게 되었을까요?

이 국장의 이미지는 18세기 유럽 프리메이슨 사상에 기초합니다. 이 이미지가 나온 정보의 출처는 아마도 학식 높은 신사였던 토머스 제퍼슨의 서재였을 것입니다.

건국의 아버지들이 이런 사상을 알고 있었을까요?

나는 알고 있었다고 생각합니다. 특히, 토머스 제퍼슨과 벤저민 프랭클린 같은 사람들이 쓴 글을 보면 그런 확신이 더 커집니다.

이런 점들을 고려하면 미국 건국은 더 큰 사회운동의 맥락에서 봐야겠군요?

물론이지요! 최소한 1달러 지폐에 있는 상징주의와 관련해서는 그렇습니다. 당시는 18세기 계몽주의 시대였고, 따라서 미국인들은 프랑스와 공동의 대의를 공유한다는 의식을 가지고 있었습니다. 건국의 아버지들은 초기부터 프랑스에 대한 공감이 있었습니다. 벤저민 프랭클린은 파리에 있었고, 제퍼슨도 파리에 갔습니다. 이렇게 프랑스로부터 온 사상들이 영국으로부터의 독립, 즉 미국독립선언문의 틀을 만들었습니다.

이 피라미드 이미지에서 연상되는 신화적 의미는 무엇인가요?

피라미드 꼭대기에 있는, 정삼각형 혹은 정삼각형에 가까운 형태 안에 자리하며 빛을 발하고 있는 눈은 세계의 눈(the World Eye)입니다. 이것을 세계의 눈이라고 부르지 못할 이유가 없습니다. 인도에서는 이 눈이 창조주 브라흐마의 눈, 즉 신의 눈이라고 알려져 있으며, 이 눈이 열리면 객체로서의 세상이 창조된다고 합니다. 오늘날 이것을 좀 더 물리적 관점에서 해석하면 빅뱅 창조라고 할 수도 있습니다. 피라미드가 그 꼭짓점에서 아래로 넓어지면서 펼쳐지듯이, 우주 또한 그 창조의 시점에서 퍼져 나갔다고 할 수 있습니다. 확장하면서 퍼져 나가는 방향은 아래쪽입니다. 맨 꼭대기에 시작하는 눈이 있고 창조된 우주, 피라미드는 아래로 퍼져 나갑니다. 이 피라미드에 있는 계단의 수는 모두 열세 개인데, 이는 미국 건국 당시에 있었던 열세 개 주를 의미합니다. 피라미드 아래에는 "새로운 세계 질서"라는 의미의 노부스 오르도 세클로룸(*Novus ordo seclorum*)이라는 문구가 적혀 있습니다. 따라서 여기서 볼 수 있는 것은 상징화된 재창조, 새로운 창조입니다. 첫 번째 창조는 자연 질서입니다. 두 번째 창조는 자연 질서와 조화를 이루는 특별한 사회정치 질서입니다. 피라미드 위에는 "그는 우리가 이룩한 일에 미소를 보냈다"라는 의미의 아누이트 코엡티스(*Annuit Cœptis*)라는 문구가 들어 있습니다. 이는 우리는 원래 세상을 창조한 눈의 의미 안에서 이 일을 성취했음을 의미합니다.

이 피라미드를 자세히 보면 피라미드 뒤에는 사막만 있지만, 피라미드 앞에는 푸른 새싹과 식물이 자라고 있습니다. 이 식물을 보면 마치 부활이 일어난 것처럼 보입니다. 고대 이집트에서 부활은 오시리스 신화에서 상징화된 개념입니다. 오시리스의 죽음, 죽음에서 벗어남, 오시리스의 부활로 이어지죠. 비유하자면, 옛 사회의 죽음에서 새로운 사회가 등장하는데, 이 사회가 열세 개 주로 구성된 국가 건립에서 처음으로 선포된 것입니다. 바로 이 메시지가 미국의 국장 뒷면에 분명하게 상징화되어 있습니다.

지폐를 살펴보면 국장 앞면의 모습도 볼 수 있습니다. 국장 앞면에는 흰머리수리가 새겨져 있습니다. 흰머리수리는 북아메리카 토종 독수리입니다(독수리는 전통적으로 제우스나 주피터, 혹은 세계를 지배하는 주인을 상징하는 새입니다). 이 독수리 머리 위에 대단히 흥미로운 상징이 있습니다. 이 상징은 별 열세 개로 구성되어 있는데, 별들은 서로 얽혀서 삼각형 두 개가 겹쳐진 모양으로 배치되어 있습니다. 그리고 솔로몬의 인장이나 다윗의 별처럼 한 삼각형의 꼭짓점은 위를, 다른 삼각형의 꼭짓점은 아래를 향합니다. 각 삼각형은 별 아홉 개로 구성되고, 각 변에는 각각 별이 네 개씩 있으며, 열 번째 별은 가운데에 있습니다.

이것은 정확히 테트락티스(tetraktys)라고 알려진 피타고라스학파의 오래되고 중요한 상징 형태입니다. 열 번째 별을 아홉 개 별이 둘러싼 모양의 테트락티스는 창조의 뿌리 혹은 원천을 나타냅니다. 이 상징이 신의 모습으로 표현될 때, 별 아홉 개는 아폴론 신 주변을 둘러싸고 있는 뮤즈 아홉 명으로 여겨졌습니다. 뮤즈들은 아폴론의 에너지가 발산하는 빛에서 힘을 받아 세상을 창조하고 지탱하는 춤을 출 수 있었습니다. 뮤즈는 현상계에서 작동하는 아폴론 신의 창조 에너지를 상징합니다. 같은 생각이 그리스도교 성화들에서도 상징화되어 있는데, 여기서는 아홉 천사 합창단이 하느님의 빛나는 왕좌를 둘러싸고 찬양 노래를 부릅니다.

이렇게 이 두 삼각형을 결합하면 위로 향하는 삼각형은 극장 뒷면 피라미드의 대응물이 되고, 꼭대기 혹은 정점에 있는 점 혹은 별은 피라미드 꼭대기에 있는 세계의 눈처럼 창조를 이끌어 가는 우주적 영혼의 충동을 상징합니다. 아래로 향하는 삼각형은 창조된 물질 세계의 상징입니다. 그러나 이 삼각형에도 세계를 창조하는 에너지가 나오는 정점이 (바닥에) 있습니다. 피타고라스학파의 용어로, 테트락티스의 정점에 있는 점은 영원의 에너지가 시간의 영역으로 들어가는 입구입니다. 이 에너지에 따른 충동이 시간의 영역으로 갑자기 들어가면, 이 충동은 이원성, 즉 대립쌍으로 분열됩니다. 왜냐하면, 피타고라스학파에서는 시간 영역에 있는 모든 것을 대립쌍 개념으로 이해하기 때문입니다. 따라서 하나는 둘이 됩니다.

이제 모든 곳에 대립쌍이 있고, 서로 대립하는 두 개가 관계를 맺는 방법은 세 가지밖에 없습니다.

1)A가 B를 지배합니다.

2)B가 A를 지배합니다.

3)A와 B가 균형 속에 조화를 이룹니다.

그래서 하나였던 것이 둘이 되었고, 이제 셋이 됩니다. 이 셋에서 시공간 영역에 있는 모든 가능한 관계가 나옵니다. 이 영역이 피타고라스학파의 테트락티스에서 넷으로 표현된다고 봅니다.

마지막으로 독수리 머리 위에 있는 상징처럼 정삼각형 두 개를 겹쳐 놓으면 꼭짓점 여섯 개가 있는 구조가 생깁니다. 꼭짓점 하나는 위에, 하나는 아래에 있고, 나머지 네 개는 각각 동서남북을 가리킵니다. 즉, 위아래뿐만 아니라 사방에서도 창조의 에너지가 흘러 나옵니다.[07]

이제 다시 꼭대기에 신의 눈이 있는 피라미드로 돌아가 봅시다. 피라미드 바닥에 로마 문자로 표시된 숫자를 아라비아 숫자로 바꾸면 1776이 됩니다. 이 숫자는 이 피라미드가 건립된 해입니다. 이제 1, 7, 7, 6을 더하면 21이 되는데, 21은 어린이가 "이성의 나이"로 들어가는 숫자입니다. 이 모든 것은 새로운 국가를 만들고 새로운 세계 질서를 세워가는 과정에서 인간도 마침내 성숙해졌다는 것을 의미합니다. 인류 역사에서 처음으로 힘이나 특권이 아닌 이성이 인간의 형상에 기초한 사회의 창조자가 된 것입니다.

우리는 이것을 어떻게 이해해야 하나요?

정치 용어로 번역한다면, 이것은 민주주의 사상을 상징합니다. 거대한 구조물의 정상에 있는 (한 창조자의 눈과 같은) 단일한 점이라는 이미지와는 대조되는 의미이죠.

국장 앞면 아메리카 흰머리수리 머리 위에 있는 다중심 모형은 새로운 메시지를 상징합니다. 아메리카 흰머리수리가 바로 이 메시지의 전달자가 되어 천상에서 이 땅으로 내려옵니다. 독수리는 두 가지 상징물을 발톱에 쥐고 있는데, 이것은 두 가지밖에 없는 정치 행위 방식을 나타내는 대립쌍입니다. 왼쪽 발톱에는 전쟁을 상징하는 화살 열세 개, 오른쪽 발톱에는 평화의 길을 상징하는 잎 열세 장이 달린 월계수 가지를 쥐고 있습니다. 독수리 머리는 월계수 가지 쪽을 향하고 있지만, 다른 쪽 발톱으로 화살을 (감사하게도!) 꽉 쥐고 있죠. 그래서 전쟁 중이든 평화로운 시기이든 독수리의 행동은 머리 위에 놓인 이중적 테트락티스의 정신과 이름으로 이루어져야 합니다.

독수리의 머리 위에는 "우리는 신을 믿습니다"라는 문구도 새겨져 있습니다.

이 문구는 미국이 유대·그리스도교 원칙에 기초하여
건립되었다는 것을 의미하나요?

이 구절에 담긴 의도를 제대로 이해하려면, 이 구절을 만든 저자들은 그리스도인이 아니라 18세기 이신론자라는 점을 다시 상기할 필요가 있습니다. 18세기 이신론자들은 근본적으로 에덴동산에서의 "타락"이라는 『구약성서』의 신화를 거부했습니다. 이신론자의 관점에 따르면, 인간 정신은 이와 같은 "원죄" 때문에 이성을 통해 직접 신에 관한 충분한 지식에 도달하지 못할 만큼 흐릿해지지 않습니다. 이 관점에 따르면, 선택된 민족을 위한 특별한 계시도 필요하지 않고, 실제 그런 종류의 계시는 전달된 적도 없습니다. 모든 사람은 신을 알 수 있는 능력이 있으며, 이것이 바로 민주주의 원칙이 이성의 관점에서 합리적으로 발표되고 선포될 수 있는 이유입니다.

이성은 우리가 신의 마음을 아는 방법이고, 신에 관한 지식은 각 개인이 도달할 수 있는 범위 안에 있습니다. 이것이 민주주의가 작동하는 이유이지 않을까요?

미국 건국 이념은 이렇습니다. 단일성이라는 높은 위치에서 이원성의 한 편으로 내려가는 순간 인간 안에 존재하는 악의적 충동들 때문에 인간 정신은 흐릿해집니다. 이 충동들이 정화될 때, 이성이라는 선물은 성찰을 통해 신의 마음을 알 수 있는 인간의 유일하고 충분한 매개체가 됩니다.

어떻게 1달러 지폐에 있는 상징에서 이런 신화적 연상을 하게 되었나요?

나는 원래 1달러 지폐에 있는 상징에 대해 아무 생각이 없었습니다. 그것에 처음 관심을 기울이게 된 것은 워싱턴 D.C.에 있는 외교연구원(FSI)에서 강의를 하던 중이었습니다. 나는 『아르타샤스트라』로 대표되는 힌두 정치 이론을 주제로 강의하고 있었습니다. 이 책은 정치 기술, 즉 이기는 기술을 다룬 고전 문헌이죠. 강의실에는 거대한 미국 국장 앞면 그림이 있었는데, 강의를 하다가 그 그림 바로 앞에 서게 되었습니다. 『아르타샤스트라』에 나오는 구절들을 인용하여 나는 꽉 쥔 두 주먹을 내밀면서 이렇게 말했습니다. "지배자는 양손에 전쟁 도구인 큰 지팡

이 단다(danda)와 평화, 외교, 협상을 위한 부드러운 말인 사만(saman)을 쥐고 있어야 합니다." 바로 그때 수강생 모두가 웃었습니다. 내 뒤에 바로 같은 의미가 담긴 국장 앞면 독수리가 같은 자세로 있었기 때문이지요. 나는 뒤를 돌아보았고, 머리 위에 별 열세 개로 일어진 이중 테트락티스뿐만 아니라 독수리 꼬리에 달린 깃털 아홉 개도 눈에 들어왔습니다. 그리고 갑자기 이 상징 안에 흥미롭고 배울 가치가 있는 무언가가 있다는 것을 깨닫게 되었죠.

그냥 우연히 그렇게 배열된 것일 수도 있지 않을까요?

구슬 열세 개를 드릴 테니 임의로 그런 모양을 한번 배열해 보세요! 독수리 꼬리에 달린 깃털 아홉 개, 화살 열세 개, 올리브 나뭇가지에 달린 잎 열세 장, 피라미드의 열세 계단, 우주적 영의 눈의 위치까지 생각해 보세요. 의심할 여지가 없습니다. 이것은 완전히 의도된 구성입니다.

건국의 아버지들이 옹호했던 몇몇 사상에서 도교의 주장을 찾을 수 있다는 말을 들었습니다. 예를 들어, "최고의 통치는 최소한의 통치다"라는 소로의 말은 종종 제퍼슨의 말로 알려져 있기도 합니다.

도교의 원리는 피타고라스학파의 원리와 기본적으로 동일합니다. 『도덕경』 42장쯤에 다음과 같은 구절이 나옵니다. "도는 하나를 낳고, 하나는 둘을 낳고, 둘은 셋을 낳고, 셋은 만물을 낳는다." 이 내용은 테트락티스와 동일합니다.

이 모든 것은 영원의 철학이라는 사상의 내용들입니다. 영원의 철학은 고대 서양과 고대 동양의 바탕에 놓여 있는 보편 철학입니다. 예를 들어, 피타고라스와 붓다는 기원전 6세기에 살았던 동시대인입니다. 붓다는 보통 기원전 563년부터 483년까지 살았다고 추정되고, 피타고라스는 기원전 약 580년부터 500년까지 살았다고 알려져 있습니다.

나는 이런 비교를 생각해 낸 것이 정말 훌륭하다고 생각합니다. 비록 헌법에 대해서는 잘 알지 못하지만, 헌법 초안이 나왔던 18세기 당시에 집단의 권리보다 개인의 권리를 강조하는 것은 대단히 독특한 일이었기 때문입니다.

역사학자 아놀드 토인비는 내부에서 오든 외부에서 오든 상관없이 도전에 대응하지 못하는 것을 문명 붕괴의 기본 원인이라고 규정했습니다. 선생님은 지금 미국 문명이 그런 상태에 있다고 생각하나요?

우선 이 질문에 대한 대답으로 도전에 대응하여 잘 극복하는 것과 도전에 대응하면서도 원래 문명을 건설할 때 기초가 되었던 원칙을 잘 유지하는 일은 별개라고 말하고 싶습니다. 나는 우리 미국인들이 달러 지폐 속 상징이 표현하는 원칙을 잘 지키지 못했다고 생각합니다.

그에 따른 결과는 무엇일까요?

피라미드 뒤에 있는 사막으로 되돌아갔다고 생각합니다.

미국은 이 도전에 대응하고 있지 않나요?

대응을 한다는 것은 분명 좋은 일이지만, 그렇다고 해서 우리가 반드시 사막에서 벗어나는 것은 아닙니다. 신문을 펼칠 때마다 새로운 재난들이 기다리고 있습니다. 우리는 문제를 해결하고 있어요. 좋은 일입니다. 그러나 달러 지폐의 문양에 표현된 이데올로기의 관점에서 해결하고 있지는 않습니다.

우리는 문명을 시간의 역동성 안에서 생각해야 합니다. 문명은 청년기, 성숙기, 장년기, 노년기를 거칩니다. 우리 문화는 지금 노년기에 있습니다. 해체되고 붕괴되는 시기인 것이죠. 그리고 이 낡은 문명에서 새로운 것이 나옵니다. 우리는 새로운 것을 기대하고 기다려야 하지만, 그 새로운 것을 어디서 찾을 수 있을지는 모릅니다. 작은 희망을 가질 때마다 나는 노년에 접어든 우리 문화가 더 많이 붕괴되는 모습을 보게 됩니다. 자신의 재정에만 관심을 갖는 사람들의 모습 말이지요.

오스발트 슈펭글러가 했던 끔찍한 말이 하나 있습니다. "미국에 대해서 말하자면, 미국은 과거도 없고 미래도 없는 달러 사냥꾼들의 집합소다." 나는 이 말을 지금 우리가 살고 있는 시대에 대해 이야기하고 있는 그의 책 『결단의 시대(Jahre der Entscheidung)』에서 우연히 접했습니다. 1930년대에 이 글을 읽었을 때 나는 이 내용을 불쾌하게 받아들였습니다. 모욕이라고 생각했지요. 그런데 정말로 사람들은 무슨 일에 관심을 가질까요? 레닌은 이런 말을 했습니다. "우리가 자본가들에게 교수형을 집행할 준비를 할 때, 자본가들은 우리에게 밧줄을 팔려고 경쟁할 것이다." 바로 이것이 우리가 하고 있는 일입니다. 아무도 자신들의 문화가 무엇을 표현하는지 생각하지 않습니다. 그들은 중서부에 사는 농부들이 자신들에게 투표할지를 궁금해합니다. 그들이 그 농부들의 밀을 러시아에 팔아 주었기 때문입니다. 이처럼 우리는 경제적 관심밖에 없는 끔찍한 결여의 상황을 직면하고 있습니다. 이런 문화적 상황이 바로 노년기이자 죽음이며, 바로 종말입니다. 이것이 지금 상황에 대한 나의 생각입니다. 부정적 판단을 내릴 수밖에 없지요.

사람들이 신문에서 무엇을 읽고 있는지 한번 보세요. 지하철을 타면 사람들은 모두 같은 기사를 읽고 있습니다. 이 살인사건, 저 살인사건을 읽고 있죠. 강간 사건, 이혼 사건. 사유해야 할 주제들이 이 모양입니다! 우리 삶에서 저널리즘은 살인에 방점을 찍고 있습니다. 살인에요.

미국은 건국의 바탕이 되었던 원래 영감으로 스스로 재편할 수 있을까요?

나는 미국이 당연히 이 난국에서 벗어날 수 있다고 생각합니다. 이름은 기억나지 않지만 예전에 어떤 외교관이 미국은 외교관계, 특히 근동 지역의 외교관계에서 공정해야 한다고 말했던 것으로 기억합니다. 나 또한 이것이 해답을 위한 첫걸음이라고 생각합니다. 공정함과 함께 우리는 대립쌍을 넘어서 피라미드의 꼭대기에 다시 올라가게 될 것입니다. 그러나 다른 한편으로, 미국은 지금 세계 갈등의 한 편을 대표하는 데 너무 깊이 얽혀 있어서 공정성을 쉽게 달성할 수 없는 상황에 놓여 있습니다.

전쟁 놀이

20세기에는 전쟁을 종식하자는 운동이 등장했습니다. 이런 움직임은 제1차세계대전 이후 국제연맹의 결성, 제2차세계대전 이후 국제연합의 결성, 그리고 1960년대 평화운동으로 나타났습니다. 우리는 "우리 시대의 평화"를 보게 될까요?

법으로 적을 없앨 방법이 없다면 법으로 전쟁을 없앨 방법도 없습니다. 정복 욕구는 사회에 내재되어 있습니다. 원시부족들을 보세요! 예를 들어, 폴리네시아나 뉴기니에 있는 부족들의 실제 전쟁을 보면, 그것은 섬멸전쟁입니다! 수천 명이 사는 작은 섬에서 늘 이 골짜기와 저 골짜기가 싸우고 있습니다! 이 사람들은 건장하고 힘도 셉니다. 만약 이들이 싸우지 않으면 그 건장함을 어디에 쓰겠습니까? 이처럼 내재된 욕구가 하나의 문제입니다. 그러나 실제 역사 속 전쟁이라고 부를 수 있는 전쟁 양식은 기원전 2500년경 근동에서 시작되었습니다. 내가 알고 있는 전쟁 관련 최초 문헌들은 기원전 2350년경 사라곤 1세 시대를 다룬 것들인데, 이 문헌들에는 사라곤 1세가 이 도시 저 도시를 점령하고 모든 사람을 죽이는 등의 내용이 담겨 있습니다. 『구약성서』에도 전쟁을 위한 지침이 들어 있습니다. 도시로 가서 그 도시에 있는 개, 고양이, 심지어 들쥐까지 모든 것을 죽이고 쓸어 버리라고 하죠. 정말 끔찍합니다! 이때가 소위 왕조 문명의 첫 번째 단계에 속합니다.

다른 시기에 전쟁은 주로 귀족들이 벌이는 게임이었습니다. 인도 역사 중 대부분이 그런 시기였습니다. 사냥과 전쟁을 빼고 귀족들이 무슨 일을 할 수 있겠어요? 유럽에서도 나폴레옹시대 이전까지 전쟁은 대부분 귀족들 사이에서 벌어졌습니다. 그러다가 나폴레옹 이후에 대규모 전쟁이 시작되었습니다. 그것이 오늘날 우리가 겪고 있는 전쟁 형태의 시작입니다.

오늘날 전쟁은 무시무시합니다. 영국과 미국 공군은

중부 유럽 도시들을 폭격했고, 그다음 일본에 있는 두 도시를 원자폭탄으로 폭격했습니다. 세계 역사에서 비교할 대상이 없을 만큼 무자비한 일이었습니다.

전쟁에 신화적 차원이 있나요?

다른 모든 일과 마찬가지로 전쟁도 사람들의 참여를 이끌어 내기 위해 의례가 필요합니다. 의례는 사람들이 자신이 하고 있는 일을 이해하게 도와주는 도구입니다. 사람들은 보통 의례를 당연한 일로 여깁니다. 그러나 의례에서 실제 무슨 일이 일어나고 있는지 인식해야 합니다.

전쟁은 개인에게 공동체를 위해 자신을 포기할 것을 요구합니다. 이 포기가 전사(戰士)의 신비주의이며, 전사는 스스로 죽음을 받아들입니다. 이런 마음가짐의 변화를 불러오기 위해 의례가 있습니다. 아니 한때 있었습니다. 실제로 제2차세계대전 중 나바호 인디언들이 미군으로 징집되었을 때, 제프 킹이라는 나바호족 주술사 노인이 전사 입문식을 보여 주었습니다. 입문식을 통해 소년들은 일상생활과는 다른 전사의 정신으로 들어갔습니다.[08] 이와 마찬가지로 오디세우스는 전사 정신을 버리고 세속 생활로 귀환해야 했습니다. 나는 오디세우스의 의식 변화와 관련해서 『오디세이아』에서 일어난 일을 이렇게 해석합니다. 군대에서 10년을 보낸 다음에 오디세우스는 이 세상에서 남성과 여성 관계의 가치와 기쁨, 그리고 중요성을 다시 깨닫게 됩니다. 이것이 오디세우스에게 일어난 의식 변화의 의미입니다.

전쟁은 의례입니다. 예전에는 전쟁이 상당히 의례화되어 있었습니다. 제1차세계대전에 와서야 그런 의례화가 사라지기 시작했고, 제2차세계대전 때는 최소한의 의례만 남았습니다. 그다음에 일어난 한국전쟁에서는 누가 싸우고 있고 우리는 어디서 무슨 일을 하는지 아무도 몰랐습니다. 우리는 유엔을 위해 싸웠나요? 아니면 미국 또는 다른 것을 위해 싸웠을까요?

한편, 히틀러의 사례에서 볼 수 있듯이, 정치 목표를 위해 의례의 가치를 떨어뜨리는 일도 쉽게 일어납니다. 네덜란드 친구가 한 명 있는데, 그 친구는 나치 강제수용소에 있었습니다. 하루는 히틀러가 강제수용소를 방문했는데, 수감자들은 차렷 자세로 서서 그를 맞이해야 했습니다. 그 친구는 이렇게 말하더군요. "그런 자세로 히틀러를 보니 나도 모르게 손을 올리고 '하일(Heil, 만세)'을 외치고 싶더군. 그 마음을 억누르느라 정말 힘들었어." 히틀러는 무엇을 어떻게 해야 하는지 알고 있었습니다! 어떤 악마적 열정으로 자신이 생각하는 것에 사로잡혔던 이 기묘하고 광기 어린 인물, 이 우스꽝스럽고 작은 남자가 보여 주는 영광과 권력의 모습은 세상의 구원이었습니다. 그리고 그는 사람들이 그 구원을 느끼게 해 주었습니다.

이런 일이 일단 세상에서 일어나면, 사회학자들은 그것을 설명할 방법이 없습니다. 사회학자들은 모든 일을 통계나 그 비슷한 것에 기반하여 해석하려 하기 때문입니다. 그러나 에너지와 권력, 그리고 천재 한 명이 결합되어 독특한 현상이 발생했고, 천재를 둘러싼 사람들은 이 에너지와 힘을 상징적으로 전시하는 방법을 알고 있었습니다. 히틀러는 미쳐 갔습니다. 그리고 러시아와 대적하면서 스스로 파멸했습니다.

역사는 참으로 이상한 것입니다. 이런 우스꽝스럽고 작은 순간들이 역사의 흐름이 어느 쪽으로 향할지를 결정해 버립니다. 우리는 역사를 바꿔 놓은 그 순간을, 몇몇 우연을, 또는 우연처럼 보이는 사건을 정확하게 짚어 낼 수 있습니다. 그러나 사실 운명이 바로 그런 우연 속에서 모습을 드러내는 것이지요.

그렇다면 전쟁은 언제나 우리와 함께할까요?

현대 문화의 관점에서 보면 오늘날 전쟁은 쓸데없는 일이라고 생각합니다. 전쟁으로는 아무것도 이길 수 없습니다. 나는 일본인들이 시장의 요구에 맞추어 유용한 물건을 생산하고 독창성과 창의성을 갖추는 것이 승리의 길이라는 것을 배웠다고 생각합니다.

일본인들은 자신들의 고유한 공격 본성을 더 생산적인 활동으로 전환했다는 말인가요?

글쎄요, 일본인들이 원래 공격적이라고 말하고 싶지는 않습니다. 일본인들은 15세기, 16세기, 그리고 17세기 사회 변환기에 잔혹한 내전을 벌였습니다. 유럽도 같은 시기에 정확히 같은 경험을 했지요. 그렇지만 일본인들은 엄청난 에너지와 지력을 가졌고, 규율 또한 갖추고 있습니다. 그들은 열심히 일하는 것을 꺼리지 않으며, 그런 태도는 전쟁 기술보다 더 낫습니다.

지금 나는 하와이에 살고 있습니다. 일본 교토에서도 6개월 머물렀는데, 나는 일본인들이 우리와는 대단히 다르다는 느낌을 받았어요. 그들은 경이로움으로 가득 차 있습니다. 그런데 일본과 미국을 비교할 때 일본인들은 일본을 위해 일한다고 생각합니다. 그들은 정말 그렇습니다! 반면에 미국인들은 자신들의 소득세를 위해 일합니다. 이것은 큰 차이를 만듭니다. 미국에서는 경쟁의 영역으로 보이는 일들, 곧 노동자과 경영진 간의 대립과 같은

과 모든 일들이 일본에서는 협력의 장이 됩니다.

팀 작업에서는 개인이 있을 수 없고, 문화의 생명은 곧 팀의 생명입니다. 도대체 무슨 일이 일어났는지 모르겠습니다. 내가 어렸을 때는(내 나이쯤 된 사람들은 늘 "내가 어렸을 때"라고 말하죠) 정말로 달랐기 때문이죠. 순전히 개인의 성취만 이루려는 충동, 개인적인 성공에만 관심을 쏟고 주변 일에 관여하지 않으려는 태도는 나의 어린 시절에는 존재하지 않았습니다. 그리고 세상에서 무슨 일이 일어나고 있는지 모르지도 않았습니다. 나는 이런 문화가 미국적이지 않다고 생각합니다. 이런 태도는 오히려 이 시대 문화 조건과 관련이 있습니다. 나는 우리 문화가 끔찍한 상태에 있다고 생각합니다.

우리는 불안한 시기에 살고 있습니다.

늘 불안한 시기죠. 불안한 시기가 원자폭탄과 함께 시작된 것은 아닙니다.

『구약성서』 중 특히 「사사기」와 「여호수아기」만 보면 기원전 제2천년기에 작은 도시에서의 삶이 어떠했는지를 알 수 있습니다. 지평선 위로 먼지구름이 나타납니다. 그것은 베두인족일까요, 아니면 먼지 폭풍일까요? 다음 날 아침, 그 마을에 살아 있는 사람은 아무도 없었습니다.

사람들은 늘 죽음의 위협 속에 살아 왔습니다. 우리는 단지 충분히 보호를 받는 데 익숙해져서 이런 죽음의 위협이 예외적 상황으로 다가올 뿐입니다. 그러나 죽음은 역사 전체에서 평범한 일입니다. 인간뿐만 아니라 동물도 그렇습니다. 세렝게티 평원에 있는 동물들이 물을 마시러 가는 사진들을 보세요. 그 주변에는 항상 사자가 있습니다.

죽음은 삶의 일부입니다. 그러나 우리는 올 수도 있고

오지 않을 수도 있는 이런저런 위협을 너무 두려워합니다. 위협이 오지 않는 것이 무슨 상관인가요? 위협이 온다고 한들 무슨 상관입니까? 만약 자신이 몇 달 혹은 심지어 몇 주 뒤에 죽을 것을 안다면, 그 사람은 깨어 있게 되고 현재를 인식하게 될 겁니다. 그리고 현재를 더욱 풍부하게 경험하기 시작할 것입니다. 지금 순간의 모든 기쁨이 인식되기를 간절히 바라고 있는데도, 미래의 재앙을 걱정하며 사는 것은 삶의 즐거움을 놓치는 것일 뿐입니다.

신화의 미래?

오늘날 우리는 어떤 신화를 가지고 있나요?

나는 우리가 가진 신화의 종류를 말하지는 않겠습니다. 지금 우리에게 보편적으로 통용되는 신화는 없다고 생각하기 때문입니다. 오늘날 보편적인 신화는 없습니다. 삶의 배경, 목표, 가능성이 너무도 다양하므로, 어떤 한 가지 상징 질서가 우리 모두에게 효과적으로 작용하기는 어렵습니다.

그 이유는 무엇인가요?

오늘날 문화들은 확실히 큰 위기의 시대를 맞이하고 있습니다. 문화의 위기는 100년 전만 해도 서로에 대해 전혀 알지 못하던 문화 형태들, 문화 이상들이 최근에 함께 등장하고 충돌하면서 일어났습니다. 이것이 이 시대가 갖고 있는 결정적 문제입니다. 현대 세계는 너무 다양해서 같은 경험을 공유하는 사람이 거의 없습니다. 이런 다원주의 때문에 오늘날 통일된 신화를 갖는 것은 불가능합니다.

모든 신화는(여기서는 모든 종교를 포함한 신화를 말합니다) 특정 사회질서 안에서 성장했습니다. 오늘날 이 사회질서들이 서로 충돌하고 있습니다. 지금 근동에서 일어나는 일만 보더라도 알 수 있습니다. 그 충돌은 끔찍한 공포입니다. 그곳에는 세계 3대 유일신 종교가 혼란을 야기하고 있는데, 그 이유는 그 종교들은 자신만이 모든 가치를 갖고 있다고 생각하고, 상대도 인간임을 인정하고 마음을 열 줄 모르기 때문입니다.

신화는 시간 또는 공간을 통해 잘 전달되지 않습니다. 신화들은 특정 환경에서 성장하고, 그 신화들이 서로 충돌하고 떨어져 나갑니다. 신화의 작동 방식은 그림과 같습니다. 감상자는 그림을 보고 곧바로 "아하!"라고 탄성을 지르거나 다른 사람의 설명을 들어야 이해하거나 둘 중 하나입니다. 설명이 필요하다면, 그것은 작동하지 않는 것입니다.

한 문화 안에 작동하는 살아 있는 신화가 없다면, 어떤 일이 생길까요?

우리는 백인 문명에게 정착지를 빼앗긴 원주민 공동체에서 어떤 일이 일어났는지 보았습니다. 옛 신화들이 사라지면, 그 신화들에 의존하던 사회들도 해체됩니다. 그들의 오랜 금기들이 신뢰를 잃자, 그 공동체들은 즉시 산산조각이 났습니다. 오늘날 이와 같은 일이 우리에게 일어나고 있습니다.

신화적 상황은 영적인 삶을 드러내며, 모든 것이 영적 의미가 담긴 은유가 됩니다. 그리고 개인은 자기 삶 속에서 이런 은유에 참여하게 됩니다. 그러나 신화를 잃어버린 사회에서는 이런 과정이 더는 작동하지 않습니다.

사회가 변하면, 사회는 자신의 상징을 잃어버리고, 변화된 현재 상황을 성찰하기 위해 새로운 상징을 만들어야 합니다. 그러나 현대사회에서는 우리 삶의 조건들이 신화적 상징으로 아직 전환되지 않았습니다. 삶의 조건들이 너무 빠르게 변하기 때문입니다.

내 생애 동안 일어난 일을 한번 보세요! 우리는 철도를 달리는 기차에서 비행기로, 달나라에 가는 로켓으로 이동했습니다. 학생 시절 유럽을 가던 해에 찰스 린드버그(Charles Lindbergh)가 비행기를 타고 처음으로 대서양을 건넜습니다. 하지만 지금 우리는 달에 갑니다.

이런 급격한 변화 때문에 삶의 조건들을 신화로 전환하기가 어려워졌습니다. 이런 까닭에 많은 사람들이 뿌리가 없다는 느낌을 받습니다. 인도의 구루들이 미국에 와서 사람들에게 "내면으로 향하라"라고 말해 주고 큰돈을 버는 이유가 여기에 있습니다. 이 현상은 단순한 유행을 넘어섭니다. 미국에는 진짜 명상 운동이 일어나고 있습니다. 우리의 신화는 사라져 버렸고, 그리스도교는 오늘날 사람들의 삶을 움직이지 못합니다. 사람들의 삶을 움직이는 것은 주식시장과 야구 경기 결과입니다. 사람들은 무엇에 열광할까요? 완전히 물질적인 단계가 전 세계를 장악했습니다. 이제는 누군가가 싸우고 추구하는 이상조차 없습니다. 세상을 움직이는 것은 경제와 정치이고, 이것들은 영적인 삶과 무관합니다.

오늘날의 요구를 해결하기 위해 그냥 새로운 신화를 만들 수는
없을까요?

안 됩니다. 신화는 그런 식으로 만들어지지 않으니까
요. 우리는 신화가 나타날 때까지 기다려야 합니다. 신화
는 이념이 아니므로, 다음에는 어떤 신화가 나올지 예측
할 수 없습니다. 신화는 뇌가 아니라 인간 정신 밑바닥에
있는 창조의 중심에서 생성됩니다. 그러나 우리는 더 나
은 신화가 무엇일지는 예측할 수 있습니다.

신화는 개인 생활, 사회생활, 지리적 관계, 초월과의
관계와 관련이 있습니다. 신화 속에 들어 있는 지리 및 사
회와의 관계는 이 신화를 다른 신화들과 구분해 주는 요
소입니다.

오늘날 현대인에게 적절한 신화가 생기려면 두 가지
일이 일어나야 합니다. 첫째, 우리에게 알려진 자연 세계
를 받아들여야 합니다. 최근에 나는 물리학자들과 천문
학자들이 발견한 몇 가지 사실에 대해 들었습니다. 그 이
야기는 정말 놀라웠습니다! 마치 마법과 같아서 믿을 수
가 없습니다! 이런 사실들이 기초입니다. 이런 과학적 사
실을 신비적 영감으로 전환하는 일은 어렵지 않습니다.

둘째, 우리가 속한 사회가 이런저런 집단, 사회 계급,
혹은 인종이 아니라 지구라는 것을 깨달아야 합니다.

그런데 방금 신화들은 특정 지역과 연결된다고 말씀하지
않았나요?

맞습니다. 그러나 뉴욕에서 도쿄까지 하루 만에 날아
가는 시대에 지구를 한 단위로 묶는 것이 신뢰하기 힘든
의식의 확장이라고 말할 수 없습니다. 새로운 신화는 전
체 지구를 포괄해야 합니다. 이것은 의심의 여지가 없습

니다. 오늘날 집단이 무엇인가요? 그것은 지구입니다. 지구는 정치와 경제로 연결되어 있고, 서로 몰랐던 문화들의 촘촘한 그물망으로 엮여 있습니다.

우리가 생존하기 위해서는 지구적 개념이 필요합니다. 지금 당장 그런 일이 일어날 가능성은 낮아 보이지만, 경제적 요구가 강제한다면 지구적 개념이 가능할 수도 있습니다. 지구적 관점을 요구하는 경제적 이해가 존재하는 한, 그것은 강력한 압력이 될 것입니다. 지구가 하나의 사회로 통합되는 일이 모든 사람에게 경제적 사실로 명확해지고 있습니다. 그것이 경제적 사실이 되는 순간, 최소한 대중의 마음속에는 그것이 진정한 사실이 됩니다.

이와 같은 통합은 이제 시작되고 있습니다. 정말로 시작되고 있습니다. 티베트에서 사상과 전통이 수입되고 있는데, 50년 전에는 일어날 수 없었던 일입니다! 학생 시절 유럽에 가기 전까지 나는 힌두인을 만나 본 적이 없었습니다. 미국에는 힌두인이 없었거든요. 지금 나의 교실에는 중국인, 힌두인, 베트남인이 있습니다. 그 결과 학문적으로도 아주 흥미로운 변화가 일어나고 있고, 역사 연구가 힘을 잃고 있습니다. 내가 속한 집단의 수직적 역사에는 아무도 관심이 없습니다. 대신 인류학적 연구가 사방으로 퍼져 나가고 있습니다. 갑자기 내 교실에 아프리카를 방문한 적이 있는 학생들이 나타났습니다. 네팔을 다녀온 학생들, 세계 곳곳을 다녀온 학생들이 생겼습니다. 예전에는 내가 그런 지역들에 대해 뭔가를 알고 있는 척할 수 있었는데 말이죠.

그래서 우리에게 요구되는 것은 전 세계에 있는 우리의 형제자매에게 이런 개방성을 보이는 것입니다. 우리와는 다른 정신을 가진 울타리 반대편에 있는 사람들과 어떻게 잘 지낼 수 있을까요? 어떻게 하면 우리의 정신을 그들에게 강요하지 않고, 그곳에 있는 "너"를 이해하면서 그들과 잘 지낼 수 있을까요?

그러나 실제로 사람들은 이런 열린 마음을 갖는 대신 뒤로 물러나고 있습니다. 사람들은 집단 내부를 향해 모든 종류의 충성심을 보여 주지만, 아무도 지구에 충성하지는 않습니다. "우리는 선한 존재"라는 신화 대신에 거대한 우주에 대한 신화, 지구 사회에 대한 신화가 등장할 가능성이 있습니다. 우리는 실제 선하지 않기 때문입니다.

우리는 이미 그런 신화의 싹을 가지고 있다고 말할 수도 있습니다. 다만 아직 자라나지 않았을 뿐이죠.

선생님이 알고 있는 지구적 성격의 고대 신화가 있나요?

아니요. 고대 신화 중에 지구적 신화는 없습니다. 각 신화는 한정된 지평 안에 있습니다. 모든 신화가 그렇습니다. 물론 같은 주제가 등장하는 겹치는 신화들은 있습니다. 그러나 특정 문화권에 있는 사람들은 자신들을 지구 사회의 구성원으로 생각하지 않았습니다.

지금은 그런 지구 신화가 가능할까요?

나는 가능하다고 생각합니다. 내가 흥미를 가지고 있는 주제이기도 합니다.

우리에게 엄청난 정보들이 쏟아지고, 고고학이 새로운 발견을 하고, 완전히 새로운 문학들이 출현하며, 지금까지 들어 보지 못했던 언어로 번역본이 나오고, 고대의 죽은 언어들이 재발견되어 번역되고, 그 문법들이 연구됩니다. 해마다 새로운 일이 벌어지고, 분기마다 새로운 것들이 쏟아지고 있습니다. 내가 할 수 있는 일은 그런 것들을 따라가는 것이 전부입니다. 정말 엄청난 시기입니다!

그러나 우리는 이 모든 것을 어떻게 소화해야 할까요? 그저 너무 많은 것이 쏟아져 들어오는 시기입니다. 50년 전만 해도 전혀 몰랐던 사실들, 예를 들면 그런 사람이 있었고 그런 생각이 있었다는 등의 내용들을 우리는 오늘날 당연하게 여기고 있습니다. 하지만 이 모든 것이 이해되고 흡수되는 데는 시간이 걸립니다.

그러나 상황이 제대로 자리 잡기 위해서는 특정 집단이 아닌 지구 전체를 대상으로 하는 사회학적 이미지가 우위를 차지해야 합니다.

지구 신화의 출현은 불가피한 일인가요?

지구 신화는 신화 자체로도 중요한 의미가 있습니다. 다시 말하지만, 지금까지 모든 신화는 특정 문화의 지평 안에서 성장해 왔습니다. 그 지평이란 그 문화 구성원 모두가 공유하는 공통된 경험의 지평입니다. 그 지평이 달라진다면 다른 경험을 하게 되고, 신화의 외형과 내용 모두 달라질 것입니다.

지금 이 지평은 지구입니다.

오늘날 신화의 지평을 지구로 볼 때 제기되는 유일한 질문은 굉장히 거대한 질문입니다. 다시 말해, 이집트가 힘을 잃을 때 피라미드 건축이 중단되었듯이, 지금의 신화 지평을 만드는 인류의 이 거대한 새 유산도 결국 소멸할 것인가라는 질문입니다. 다시 말하면, 서양의 정신, 서양의 마음만이 이 거대한 새 유산을 지탱하고 있나요? 아니면 반대로 이 문화는 소위 지구적 인간 의식에 기본적으로 흡수될 수 있고, 흡수되어서 지속될 것이므로, 우리 세계는 새로운 단계로 이동하게 될까요? 우리 인류 사회는 내가 지금까지 말했던 지역적 지평이 더 이상 존재하지 않는 단계, 즉 진정한 포스트 농경 단계로 진입하고 있는 것일까요? 세계 곳곳에 중심지를 세우고 있는 이 "공항 문명"도 대영제국의 선물들이 사라진 것처럼 그렇게 사라지게 될까요? 아니면, 이 문명이야말로 영원히 지속될 수 있는 특별한 것인가요? 서양 아닌 다른 문화 세계들도 이것을 받아들일 수 있을까요? 그들도 이 문화를 원할까요? 슈펭글러의 말처럼, 단지 이 문화를 전해 준 서구를 파괴하기 위해 이용하는 것일까요, 아니면 그들이 진정으로 원하는 무언가가 그 안에 있는 것일까요?

방금 우리가 제기한 여러 가지 질문들은 다음에 일어날 운동이 얼마나 지속될 것인가라는 질문으로 이어집니다. 다음 단계에서는 지금의 새 문화는 사라지고 모든 개별 문화가 다시 각자의 작은 상자 속으로 돌아가게 될까요? 아니면 다음 단계는 특별한 것, 즉 지구 위에서 인류의 완전히 새로운 시대가 시작되는 것을 보여 줄까요?

국가 정체성을 초월하는 것은 대단히 어려운 일입니다.

역사의 관점에서 보면, 우리는 지금 국가 및 부족 의식의 종말기에 살고 있습니다. 현대 생활에 적절한 유일한 의식은 지구 의식입니다. 그럼에도 모든 대중적 사고는 자신이 속한 지역 공동체를 향한 충성심에 기반하고 있습니다. 이제 이런 사고는 시대에 뒤떨어진 것입니다.

우리가 직면한 도전은 이 지구를 하나의 공동체로 인식하는 일입니다. 그러나 이 도전에 직면하여 모든 사람이 내집단(in-group) 속으로 움츠러드는 모습을 보이고 있습니다. 이런 내집단들의 이름을 밝히고 싶지는 않습니다만, 우리 모두 그들이 누구인지는 아주 잘 알고 있습니다. 미국에서는 그들을 압력단체라고 부르죠. 그들은 인종, 계급, 종교, 경제 집단이고, 그들 모두 서로 얽혀 있습니다.

"우리가 전부이고, 다른 이들은 외부인이다"라고 말하는 사람들은 위험한 이들입니다. 하지만 여전히 이렇게 말하는 종교들이 있습니다. 인류 전체가 우리 사회임을 깨닫는 일은 매우 어려운 새로운 상황입니다. 우리가 거주하는 작은 동네는 지구입니다. 지구라는 우주선입니다.

오늘날 보편 관점을 좀 더 지향하는 쪽과 부족이나 종파와 같은 내집단으로 관점을 축소하려는 쪽 사이에 긴장이 있습니다.

더 큰 보편성을 지향하는 것이 이 시대의 흐름이지만, 분파적 사고는 자기 앞에 놓인 것을 두려워하는 사람들을 끌어당기는 힘이 있습니다. 분파적 사고의 문제와 관련하여 지금 세계의 정치적 상황에 실제로 책임이 있는 사람들의 수는 이 방에 모두 들어갈 수 있을 만큼 적습니다. 그들은 마치 보편적 이해를 위한 방법이 전혀 없는 것처럼 행동하고 있습니다! 그들 모두 지적인 사람이지만, 욕망과 두려움 같은 옛 체계에 깊이 얽매여 있고, 대화에서 중간 입장을 취하지 못하는 그들의 무능력 때문에 세계는 그저 혼란에 빠져 있습니다.

선생님은 인간 정신이 기로에 서 있다고 생각하나요?

나는 인간 정신이 발전하고 있다고 생각합니다. 따라서 인간 정신에서 일어나고 있는 일에 대해 부정적 시각을 가지고 있지도 않습니다. 정치인들에게 일어나는 일에 대해서는 대단히 부정적 태도를 취하지만, 이 태도는 인간 정신과는 관련이 없습니다. 오늘날 세계의 혼란은 인류의 계몽에서 비롯된 것이 아니라, 이기적인 정치인 무리의 엉터리 일 처리 때문에 발생합니다.

그러나 우리가 잘못된 길을 선택하면 어떤 일이 일어날까요?

글쎄요. 아주 솔직하게 고백하자면, 나는 혼자만의 소수 의견을 갖고 있습니다. 나는 지금 일어나고 있는 일이 괜찮다고 생각해요. 나는 대단히 낙관적인 사람입니다. 나는 지금 일어나고 있는 일들을 좋아하는 편입니다. 나의 지식인 친구 대부분은 우월감 속에 이 상황을 위에서 내려다보듯이 걱정하고 타박하지만, 나는 그렇지 않습니다. 전쟁이요? 그것도 괜찮다고 생각합니다.

전쟁도 괜찮다고요?

착한 사람들이 전쟁에서 사람들을 죽이는 것은 부족주의의 결과입니다. 그러나 나는 그런 일이 있어서는 안 된다고 말하는 사람은 아닙니다. 쇼펜하우어의 책『의지와 관념으로서의 세계』에 이런 구절이 있습니다. "삶이란 본래 있어서는 안 되었던 것이다." 그리고 삶이 진행되는 과정을 보면서 많은 사람이 실제로 이런 감정을 느낀다고 나는 생각합니다. 홀로코스트 같은 일들, 캘리포니아를 바다로 쓸어버리는 폭풍 등은 비난받을 만한 사건들입니다.

선생님은 서양 종교가 토착 문화에 미친 영향을 축소하거나 왜곡하는 관점을 걱정하고, 세계가 지구적 통합을 열망하는 방식을 염려했습니다. 그런데 지금은 무슨 일이 일어나도 괜찮다는 말씀을 하네요. 이것을 어떻게 이해해야 할까요?

당신이 듣고 있는 것은 세계의 나머지와 교류하지 않

고 전 세계를 그리스도인으로 만들기 위해 선교사를 보낸 이 서양 종교가 또한 이 하나의 지구를 만든 원동력이라는 것입니다. 그래서 악마는 실제 악을 대표하면서도 선에 봉사하는 존재입니다. 누군가 라마크리슈나(Ra-makrishna)에게 물었습니다. "왜 세상에는 이토록 악이 많습니까?"

라마크리슈나는 이렇게 대답했습니다. "글쎄요, 이야기 구성을 복잡하게 만들려는 것이겠죠."

내가 기본적으로 이야기하는 것은 이 세상에는 두 가지 신화가 있다는 것입니다. 한 신화는 우리가 자연과 조화롭게 일치해야 한다고 말합니다. 수천 년 동안 인류 중 대부분이 가졌던 관점입니다. 두 번째 신화 체계는 조로아스터교와 함께 시작되었는데, 이 신화는 선한 신과 악한 신이 있다고 말합니다. 선한 신은 선한 세상을 창조했고, 악한 신은 악으로 세상을 채웠습니다(타락이라고 부르기도 합니다). 우리가 사는 세상은 선과 악이 섞여 있습니다. 그러므로 우리는 타락한 자연과 일치하려 애쓰지 않습니다. 자연을 바로잡으려 할 뿐입니다.

나는 역사를 자연의 일부로 여깁니다. 역사는 단지 일어난 일일 뿐입니다. 인류는 우리 모두에게 편안하지 않을 수도 있는 방식으로 살아갑니다. 그러나 그것이 삶이 진행되어 온 방식입니다. 나는 그것을 긍정합니다. 나는 세상이 수정되어야 한다고 생각하지 않습니다.

**당연히 사회를 바꾸기 위해 과감하게 도전하는 사람들도
선생님은 수정할 필요가 없다고 생각하는 이 세상의
일부입니다.**

수정이라는 측면에서 그들이 만든 난장판을 보세요.

세상을 수정하려는 바로 그 시도가 세상을 더욱 복잡하게 만듭니다. 그러니 그들도 문제의 일부입니다. 그러나 그것도 좋습니다. 이런 말도 있죠. "그래, 원래 그런 거야."

내가 낙관주의자인지 물었나요? 나는 낙관주의자입니다. 모든 것이 끔찍합니다. 하지만 나는 그것이 멋지다고 생각합니다.

세상이 멸망한다고 해도요?

개인적으로 나는 생명의 생존 능력을 높이 평가하는 낙관주의자입니다. 나는 지금의 긴장을 해소할 수단이 반드시 나타날 것이라고 생각합니다. 사실 이 긴장이 발생한 지 기껏 100년이 채 되지 않았고, 그 해답의 출현은 불가피해 보입니다. 테니스 네트 건너편에 있는 사람을 동등한 인간으로 인정하는 신화가 우리에게는 없습니다. 하지만 그런 신화가 나타날 것입니다. 반드시 나타날 것입니다. 그러나 지금 이곳에는 없습니다. 우리는 그 교훈을 배워야 하고, 세계 신화를 찾아야 합니다. 함께 사는 법을 배우지 못하면 우리는 지구를 폐허로 만들 것이기 때문입니다.

그러나 지금 현재로서는 지극히 비관적일 수밖에 없습니다. 현재 또는 가까운 미래에 대해서는 비관할 수 있지만, 지금부터 대략 50년 후에 일어날 일에 대해서는 긍정적일 수 있습니다.

그래서 이 모든 상황에 대한 선생님의 응답은 아무 일도 하지 않는 것인가요?

나는 그저 책을 쏠 뿐입니다. 내가 해야 할 일은 인류의 조화를 암시하는 어떤 것을 제시하는 것이라고 생각합니다. 신화 속에서 발견되는 인류에 대한 축하의 교향곡이랄까요. 그리고 나는 내가 쓴 책들이 이미 작은 영향은 미쳤다고 알고 있습니다.

당신은 지구를 등에 짊어진 헤라클레스가 될 수는 없습니다. 작은 일을 해야 합니다. 그 일을 잘하세요. 세상을 정치적으로 개혁하는 일이 중요하다고 생각하면, 정치에 뛰어드세요. 나는 개인적으로는 정치가 차이를 만드는 최선의 방법이라고 생각하지는 않습니다. 정치에서 어떤 일이 벌어지는지 우리는 이미 알고 있습니다. 정치의 길에 들어서면, 그 속에 이미 굴러가고 있는 거대한 관성에 휩쓸려 가야 한다는 사실을 곧 깨닫게 됩니다. 그것은 엄청난 관성이니까요.

이 과정에 참여하려는 평범한 사람들에게는 어떻게 조언하겠어요?

오늘날 우리 모두를 연결하는 경제 그물망과 그에 따른 상호의존성 때문에 모든 내집단의 신화들은 시대에 뒤떨어졌을 뿐만 아니라 위험합니다. 지구 공동체를 기본 단위로 보는 개념은 아직 없습니다. 내가 보는 오늘날 신화의 핵심 문제는 무엇이 새로운 신화가 될 것인가가 아닙니다. 문제는 그 범위입니다. 새로운 신화는 전체 지구를 우리 사회로 인식하는 신화가 되어야 합니다.

그러나 만약 당신의 개인적 신화를 알고 싶다면, 어떤 집단에 속해 있는지 먼저 자문하세요. 만약 내가 인간이라는 것을 몰랐다면 나는 나의 정체성을 몰랐을 것입니다. 나는 개도 아니고 천사도 아니죠. 나는 자신을 인간으로 알아야 합니다. 만약 당신이 오로지 나바호족 사람으로만 자신을 정의한다면, 당신은 자신의 인식을 제한하는 것입니다.

내가 놀랐던 점은 사람들이 지금까지 본 적도 없는 사람들이 있는 아주 먼 나라에 갔을 때, 사람과 사람 사이의 만남이 오히려 더 쉽고 즐거우며 우정이 넘친다는 것이었습니다. 사람들을 갈라놓는 것은 정치와 경제에서 나타나는 또 다른 차원의 이해관계입니다. 지난 전쟁은 경제적 문제 때문에 벌어졌습니다. 또한 교리를 가르칠 때 우리 교리가 다른 교리보다 우월하다고 보는 시각도 사라져야 합니다. "그래요, 사실, 당신은 당신 방식대로 신을 경배하고, 나는 신의 방식대로 신을 경배합니다"라고 친절한 척 말할 수는 없습니다.

어떤 사람이 정치적 행동을 하고 영향력을 행사할 때, 자기 지역 공동체의 정당한 이익을 배반하지 않으면서도 자신을 세계 공동체의 일원으로 생각할 수 있다면, 그 사람은 세계 발전에 도움이 될 것이라고 생각합니다.

그리고 다음 돌파구는 지구를 성지로 인식하는 데서 출발해야 합니다.

7장

길은 점점 넓어졌습니다

캠벨이 캠벨에 대해 말하기

신화를 좋아하는 학생

**선생님은 많은 책을 집필했습니다. 혹시, 자서전을 써 볼 생각을
한 적은 없나요? 신화에서 모은 가르침들이 선생님 삶에서는
어떻게 작용했는지 독자들에게 알려 줄 수 있을 텐데요.**

글쎄요, 나는 자신의 길을 찾으려고 노력하는 사람들에게 자기 희열을 따라가라는 작은 제안을 했습니다. 지시가 아니에요. 나는 나의 희열을 따랐고 삶을 즐기고 있고 그것이 전부입니다. 자서전에 대해서는, 내 삶의 어느 시기를 돌아보더라도 너무 슬프고 향수에 젖을 것 같아요. 그것을 견디는 것은 쉽지 않을 것 같습니다.

평생 동안 같은 신화의 길을 따라갔나요?

그렇습니다. 하지만 그 길은 점점 넓어졌습니다. 신화에 대한 관심은 1910년경 대여섯 살 때 시작되었습니다. 버펄로 빌[Buffalo Bill, 미국의 군인 출신 아메리카들소 사냥꾼 겸 쇼맨]은 해마다 매디슨광장 정원에서 〈와일드웨스트쇼〉를 열었습니다. 대평원에서 데려온 인디언 무리와 함께했었죠. 인디언들이 들어와서 티피[대평원 인디언들이 사용하는 주거용 텐트]를 설치하면 불이 꺼지면서 공연이 시작되곤 했죠. 인디언들은 춤을 추고, 마차가 들어오면 마차를 습격하고 총을 쏘았습니다. 너무 멋졌어요! 그때 나는 인디언에 눈을 떴습니다.

아마 내가 다섯 살 무렵이었을 겁니다. 남동생은 나보다 한 살 어렸고요. 하루는 할머니가 나와 남동생을 데리고, 여동생은 유모차에 태운 채 리버사이드드라이브로

내려가고 있었어요. 한 아주머니가 우리 앞에 서서 "너희 둘 다 참 착하구나"라고 말했어요. 그때 내가 대뜸 "내 안에는 인디언의 피가 흐르고 있어요"라고 말했습니다. 아주머니는 놀란 표정을 지었어요. 내 동생이 이렇게 덧붙였습니다. "나에게는 개의 피가 흐르고 있어요."(나는 동생 찰리가 개에 관심이 있는지 몰랐습니다!) 산타클로스의 진실을 알게 된 일은 아무것도 아니었습니다. 하지만 나는 인디언이 될 수 없다는 사실을 알게 된 것은 특별했습니다!

일요일마다 아버지는 우리에게 무엇을 하고 싶은지 물어보셨어요. 우리는 배터리파크 수족관, 브롱크스동물원, 그리고 자연사박물관 중에서 선택했습니다. 그리고 그곳에는 정말로 웅장한 토템 기둥들이 전시되어 있는 (오늘날까지도 그대로 있는) 거대한 방에 북서 해안에서 온 콰키우틀 인디언의 엄청나게 큰 카누가 있었고, 카누 안에는 노 젓는 인디언 인형들과 곰 가죽을 쓴 채 서 있는 인디언 인형들이 있었습니다. 그때부터 나는 인디언 이야기와 전설들, 엘리아스 뢴로트(Elias Lönnrot)의 핀란드 민족 서사시 『칼레발라: 영웅의 나라(The Kalevala-that's The Land of Heroes)』를 읽기 시작했습니다. 당시는 인디언들이 운디드니 학살과 전쟁 때문에 격앙되어 있던 때입니다. 그리고 아이들을 위해 지어낸 동화가 아니라 인디언 이야기들을 아이들에게 다시 훌륭하게 들려주는 멋진 책들이 막 출간되기 시작했는데, 루이스 헨리 모건(Lewis Henry Morgan)의 『이로쿼이 연맹』이 대표적입니다. 이 가운데 내가 여전히 책장에 두고 있는 가장 중요한 책은 조지 버드 그리넬(George Bird Grinnell)의 『블랙풋족의 천막 전설들(Blackfoot Lodge Tales)』입니다. 나는 이런 이야기들을 읽으면서 아메리카 인디언 신화와 이야기에 푹 빠지기 시작했습니다.

내가 아홉 살 때 우리 가족은 뉴로셀로 이사했습니다. 우리 집 옆에는 큰 공터가 있었는데, 어느날 인부들이 공터를 파기 시작했죠. 나와 동생은 땅 파는 것을 거들었습니다. 공사가 끝나고 보니 그곳은 뉴로셀 공공도서관이 되어 있었습니다. 그곳은 마치 내 빌딩처럼 느껴졌어요. 어린이 자료실이 처음 문을 열었을 때 나는 그 자료실 현관 계단에 앉아 있었어요. 자료실에는 인디언을 다룬 멋지고 작은 책들로 가득했습니다.

나는 1년 만에 아메리카 인디언 관련 도서를 다 읽었고 중앙도서관 서가 출입 허가증을 받았습니다. 그리고 그 서가에서 미국 민족학국(United States Bureau of Ethnology)*의 연례 보고서를 읽기 시작했습니다. 나의 진정한 학자 생활은 그때 시작되었습니다. 열세 살 혹은 열네 살쯤 되었을 때, 나는 아메리카 인디언을 연구하는 제법 훌륭한 꼬마 인류학자가 되어 있었습니다. 내 삶에서 아주 즐거운 시기였습니다(하지만 우리 가족은 뉴로셀에서 극적인 결말을 맞았습니다. 1919년 집에 불이 나서 할머니가 돌아가셨고, 아버지도 거의 돌아가실 뻔했습니다. 그렇게 뉴로셀과의 인연은 끝이 났습니다).

인디언들의 지혜와 지식에 관한 한 소년의 사랑이 『피네간의 경야를 여는 곁쇠』 『천의 얼굴을 가진 영웅』 등과 같은 작품들의 씨앗이었다는 말씀인가요?

---

* 미국 민족학국은 1879년에 설립되어 20세기 초반까지 미국 정부가 운영하던 기관이며, 아메리카 원주민의 문화 전반을 연구하고 기록하는 일을 했다.

글쎄요. 나는 인류학, 인디언, 신화, 남서부의 전체 역사에 매료되었을 뿐입니다. 하나를 배우면 그것이 다른 것으로 이끌어 주었죠. 나는 공부를 멈출 수가 없었습니다. 이후에 사립학교에 다니면서 프레더릭 오브라이언(Frederick O'Brien)이 쓴 『남쪽 바다의 하얀 그림자(White Shadows in the South Seas)』를 비롯해 폴리네시아를 다룬 책들이 나오기 시작했습니다. 나는 이 자료들에 관심을 갖게 되었죠. 나는 가톨릭신자로 자랐기 때문에 죽음과 부활, 동정녀 잉태, 대홍수 같은 이야기가 이런 다른 신화들에 있다는 것을 쉽게 발견할 수 있었습니다. 어머니는 다시 이 모든 일에 대해 불안해하기 시작하셨죠. 이때부터 나는 신화들을 비교하는 데 관심을 갖게 되었습니다. 비교신화학의 출발점이었던 셈이죠.

이런 깨달음에도 선생님의 모태 신앙은 유지되었나요?

스물네 살, 스물다섯 살 정도까지는 아주 독실한 가톨릭신자였습니다. 매주 고해성사를 하러 가곤 했는데, 가기 전에 늘 양심을 돌아보고 성찰하곤 했습니다. 내가 저지른 모든 부정적인 일들을 생각하곤 했죠. 도대체 왜 좋고 아름다웠던 일들과 자신이 했던 훌륭한 일들은 생각하지 않고, 다른 나쁜 일들을 잊어버려야 하는 걸까요? 이런 부정적 일들을 끌어올리고 명상하는 일은 사람을 벌레처럼 비참하게 만듭니다. 언제나 무릎을 꿇고 가슴을 치면서 "제 탓이요, 제 탓이요, 저의 큰 탓이옵니다"라고 읊조립니다. 물론 어떤 일을 잘못했을 때 가슴을 치는 것은 당연하지만, 하찮은 잘못, 정말 사소한 일 때문에 가슴을 치는 것은 너무하죠! 만약 끔찍한 일을 저질렀다면, 굳이 고해성사를 보러 갈 필요가 없습니다. 자신이 그것이 무엇인지 알고 있고 그 일 때문에 끊임없이 괴로워하고 있을 테니까요.

　신앙을 잃어버렸다는 것은 자기 안에 있는 가장 깊은 영적 잠재력과 자신의 의식적인 삶을 진정으로 연결해 주던 상징과 이미지를 잃어버리는 일입니다. 그래서 나는 이런 옛 신앙을 버리지 말고 다시 읽어서 불가능한 역사적 참조가 아니라 살아 있는 영적 참조로 만들어야 한다고 생각합니다. 그럴 때 모든 것이 다시 살아납니다. 가톨릭 신화도 결국은 정말로 풍부하고 아름다운 신화입니다.

　이후에 컬럼비아대학교에 다니면서 나는 고딕 시대 로마가톨릭주의와 연결된 아서왕 로맨스를 발견했는데, 이 로맨스에서도 옛 모티프들을 발견할 수 있었습니다.

선생님이 사립고등학교를 졸업한 후 다트머스대학교에서 생물학 공부를 했다고 언급한 자료를 본 적이 있습니다. 하지만 드미트리 메레시콥스키(Dmitri Merezhkovski)의 소설 『레오나르도 다빈치의 로맨스(The Romance of Leonardo da Vinci)』를 읽은 후 방향을 바꾼 건가요?

　그 책은 그냥 나를 압도했습니다! 나는 문학, 예술, 또는 그 비슷한 것에 대해 아무것도 모른다는 사실을 깨달았습니다. 그사이에 나는 다트머스대학교에 완전히 싫증이 났습니다. 그래서 다트머스를 떠나 컬럼비아대학교로 옮겼죠. 그리고 나의 전체 관심사도 생물학과 수학에서 문학사, 예술사, 음악사 등으로 완전히 바뀌었습니다.

대학에서 과외 활동은 어떠했나요?

　수업은 너무 쉬워서 크게 신경 쓰지 않았어요. 나는 재즈밴드에서 연주하는 것을 좋아하게 되었죠. 우리 밴드는 여러 종류의 색소폰들, 그러니까 C 소프라노, E-플랫

소프라노(아, C 음이 생각나네요!), 알토, 그리고 E-플랫 바리톤 색소폰과 기타, 우쿨렐레 등으로 구성되어 있었습니다. 정말 멋진 작은 밴드였습니다. 우리는 남학생 사교 클럽 무도회와 주니어(11학년) 무도회 등에서 연주했습니다. 밴드를 확대하여 열두 명까지 밴드 인원을 늘린 적도 있었습니다. 이런 진짜 밴드에서 연주하는 것은 정말 재미있는 일이었습니다. 우리 밴드는 〈꿈속에서 당신을 만나리(I'll See You in My Dreams)〉와 〈작은 집시여, 내 앞에 놓인 미래를 말해 줘요(Tell Me, Little Gypsy, What the Future Holds for Me)〉처럼, 제목과 가사에서 융을 떠올리게 하는 위대한 곡들을 연주했습니다.

우리는 뉴암스테르담으로 가서 우리가 가장 좋아하던 폴 화이트먼(Paul Whiteman)의 노래를 들었습니다. 그리고 극장을 다녔죠. 대단한 연극이었습니다! 해마다 조지 버나드 쇼와 유진 오닐의 새 연극이 공연되었죠. 지그펠드폴리스[The Ziegfeld Follies, 뉴욕 브로드웨이에서 1907년부터 1931년까지, 그리고 이후 몇 차례 특별공연 형태로 이어진 대형 뮤지컬 리뷰쇼]도 있었죠! 그리니치빌리지폴리스[Greenwich Village Follies, 1919년부터 1927년까지 이어진 브로드웨이식 뮤지컬 리뷰쇼]도 있었습니다! 매주 우리가 연주할 수 있는 음악이 한 다발씩 쏟아졌습니다. 나는 금주령 속에서 자랐고, 평생 술을 마셔본 적이 없었습니다. 여자에게 춤을 추러 가자고 물어보는 것이 전부였어요. 진저에일을 주문하고 10달러면 멋진 저녁을 보낼 수 있었죠. 오! 지저스. 정말 그럴 때가 있었죠.

그러던 중에 완전히 새로운 흥밋거리가 생겼습니다. 컬럼비아대학교에서는 "체육"이 필수과목이었는데, 그 시간에는 트랙을 돌아야 했어요. 나는 누구에게도 절대 지지 않으려고 했고, 그래서 항상 1등으로 들어왔습니다. 나는 다른 학생들을 계속 추월했고, 그 아이들은 태어날 때부터 쓰러질 운명이었나 싶을 정도로 계속 넘어졌어요. 그래서 나는 그냥 계속 추월하고 그 아이들을 앞서나갔죠.

그것을 본 칼 머너 코치님이 나에게 물었습니다. "달리기 해 본 적 있나?"

"아니요, 없습니다."

"육상 한번 해 보지 않겠나? 지금 대학에 있는 누구보다도 빨리 달릴 수 있을 거야."

"좋습니다."

나는 정말로 달리기와 재즈밴드 연주에 전념했습니다. 그러나 두 가지 일을 함께 할 수는 없더군요. 그 다음에 뉴욕 스포츠클럽에서 나에게 팀 합류를 제안했고, 나는 그 제안을 받아들였습니다. 그래서 나는 대학교 3, 4학년 때 육상선수로 활동했습니다. 여러 대회에서 받은 메달이 한 상자 가득 있습니다. 그때 받은 메달을 다 꺼내면 침대 한 칸을 족히 채울 겁니다. 대부분 금메달이죠.

대학을 졸업한 다음에도 계속 컬럼비아대학교에 머물렀습니다. 신화 자료에 대한 관심 때문이었나요?

졸업하던 해인 1925년에 나는 다음 해 육상팀 주장으로 선출되었고, 그래서 1년 더 육상을 하기 위해 컬럼비아대학교 대학원에 진학했습니다. 하지만 내가 어떤 전공을 선택할 수 있었겠어요? 그다지 심각하게 고민할 문제는 아니었어요. 당시 나는 독일어와 프랑스어를 잘 읽지도 못했으니까요. 영어만 알고 있는 상태에서 나는 영문학으로 대학원 학위를 준비했고, 중세시대와 낭만주의 시기를 전공으로 선택했습니다.

중세시대 자료들을 읽기 시작하면서 나는 정말 흥분했습니다. 그 자료들, 특히 아서왕 자료에는 내가 인디언 신화에 빠져 있던 시절에 접했던 옛 신화적 모티프들이 들어 있었습니다. 나는 로마가톨릭신자로 자랐고, 그래서 옛 신화적 모티프를 굉장히 진지하게 여겼습니다. 어린 시절에도 나는 일치하는 모티프를 본 적이 있었죠. 그리고 이 주제에 대해 진지하게 흥미를 느끼게 되었습니다.

그렇게 달리고, 중세 자료들을 탐닉하고, 밴드에서 음악을 연주했습니다. 연주를 했기 때문에 나는 여자친구 없이도 무도회에 갈 수가 있었죠. 그러나 매년 무도회에 데리고 가는 여자친구가 한 명씩은 있었어요. 그리고 해가 바뀌면 다른 여성에게 관심을 두곤 했죠. 그러다 보니 나의 연애사에서 연속성은 찾기 힘들게 되었죠.

진지한 관계는 없었나요?

당시에는 한 여성을 세 번 초대하면, 그의 어머니는 그 사람을 사윗감으로 생각했죠. 이처럼 당시에는 "나를 잡아 봐" 같은 분위기가 있었습니다. 나는 결혼을 하고 싶지 않았습니다! 결혼은 정말로 내키지 않는 일이었습니다. 진짜예요.

한편, 여름이 되면 어머니는 우리를 데리고 여행을 다녔습니다(나의 부모님은 정말 좋은 분들이었습니다). 한번은 미국 전역을 여행했습니다. 샌프란시스코에서 배를 타고 멕시코 해안으로 내려갔고, 파나마운하를 통과해서 볼티모어까지 올라갔습니다. 정말 기억에 남는 여행이었습니다! 동생 찰스, (여동생) 엘리스, 그리고 어머니와 함께했던 여행이었죠. 올림픽이 열리던 1924년 여름에 어머니는 우리를 유럽으로 데려갔습니다. 대단한 올림픽이었습니다. 파보 누르미(Paavo Nurmi)는 정말 대단한 육상 선수였죠! 아버지도 합류해서 우리는 함께 영국, 스코틀랜드, 네덜란드, 벨기에, 프랑스, 스위스, 이탈리아를 두루 여행했습니다. 정말로, 나는 여전히 그때 우리가 갔던 모든 장소, 모든 도시들을 기억하고 있습니다. 정말 멋진 첫 유럽 경험이었습니다.

나는 열흘에 걸쳐 천천히 유럽으로 항해하는 배를 타고 있었습니다. 갑판에 놓인 의자 세 개에 어두운색 피부를 가진 젊은이 세 명이 앉아 있었는데, 그들이 자리를 떠난 후 나는 의자에 적힌 이름을 살펴보았습니다. 그들은 지두 크리슈나무르티(Jiddu Krishnamurti), 그의 동생 니트야난다(Nityananda)와 라자고팔(Rajagopal)이었습니다.[01] 그들을 잘 아는 매력적인 젊은 여성이 있었는데, 나는 여느 젊은이들이 인사하는 방식으로 그에게 나를 소개했고, 그는 나를 그들에게 소개해 주었습니다. 그 후 크리슈나무르티와 나는 그 항해 동안 매우 가까운 사이가 되었습니다. 그 젊은 여성은 나에게 에드윈 아널드(Edwin Arnold)의 『아시아의 등불(The Light of Asia)』 한 권을 선물로 주었는데, 이 책이 불교와 힌두교에 대한 나의 입문서가 되었습니다.[02]

아버지가 어떤 일을 했기에 가족들이 그렇게 많은 여행을 할 수 있었나요?

아버지는 양말 사업을 하셨습니다. 수입업과 도매업을 하셨지요.

육상은 계속 했나요?

뉴욕 스포츠클럽 육상팀이 샌프란시스코 골든게

이트 스타디움에 초대받아 경기에 참가한 적이 있습니다. 우리는 모든 종목을 휩쓸었습니다. 올림픽 참가자이자 우승자였고 나의 룸메이트였던 잭슨 숄츠(Jackson Scholz)가 나에게 하와이에 대한 이야기를 들려주었습니다. 나는 "지금 캘리포니아에 있는데, 하와이에 못 갈 이유가 어디 있겠어?"라고 생각했죠. 그리고는 자부심을 가득 안고(우리가 모든 종목을 석권했으니까요!) 배에 올랐습니다. 배는 7월에 하와이 본섬에서 1마일 정도 떨어진 곳에 우선 닻을 내렸습니다. 섬에 있는 꽃들이 모두 피어나 그 향기가 1마일 밖에까지 퍼졌습니다. 섬 전체가 꽃다발이었습니다. 황홀했습니다. 배가 정박하기 위해 들어가자, 사람들이 모여 있는 가운데 한 밴드가 〈알로하〉를 연주하고 있었어요. 그들 위에 "알로하 조 캠벨!"이라는 문구가 적힌 깃발이 걸려 있었습니다. 나는 "나 같은 사람에게 이 정도 환영은 해야지!"라고 생각했어요. 육상 스타였으니까요. 그러나 알고 보니 그 깃발은 나를 만나러 온 잭슨의 친구가 만든 것이었어요.

운명은 정말 신기합니다. 당시에 나는 코트랜드호텔에 머물렀는데, 나중에 알고 보니 그 호텔은 13년 뒤에 나의 아내가 될 진(Jean)의 집과 한 블록 거리에 있었습니다. 당시 진은 무용을 배우러 다니던 어린아이였어요.

돌아오는 배에서 한 여성을 알게 되었고, 우리는 가벼운 만남을 가졌습니다. 매우 순수한 관계였고, 요즘처럼 격렬한 애정 표현은 없었어요. 그 여성은 몇 년 후 내 삶에 다시 들어오게 되죠. 나는 워싱턴 야키마해안을 따라 올라가는 여행에 초대를 받았고, 그곳에서 아메리카 인디언들의 로데오를 봤습니다. 그리고는 다시 대학원으로 돌아왔습니다.

대학원에서는 아서왕 전설에 집중했나요?

나의 논문 주제는 토머스 맬러리의 『아서왕의 죽음(Morte d'Arthur)』에 나오는 모티프인 "가슴 아픈 일격(The Dolorous Stroke)"이었습니다. 사람들은 내 논문을 좋아했습니다. 석사과정을 마쳤을 때 유럽으로 갈 수 있는 장학금을 받았어요.

나는 이 주제에 완전히 매료되었고, 여전히 육상을 하고 있었습니다. 대학원을 다닐 때 나는 스물둘, 스물셋 무렵이었어요. 다른 모든 일이 그랬던 것처럼, 장학금도 그냥 나에게 왔습니다. 내 삶에 찾아온 뜻밖의 행운, 세런디피티(serendipity)였습니다. 그래서 나는 결국 육상을 그만두었습니다. 진지한 학문과 육상을 동시에 할 수는 없으니까요. 1927년에 나는 파리로 향했습니다..

**당시에 선생님은 세계에서 가장 빠른 사람 중
한 명이었습니다. 육상을 포기하는 일은 어렵지 않았나요?**

장학금을 받기로 결심했을 바로 그 시점에 나는 한 경기에서 패배했습니다. 정말로 이기고 싶은 경기였어요. 그전까지는 한 번도 진 적이 없었거든요. 나는 머릿속으로 일주일에 다섯 번씩 그 경기를 다시 떠올려 보곤 했습니다. 만약 내가 그 경기에서 이겼더라면, 나는 육상을 포기하지 않았을 겁니다. 그리고 2년, 3년 혹은 4년 동안 운동선수로 계속 활동했을 겁니다.

1928년에 올림픽이 있었지만, 나는 육상을 그만두었습니다. 1928년 내 친구들이 모두 암스테르담에 있을 때, 나는 파리에 있었습니다. 올림픽이 끝난 후 친구들이 파리로 와서 함께 파티를 했지만, 나는 올림픽에 참가하지는 않았죠.

당시에는 스포츠 분야에서 전문적으로 일할 기회가 많지
않았다는 점을 고려할 때 만약 선생님이 그 경주에서
우승하여 올림픽에 나갔더라면, 신화학자 대신 운동 감독이나
트레이너로 경력을 쌓을 수도 있지 않았을까요?

글쎄요, 그랬을 수도 있었겠죠. 경력이라는 관점에서 보면 나는 그때 실패했습니다. 나는 그해 올림픽 육상 800미터 종목에서 우승한 친구를 알고 있습니다. 그 친구와 여러 번 겨뤄 본 적이 있었죠. 다른 사람들은 "오, 세상에 운도 없어라"라고 생각할 수도 있겠죠. 나는 올림픽에 참가하지 못했으니까요.

하지만 지금 나는 올림픽에 나가지 않았던 것이 참 다행이라고 생각하고 있습니다. 그렇게 이해해야 하죠.

니체가 바로 인생을 이런 시각으로 보는 사람입니다. 제가 정말 좋아하는 인물이죠. 혹시 알고 싶을까 봐 언급하자면, 니체는 만약 당신이 자기 삶에서 일어나는 모든 일을 아모르 파티(amor fati), 즉 "운명에 대한 사랑"의 마음으로 긍정하지 못하면, 당신의 삶 전체가 망가진다고 말합니다. 우리 인생의 모든 중요한 순간이 아주 조금만 달랐더라면, 그때부터 우리 전체 인생도 달라졌을 겁니다.

그래서 선생님은 경기에서 진 것에 "예"라고 했나요?

삶의 아주 작은 부분 하나에도 "아니요"라고 말하면, 전체 삶에 "아니요"라고 말한 것이 됩니다. 모든 것은 서로 얽혀 있기 때문입니다. 만약 삶을 긍정하는 길에 방해가 되고 싶다면, 당신이 가장 부끄러워하는 실패에 대해 "아니요"라고 말하세요.

부끄러워하는 일이라고요?

나는 수치심에 대해 말하고 있습니다, 죄책감이 아니라요. 죄책감은 니체가 말했듯이 노예의 도덕입니다. 죄책감은 복종하지 않고 처벌을 두려워하는 데에서 비롯됩니다. 죄에 대한 종교적 감정을 생각해 보세요. 지옥이 처벌이고 죄는 명령에 복종하지 않아서 생기는 처벌에 대한 두려움입니다.

반면에 수치심은 귀족적인 정서로, 어떤 행동에서 실패했을 때 느끼는 감정입니다. "나는 어떤 일을 수행하는 데 실패했고, 그래서 할복합니다"라는 감정이 바로 수치심입니다. 죄책감은 해야 할 의무를 어기고 누군가에게 복종하지 않을 때 생기는 감정으로, 외부로부터 부과됩니다. 수치심과는 완전히 다른 도덕 감정입니다. 심리학에서는 수치심과 죄책감을 구분하는 것은 매우 중요합니다.

그래서 영웅의 관점에서 선생님은 그 실패에 "예"라고 했나요?

그렇습니다. 왜냐하면 나는 놀라운 삶을 살았으니까요.

실패하기 전까지요?

아니요, 계속해서요. 내가 만약 그 경기에서 이겼다면 나는 지금의 삶을 살지 못했을 겁니다. 그것은 분명합니다.

그러나 그때도 그 사실을 알았나요?

아니요, 몰랐습니다.

그렇다면 어떻게 육상선수를 과감하게 포기하고 학자가 될 수 있었나요?

나는 이미 학자의 길을 가겠다고 결정을 내린 상태였습니다. 그러나 육상을 계속했다면 연구를 제대로 하지 못했을 것입니다. 그래서 달리기를 포기하고 학자가 되기 위해 전념하는 것이 나에게는 더 쉬운 일이었습니다. 파리에 갔을 때 나는 파리에 있는 경마클럽에서 달릴 수 있었지만, 그렇게 하지 않았습니다.

그렇다면 "아모르 파티"라는 생각으로 우리에게 오는 일을 긍정하는 데에는 마지막에는 더 나아질 것이라는 믿음이 필요한가요?

아닙니다, 좋아질 것이라는 기대가 절대 아닙니다. 그것 자체로 좋다는 것이죠. 지금 그것이 좋다고 여기며 긍정하는 것입니다. 지금 현재가 엉망일 수 있어도, 그 엉망진창을 긍정하는 것이죠.

영어에는 위어드(weird)라는 흥미로운 단어가 있습니다. "기이한, 초자연적인, 운명으로 얽힌" 같은 의미가 들어 있죠. 『맥베스』에는 인간의 운명을 주관하는 위어드 자매 세 명(마녀 자매 혹은 운명의 자매)이 등장합니다. 이처럼 이 단어는 전체 운명의 문제와 관련이 있습니다. 이슬람에는 신이 내린 운명을 뜻하는 키스메트(kismet)라는 단어가 있습니다. 이 단어는 진정한 이슬람 전사들이 왜 그렇게 용맹한지를 설명해 줍니다. 그들은 자신의 운명이 아닌 일은 절대 자신에게 일어나지 않는다고 생각합니다. 그래서 그들은 나아갑니다. 죽을 운명이라면 죽는 것이죠.

반면에 유럽어인 독일어에는 "되다"를 의미하는 베르덴(werden)이라는 단어가 있습니다. 당신은 잠재적으로 될 수 있는 존재가 됩니다. "되다"를 의미하는 werden의 뿌리가 weird입니다. weird는 "운명"으로 번역되는데, 이 단어에 담긴 의미는 키스메트와 완전히 다릅니다. 이 단어는 가장 오래된 영어 서사시 『베오울프(Beowulf)』에 나옵니다. 늙은 전사 베오울프는 용에 맞서 싸우려고 하는데, 이미 그는 자신에게 그럴 힘이 없다는 것을 알고 있습니다. 그러나 그것이 베오울프의 운명입니다. 족장인 자신 이외에는 결국 그 누구도 그 용에게 맞서지 못하니까요. 내가 생각하기에 앵글로색슨 문학에서 가장 빛나는 구절 하나가 여기에서 등장합니다. "운명(Wyrd)이 아주 가까이 있었다." 베오울프는 이 전투에 뛰어들기 위해 앉아서 생각하고 마음을 가다듬고 있습니다. "운명(Wyrd)." 그가 베르덴, 즉 되어 가는 마지막 순간입니다. 아름답죠. 정말 아름다운 구절입니다!

그리스·로마신화에서는 운명이 우리 바깥에 별개로 존재합니다. 이런 생각이 부담감을 줄이는 방법이 될까요? 내 탓이 아니고 운명 탓으로 돌릴 수 있으니까요.

　글쎄요, 운명은 개인에 속하지 않는 차원입니다. 운명은 초개인적이죠. 우리는 자신에 대한 개인적인 개념보다 더 깊은 어떤 것에 마음을 열게 됩니다. 그것은 분명 자신 안에서 일어나는 일이지만, 자기 자신을 넘어서는 것입니다. 그것은 자신에게 다가오는 경험입니다. 내가 그렇게 마음을 열면 그 경험은 내 안 깊은 아래쪽에서 올라오는 것처럼 느끼고, 나는 그 경험을 그렇게 이해합니다. 하지만 다른 사람은 그 경험을 북서쪽에서 오는 것처럼 느끼며 이해할 수도 있습니다.

다시 대학원 시절에 대해 이야기해 볼까요? 선생님은 육상 경력을 미국에 남겨 두고…….

프랑스로 떠났죠.

파리에서 처음으로 문학과 미술의 문이 열렸습니다. 모든 사람이 그곳에 있었어요. 피카소, 조이스, 앙리 마티스. 나는 블로뉴 숲에서 열렸던 비타협주의자들(Intransigents)의 전시회를 잊을 수 없습니다. 나는 미술에 대해 아무것도 몰랐고, 뉴욕은 미술의 불모지나 다름없었습니다. 나는 현대미술, 현대미술과 모든 신화의 관계를 파리에서 배웠습니다.

그리고 나는 조이스를 발견했습니다. 미국에서는 출판이 금지되었던 『율리시스』를 발견했을 때 완전히 새로운 세계가 나에게 미친 듯이 열렸습니다. 나는 그 책을 몰래 들여와야 했습니다. 뭔가 대단한 일을 하고 있다는 느낌을 받으며 서점에 가서 물었습니다. "아베 부 율리스(Avez-vous Ulysses, 율리시스 있나요)?"

『율리시스』 3장에 다음과 같은 구절이 나옵니다. "눈에 보이는 것의 불가피한 양상. 적어도 다른 것이 없다면 눈을 통해 생각하기다. 내가 여기서 읽어야 할 모든 사물이 남긴 표식들, 어패류의 알과 해초, 밀려오는 조수, 저 낡은 구두." 나는 이 내용을 이해할 수 없었습니다! '도대체 무슨 말을 하고 있는 거지?' 나는 분개하면서 셰익스피어앤드컴퍼니 서점의 실비아 비치(Sylvia Beach)를 찾아갔습니다. "이 책을 어떻게 읽어야 하죠?" 실비아 비치는 "이렇게 읽으면 돼요"라고 말하고, 나에게 처음 조이스를 읽는 법을 알려 주었습니다.

조이스는 학식을 전제하고 글을 썼습니다. 그는 어느 정도 학식을 갖춘 사람만을 대상으로 글을 썼던 것이죠. 그는 가톨릭신자였지만, 자신의 상징을 잃지 않으면서 (가톨릭에서) 벗어날 길을 찾은 사람이었습니다.

『피네간의 경야』 첫 번째 초고는 유진 졸라스(Eugene Jolas)가 편집장으로 있던 전위 잡지 《트랜지션(transition)》에 발표되었습니다. 모든 사람이 그랬듯이 나도 완전히 당황했지만, 《트랜지션》 잡지가 나올 때마다 구매하여 세심하게 연구했습니다. 그 잡지 안에 나에게 큰 의미 있는 무언가가 있다는 것을 알았지만, 그것이 무엇인지는 정말 몰랐습니다.

그래서 1938년 『피네간의 경야』가 출판되었을 때, 나는 그 책을 읽을 준비가 되어 있었습니다. 그 책은 나를 끌어당겼습니다. 동시에 나는 나의 박사과정 방향과 멀어지기 시작했죠. 갑자기 현대 세계 전체가 열렸습니다. '쾅' 하는 폭발음과 함께요!

선생님에게 세계가 열리고 있을 때, 학업에서는 어떤 일이 일어났나요?

나는 파리대학교에서 고대 프랑스어와 프로방스어를 공부하면서 중세 문학에 빠져 있었습니다. 나는 프랑스어 자료들만 읽고 있었는데, 모든 기본 서적들은 독일어로 되어 있었어요. 나는 1년 장학금 연장 허가를 받았고, 뮌헨대학교에 가서 독일어와 중세 고지 독일어를 공부했습니다.

뮌헨에서는 독일인 가족과 함께 살면서 독일어로 말하고 생각했습니다. 그때 우연히 미국 학생을 만났는데, 나처럼 문헌학을 전공하던 그 학생은 산스크리트어를 연구하고 있었어요. 그렇게 뮌헨대학교에서 훌륭한 한스 오어텔(Hans Oertel) 교수님의 불교와 산스크리트어 수업에 등록했고, 그때 인도가 나의 삶에 들어왔습니다. 나는 문헌학 측면에서 산스크리트어를 공부하기 시작했지만, 그 언어로 표현된 철학, 신화학, 문학 등에 매료되었습니다.

내가 연구해야 하는 중세 프랑스어와는 아주 거리가 먼 분야였지만, 나를 사로잡아 버렸습니다.

그리고 독일에서 나는 융과 프로이트와 토마스 만을 접하게 되었습니다. 완전히 새로운 세계가 또 열린 셈입니다.

컬럼비아대학교에서 박사학위를 위해 공부했던 것과
새로 접한 내용을 어떻게 조화시켰나요?

1929년에 나는 돈도 직업도 없이 컬럼비아대학교로 돌아왔습니다. 월스트리트가 붕괴되기 대략 보름 전이었습니다. 나는 "내가 떠나왔던 이 작은 병으로 다시 들어가고 싶지 않아. 밖에서 시끌벅적한 일들이 벌어지고 있잖아!"라고 다짐했죠.

그렇게 박사과정을 그만두었군요!

나는 하고 싶지 않은 일은 절대 하지 않겠다고 오래전에 결심했습니다. 아버지의 양말 사업은 대공황 때문에 아주 안 좋아졌어요. 나는 내가 어디 있어야 할지 몰랐습니다. 세계는 그냥 열려 버렸고, 나는 더 이상 박사학위라는 병 안에 있을 수 없었죠. 나는 아서왕 연구라는 작은 주제에 머물고 싶지 않았습니다. 할 수 있는 훨씬 흥미로운 일들이 있는데, 그것이 무엇인지는 알지 못했습니다. 나는 글을 쓰고 싶었고, 인류학자가 되고 싶었어요. 그러나 무엇을 해야 할지 알 수 없었어요! 새로운 경이로움이 주변에 있었습니다. 그래서 "컬럼비아여, 지옥에나 가라!" 하고 박사과정을 그만두었습니다. 그 이후 5년 동안 직업을 구하지 못했습니다!

막간의 보헤미안 시기

돌이켜 볼 때, 박사과정을 마쳤더라면 하는 아쉬움은 없나요?

그 시절, 20대 초반은 각자의 별이 반짝반짝하는 때죠. 만약 당시 함께 일하고 있던 로저 셔먼 루미스(Roger Sherman Loomis) 교수님[03] 밑에 계속 있었다면, 어디서 무슨 일을 했을지 나는 알고 있습니다. 아마 나를 기다리고 있던 컬럼비아대학교에서 일자리를 얻었을 겁니다. 누가 그 일자리를 얻었고, 그가 어떤 사람인지도 잘 압니다. 나는 갈림길을 보았고, 내가 선택한 길을 보았으며, 내가 선택하지 않은 길을 선택한 사람을 보았죠. 이것도 멋진 일이에요. 그는 훌륭한 학문적 명성을 얻었습니다. 하지만 그 사람 이야기는 그만하고 싶네요.

지금 나에게 질문을 하는 젊은이들에게 하고 싶은 말은, 자신의 희열을 따라가라는 것입니다. 희열은 반드시 찾아올 것입니다. 아무도 가 보지 않았던 길, 그래서 문이 어디 있는지도 모르는 그 길에서 문뿐만 아니라 궁전도 발견하게 될 것입니다.

선생님에게는 어떤 문이 열렸나요?

우리 가족은 돈이 없었어요. 나는 학업을 마칠 수 없었죠. 그래서 나는 우드스톡으로 가서 작은 오두막을 빌려서 살았습니다. 1년 집세가 20달러였죠. 나는 젊었고, 결혼도 안 했으므로 어려움은 없었습니다. 나는 그냥 5년 동안 숲으로 들어가서 내가 원하는 방식대로 독서하고 모든 자료를 모았습니다. 나는 읽고 또 읽고 읽었습니다.

당시에 나는 단편소설을 쓰고 있었습니다. 나는 미국 문학, 그러니까 헤밍웨이, 싱클레어 루이스(Sinclair Lewis)를 비롯한 많은 작가를 발견했습니다. 헤밍웨이는 그저 충격이었습니다. 『우리 시대에(In Our Time)』『여자 없는 남자들(Men without Women)』『태양은 다시 떠오른다(The Sun Also Rises)』같은 그의 초기 작품들은 정말 좋았습니다. 모든 풋내기 젊은 작가들이 그랬던 것처럼, 나도 헤밍웨이처럼 쓰고 싶었습니다. 한편으로 조이스도 흥미로웠습니다.

5년 동안은 직업이 없었습니다! 한편으로 나는 버트런드 러셀과 존 듀이, 그리고 컬럼비아에서 배웠던 모든 무가치한 것들에서 벗어나려고 노력했습니다. 아무도 사지 않을 이야기들을 쓰면서 말이죠. 결국 절망 속에 나는 떠나야겠다고 생각했습니다. 그래서 어머니에게 포드 모델 A를 빌려 미국 전역을 돌아다니면서 일을 찾았습니다.

포드 모델 A를 타고 미국을 돌아다니는 일은 정말 대단했습니다. 이 쿠페는 시속 60마일까지 달릴 수 있었고, 차가 부서지는 것이 아닐까 싶을 정도로 덜컹거렸죠.

구직 활동은 성과가 있었나요?

자동차 여행을 하기 직전에 아버지는 대공황을 머릿속에서 떨쳐 버리기로 마음먹고 나에게 "크루즈 여행을 가자"라고 하셨습니다. 그래서 우리는 스웨덴 여객선을 타고 카리브해와 아바나로 갔습니다. 배에는 매력적인 젊은 여성이 있었는데, 나는 그를 매우, 대단히 …… 잘 알게 되었습니다. 그는 내가 해외에서 돌아온 후 처음 만난 미국 여성이었습니다. …… 그의 이름은 아델 데이비스(Adelle Davis)[04]였습니다. 아델 데이비스는 용감한 아가

씨였고, 영양학에 대한 온갖 아이디어를 갖고 있었습니다. 우리가 돌아왔을 때, 아델 데이비스는 뉴욕에는 자기 자리가 없다고 판단하고 샌프란시스코로 갔습니다. 2년이 지난 후에 나 역시 모델 A를 타고 뉴욕 밖으로 나갔죠.

그사이에 나는 러시아어 공부를 시작했습니다. 그러나 당시는 1932년이었어요. 이제 무엇을 해야 할까? 아무 것도 할 수가 없었습니다. 세상이 멈췄습니다. 지금은 상상조차 할 수 없는 상황이었죠. 세상에는 일자리가 없었습니다.

나는 아델을 찾고 싶다는 생각이 들었습니다. 나는 그의 이름을 찾아보고 그를 찾아갔습니다. 그는 파티를 열어 주며 나를 반겼습니다. 그리고 내가 지금의 상황을 깨닫도록 도와주었습니다. 나는 우물 바닥에 있으면서도 그렇다는 사실을 모르고 있었던 겁니다. 아델이 나를 돌봤다고 할 수 있죠. 멋진 사람이었고, 멋진 여성이었죠. 아델은 나에게 기운을 북돋워 주었습니다. 나는 정말로 우울했었거든요.

나는 카멜(Carmel)에 살고 있는 예술가들에 대해 들었습니다. 그래서 차를 몰고 내려가다가 산호세에 들려서 아이델에게 전화를 했습니다. 아이델은 대학 시절 하와이에서 돌아오는 배에서 만났던 여성이었고 산호세에 살고 있었죠. "오, 조!" 아이델은 자신의 누이 캐롤이 나처럼 글을 쓰려고 하는 남자와 결혼했다고 말해 주었습니다. "카멜로 같이 가. 캐롤을 소개시켜 줄게!" 아이델은 그렇게 퍼시픽그로브에서 나에게 존 스타인벡(John Steinbeck)과 캐롤 스타인벡(Carol Steinbeck)을 소개해 주었습니다. 나는 그 부부에게 완전히 반했습니다.

나는 카멜에 머물면서 펌킨 셸(Pumpkin Shell)이라고 불리던 작은 거처를 얻었습니다. 그리고 다시 그곳에서 존 듀이와 버트런드 러셀을 넘어서려고 노력했고, 아델은 나에게 비타민을 가져다 주었으며, 나와 스타인벡은 글을 쓰려고 했습니다. 존과 캐롤의 집에는 염소수염을 기른 작은 남자가 있었습니다. 에드 리케츠(Ed Ricketts), 바로 존의 소설 『통조림공장 골목(Cannery Row)』에 나오는 그 박사였습니다. 그의 실험실이 『통조림공장 골목』의 배경이 되는 곳에 있었습니다. 에드 리케츠를 알게 된 것은 나에게 중요한 사건이었습니다. 리케츠는 조간대 생태를 연구하는 생물학자였고, 나는 학생 때부터 생물학에 관심이 많았습니다. 리케츠와 대화하면서 나는 생물학과 신화학 사이에 대단히 밀접한 연관이 있다는 것을 깨달았습니다. 나는 신화를 생물학의 기능으로 생각합니다. 신화는 인간 상상력이 만든 산물이고, 이 상상력은 상호작용하는 신체 기관들의 에너지에 의해 움직입니다. 이 에너지들이 신화 원형학의 기초입니다. 그래서 나는 자신을 인간 신체 현상을 연구하는 일종의 변방 과학자라고 생각해 왔다고 할 수도 있습니다.

결국 "존 듀이와 버트런드 러셀을 넘어설" 수 있었나요?

나는 카멜도서관에 앉아서 "이제 무슨 책을 읽지?"라고 고민하는 상황이었죠. 그때 오른손이 어떤 책 위로 뻗어올라갔어요. 그것이 모든 일의 시작이었습니다. 그 책은 슈펭글러의 『서구의 몰락』이었습니다. 첫 페이지를 읽고 내가 찾던 것이 이 책이라는 것을 알았습니다. 듀이와 러셀은 바로 날아갔습니다. 나는 그 이후 2년 동안 두 권으로 되어 있는 『서구의 몰락』만 읽었습니다. 바로 이것이었습니다! 『서구의 몰락』은 내가 독일에서 경험했던 모든 것을

다시 떠올리게 했고, 거기에 내용을 덧붙이고 의미를 부여
했으며, 그것들을 현재 상황에서 적용할 수 있게 해 주었
습니다. 나는 이 책에서 출발하여 이후 수년간 괴테, 쇼펜
하우어, 니체를 공부했고, 그다음에 만, 융, 조이스 모두 같
은 것을 이야기하고 있음을 깨달았습니다.

"같은 것"이란 무엇을 말하나요?

　"같은 것"이란 인간의 정신을 움직이고 역사와 종교
안에서 작동해 온 원형적 충동들의 체계입니다. 이 개념
은 지금까지 내가 해 왔던 작업의 종합입니다.

　『서구의 몰락』1권을 다 읽은 후 나는 그 책을 스타인
벡에게 주었습니다. 존 스타인벡은 진중한 친구였습니다.
그는 곰처럼 걸었고, 깊이 생각할 때 옆구리를 문지르곤
했죠(사람들은 우리가 형제라고 생각했습니다). 그다음에
스타인벡을 봤을 때 그가 옆구리를 문지르고 있기에 내
가 물었습니다. "존, 왜 그래?"

　"이 책은 읽을 수가 없어. 도저히 못 읽겠어."

　"왜 읽을 수 없다는 거야?"

　"나의 예술! 나의 예술을 지켜야지! 이 책은 이제 펜과
붓은 내려놓고 멍키렌치와 법전을 들라고 주장하잖아.
기술과 법 말이야."

　"존, 그냥 눈을 감고 외면한다고 되는 일이 아니야. 그
것을 받아들이고 이겨 내야 해." 결국 존은 나에게 책을 돌
려주었습니다. 하지만 나는 계속 이 책에 빠져 있었습니다.

목가적인 보헤미안 시절처럼 들립니다.

　나는 눈앞에서 빛이 반짝거리던 기적 같은 그 시절을
잊지 못할 겁니다. 아름다운 시간이었습니다. 영광스러운

4개월이었죠. 멋진 사람들이었습니다. 우리는 모두 천국에 있었습니다. 우리는 낙오자가 아니었습니다. 세상이 낙오했던 것이죠. 우리는 움직이지 않고 그냥 부유하는 평온한 상황에 있었죠. 정말 멋진 시간이었습니다.

생계는 어떻게 꾸렸나요?

나는 퍼시픽그로브에 있는 작은 집을 하루 50센트에 얻었습니다. 돈은 계속 줄어들고 있었어요. 대학 때 섹소폰 연주로 충분한 돈을 벌어서 이 시기를 버틸 수 있었습니다. 사실 저축한 돈 일부로 아버지를 도와드리기도 했습니다.

나는 슈펭글러에 푹 빠진 채, 내가 지금 어디에 있는지 찾으려고 노력하면서 그냥 부유하고 있었습니다. 에드 리케츠는 조간대 생물학자였습니다. 우리는 생물학 수업과 연구에 활용할 동물들을 마련하려고 밖으로 나가서 밀물과 썰물 사이에서 불가사리, 해삼 같은 것들을 수백 마리씩 모았습니다. 에드는 작은 배를 타고 알래스카로 가자고 했습니다. 멋진 계획이었습니다! 다른 할 일이 뭐가 있겠어요? 그래서 우리는 시애틀에서 출발해서 인사이드 패시지를 따라 주노[Juneau, 미국 알래스카주 남동부에 위치한 항구 도시]까지 배를 타고 가면서 표본들을 수집했습니다.

인사이드 패시지는 정말 아름다웠습니다! 이 작은 배가 퓨젯사운드[Puget Sound, 미국 워싱턴주 서북부에 있는 만]를 지나는 동안 우리는 선미에 앉아 있었습니다. 6주 동안 여행을 하면서 그중 많은 시간을 아무도 없는 무인도에서 에드는 기록을 하고 우리는 동물을 수집하면서 보냈습니다. 비용은 전체 승무원에 대해 하루 25센트였습니다. 항구에 도착해 보면, 모든 통조림공장은 문이 닫혀 있었고, 어선들은 움직이지 않았습니다. 사람들이 우리에게 연어를 던져 주곤 했습니다. 그러면 우리는 물속에 손을 넣어 물고기를 건져 올렸죠. 정말 목가적인 생활이었습니다. 그 마을들은 죽어 있을 거라 생각했지만, 가장 생기 넘치는 곳이었습니다. 어떤 방향도 없이 단지 순간의 아름다움을 즐기며 사는 것보다 생기 넘치는 일은 없습니다. 바로 우리가 그렇게 살고 있었죠!

우리는 알래스카 싯카(Sitka)에 도착했습니다. 에드는 작은 해파리 종인 고니오네무스(Gonionemus) 1500마리를 주문을 받아 놓은 상태였습니다. 우리는 오두막에서 살았어요. 매일 아침 나는 카누를 배에 있는 사람들에게 전달하고 발가벗은 채 해안까지 헤엄쳐서 돌아와야 했어요. 얼음장 같은 물 속에서요! 물에서 나오면 몸이 꽁꽁 얼어붙었습니다.

그다음에 우리는 주노로 갔습니다. 정말 흥미로운 국경도시였습니다. 그곳에는 금광이 있었는데, 많은 남성들이 금광에서 일했으며, 한 집 걸러 술집이었고, 나머지는 당구장이었습니다. 알래스카는 처음에 러시아 땅이었죠. 나도 그때는 러시아어를 할 줄 알았어요. 많은 러시아 남자들이 인디언 여성들과 결혼했고, 그때까지 알래스카에 남아 있었습니다. 그들은 음식과 파티 그리고 무한한 먹을거리를 사랑했어요! 많은 이들이 러시아에서 탈출한 귀족들이었는데, 정말 모험심이 강한 남성들이었습니다. 광산에서 일을 하던 그들은 위험한 작업을 원했습니다. 폭탄이 터진 후에 광산으로 들어가서 모든 폭탄이 폭발했는지 확인하는 것이 그들의 일이었습니다. 우리와 함께 파티를 하던 중에도 시간이 되면 그들은 카자흐인처럼 멋진 외투를 입고, "죽음을 앞둔 우리가 당신에게 인사드립니다"라고 말한 후 거인처럼 광산으로 들어가곤 했습니다.

나는 그때까지 발랄라이카[balalaika, 러시아의 전통 현악기]를 본 적이 없었지만, 장조 3화음으로 조율된 대단히 쉬운 악기여서 연주법을 배워 러시아 그룹과 함께 발랄라이카를 연주하기도 했습니다. 오오오! 정말 즐거운 시간이었습니다!

그곳에서 어디로 갔나요?

나는 캔터베리에 있는 사립학교 교사직을 수락했습니다. 내가 나온 모교였죠. 나는 애드에게 차비를 빌려 캔터베리로 갔고, 그곳에서 1년 동안 학생들을 가르쳤습니다. 알래스카와 캘리포니아는 내 삶에서 그렇게 사라졌습니다.

멋진 시절이었지만 다음에는 어디에서 1달러를 벌 수 있을까 생각하며 늘 긴장 속에 살던 때였죠.

사립학교에서는 왜 그렇게 짧게 기간만 재직했던 거죠?

대공황이 한창일 때 사립학교에서 1년 동안 학생들을 가르쳤는데, 그 일을 계속하고 싶지 않았습니다. 나는 그 나이 또래 소년들을 더는 가르치고 싶지 않았어요! 그 나이 때 남자는 뭔가 다른 존재라고 생각합니다. 나 역시 그 시절을 겪어 봤기에 교사 생활을 그만두고 다시 숲으로 돌아갔습니다.

나는 슈펭글러를 바탕으로 나름의 역사 공부를 해나갔고, 산스크리트어를 다시 공부했습니다. 스산한 한 해였습니다. 아버지의 사업은 아주 안 좋았습니다. 그러던 중에 내가 쓴 단편소설 하나가 팔렸습니다. 내가 판매한 유일한 단편소설로, 제목은 「엄격하게 플라토닉한

(Strictly Platonic)」[05]이었습니다. 나의 에이전트가 350달러에 이 소설을 팔았죠. 그래서 나는 은퇴했습니다. 나는 내 소설을 구매했던 잡지 이름도 모릅니다. 어쨌든 돈을 받았고 다시 우드스톡으로 돌아갔습니다.

아무것도 없는 독신 청년은 언제나 저녁식사에 초대 받을 수 있죠. 나는 그 저녁 한 끼로 살아가는 법을 배웠습니다. 프리츠라는 대형견(도베르만 핀셔와 경찰견의 교배종이었는데, 크고 힘도 세며 재미있고 괴짜같은 동물이었죠)을 키우던 부부가 숲에 집을 지었는데, 자신들이 겨울에 뉴욕에 있는 동안 프리츠를 돌보고 집을 따뜻하게 유지해 달라고 나에게 부탁했습니다. 정말 혹독한 겨울이었고, 너무 추웠어요! 나는 장작을 패고 정말로 조이스, 산스크리트어, 만과 융을 읽는 데에만 몰두했습니다. 이 모든 것이 하나로 합쳐지고 있었습니다. 내가 열정적으로 관심을 가졌던 또 다른 인물은 독일의 아프리카 연구자 레오 프로베니우스였습니다. 그의 후원자가 빌헬름 황제였다는 이유로 아무도 그의 작품을 읽으려고 하지 않았지만, 레오 프로베니우스는 아프리카학을 연 사람입니다.

나는 엄청나게 흥분했습니다. 그 시절은 정말 좋았습니다. 나는 숲속에서 머물고 있었는데, 어떻게 보면 사회가 붕괴하며 그 사회에서 쫓겨났다고 말할 수도 있겠죠. 그러나 그 숲에서 나는 나의 길을 찾았습니다. 직업을 갖는 것에 전혀 관심이 없었습니다. 아무 일도 하지 않고 살 수 있었고, 아주 멋진 시간을 보내고 있었습니다. 그 이후로 상황이 좋아지기 시작했습니다. 나는 정말로 돈이 없었고 돈이 필요하지 않다는 것을 알게 되었습니다. 그리고 돈을 위해서는 일하지는 않겠다고 맹세했죠.

소설은 계속 집필했나요?

탐정 소설을 하나 썼습니다. 그런데 집 청소하는 사람이 그 소설을 버렸어요. 정말 다행이죠! 다른 소설도 썼는데, 억지스럽고 바보 같은 내용이었어요.

나는 사립학교에 다니던 어린 시절에 시 네 편을 썼습니다. 그 시들은 여전히 괜찮습니다. 소설과 관련해서는, 나는 기본적으로 소설가가 아닙니다. 소설가는 어떤 사람의 외투에 드리워진 그림자의 모습, 그 질감과 느낌 같은 것들에도 관심을 가져야 합니다. 나는 그런 재능이 없습니다. 나는 머리가 너무 앞서 있어서 그렇게 시각적이고 감각적이지 못해요. 내 소설은 형편없었습니다. 내가 소설이라고 쓴 모든 것이 너무 경직되어 있다는 것을 알게 되었고, 소설 쓰기를 그만두었습니다.

나는 글을 쓰고 싶지 않았습니다. 그냥 읽고 싶었죠.

이 보헤미안 같은 시기는 언제 끝이 났나요?

대공황은 여전히 계속되고 있었습니다. 나의 우편함에 세라로런스대학에서 강의를 해 달라는 초청장이 와 있었습니다. 나는 차를 몰고 찾아갔습니다. 그들은 나를 원했습니다. 나는 만약 내가 강의를 하게 된다면, 고대 서사시에서 시작하여 현대까지 이어지는 비교문학 수업을 하고 싶다고 말했습니다. 대학 측에서는 내 생각을 마음에 들어했습니다. 아주 멋진 일이었죠.

선생님은 제자인 진 어드먼(Jean Erdman)과 결혼했습니다. 어떻게 그런 일이 일어났나요?

우리 학교에는 학생들을 위한 개별 상담 시간이 있었습니다. 하루는 한 학생이 들어와 내 책상에 사진 한 장을 내려놓더군요. 10년 전 호놀룰루 코트랜드 호텔 옥상에서 우쿨렐레를 연주하는 내 사진이었습니다. 그때 이후 내가 어떤 사람이 되었는지 생각해 보세요! 저 바닥으로, 세 단계 아래로 추락했습니다. 너무 창피했습니다! 저 웃는 얼굴이라니. 나는 더 이상 사진 속의 남자가 아니었습니다. 이것이 바로 그 사진입니다.

당시 이 사진을 찍은 사람의 여자친구가 결혼을 해서 뉴욕 브롱스빌에 살고 있었습니다. 그 여자친구가 호놀룰루 출신 여성 대학생 다섯 명을 위해 파티를 열었고, 그 학생들이 그의 앨범에서 내 사진을 발견했던 것입니다. "이 사람 캠벨 교수님 아니야?" 그리고 나중에 나와 결혼하게 되는 진이 바로 그 파티에 참석했던 것이죠. 내가 호놀룰루에 있을 때 진은 내가 묵었던 호텔에서 한 블록 떨어진 곳에 살았다고 합니다. 내 운명이 직선처럼 이렇게 분명하게 정해진 것입니다.

진의 선생님이었던 르네 다르농쿠르(René d'Harnon-court)라는 훌륭한 분이 아메리칸 인디언을 위한 일을 하러 떠나게 되자, 진은 미학을 함께 공부할 사람이 나뿐이라고 생각하고 내 강의를 듣겠다고 신청했습니다. 나는 진을 개별 지도하는 학생으로 받아들였습니다.

나는 여성의 아름다움에 쉽게 마음이 흔들리는 편이라 세라로런스대학에서는 늘 조금은 들떠 있었습니다. 그러나 어딘가에서 나타난 작은 한 사람이 나에게 조금 더 특별할 수 있다는 사실을 깨달았는데, 그 사람이 바로 진이었습니다. 진은 2학년 말에 가족과 함께 세계여행을 가기 위해 학교를 떠났고, 그다음에 마사 그레이엄의 무용단에 합류했습니다. 마사는 진에게 함께 춤을 추자고 제안했습니다. 진은 아름다운 무용수였습니다.

나는 이것이 운명일지도 모른다는 느낌은 있었지만 확신은 없었어요(나는 여전히 어드먼 양이라고 불렀습니다). 졸업한 후에도 계속 진을 만나려면 어떻게 해야 할까 고민했죠. 나는 진에게 『서구의 몰락』을 선물했습니다! 그리고 교육을 핑계로 계속 연락을 했습니다. 하!

진은 춤에 미쳐 있었어요. 나에게는 미적 형태와 심리적 기초의 관계를 다룬 이론이 있었죠. 그것은 실제로 잘 적용되는 이론이었습니다. 진은 모든 전통 무용수들을 찾아볼 생각이었고, 나는 당시에 동양 연구에 깊이 빠져 있었습니다. 나는 진에게 조언을 해 주곤 했습니다. 그렇게 서로 편지를 주고받으면서 내가 그에게 완전히 마음을 빼앗겼다는 것을 알게 되었습니다. 나는 우리 두 사람의 별자리를 살펴보았고, 그 사실을 다시 확인했지요. 그것으로 충분했습니다.

1938년 진이 돌아오자마자 우리는 결혼했습니다. 진의 아버지는 목사였어요. 나는 종교를 멸시하는 마음이 커서 종교적 결혼식을 하지 않겠다는 마음을 먹고 있었습니다. 그러나 진의 아버지는 목사이자 신부의 아버지였고, 그가 진행한 결혼식은 일종의 확장된 아버지의 축복 같았습니다. 내가 "예, 그렇게 하겠습니다"라고 답해야 할 시간이 왔을 때, 나는 그 의례가 아버지의 축복 이상이라는 것을 알았습니다! 그리고 그 축복은 실제로 현실이 되었습니다.

결혼에 대해 신화적 관점을 가지고 있나요?

사람들이 어떤 역할을 하고 있는 것을 보면, 그 안에는 정말 신화적인 어떤 것이 들어 있음을 알 수 있습니다. 이를 확인할 수 있는 최고의 장소이자 최고의 실험 무대가 결혼입니다. 농담이 아니에요. 정말 사실입니다. 왜냐하면 우리는 결혼을 통해 대립쌍이라는 위대한 신화적 관계 속에 들어가기 때문입니다. 그리고 그 관계의 장 속에서 변환 작용이 일어납니다. 누가 변환을 원할까요? 아무도 원하지 않습니다. 그러나 이 모든 것이 변환의 장입니다. 그리고 내가 진을 바라볼 때, 진이 점점 짜증이 늘고 그럴 때도 나는 이렇게 말해야 합니다. "당신이 그곳에 있는 것을 보고 있어요."

그곳에서 누구를 본다는 말씀이죠?

여성(Woman), 안내자, 조력자를 봅니다. 나는 그곳에서 당신, 여신을 봅니다. 중요한 것은 나의 힘과의 관계 안에서 진이 보여 주는 힘과 에너지입니다. 그 관계 안에서 개성은 불투명하게 경험될 수도 있고 투명하게 경험될 수도 있습니다. 나는 이런 특별한 경험이 결혼 생활에서 찾아온다고 생각합니다. 당신이 끝까지 결혼 생활을 버틸 수 있다면, 그 신비가 어떻게 작용하는지 깨달을 수 있을 것입니다. 그리고 두 존재가 하나가 된다는 것도 알게 될 것입니다. 그들은 하나입니다! 이것은 신화가 아닙니다!

한번은 어떤 강연에서 기사도적 사랑[courtly love, 중세 문학에서 이미 결혼한 귀부인에 대한 기사의 변함없는 사랑]과 둘이 하나가 된다는 개념에 대해 말하고 있었는데, 청중 가운데 한 여성이 손을 들고 항변했던 적이 있습니다. 아마도 그의 결혼 생활은 그리 행복하지 않았던 것 같아요. 이렇게 말하더군요. "오, 그것은 그냥 이미지일 뿐이에요."

나는 이렇게 대답했습니다. "맞습니다. 그것은 이미지예요. 그러나 실재하는 무언가의 이미지입니다." 마치 여기에 있는 당신과 내가 그렇듯, 둘은 하나입니다. 여기서 진

정 경험해야 하는 것은 이 말에 담긴 깊은 함의입니다. 이것
은 몹시 비난받고 있는 한 제도를 위한 작은 변호입니다.

작가 캠벨

**소설 창작을 접은 후 진지한 작가로서의 경력은 어떻게
펼쳐졌나요?**

세라로런스대학에서 칸트, 쇼펜하우어, 니체, 토마스
만 강의를 하고 있었는데, 한 학생이 내 강의가 자기 어머
니의 스와미[Swami, 힌두교에서 고행자, 수행자 혹은 영
적 스승을 일컫는 용어]와 비슷하다고 말했습니다. 그 학
생은 나를 초대하여 도시 외곽에 있는 라마크리슈나 비베
카난다 센터(Ramakrishna Vivekananda Center)의 지도
자 스와미 니킬라난다(Swami Nikhilananda)와의 만남을
주선했습니다. 진이 베닝턴에서 마사무용단과 함께 춤을
추고 있을 때 니킬라난다는 캣스킬 지역 브랜트 호수로
나를 초대했고, 나는 그곳으로 가서 그와 함께 머물렀습
니다. 한 젊은이가 니킬라난다의 『스리 라마크리슈나의
복음(The Gospel of Sri Ramakrishna)』의 번역 작업을 돕
고 있었습니다. 수도자들은 일찍 자고 일찍 일어납니다.
나는 늦게 자고 일찍 일어납니다. 어느 날 저녁에 니킬라
난다가 나에게 번역하는 책의 한 장을 건네면서 말했습니
다. "잠들기 전에 이 책을 읽고 제안 사항을 표시해 주세요."
내가 니킬라난다에게 그 장을 돌려주었을 때, 그 자료

는 마치 미로의 지도처럼 보였을 것입니다. 나는 그가 받은 충격을 이해할 수 있었습니다. 니킬라난다는 나에게 엄청나게 방대한 그 책 전체를 살펴봐 줄 수 있는지 물었고, 나와 베단타 철학에 대해 이야기를 나누고 싶다고 했습니다. 그것은 아주 공정한 거래였죠. 나는 그 지긋지긋한 작업에 2년 동안 매달렸습니다. 엄청난 작업이었죠!

1944년에 선생님은 제임스 조이스의 복잡한 마지막 소설에 대한 첫 번째 안내서이자, 선생님 이름으로 출판된 첫 번째 책인 『피네간의 경야를 여는 열쇠』를 공동 집필했습니다. 이 책을 쓰게 된 동기는 무엇인가요?

나는 책을 쓰는 데 관심이 없었습니다. 나의 관심은 책을 읽는 데 있었죠.

결혼을 하고 니킬라난다를 만났던 그때 『피네간의 경야』가 출판되었습니다. 나는 당시에 진행 중인 작업이라고 불리던 『피네간의 경야』 초기 버전을 이미 오랫동안 살펴보고 있었으므로 책이 나왔을 때 바로 사서 주말 동안 읽었습니다. 이 책의 약점을 찾아 정말로 진지하게 작업하기 위해서였습니다. 나만의 즐거움을 위해서였죠.

내 친구 헨리 모턴 로빈슨이 나를 속여 글을 쓰게 한 장본인입니다. 헨리는 진정한 프로였고, 글 쓰는 법을 알고 있었습니다. 그는 컬럼비아대학교에서 아주 젊은 교수로 재직하다가 사직하고 프리랜서 작가가 되었습니다 〔그는 나중에 베스트셀러 『추기경(The Cardinal)』을 썼습니다〕. 나는 헨리를 우드스톡에서 만났습니다. 헨리도 조이스의 광팬이었습니다. 그의 별명은 론도(Rondo)였어요. 대학 시절 프랑스 시의 한 종류인 론도(rondeau)를 좋아해서 붙은 별명이죠.

1939년에 『피네간의 경야』가 출판된 후 론도가 아내
와 함께 우리 집을 방문했고, 내게 물었습니다. "『피네간
의 경야』분석은 어떻게 되고 있어?"

"잘 되고 있어."

"우리가 그 책을 주제로 책을 함께 쓰는 건 어때?" 우리
는 조이스에 관해 수년 동안 대화를 나누었습니다. 론도는
좋은 조이스 연구자, 아니 아주 훌륭한 조이스 연구자였
지만, 나는 그의 생각을 진지하게 여기지 않았습니다. 우리
는 걸어서 (지금은 블림파이레스토랑이 된) 로샹보레스토
랑에 저녁을 먹으러 갔고, 식당에서 론도가 나를 설득했습
니다. "누군가는 그 책을 여는 열쇠를 써야 하고, 우리가 적
임자일 수 있어." 그렇게 우리는 공동집필을 시작했습니다.

론도가 글 쓰는 방법에 대한 모든 권한을 갖고 내용
에 대해서는 내가 최종 권한을 갖는 것으로 합의했습니다.
론도도 조이스를 잘 알았지만, 의견 충돌이 생겼을 때 내
가 해석에 대한 최종 결정권을 가졌습니다. 완벽한 조화
였습니다. 우리는 작업을 마치고 전보다 더 좋은 친구가
되었습니다. 론도는 뚱뚱한 시인이었고, 멋진 남자였어
요. 나는 그를 사랑했습니다.

나는 『피네간의 경야』첫 페이지에 대해 3만 단어 정도
되는 글을 썼는데, 그 글을 론도에게 보여 주자 그는 "맙소
사! 무슨 『브리태니커 백과사전』이라도 만들 작정이야?"
라고 말했습니다. 론도는 과감하게 도끼질을 했고, 마침
내 나는 작업 방법을 찾았습니다. 이 모든 것이 구조화되
거나 폭발해 나온 이야기의 진짜 실마리, 서사의 흐름을
찾아내는 것이었죠. 4년에 걸친 작업이었습니다. 여전히
우리가 풀지 못한 희미한 부분이 있었습니다. 작업이 끝
난 후 론도는 원고를 자신과 거래하던 하코트브레이스

출판사로 보냈습니다. 하코트브레이스는 출판을 원하지 않았습니다. 우리는 생각했어요. '이게 뭐야! 누가 이 원고를 원할까? 자비로 출판해야 할까?' 우리는 이 원고가 가치 있다는 것을 알고 있었습니다.

어느 날 신문에서 손턴 와일더(Thornton Wilder)의 연극 〈가까스로 우리(The Skin of Our Teeth)〉가 공연 중이라는 기사를 읽었습니다. 나는 20대에 연극을 많이 보기는 했지만, 왠지 이 연극은 보고 싶다는 생각이 들었어요. 우리는 표를 구했습니다. 2층 특별석 1열 중앙이었습니다. 그런데 『피네간의 경야』에서 가져온 인용구가 연달아 나왔습니다! 나는 아내에게 물었죠. "연필 있어?" 나는 그 인용구들을 프로그램북에 옮겨 적기 시작했습니다. 다음 날 아침에 나는 우드스톡에 있는 론도에게 전화를 걸어 이렇게 말했습니다. "〈가까스로 우리〉가 『피네간의 경야』야."

론도는 월요일에 《새터데이리뷰(The Saturday Review)》에 있던 노먼 커즌스(Norman Cousins)에게 전화를 걸었습니다. 커즌스는 우리에게 어떤 내용이든 당장 써서 보내 달라고 했습니다. 그래서 우리는 원고를 보냈고, 커즌스는 「가까스로 누가(The Skin of Whose Teeth)?」라는 제목으로 이 글을 발표했습니다. 그리고 이 글은 정말로 미국 전역에서 큰 반향을 일으켰습니다.

그런데 신문 칼럼니스트들은 우리를 맹렬하게 비난했습니다. 우리는 그냥 "아일랜드 놈들"일 뿐이었고, 그들은 늑대 무리처럼 우리에게 몰려들었죠. 우리에 비해 와일더는 미국의 위대한 예술가였으니까요. 와일더는 브로드웨이 쇼 〈헬자포핀(Hellzapoppin)〉을 보다가 칠면조가 자신의 무릎에 떨어졌을 때 〈가까스로 우리〉에 대한 아이디어가 떠올랐다고 말했습니다. 무슨 말도 안 되는 소리인가요? 와일더는 자기 아이디어가 『피네간의 경야』에서 온 것이라는 사실을 알려 주는 신호들을 연극 속에 넣어두었습니다. 오후 6시 32분에 청소부가 극장에서 발견하는 결혼반지, 그것이 바로 『피네간의 경야』에서 온 것입니다.

우리는 우선 기다렸습니다. 연극 대본이 출판되자 나는 그 대본을 아주 세밀하게 살펴보았습니다. 단어 하나 틀리지 않는 네 줄짜리 인용문을 포함해 최소한 320개의 유사점이 있었습니다.

그다음에 커즌스가 물었습니다. "또 다른 것은 없나요?" 커즌스는 신나는 일을 좋아했거든요. 우리는 커즌스에게 『피네간의 경야를 여는 곁쇠』 1장을 보냈습니다. 그다음에 하코트브레이스 출판사는 이 원고를 T. S. 엘리엇에게 보냈고, 엘리엇은 "이 원고를 사세요"라고 말했습니다. 그리고 하코트브레이스 출판사는 우리 원고를 샀습니다. 얼마 전에 거절했던 그 사람들이 말이죠.

이렇게 해서 『피네간의 경야를 여는 곁쇠』가 출판되었습니다. 나의 첫 번째 책이었죠. 그다음에는 사이먼앤드슈스터에서 론도의 제안을 받고 나에게 신화학 관련 책 작업을 제의했습니다. 그 책이 『천의 얼굴을 가진 영웅』이었습니다. 그런데 사이먼앤드슈스터에서는 이 책 출판을 거부했어요. 이렇게 나의 글쓰기는 시작되었습니다. 그 이후로 나는 계속 글을 쓰고 있습니다.

이 시기에 선생님은 볼링겐재단과 공생관계를 발전시켰습니다(실제 『천의 얼굴을 가진 영웅』도 볼링겐재단에서 출판했습니다). 어떻게 이런 관계를 맺게 되었나요?

내가 『피네간의 경야를 여는 곁쇠』 작업을 하고 있을

때 하인리히 치머가 독일에서 아내와 어린 아들 셋을 데리고 미국으로 왔습니다. 치머가 도착했을 때 나는 이미 교수로서 괜찮은 경력을 쌓고 있었죠. 나는 스와미 니킬라난다를 도와서 『스리 라마크리슈나의 복음』 번역을 하고 있었고, 융 재단 사람들을 알고 있었습니다. 그들 모두 치머가 뉴욕에 온다는 사실을 알고 있었어요. 그 전까지는 치머에 대해 들어 본 적이 없었어요. 나는 스와미 니킬라난다가 즐겨 준비하던 저녁식사 자리에서 치머를 처음 만났습니다. 스와미 니킬라난다는 사람들을 초대하여 카레 요리를 저녁으로 대접하곤 했거든요(그는 요리를 정말 잘했어요).

그 자리에서 나는 치머가 컬럼비아대학교에서 강의를 하려고 한다는 것을 알게 되었습니다. 그런데 치머를 초청한 것은 컬럼비아대학교가 아니었어요. 50세쯤 된 이 위대한 인도학자가 일자리를 구할 수 없었던 거죠. 동양 관련 학과들은 그와 경쟁해야 하는 상황을 원하지 않았거든요.

그래서 융 재단 여성들의 모임인 "융프라우엔(Jung-frauen)"에서 대학 캠퍼스 안에서 치머가 강의할 수 있는 공간을 하나 찾아낸 것이었습니다. 그곳은 로우도서관 꼭대기에 있는 작은 박물관이었습니다. 니킬라난다의 집에서 치머를 만난 후 나는 그의 강의가 정말로 듣고 싶어졌어요.

치머의 첫 번째 강연 시리즈에 참여한 사람은 모두 네 명이었습니다. 나, 큐레이터인 마거릿 블록(Marguerite Block), 어린 여성, 폴란드 조각가였는데, 폴란드 조각가가 강의실에 들어오면 강의실이 향수 향기로 가득 찼습니다. 치머는 마치 큰 강당에서 강연하듯이 강의했습니다.

두 번째 학기 때 수강생이 50여 명이나 되어서 강의실을 옮겨야 했습니다. 소문이 퍼진 것이죠(아버지는 "좋은 식당을 숨길 수는 없어"라고 말씀하셨었죠. 컬럼비아대학교는 치머를 숨길 수 없었습니다). 가을에 그는 또 다른 강의 시리즈를 시작했습니다.

치머는 정말 열정이 넘치는 사람이었습니다! 놀라웠죠! 치머는 내가 만났던 사람 중에 내가 발견한 길을 훨씬 앞서가고 있던 첫 번째 사람이었습니다. 그는 상징들을 긍정적으로 해석하고 동양의 자료들에 깊이 빠져 있었죠. 나의 구루가 누구였는지 묻는다면, 나는 치머라고 대답할 수 있습니다. 그는 정말 대단했습니다. 나는 그저 그 사람의 신호를 받아들일 준비를 하고 있었습니다. 그때가 서른여섯 살, 서른일곱 살 무렵이었습니다.

치머가 뉴욕에 왔을 때 볼링겐재단도 막 창립된 시점이었습니다. 재단의 공동 창립자이자 모든 일에 영감을 주고 있던 미마 (메리) 멜런[Mima (Mary) Mellon]은 당시 뉴욕에 온 몇몇 유럽 학자들에게 조언을 구하려고 노력하고 있었고, 치머도 분명 그 조언자 중 한 명이었습니다. 실제로 치머는 볼링겐 시리즈의 기초를 다진 학자였습니다. 재단에서는 그에게 시리즈의 첫 작품은 무엇이 되어야 할지 물었습니다. 치머는 만약 독일에서 이 작업을 하고 있다면, 땅에 관한 무언가로 시작하겠다고 말했습니다. 그렇게 해서 땅에 대한 존중을 보여 주고, 땅의 영이 우리를 지지하도록 하겠다는 것이었습니다. 그래서 치머는 모드 오크스(Maud Oakes)가 뉴멕시코에서 가져온 나바호 신화와 꽃가루 그림 시리즈를 선택했습니다. 모드는 자료를 수집하는 방법을 알고 있었고, 그 일을 아주 멋지게 해냈지만 실제로 책을 구성하는 방법은 몰랐기 때문에, 그의 자료는 편집 과정을 거쳐야 했습니다. 재단에서 치머에게 누가 편집을 하면 좋을지 묻자, 치머는 "조 캠벨"이라고 대답했습니다. 내가 이미 치머에게 아메리카 인디언 신화 관련 책을 몇 권 준 적이 있었거든요. 그렇게 나는 1943년『두 사람이 아버지를 찾아간 곳: 나바호 전쟁 의례(Where the Two Came to Their Father: A Navaho War Ceremonial)』의 편집 작업을 시작하게 되었습니다. 완전한 순환이 이루어졌습니다! 버펄로 빌로 돌아간 셈이니까요.

그런데 강의 2년 차 중반에 치머가 갑자기 세상을 떠났습니다! 폐렴을 앓고 있었는데도 그것을 몰랐던 겁니다. 몇 주 동안 병을 달고 있었던 것이죠. 강건한 남자였던 치머는 그저 감기 비슷한 것으로 생각했는데, 결국 그 병이 그를 데려가고 말았습니다. 치머의 부인인 크리스티아네가 내게 남편이 미국에서 했던 강의들을 편집해 줄 수 있는지 물었습니다. 그 사이에『피네간의 경야를 여는 곁쇠』의 출판이 결정되었습니다. 그래서 니킬라난다를 여전히 돕고 있는 상황에서 나의 새로운 신화책『천의 얼굴을 가진 영웅』, 치머의 강의노트 네 권, 이 모든 일을 맡게 되었습니다. 그리고 강의도 하고 있었죠.

하인리히 치머의 강의들은 녹음되지 않았습니다.
어떻게 치머의 말을 이렇게 우아한 책 네 권으로 옮길 수
있었던 거죠?

크리스티아네가 이 자료, 그러니까 치머가 미국에서 했던 강의들의 편집을 부탁했을 때 나는 몇 년 정도 걸리겠다고 생각했습니다.

나는 12년 동안 이 자료 작업을 했습니다.

치머는 마치 큰 강당에서 강연하듯이 강의했습니다! 그는 아직 영어를 잘하는 강사는 아니었어요. 자료 없이 즉흥적으로 바로 강의할 수는 없었죠. 그래서 치머는 미리 강의록을 작성해 두었습니다. 치머의 강의록은 가로 세로의 크기가 각각 10센티미터, 15센티미터 정되 되는 작은 종이에 적혀 있었습니다. 나는 이 강의록 전부를 내 파일함에 보관하고 있었는데, 그 강의록을 책으로 탈바꿈시킨 것이죠. 치머는 강의 원고를 줄 단위, 그러니까 문장들이 자연스럽게 이어지는 산문 형식이 아니라 메모처럼 단어와 구절 단위로 타이핑했습니다. 그리고 각 단어에서 강세가 있는 음절에 빨간색 밑줄을 그어 두었습니다. 이처럼 치머는 정말 열심히 강의 준비를 했고, 당연히 그의 강의는 훌륭했습니다. 그리고 이야기를 해야 할 때가 오면 언제나 원고를 내려놓고 신화를 들려주었습니다. 신화의 생명인 멋진 유머 감각도 훌륭하게 살려서 이야기를 해 주었죠.

정말 놀랄 만큼 훌륭한 강의였습니다(치머는 자신이 믿고 있는 내용만 강의했습니다). 치머의 첫 번째 강의록 시리즈는 『인도 아시아의 예술(The Art of Indian Asia)』로, 두 권으로 된 대작이었고, 내가 작업한 마지막 책이었습니다. 치머의 첫 학기 강의였죠.

치머의 두 번째 시리즈는 한 학기 동안 철학을 다룬 강의였습니다. 이 시리즈는 『인도 예술과 문명의 신화와 상징(Myths and Symbols in Indian Art and Civilization)』이라는 제목으로 출판되었습니다. 이것이 내가 처음 작업하고 세상에 내놓은 책입니다. 그다음으로 『왕과 시체들』작업을 했는데, 이 책은 치머가 이미 출판했던 글에 마무리하지 못한 『칼리카푸라나(Kālikā Purāṇa)』독일어 번역 1장을 바탕으로 한 것이었습니다. 하지만 네 번째 학기 강의는 치머의 사망으로 중단되었습니다. 이 학기 주제 역시 철학이었습니다. 그래서 철학을 주제로 책 작업을 시작했을 때 내게는 한 학기 강의 분량과 4분의 1 학기 정도의 추가 분량밖에 없었습니다. 그것으로는 전체 내용을 담을 수 없었습니다. 하지만 치머의 노트에서 더 많은 자료를 발견했습니다. 나는 볼링겐재단의 잭 배럿(Jack Barrett)에게 전화를 걸어 "한번 생각해 보세요. 이 책 작업에 2~3년 정도 시간을 더 주신다면, 정말 멋진 책을 만들 수 있습니다"라고 말했습니다. 그리고 그렇게 되었죠. 그렇게 출간된 『인도 철학(The Philosophies of India)』은 정말 대단한 작품입니다.

다른 사람의 노트, 그것도 완성되지 않은 노트를 편집하고
책으로 만드는 작업은 큰 도전이었을 것 같네요!

이 작업을 하면서 대단히 흥미로운 일들이 일어났습니다. 치머는 원고를 친구와 학생에게 주고 그냥 읽어 보게 하여 문장을 다듬는 데 도움을 받았습니다. 그래서 내용 중 몇몇 장이 없는 경우가 있었습니다. 공백이 있었던 것이죠. 아마도 몇몇 제자가 자신의 추억 상자 속에 그 내용을 간직하고 있을 겁니다.

그런데 치머는 발표할 때 대단히 인상적이고 강렬한 모습을 보여 주었습니다. 나는 치머의 목소리를 기억 속에서 들을 수 있었습니다. 페이지들이 누락되어 내용이 끊기는 지점에 도달하면, 끊긴 지점 다음 부분부터 다시 몇 문단을 읽어 봅니다. 그런 다음 둘 사이에 비어 있는 내용이 무엇이고 어떤 내용을 채워야 하는지 살펴보았습니다. 나는 예전에 치머와 이런 주제들에 대해 많은 대화를 나누었으므로 이 빈틈을 네다섯 가지 질문으로 메웠습니다. 내가 질문을 던지고 귀를 기울이면 치머가 그 내용을 불러 주는 것 같았어요. 문체도 어느 정도 그의 문체로 말이지요. 그

후 11년 또는 12년 뒤에 인도·아시아 예술을 다룬 방대한 책을 만들 때는 치머의 목소리를 더는 들을 수 없었고, 나의 편집 작업도 끝났습니다. 계속 진행할 방법이 없었어요.

실제로 치머와 채널링을 했나요?

아니에요, 그건 그냥 연결 다리 같은 것이었어요. 그런 귀신과 관련된 뭔가 으스스한 느낌은 없었습니다. 그의 태도, 그가 말했던 것, 다시 말해 그에게서 들었던 것을 기억해 낸 것이죠. 치머의 강의를 들으면서 내가 직접 했던 메모도 몇 개 있었을 겁니다.

치머의 자료를 다룰 때 나는 그의 노트를 왼손에 들고 오른손으로는 글을 썼습니다(나는 글을 쓸 때 타자기를 사용하지 않습니다). 나는 가능하면 치머가 쓴 문구를 사용하면서 몇몇 단어들을 수정했고, 치머의 글에 나타나는 바로크 리듬을 살리려고 노력했습니다. 내가 사용했던 페이지마다 빨간 선으로 표시했고, 때로는 페이지 맨 위에서 맨 아래로 먼저 갔다가 다시 중간으로 돌아가기도 했습니다. 이 책들은 모두 치머의 말로 구성되었고, 더 자연스러운 영어식 어조와 서술 형식으로 정리되었습니다. 이 작품들 안에서 어디가 치머의 끝이고 어디가 나의 시작인지 모릅니다. 치머의 생명력이라는 파동 위에서 진행된 작업은 나에게 엄청난 영감을 주었습니다.

대화할 때 치머는 가끔 바그너의 음악을 레코드플레이어에 올려놓고 출력을 최대로 높이곤 했어요. 최대 출력의 바그너와 최대 출력의 치머. 그곳에 서 있던 나는 우주에 대한 대답 전체가 지금 나에게 들어오고 있다는 것을 알았습니다. 그리고 내가 그 대답을 이해하고 있는지 아니면 그 대답의 아주 작은 조각이라도 얻고 있는지 궁금해하곤 했어요! 어떤 순간들은 정말 환상적이었습니다.

선생님은 그 시리즈에 치머의 생동감을 정말 잘 담아냈습니다.

그렇게 느꼈군요. 말씀드렸듯이 12년 동안 매달린 작업이었어요. 정말 힘든 일이었지만, 진심으로 즐거웠습니다.

가끔은 독일어로 썼으면 좋았겠다고 생각되는 문단도 있었습니다. 영어가 조금 어색한 부분이 있었거든요. 완전히 틀린 것은 아니지만 약간 부정확한 부분을 본 궤도에 다시 돌려놓는 일이 가장 어려웠습니다. 심지어 방대한 언어학 지식을 갖춘 치머는 단어를 만들기도 했습니다! 그는 영어에 있어야 한다고 생각하는 단어를 사용했지만, 영어에는 그 단어가 없는 경우도 있었습니다.

치머가 나의 작업 방식을 좋아했을 것이라는 확신이 없었다면, 나는 그 작업을 절대 진행하지 못했을 것입니다. 치머는 우리가 학문적 정식 절차라고 부르던 그 방법을 대단히 즐겼습니다.

『인도 철학』에는 간디의 비폭력저항운동의 철학인 사티아그라하(satyagrāha)를 다룬 장이 있었습니다. 나는 치머 강의를 들으면서 내가 했던 메모와 기억으로 이 장을 썼습니다. 누군가 내가 정리한 강의록을 가져가 버렸거든요. 나중에 캘커타(콜카타)에 머물던 중에 신문을 보게 되었는데, 신문 첫 페이지 박스 기사에서 어떤 인도인이 서양인, 즉 백인은 간디를 이해할 수 없다고 선언하고, 간디의 메시지는 다음과 같다는 주장을 했습니다. 나는 그 기사를 읽다가, 세상에, 내가 쓴 문구를 발견했어요! 바로 도둑맞은 그 장이었어요! 그들은 그 내용을 그 책에서 직접 가져왔습니다! 대단히 재미있었고, 한편으로는 기분 좋은 경험이었습니다.

**그래서 헨리 모턴 로빈슨과 함께 시작했던 글쓰기가 갑자기
눈덩이처럼 불어났군요.**

믿어 주세요. 나는 우드스톡에서 정말 땀을 뻘뻘 흘리며 일했고, 진은 한 스튜디오에서 춤을 추고 가르쳤습니다. 아, 23권이라니! 꽤 괜찮은 수준이죠. 내가 이 정도 일을 할 수 있었던 것은 세라로런스대학에서는 논문 출판을 요구하지 않았기 때문입니다. 휴지통이나 다름없는 《미국근대언어학회출판(Publications of the Modern Language Association)》과 《미국동양학회저널(Journal of the American Oriental Society)》에 쓸데없는 글을 많이 발표하지 않았습니다. 그런 잡지를 누가 읽겠어요?

나를 본격적인 집필 활동으로 이끈 것은 『피네간의 경야를 여는 곁쇠』가 아니라 『천의 얼굴을 가진 영웅』이었습니다. 이 책을 쓰는 데 4년이 걸렸습니다. 물론 『곁쇠』 작업에도 4년은 걸렸습니다. 그러나 『천의 얼굴을 가진 영웅』은 들어오는 자료들을 내가 모아서 정리하고 다룰 수 있었던 작업이었죠. 이런 방식으로 책과 함께 내가 성장해 나갔던 것은 처음이었습니다. 『신의 가면』은 훨씬 더 힘든 지적 묘기 같은 작품이었고, 완성하기까지 12년이 걸렸습니다.

『천의 얼굴을 가진 영웅』을 쓰던 옛 시절이 떠오르네요. 이 책은 내가 생각할 수 있었던 모든 것이었고, 내가 생각했던 모든 것이었습니다. 하루하루가 온통 그 책에 관한 생각뿐이었습니다. 지금은 불가능한 일이죠.

**은퇴 후 오랜 시간이 지난 후에 하와이로 이주한 이유는
무엇인가요? 번잡함에서 벗어나기 위해서인가요?**

나는 집중력을 되찾고 싶었습니다. 나는 이런 산만함이 현대 생활에서 나타나는 문제 중 하나라고 생각해요. 일들이 너무 많은 방향에서 몰려와서 실제로 사람이 산산조각 날 수도 있습니다. 그래서 일들을 줄이고 스스로를 추스를 필요가 있습니다. 나는 내 일이 너무 넓게 퍼져 있는 것을 견딜 수가 없었어요. 아시다시피, 내가 하는 일은 서로 연관된 것이 많으니까요. 내가 양보하면, 결국 극도로 산만해지면서 집중력도 완전히 깨져 버립니다. 그 다음에는 시간의 방향도, 성취의 방향도 없습니다. 나는 더는 그런 어수선함을 견딜 이유를 찾지 못했습니다.

사실 15년 전에 그렇게 해야 했어요. 인도에서는 사람들이 숲으로 가서 세상을 완전히 내려놓고, 자신들의 카스트도, 모든 사회적 관계도 내려놓은 채 자신의 내면으로 향합니다. 나는 지금은 그렇게까지 하고 싶지는 않아요. 지금 진행하고 있는 일들을 유지하고 싶거든요. 그러나 이제는 그 일들이 요구하는 것들이 너무 다양해졌어요.

아시다시피 내가 발견한 것은 사람은 인생을 살면서 어떤 파도, 어떤 영향을 만들어 내며, 어느 시점이 되면 그것들이 모두 되돌아온다는 것입니다. 마치 배에서 퍼져 나갔던 파도가 다시 돌아와 뱃길을 막는 것처럼 말이지요. 책무, 책무, 책무. 이것들은 실제로 책무가 아니라 그저 메아리치고 다시 메아리치는 선언에 불과했어요. 나는 자신을 추스려야 했습니다.

작업의 질이 떨어지는 것을 느꼈나요?

이전보다 내가 전하고자 하는 내용을 더 잘 이야기할 수 있게 되었어요. 그런 의미에서 해야 할 말을 하는 능력은 좋아졌죠. 그러나 말의 연속성을 확보하지 못하고 있어요. 나는 무엇을 하고 싶은지는 알지만, 그것을 정리할 시간이 없을 뿐입니다.

글을 쓸 때 마감일을 지키기 위해 일정 관리를 하나요?

시간표를 만들지만 그대로 움직이지는 않습니다. 책 쓰기가 어떻게 진행되는지 알려 드리죠. 예전에 일본에서 온 작은 물건을 기억하세요? 차에 넣으면 꽃처럼 피어나던 물건 있잖아요. 책도 그렇게 생겨납니다.

나의 개인 일정은 좀 다릅니다. 아침에 일어나면 바로 앉아서 글을 쓰기 시작합니다. 『창작 신화』 마지막 두 장을 작업할 때는 38시간을 쉬지 않고 썼습니다. 커피 알약을 먹으면서 깨어 있었죠.

지금 하와이에서는 글을 쓰면서 중간에 작은 일정을 만들어 둡니다. 아내와 나는 보통 6시에 일어나요. 새들이 나를 깨워 주죠. 7시 30분에는 자리에 앉아서 글을 쓰기 시작합니다. 1시 15분쯤 되면 아내와 점심을 먹으려고 작업을 정리하죠. 그다음에는 다른 일을 하고 싶지만, 할 일이 없어요. 그래서 다시 글쓰기로 돌아옵니다.

글을 쓸 때 독자를 누구로 생각하나요?

나는 학자입니다! 그리고 나의 과제는 나의 학술 작업을 대중에게 전달하는 것입니다. 나의 대중은 나의 학생, 그리고 그들과 비슷한 사람들입니다. 누구나 자기 말을 건네는 대상이 있어야 합니다. 나는 이런 소식을 받아들일 준비가 된 사람들이 많다는 것을 알고 있습니다. 문제는 그들과 어떻게 소통하느냐입니다. 두 가지 소통 방식이 있는데, 나는 예술가보다는 장인으로서 이 두 가지 방식을 모두 활용하여 열심히 작업했습니다.

첫 번째 방식은 강의입니다. 나는 정말 훌륭한 강연을 할 수 있습니다. 방대한 슬라이드 자료들을 구축한 점도 덧붙이고 싶군요. 슬라이드 작업은 강의와 관련된 전체 작업 중에서 가장 흥미로운 일입니다. 나는 강의 중에 슬라이드를 사용합니다. 슬라이드를 통해 청중에게 이미지들의 고유한 메시지를 축소하지 않은 채 온전히 전달할 수 있고, 동시에 일반 담론도 함께 전달할 수 있습니다. 이미지, 담론, 그리고 청중의 상상력이 상호작용하면서 일종의 삼중 플레이가 일어나는 것이죠. 이런 방식으로 청중은 인간의 신화적 의식에 담긴 놀라운 풍요로움에 어느 정도 접근하기 시작합니다.

두 번째 방식은 글쓰기입니다. 나는 사립학교에 다닐 때부터 글쓰기에 관심이 있었고, 훌륭한 선생님도 계셔서 열심히 글을 썼습니다. 말하자면 무엇을 쓸 것인가를 배우기 훨씬 전에 어떻게 쓰는지를 배우기 시작한 셈입니다. 나는 그때 배운 장인의 기술을 글쓰기에 적용하고 있습니다.

나는 젊었을 때부터 이 자료들로 작업을 해 오고 있습니다. 이 모든 것이 내 파일 안에 정리되어 있습니다. 내가 쓰는 글은 자료 자체에서 나오는 메시지로서 나에게 전달됩니다. 나는 어떤 관점을 가지고 자료에 접근하지 않습니다. 아주 예전에는 그렇게 작업했지만, 자료가 관점을 완전히 무너뜨린다는 것을 깨달았습니다. 그래서 지금은 신화가 하는 이야기에 귀를 기울이고 있습니다.

선생님의 글쓰기 스타일을 상세히 설명할 수 있나요?

내 책에는 대략 다섯 가지 종류의 글쓰기 방식이 있어요. 우선 단순한 역사적 사실과 관련된 글들이 많습니다. 이 글들을 정리하여 하나의 노래로 만드는 일은 대단히 어렵습니다. 산문의 리듬을 살리는 것이 이 문제의 핵심이지요. 이것을 누군가에게 어떻게 가르칠 수 있을지는 모르지만, 이 리듬을 살리는 일은 나에게 매우 중요합니다. 그런 이유로 어떤 망할 교정자가 마음대로 무언가를 바꾸어 버리면, 정말 화가 머리끝까지 치밀어 오릅니다. 온갖 노력을 다해 만든 것을 교정자가 수정해 버립니다. 교정자가 수정한 것이 내가 이미 제거했던 스타일을 복원한 경우도 자주 있습니다. 수정된 표현이 더 합리적이고 명확할 수는 있지만, 거기에는 음악이 없습니다.

이런 역사 작업 같은 글쓰기가 있습니다. 이 작업이 얼마나 많은 사실로 구성되고 그 사실들이 얼마나 많은 곳에서 나왔는지 상상도 못 할 겁니다. 두 번째, 번역이 있습니다. 나는 번역 작업을 많이 합니다. 독일어, 프랑스어, 스페인어, 그리고 때로는 산스크리트어 같은 다른 언어들을 영어로 옮깁니다. 사전만 있으면 일본어와 중국어를 제외한 거의 모든 언어를 번역할 수 있습니다. 그 번역문을 나의 산문으로 바꾸는 것은 또 다른 문제입니다.

세 번째는 신화를 다루는 일입니다. 어떤 인류학자가 오래되고 죽은 언어, 내가 "인류학적 피진(pidgin)†"이라고 부르는 언어로 기록해 놓은 신화를 가져오는 작업이지요. 그런 인류학자들은 원시부족 사람들이 그렇게 말한다고 믿습니다. 하지만 원시부족 사람들은 그렇게 말하지 않습니다! 원시 언어들은 대단히 복잡하고 한 단어로 많은 의미를 전달하지만, "인류학적 피진"은 그 의미를 제대로 전달하지 못합니다. 그것을 다시 생명력 있게 되살리

---

† 피진은 서로 다른 두 언어 집단이 만났을 때 의사소통을 위해 자연스럽게 만들어진 혼성어를 의미한다.

는 것, 바로 그런 글쓰기가 이런 책에서 필요한 또 다른 작업입니다. 독자들은 책을 읽으면서 젖은 땅을 지나가는지, 마른 땅을 지나가는지, 혹은 습지를 지나는 것인지를 깨닫지 못합니다.

네 번째, 나는 나 자신의 해석에 맞추어 혼자 노래하듯 이 글을 쓰고, 마지막으로 동료들의 비평이 이어집니다. 나는 그것들을 모두 잘 어우러지게 조화시키려고 노력합니다.

나는 나의 문장들을 정말로 열심히 다듬었습니다. 학자들 대부분은 그렇게 하지 않죠. 나는 학문의 어려움은 자료에 있지 않고, 학자들이 글 쓰는 방식에 있다는 것을 알게 되었습니다. 정말로 어떤 문단을 보면 "도대체 이 사람은 무슨 말을 하는 거지? 나도 이해하고 싶은데 말이야" 라는 말을 하게 됩니다. 그중 몇 명은 나의 절친한 친구인데 말이지요.

선생님은 『천의 얼굴을 가진 영웅』와 관련해서 뮤즈의
영역을 언급했습니다. 『신화의 이미지』 서문에서는 이렇게
이야기했습니다. "끝으로, 이런 책에서는 뮤즈들에게
감사를 드려도 될 것 같다. 뮤즈들은 자신들이 있었던 모든
시간과 장소에서 이 작품을 지켜보고 끝까지 안내해 주었다.
그리고 사람들이 뮤즈의 영감이 주는 생각들을 자기 자신의
생각으로 상상하도록 허락해 주었다. 뮤즈라는 영들이 가진
경이로운 방법으로." 선생님은 이 신화 속 인물을 어떻게
상상하나요?

뮤즈는 작가가 책상 앞에 앉을 때 접하게 되는 무의식
계의 에너지를 의인화한 것입니다. 우리는 이 에너지를
찾기만 하면 됩니다.

내가 글을 쓰는 방식은 두 가지입니다. 하나는 형편없이 쓰는 방식이고, 하나는 잘 쓰는 방식입니다. 형편없이 쓰는 방식은 머리에서 나오는 대는 받아 적는 것인데, 그런 글은 쓰레기통으로 들어갑니다. 글을 잘 쓰기 위해서는 종종 시험의 기간이 있습니다. 이때 나는 비밀의 문이 열리는 지점을 찾기 위해 여기저기 밀어 보고 이런저런 시도를 합니다. 그 지점을 찾았을 때는 거의 물리적 느낌을 받습니다. 문을 열고 그 문을 열어젖히는 느낌이 드는 동시에 비평가들이 하게 될 말과 생각에 신경 쓰지 않을 것 같은 느낌이 듭니다. 그동안 나는 이 장에 무슨 내용을 넣을 것인지 생각해 놓습니다. 이 모든 것이 먼저 계획되어야 합니다.

조금 신비롭게 들리네요.

실제 경험이지 신비로운 것이 아닙니다. 이 수준에 도달한 적이 없다면 신비롭게 느낄 수 있겠지만, 도달해 봤다면 그렇지 않습니다. 다음 문제는 이 단계에 도달하는 방법과 그 단계를 위해 정해진 프로그램을 활용하는 방법입니다. 인도에서 아난다 쿠마라스와미(Ananda Coomaraswamy)는 인도 예술가의 명상에 대해 설명합니다.06 먼저 예술가는 모든 샤스트라(śastras), 즉 신의 형상에 관한 경전을 공부합니다. 신이, 가령 시바가 어떻게 생겨야 하는지, 어떤 무기와 상징을 손에 들고 있어야 하는지를 모두 익히는 것이죠. 그런 다음 만트라 기도때 사용하는 시바의 신성한 음절을 발음하고 명상에 들어갑니다. 그러고 나면 시바가 이미 그곳에 있어야 한다고 알고 있는 무기들과 함께 자신을 드러냅니다. 여기서 중요한 것은 시바가 나타났다는 사실이 아니라 어떻게 그곳에 있는지이고, 바로 그 점이 이런 경험을 노래처럼 생생하게 만들어 줍니다.

글쓰기는 명상 행위인가요?

나에게는 그렇습니다. 명상은 복잡하게 들리지만, 그 냥 기다리는 일입니다. 나는 다른 중심에서 나온 것을 발표하지 않으려고 합니다.

정말 경이로운 일은 신화적 영감 수준에 도달한 어떤 흐름에 올라탔을 때입니다. 이때부터 나는 내가 무슨 말을 할지 세 단어 정도를 미리 알 수 있습니다. 글쓰기가 이렇게 진행될 때 나는 내가 제대로 신이 나서 몰입하고 있다는 것을 알 수 있습니다. 그때는 마치 멋진 파도를 타고 있는 것 같은 느낌이 듭니다.

그런데 만약 한 문장에서 세 단어만 미리 떠오른다면, 문장이 어떻게 끝날지 모르는 것 아닐까요?

문장은 항상 제대로 끝을 맺습니다.

평론가들을 염두에 두고 글을 쓰지는 않나요?

《뉴욕타임스》에 내 책의 서평 기사가 두 번 실린 적이 있습니다. 첫 번째 책은 『피네간의 경야를 여는 곁쇠』였습니다(여전히 이 책의 인세를 아주 조금 받고 있어요!). 맥스 러너는 세라로런스대학에서 학생들을 가르쳤는데, 제자와 결혼하기 위해 같은 대학 교수였던 아내와 이혼했습니다.[07] 그러나 위자료 같은 문제들 때문에 아내와 계속 연락해야 했죠.

나는 오랫동안 맥스를 보지 못했는데, 브롱스빌에서 내려오는 기차 안에서 우연히 맥스를 만났어요.

"오 맥스, 잘 지냈어?"

"안녕, 조. 오랜만이네. 요즘 뭐 하고 지냈어?"

나는 "책을 쓰고 있었어. 『피네간의 경야』에 관한 책을 막 끝냈어"라고 말했습니다. 나는 맥스가 서평을 쓰고 싶어 한다는 것을 알 수 있었습니다. 맥스는 어떤 것에 대해서든 글을 쓸 수 있는 친구였거든요. 그래서 나는 맥스에게 조이스 작품의 핵심이 무엇인지, 내가 조이스에 대해 쓴 책의 내용을 자세히 알려 주었습니다. 그러면 맥스가 《뉴욕타임스》에 연락해서 내 책의 서평을 쓰게 해 달라고 요청하리라고 확신했습니다. 그것이 내가 《뉴욕타임스》에서 받은 유일한 제대로 된 서평이었습니다.

이런 적도 있었습니다. 『천의 얼굴을 가진 영웅』이 나왔을 때, 출판사가 폴 라딘(Paul Radin)에게 책을 보낸다는 것이 실수로 맥스 라딘(Max Radin)에게 책을 보내 버렸습니다. 맥스는 폴의 형이었죠. 폴 라딘은 인류학자였고, 맥스 라딘은 유스티니아누스 법 전문가였어요. 맥스 라딘은 내가 쓴 책에 대해 아는 것이 정말 하나도 없었습니다. 그는 칼럼 하나를 썼는데, 칼럼의 3분의 2에 걸쳐 신화가 얼마나 지루한지를 이야기한 후, 마지막에 "캠벨의 책은 지루하지 않다"라고 마무리했습니다. 그때 이후로 나는 서평 읽기를 그만두었죠.

오, 한 번 더 있었군요! 다트머스대학교에 다닐 때 알게 된 프랜시스 브라운이라는 친구가 《뉴욕타임스》 도서 부분 편집자가 되었어요. 프랜시스도 나처럼 뉴욕 샌추리클럽(Century Association) 회원이었는데, 어느 날 클럽에서 "안녕, 조"라고 인사를 하더군요.

그래서 나도 "안녕, 프랭크" 하고 인사를 했습니다. 당시 『신의 가면』 1권이 나오고, 2권도 나오고, 3권도 나오고, 4권도 나왔지만 《뉴욕타임스》에서는 아무 말이 없었습니다. 그때 제럴드 사이크스가 프랜시스 브라운에게 말했어요. "무슨 일이죠? 캠벨의 네 권짜리 작품이 나왔고, 신화의 역사를 이렇게 다룬 사람이 없었는데,《뉴욕타임스》에서 아무런 언급이 없네요."08

브라운은 이렇게 말했다고 합니다(이 이야기는 내가 직접 들은 것입니다).《뉴욕타임스》독자들이 캠벨을 이해할 수 있게 쓸 수 있다면, 당신의 글을 신문에 실을게요."

사이크스는 "오, 내가 할 수 있을 것 같은데요"라고 말한 후 이 엄청난 양의 책을 다룬 서평을 썼습니다. 이 서평은 태양을 끄는 청동으로 된 고대 독일의 태양 말 사진과 함께《뉴욕타임스》'선데이북리뷰' 중간에 멋지게 실렸습니다. 센추리클럽 다음 모임에서 브라운이 나에게 와서 말했습니다. "하이, 조! 서평 마음에 들었어?"

이것이《뉴욕타임스》에 실린 조 캠벨에 대한 마지막 서평이었습니다.

나는 정말로 아주 오래전에 서평에 대한 걱정을 버렸습니다. 사실 나는 서평을 읽지 않습니다. 서평은 걱정할 필요가 없습니다. 나는 글을 쓸 때 내 목이 단두대에 걸려 있다는 느낌을 받습니다. 그리고 그냥 "좋아. 나는 이런 말을 했어. 당신들이 나중에 이걸 죽여도 돼"라고 생각합니다. 내 입장에서는 이것이 내가 신경 써야 할 마지막 일입니다. 평론가들을 두려워해서는 좋은 글을 쓸 수 없다고 생각합니다. 그래서는 좋은 글이 나올 리가 없죠. 그것은 작가를 가로막는 장애물의 시작입니다.

학자 캠벨

**학계에서는 선생님의 작업을 어떻게 받아들였나요? 선생님은
인정받는 방법론을 따랐나요?**

나는 방법론에 크게 반대합니다. 방법론이 배울 내용을 결정한다고 생각하기 때문입니다. 레비스트로스의 구조주의를 예로 들 수 있습니다. 우리는 구조주의가 우리에게 허락한 것만 찾을 수 있습니다. 이런 상황에서는 눈앞에 있는 사실에 열린 방식으로 접근할 수 없을 것입니다. 내가 보기에 구조주의는 스스로 깨우치는 것을 막는 것 같습니다. 우리는 달리고 걷고 서고 앉는 법을 배워야 합니다. 앉는 법만 알고 있다면 자신의 경험을 제한하는 것입니다.

1920년대와 1930년대에는 기능주의가 유행했습니다. 당시에는 문화를 서로 비교할 수 없었고, 모든 것을 그 지역 문화에 대해 알고 있던 내용에 따라 해석해야 했습니다. 이 방법론은 현대인의 몸 상태를 파악하기 위해 맹장을 조사하는 것과 비슷합니다. 우리는 과거로 거슬러올라가 이전에 맹장이 어떻게 사용되었는지 찾아내야 합니다.

마찬가지로, 한 문화 속 많은 요소들은 과거의 용도와 기능이 남긴 흔적입니다. 기능주의자들은, 예를 들어 래드클리프브라운은 안다만제도 주민들을 연구한 그의 저서(훌륭한 책이라고 생각합니다)에서 신화 해석에 실패합니다.[09] 모든 신화가 그의 앞에 있었지만, 그의 접근방식으로는 이 질문에 답하지 못합니다. 조금만 비교하면 해석할 수 있습니다. 한 가지 방법에만 집착하는 바람에

시야가 너무 제한되어 문화 해석에 실패했던 것입니다.

그다음으로 제너럴리스트와 스페셜리스트의 대립으로 알려진 문제가 있습니다. 의학에서처럼 경우에 따라서는 전문의보다 일반의에게 진료를 받는 것이 더 나은 때도 있습니다. 어떤 전문가가 와서 대단히 심각하게 "콩고 사람들은 오른손 손가락이 다섯 개입니다"라고 말할 수 있습니다. 하지만 만약 내가 "알래스카 사람들은 오른손 손가락이 다섯 개입니다"라고 말하면, 나는 제너럴리스트라고 불립니다. 그리고 내가 기원전 3만 년 전 동굴에 살던 사람들의 오른손 손가락은 다섯 개라고 말하면, 나는 신비주의자가 되어 버립니다!

나는 이 분야를 잘 아는 학자의 위치를 유지하기 위해 노력합니다. 하지만 그렇다고 당신에게 무엇을 하라고 말하는 것도, 무언가를 주는 것도 아닙니다. 나는 누구에게도 지시하지 않습니다. 내 생각에 이 분야 최고의 학자는 시카고대학교의 미르체아 엘리아데(Mircea Eliade)입니다. 그는 정말 대단한 학자입니다. 엘리아데가 젊은 사람에게 얼마나 영향력이 있는지는 잘 모릅니다. 그의 이야기는 주로 학문 공동체를 대상으로 하니까요. 나는 우리가 서로 등을 맞대고 서 있는 느낌을 받습니다. 그는 학문 세계를 향해 서 있고, 나는 대중 세계를 향해 서 있는 거죠. 엘리아데는 학계에서 매우 존경받고 있고, 그럴 만하다고 생각합니다.

선생님은 신비주의자인가요?

나는 신비주의자가 아닙니다. 나는 어떤 종교적 금욕 실천도 하지 않고 신비체험을 해 본 적도 없습니다. 그러므로 나는 신비주의자가 아닙니다. 나는 학자예요. 그것이 전부입니다.

한번은 앨런 와츠(Alan Watts)가 이렇게 묻더군요. "조, 어떤 요가를 수련하나요?"[10] 나는 대답했죠. "문장에 밑줄을 그어요." 이것이 내가 하는 일의 전부입니다. 나의 수행은 무거운 노트를 작성하고 내가 읽고 있는 모든 것을 전에 읽었던 다른 것과 연결하는 것입니다. 나는 노트로 가득 찬 수납장이 아홉 개 있고, 지하실에는 더는 종이를 넣을 수 없을 정도로 꽉 찬 수납장이 네 개 더 있습니다. 40년 동안 나는 나의 정신에 세상을 보는 그림을 열어 주는 것 같은 이런 자료들에 대해 노트를 작성했습니다.

명상을 하나요?

아니요, 나는 수영을 합니다. 그런데 왕복 횟수를 세는 데 어려움이 있었어요. 결국 왕복 횟수를 기억하는 최고의 방법을 찾았습니다. 타로카드를 기억하는 것이죠. 나는 44회 턴을 하면서 타로 메이저 카드 22장을 생각합니다. 두 번의 턴이 타로카드 한 장인 것이죠.

나는 구루나 그런 종류의 사람이 아닙니다. 단지 신화라는 이 황금 세계를 발견하는 커다란 행운을 얻었고, 또한 책 쓰는 방법을 잘 훈련받았을 뿐입니다.

광란의 시기였던 1960년대에 젊은이들은 스스로 문화 밖으로 몸을 던지고 있었습니다. 나는 그보다 오래전에 빠져나와 5년 동안 여기저기 기웃거리면서 놀라운 자료들을 발견했습니다. 그 자료들이 내 삶에 생기를 불어넣었고, 그것은 지금도 마찬가지입니다. 교직에서 은퇴한 후 나는 여러 인간 잠재력 센터에서 강의를 하고 있습니다. (캘리포니아의 오아시스인) 에살렌, 시카고, 그 밖에 여러 곳에서 강의하고 있습니다. 나는 30~40대 사람들을 만나면서 내가 작업했던 것들이 그들에게도 영향을 미치는 것을 봅니다. 그것은 상상력과 영감이 나오는 장소인 뮤즈들의 세계입니다. 이 뮤즈들의 세계는 그들이 자기 삶을 형성하는 데 도움을 주고 있습니다.

내가 해 온 일은 나를 흥분시켰던 것들을 내 책들에 모은 것뿐인데, 그것이 나에게 그랬던 것처럼 다른 사람들에게도 똑같은 효과가 있었습니다! 내가 좋아하는 일은 많은 독서를 통해 모았던 놀라운 생각들을 그냥 던져주는 것뿐입니다. 그것을 잡을 준비가 된 사람들은 잡으면 되고, 그렇지 않은 사람도 문제가 될 것은 없습니다.

선생님이 친구와 동료로 여기는 많은 사람들, 예를 들어 스타니슬라프 그로프(Stanislav Grof), 앨런 와츠, 휴스턴 스미스(Huston Smith), 알베르트 호프만(Albert Hofmann), 록밴드 그레이트풀 데드 등은 LSD나 다양한 스승 식물들(teacher plants, 즉 환각버섯, 페요테, 아야와스카 등)을 영적 영역으로 가는 문으로 사용했습니다. 다른 사람들은 스승이나 구루를 찾습니다. 선생님은 어느 쪽을 추천하나요?

나는 점진적인 여정을 추천합니다. 바로 공부의 길이지요. 내 생각에 신화적 형태들은 그것이 무엇인지 알고 그 출현에 주의를 기울일 줄 안다면, 삶의 여정에서 서서히 드러나는 것 같습니다. 나 자신은 정신을 통해, 즉 도서관에서 나를 둘러싸고 있는 책들을 통해 무의식이라는 신비의 심연으로 입문했습니다. 나는 영웅의 여정에 있는 모든 단계를 나 자신의 탐험 속에서 인식했습니다. 모험으로의 부름, 안내자들, 악마들, 그리고 깨달음을 향한 부름이 있었습니다. 나는 켈트-아서왕 신화와 로마가톨릭 신화 사이의 갈등에서 나의 과거를 형성했던 긴장에 대해 많은 것을 발견했습니다. 나는 또한 원시 신화와 힌두교, 나중에는 조이스, 만, 융, 슈펭글러, 프로베니우스를 공부했습니다. 이 모든 사상과 인물이 나의 중요한 스승이었습니다.

이 문제는 결국 독서력이 얼마나 좋은지에 달려 있다고 생각합니다. 책을 읽으면 저자를 통해 어딘가로 입문하게 되기 때문입니다. 그렇지 않나요? 책을 쓴 저자는 그 책을 통해 독자들을 새로운 세상에 입문하게 만듭니다.

개인 대 개인 관계를 통해 더 강렬한 입문 체험을 할 수 있는지에 대해서는 나는 알지도 못하고, 말할 수도 없습니다. 나는 그런 것을 판단할 위치에 있지 않습니다. 물론 인도의 구루들에 따르면 입문을 도와줄 개인 지도자가 꼭 필요합니다. 내 경험으로는, 가장 높은 수준은 아니지만 어쨌든 나의 정신에 어떤 변화가 있을 때 나는 입문했다는 느낌을 받습니다. 그리고 언제 그런 일이 일어났고 그것이 무엇이었는지 알고 있습니다. 대부분 그런 일은 독서를 통해 일어났습니다. 하지만 정말로 위대하고 지혜로운 사람들을 두세 번 개인적으로 만나기도 했는데, 그런 만남은 어떤 책보다도 나의 독서를 더 확신하게 해 준 경험이었습니다.

우리가 입문을 찾아야 할까요, 아니면 입문이 우리를 찾게 될까요?

내 생각에는 우리가 입문할 준비가 되면 주변에 있는 무언가가 우리를 입문으로 이끕니다. 그 무언가는 사람 또는 사건일 수 있지만, 우리가 준비만 되어 있다면, 그 일은 반드시 일어날 것입니다. 이것이 갑작스러운 깨달음(sudden illumination)이라고 알려진 신비입니다. 중국의 위대한 선사 혜능의 일화가 있습니다. 땔나무를 배달하던 소년 혜능은 배달 간 집 앞에서 집주인을 부른 후 응답을 기다리다가 누군가 안에서 『금강경』을 낭송하는 소리를 들었습니다. 그 순간 그는 갑자기 깨달음을 얻었습니다.

입문의 끝이 존재할까요? 우리는 이타카에 도달할까요?
아니면 여정은 영원히 계속될까요?

나는 입문의 여정을 완전히 통과한 현자가 아니므로 그 질문에 최종적인 대답을 할 위치에 있지 않습니다. 그럼에도 나의 관점을 말하자면, 여정은 계속되고, 또 계속되고, 또 계속됩니다. 물론 내가 진정으로 입문하지 못했기 때문에 이렇게 생각하는 것일 수도 있습니다. 입문의 여정 중에 길을 잃어버릴 수도 있습니다. 그래서 사람들은 그 길 위에 머물기 위해 특정 명상을 수행하고, 특정 만트라를 암송합니다. 아시다시피, 세상은 우리와 너무 많이 얽혀 있고, 환경은 너무 흥미롭고 강렬할 수 있고, 그렇게 우리를 압도하여 우리는 아리아드네의 실타래를 잃어버릴 수 있습니다. 당연히 우리가 완전히 깨달은 현자가 아니라 단순한 인간이라면 말이죠.

선생님에게는 독서가 대학생활보다 더 심오한 경험이
되었나요?

나는 미국에 있는 대학 두 곳에서 6년, 유럽에서 2년을 보냈습니다. 미국에서 대학을 다닌 6년 동안 기억나는 교수님들이 있습니다. 나는 그 세 분의 이름만 기억합니다. 아마도 이 정도면 평균은 넘을 겁니다. 그분들은 공부할 때 대학이 요구하는 것들이 아니라 나만의 역동성을 따라가도록 용기를 주었습니다. 여기에 대학이라는 기계가 있습니다. 이 기계는 모든 사람을 돌보기 위해 설계되어 있고, 그래서 실제로는 아무도 돌보지 못합니다. 당신은 대학에 들어가서 스스로 자신의 길을 찾아야 합니다.

불평하고 분개하는 것은 도움이 되지 않습니다. 식당에 가서 메뉴판에 있는 메뉴를 하나 선택하여 먹는 것과 같습니다. 나머지는 내가 먹을 음식이 아닙니다. 사람들과의 관계도 마찬가지입니다. 읽을 책을 선택하는 문제도 비슷합니다.

대학에서 강의할 때, 나는 학생들이 읽으려고 하거나 읽을 수 있는 것보다 훨씬 많은 책을 추천하곤 했습니다. 어떤 책도 반드시 읽으라고 요구하지는 않았지만, 나에게 의미 있었던 책 목록을 학생들도 가지고 있으면 좋겠다고 생각했습니다.

가장 좋은 독서 방법은 친구들이 읽어야 한다고 말하는 책이 아니라 자신이 진정 좋아하는 책을 읽는 것이라고 생각합니다. 진정으로 나에게 말을 걸어 오는 작가를 찾는다면, 그 작가의 작품을 끝까지 붙들고 그가 주는 모든 것을 다 읽어 보세요. 이런 방식으로 자신의 구루, 자신의 문학적 구루를 찾을 수 있습니다. 물론 시간이 지나면 그 사람도 낡고 해어져 효력을 다할 것입니다.

마음에 드는 책을 찾으면 주석을 보세요. 어떤 책들이 그 책에 영향을 주었는지 확인하세요. 참고문헌도 살펴보세요. 이런 방식으로 자신만의 책들을 추려 보세요. 만약 자신을 이끌어 줄 사람을 찾고 싶다면 누군가에게 무엇을 읽어야 하는지 물을 필요가 없습니다. 그냥 자신이 읽은 내용이 삶에서 작동하는 것을 보려고 노력하세요.

나는 내가 관심을 가졌던 위대한 시인과 예술가들이 준 실마리들로 내 삶을 해석하는 시간을 가졌습니다. 내가 나 자신을 형성하려고 노력할 때 의지했던 사람들은 슈펭글러, 만, 융, 조이스였습니다. 이들이 주요 인물이었죠. 지금은 어느 정도 조금씩 나의 길을 가고 있습니다. 그러나 나는 위대한 정신이라고 여겨지는 사람들로부터 배웠습니다. 그들은 어떻게 나라는 자기 존재를 읽어야 하는지 그 실마리를 주었습니다. 내가 자라온 종교 전통은 나에게 적합해 보이지 않았습니다. 오히려 앞에서 언급했던 시인들, 철학자들, 심리학자들이 도움을 주었습니다. 그 넘쳐 흐르던 것, 다시 말해 거기서 나온 영감이 그 시절 내 삶의 영감이었고, 나는 그 영감에 대해 글을 썼습니다.

나는 신문 머리기사, 신문 서평과 평론가들, 베스트셀러 목록 같은 것에 크게 반대합니다. 이런 것들은 사람의 정신을 산만하게 만들고, 칵테일파티 수다 같은 대화만 계속 이어지게 할 뿐입니다. 이런 것들은 진정으로 내면을 끓어오르게 하는 것이 아닙니다. 나의 비법은 자신에게 말을 거는 책을 찾아 읽고, 그 작품에 계속 집중하면서 그것을 중심으로 원을 확장해 가는 것입니다. 그러면 훌륭한 결과를 얻을 것입니다. 나는 내가 가르친 학생들에게서 이것을 확인했습니다.

엘리아데처럼 시카고대학교 또는 다른 전통 교육기관에서 강의를 하지 않은 것이 아쉽지는 않나요? 그랬다면 선생님의 가르침 아래 대학원생들이 연구 작업을 했을 것이고, 캠벨학파도 발전시켰을 것 같은데요.

세라로런스대학에서 가르치면서 내가 장점이라고 여겼던 것으로 대답을 대신하겠습니다. 그 장점이 아마도 시카고대학교 경험의 대안이 될 수 있겠죠(그리고 나는 시카고대학교에서 강의를 하는 사람들도 많이 알고 있습니다. 미르체아 엘리아데도 나의 친형제만큼 잘 알고 있죠).

세라로런스대학에서 학생들을 가르친 것은 정말 멋진 일이었습니다. 매주 학생들과 인터뷰를 하거나 개별 지도를 해야 하는 일은 큰 도전이었죠. 여성을 가르치는 일은 정말 달랐습니다. 남성들은 이론 같은 것을 생각합니다. "이 생각이 전체 네트워크의 어느 부분에 맞을까?" 같은 생각을 하죠. 나의 학생들은 완전히 다르게 접근했습니다. "그것이 나에게 어떤 영향을 미칠까? 그것은 내 삶에서 무엇을 할까?"라는 질문을 던졌습니다. 이 점은 나에게 완전히 새로운 통찰이었습니다. 이 모든 역사, 인류학, 신화가 다른 차원을 띠게 되었습니다. 내가 가르친 여성들은 신화가 자신들에게 어떤 의미가 있는지, 그리고 삶과 어떤 관계가 있는지를 알고 싶어 했습니다. 이와 달리 대학원생들과 함께 작업했다면 역사적 관계, 혹은 여기저기에 있는 특별한 세부 사항을 조사하곤 했을 겁니다. 지금 여기 있는 우리와 반드시 관계가 있다고 할 수는 없고, 300년 전 알래스카 에스키모와 관련이 있을 수 있는 그런 사항들이죠.

이런 영감을 받으면서 나는 내가 연구하는 주제의 생명력에 매료되었고, 이 힘이 내가 지금까지 경력으로 쌓아 온 것들을 만들어 주었습니다. 나는 나의 경력이 꽤 좋았다고 생각합니다. 이런 이유로 나의 대중은 학술 공동체를 위해 학술 공동체의 맥락 안에서 글을 쓰는 사람들의 대중과 같지 않습니다. 나의 대중은 독립적이며, 학술 공동체 바깥에 있습니다.

거의 40년 동안 세라로런스대학에서 가르치면서 세대에 따라 눈에 띄는 중요한 차이가 있었나요?

거대한 변화는 텔레비전과 관련이 있었습니다. 대학

공부를 시작하기 전에 2만 시간 동안 텔레비전을 시청하는 텔레비전 세대가 등장하면서 학생들의 관심사에 대단히 흥미로운 변화가 일어났습니다. 내가 강의하는 신화학 수업에는 핵심 독서 목록이 있었지만, 학생들 각자가 관심사를 선택할 수 있었습니다. 학생들은 각자의 관심에 따라 토마스 만, 제임스 조이스, 힌두 예술, 그리스 철학 등을 다양하게 선택했습니다. 그런데 텔레비전 세대가 들어오기 시작하면서 개별 선택이 사라졌습니다. 그들은 모두 같은 주제를 원하기 시작했어요.

당연히 저의 일은 단순해졌습니다. 지금 당장 조이스를 가르쳤다가 바로 이어서 인도 예술, 그다음에는 프로이트를 가르칠 필요가 없어졌으니까요. 그들은 모두 같은 것을 원했어요. 또 다른 변화는 지금 통용되는 의견과 다른 의견은 배제된다는 점입니다. 언론에 나오는 의견과 다른 의견을 가질 수 없게 되었습니다.

텔레비전에는 텔레비전 속에서 다루는 주제와 우리를 분리시키는 어떤 비현실성이 존재합니다.

텔레비전을 좋아하지 않는군요?

이름 같은 것을 맞히면 상품을 받는 텔레비전 퀴즈 프로그램들을 아시죠? 가끔 그런 프로그램에서 전화를 할 때가 있어요. 그럴 때 "저는 텔레비전이 없어요. 텔레비전을 안 봅니다"라고 말합니다. 그럼 상대방이 이렇게 묻곤 합니다. "그럼 시간을 어떻게 보내세요?"(웃음)

우리는 텔레비전에서 앞으로 어떤 일이 벌어질지 잘 모릅니다. 아직은 너무 새로운 예술 형식이거든요. 그리고 사람들이 쉽게 접근하기 어려운 형식이기도 하죠. 그러나 나는 시간이 지나면 그 분야에서 활동하는 예술가들이 반드시 생겨날 것이라고 생각합니다.

주제를 바꾸어서, 문화가 변화하면서 우리의 전통적
성 패턴이 사라지고, 새롭고 더 적절한 것이 생겨날 때가
된 것은 아닐까요?

글쎄요, 내 생각에 시험관 아기 같은 것들이 그 방향
으로 도움이 될 것 같네요.

아, 아니에요, 섹스를 없애자는 그런 말을 한 게 아니에요!

이런, 시간을 어떻게 보내시려고요? (웃음)

놓아주기

거의 40년 동안 세라로런스대학에서 강의한 후, 그러니까
오랫동안 유지해 오던 옛 생활 형태가 사라진 다음에, 은퇴에
적응하는 일은 어렵지 않았나요?

은퇴할 시간이 다가왔을 때, 학생과의 마지막 면담을
마친 다음 날 나는 아내와 함께 의식 변환 상태에 대한 학
술회의가 열리는 아이슬란드로 갔습니다. 심지어 그해
졸업식에도 참석하지 않았어요. 나는 그냥 "이제 다른 일
에 뛰어들 거야"라고 말했습니다. 그리고 바로 다른 일에
불을 붙였죠.

모든 사람에게 그런 갑작스러운 변화를 추천하나요?

당신이 직면하고 있는 전체적인 위기는 바로 은퇴와 관련된 것입니다. 이때 해야 할 일은 정직한 관심사를 갖는 것인데, 은퇴 전에도 이런 관심사를 잘 발전시키려고 노력해야 합니다. 이런 관심사는 취미 이상이며, 당신이 몰입하여 그 안에서 무언가를 배울 수 있는 것이어야 합니다. 그래야 필요할 때 그 관심사에 뛰어들 수 있으니까요.

미술 수업을 수강할 수도 있고, 혹은 종교가 자신에게 큰 의미가 있다면, 그 종교와 관련된 무언가를 시작할 수도 있습니다. 바깥세상에서 봉사를 하는 것은 아닙니다. 삶의 후반기에 헌신은 내면을 향합니다. 그 헌신은 자신을 위한 일입니다. 그러므로 이제 자기 내면을 뛰게 만드는 것을 생각하기 시작하는 때입니다. 어느 정도 성숙한 경험을 가진 인간이라면 반드시 빠져들 만한 무언가를 가지고 있습니다.

자신의 과거 경력과 과감하게 단절하는 것이 가장 좋은데, 그럴 때 많은 에너지가 활성화되어서 새로운 것에 자신을 쏟아붓고 그 새로움 속으로 빠르게 빠져들 수 있기 때문입니다. 변화가 너무 빠를 수 있지만, 그 변화를 따라가면 마치 완전히 새로운 삶이 열리는 것 같을 것입니다. 이런 경험은 충만함을 가져다줍니다. 그러나 이런 급작스러운 단절도 이미 자신에게 중요한 의미가 있던 것에서부터 출발해야 합니다.

이것이 바로 인생 후반기의 문제입니다. 내면으로 향하는 길이죠. 당신은 이미 당신의 임무를 마쳤습니다. 이제 내면의 소리를 찾아야 합니다. 이것이 은퇴에 관한 나의 요점입니다. 나의 경우에는 이 과정이 잘 진행되었다고 말할 수 있습니다. 나는 다시 돌아가고 싶지 않습니다.

사람들은 "다시 젊어지고 싶습니까?"라고 묻습니다. 그러면 나는 답하죠.

"음, 72세 정도면 나쁘지 않은 것 같아요."

**그리니치빌리지에서 하와이로 옮긴 것은 틀림없이
큰 변화인 것 같습니다.**

확실히 그렇습니다. 우리는 45년 넘게 웨이버리플레이스에 있는 아파트에서 줄곧 살았어요. 그러나 아내는 하와이에서 태어났고, 우리는 이제 그곳으로 다시 돌아가는 것이 좋겠다고 생각했습니다. 나의 첫 번째 하와이 여행은 1925년이었습니다. 아내와 나는 1938년에 결혼한 이래로 아내의 가족을 방문하기 위해 하와이를 여러 번 갔었고, 친구도 많이 사귀었습니다. 그래서 하와이로 이사하는 것은 문제가 없었습니다. 나는 하와이를 사랑합니다. 한 층만 내려가면 바다에서 수영을 할 수 있어요. 이보다 더 좋을 수는 없죠. 하와이는 평화롭습니다. 우리가 사는 곳에는 우리와 비슷한 또래의 노인 부부들이 있어요. 인생의 어려움을 함께 잘 견뎌낸 사람들이 함께 있는 것은 정말 좋은 일입니다. 모두들 서로 사랑하며 좋은 삶을 살았던 부부들입니다.

은퇴 후에도 여전히 바쁘게 지내는 듯싶습니다.

1972년에 대학에서 은퇴한 후에도 일주일에 네다섯 번씩 강연을 다녔습니다. 이제는 감당하기 힘들어서 당장 그만두려고 합니다. 사실 많이 힘들었거든요. 최근 두 번 강연 여행을 다녀오면서 완전히 녹초가 되었죠. 그래서 가을 일정 전체를 취소했습니다. 11월 한 달 내내 에살렌에서 지낼 예정인데, 여기서는 친구들과 수다 떨며 보낼 예정이라 편안하게 보낼 수 있을 것 같습니다. 서서 강의 하는 것과는 다르죠.

어떤 사람들이 선생님 강의에 참석하나요?

내가 가는 곳마다 엄청난 관심을 받고 있다는 것을 알고 있습니다. 그리고 종교적 이미지와 신화에 담긴 힘에 대한 진지한 관심이 점점 커지는 것도 보았습니다. 대학 캠퍼스나 성장 센터에서, 또는 서점에서 강연할 때 사람들을 돌려보내야 할 정도로 많은 사람이 이 주제에 대한 이야기를 듣고 싶어 합니다. 내가 이 자료들을 다루는 방식이 오늘날 인간 경험 및 요구와 관련이 있기 때문입니다.

내가 가는 곳마다 사람들은 나를 보고 "선생님의 책이 내 인생을 바꾸었습니다"라고 말을 합니다. 나는 이것이 정말로 아름다운 결실이자 제가 받은 첫 번째 보상이라고 생각합니다. 이것은 정말, 정말 큰 보람입니다! 두 번째 보상은 많은 예술가들이 내 작품에서 영향과 영감을 받았다는 것입니다. 그것 역시 정말 흥분되는 일입니다.

내가 알기로는 마사 그레이엄은 나에게 대단히 큰 영향을 받았습니다. 내가 예술가이자 무용수인 진과 결혼할 때, 진은 마사 그레이엄과 함께 일하고 있었습니다. 우리가 베닝턴에 있을 때, 마사는 브론테 자매에 대한 작품을 계획하고 있었습니다. 그때 나는 마사에게 요정의 언덕을 뜻하는 쉬[Sidhe, 아일랜드와 켈트 신화에 등장하는 요정들 혹은 그들이 사는 언덕]의 여성들과 켈트 신화에 대해 이야기했습니다. 마사의 눈이 반짝거렸고 그 순간부터 마사는 신화의 세계에 푹 빠졌습니다. 이 깨달음은 마사의 모든 작품에 영향을 미쳤습니다. 마사는 그 대화가 바로 깨달음의 순간이었고, 이 순간이 이 모든 주제를 열어 주었다고 가장 먼저 말할 것입니다. 그 영향력은 대단했습니다.

문학계 패거리에게는 큰 영향을 미치지 않은 것 같습니다(문학계 패거리란 문학 비평가 무리를 뜻합니다). 나의 영향을 받은 문학계 사람들은 창조적 작품을 쓰는 사람들입니다. 그리고, 예술가들, 삶의 기준을 원하는 젊은이들과 같은 예술가들의 세계도 나의 작품에서 영향을 받았습니다.

선생님은 오랫동안 충만한 삶을 살아 왔고, 활기찬 은퇴 생활을 즐기고 있습니다. 곧 다가올 삶의 끝에 대해 조금도 불안하지 않나요?

전혀요, 나는 죽음을 두려워할 사건이라고 생각하지 않습니다. 다만 우디 앨런이 말한 것 같은 느낌은 있어요. "나는 죽음을 두려워하지 않습니다. 다만 그 일이 일어날 때 그 자리에 있고 싶지 않을 뿐입니다." 그러나 이것은 죽음의 문제가 아닙니다. 죽어 감(dying), 말하자면 죽어 가는 과정의 문제입니다. 신비로운 문제는 자신을 무엇과 동일시하느냐에 달려 있습니다. 의식과 동일시하느냐, 아니면 의식의 도구이자 수레인 몸과 동일시하느냐 하는 문제입니다.

정체성을 수레에서 의식으로 옮기는 시간이 오는데, 나는 나이가 들어가면서 자연스럽게 그런 시간이 온다고 생각합니다. 육체를 부실한 수레로 보기 시작하고, 육체에 부족한 모든 것을 생각하기 시작합니다. 이런 생각을 하게 되면 도구인 몸을 벗어날 수 있습니다. 의식은 걱정하지 않습니다.

개인적으로 이야기하자면, 나는 정말로 대단히 보람

있는 삶을 살았습니다. 나는 인디언들이 인생의 열매라고
부르는 것을 얻었습니다. 그래서 끝은 그냥 끝입니다. 내
가 엄청난 삶을 살지는 않았지만, 내게는 풍성한 경험이
함께 있었던 사랑스러운 삶이었습니다. 그리고 나는 내가
배워야 할 것을 배웠다고 생각합니다.

배워야 할 것이란 무엇인가요?

나는 아주 오래전부터 내가 결론을 내려야 할 어떤 신
비들이 있다는 것을 느꼈습니다. 그리고 나는 그 신비들
에 대해 결론을 내렸습니다. 대단히 만족스러운 일이죠.
아주 좋습니다. 그것이 전부입니다.

1장 신화의 ABCD

01 이 수메르 설형문자는 1895년부터 1896년까지 니푸르에서 발굴된 구운 점토 수천 장 가운데 심하게 훼손된 점토판 한 장에 새겨져 있었다. 이 점토판은 펜실베이니아대학교 박물관에 "주문(呪文) 10673"(3차 발굴, 13번 상자)라는 제목으로 보관되어 있고, 아놀드 푀벨(Arnold Poebel) 교수가 1912년에 이 점토판 내용을 해독했다.

02 수메르어 이름 지우수드라는 아카드어로는 우트나피쉬팀(Utnapishtim)으로 번역되는데, 우트나피쉬팀은 후대 길가메시 서사시에 나오는 홍수 영웅이다.

03 「요한복음」 3장 5절.

04 Joseph Campbell, *The Flight of the Wild Gander* (1969; repr., Novato, CA: New World Library, 2002), xv.

05 John G. Neihardt, *Black Elk Speaks*(New York: William Morrow, 1932). (존 니이하트, 김정환 옮김, 『검은고라니는 말한다』, 두레, 2002).

06 카를 프리드리히 알프레드 하인리히 페르디난트 마리아 그라프 에크브레히트 폰 뒤르크하임-몬트마르틴(Karl Friedrich Alfred Heinrich Ferdinand Maria Graf Eckbrecht von Dürckheim-Montmartin, 1896~1988)은 독일 외교관, 심리치료사, 선(禪) 스승이자 작가였다.

07 하인리히 치머(1890~1943)는 독일의 인도학자, 언어학자, 남아시아 예술사학자이며, 조지프 캠벨이 펴낸 네 권으로 된 영어 유고집이 유명하다. 7장을 참고하라.

08 클로드 레비스트로스(1908~2009)는 프랑스 인류학자이자 민속학자이며, 구조주의의 핵심 이론가다. 에른스트 카시러(1874~1945)는 『상징형식의 철학(Philosophy of Symbolic Forms)』으로 유명한 독일 철학자이다.

2장 모든 것의 개요

01 Joseph Campbell, *The Masks of God*, 4 vols. (New York: Viking Penguin, 1959–1968; repr., Novato, CA: New World Library, 2021–2024). (『신의 가면』 1권~4권).

02 캠벨은 『세계 신화 역사 지도』를 네 권으로 계획했지만, 1987년 세상을 떠나기 전에 두 권만[『The Way of the Animal Powers(동물적 힘의 길)』, 『The Way of the Seeded Earth(씨앗이 뿌려진 땅의 길)』] 완성했다.

03 다음 자료를 참고하라. Joseph Campbell, *The Inner Reaches of Outer Space* (1986; repr.,Novato, CA: New World Library, 2002), 9~12; Joseph Campbell, "The Mystery Number of the Goddess," in *The Mythic Dimension* (1997; repr., Novato, CA: New World Library, 2007), 115ff.

04 기원전 2만~1만 5000년경.

05   히에라콘폴리스 100호 무덤("벽화 무덤"). 영국 이집트학 학자 프레더릭
      그린(Frederick W. Green, 1869~1949)이 발견했다.

06   Henri Frankfort, H. A. Frankfort, John A. Wilson, and Thorkild
      Jacobsen, *Before Philosophy: The Intellectual Adventure of Ancient
      Man* (London: Pelican Books, 1946).

07   여기서 숭배는 컬트(cult)를 말한다. 인류학, 비교종교학, 역사학, 신화학 및
      관련 분야에서 사용하는 용어인 컬트는 오늘날 대중이 사용할 때 흔히 담고
      있는 경멸의 의미를 포함하지 않으며, 대신 종교적 경배의 특정 체계, 특히
      성스러운 의례, 상징, 이데올로기와 관련된 체계를 가리킨다.

08   여신 두르가와 물소 형상의 악마 마히샤수라의 전투는 힌두교 경전 『데비
      마하트마(Devī Mahātmya)』에 나온다. 상세한 내용은 다음을 참고하라.
      Heinrich Zimmer, *The Art of Indian Asia*, vol. 1, Bollingen Series 39, ed.
      Joseph Campbell (New York: Pantheon Books, 1955), 96–107.

09   기원전 8000~6000년경.

10   키프로스에서 기원전 1만 1400년경 가축화된 돼지의 유해가 발견되었는데, 이
      발견은 유럽 대륙에서는 돼지가 더 일찍 가축화되었음을 알려 준다.

11   「열왕기하」 5장 15절. 3장에서 한 번 더 인용된다.

12   상세한 내용은 다음을 참고하라. Joseph Campbell, *The Flight of the Wild
      Gander* (1969; repr., Novato, CA: New World Library, 2002), 110ff.

13   4장에서 한 번 더 언급된다.

14   Elaine Pagels, *The Gnostic Gospels* (New York: Random House, 1979).
      (일레인 페이절스, 하연희 옮김, 『숨겨진 복음서, 영지주의』, 루비박스, 2006.)

15   James M. Robinson, ed., *The Nag Hammadi Library: The Definitive
      Translation of the Gnostic Scriptures*(Leiden, The Netherlands: E. J.
      Brill, 1988).

16   토머스 머튼(1915~1968)은 미국 트라피스트회 수사이자 신비가이며 50권이
      넘는 책을 썼다.

17   「빌립보서」 2장 6~8절. 3장에서 한 번 더 인용된다.

3장   진지하게 받아들여진 신화

01   이 개념은 4장에서 다시 등장한다.

02   미신(Superstition)은 라틴어 단어 *superstare*(위에 서다, 견디다)에서 왔다.

03   「요한복음」 10장 30절.

04   Richard N. Bolles, *What Color Is Your Parachute?* (Berkeley, CA: Ten
      Speed Press, 1972). (리처드 N. 볼스, 조병주 옮김, 『파라슈트: 취업의 비밀』,
      한국경제신문사, 2013년)

05   캠벨이 이 문장을 어디서 참조했는지는 2장 주석 11번을 참고하라.

06   스즈키 다이세츠 데이타로(鈴木大拙貞太郎, 1870~1966)는 일본 출신 선불교
      학자이자 화엄 사상 전문가이며, 많은 작품을 남긴 저자다. 고대 그리스어
      단어 에라노스(Eranos)는 "손님들이 음식을 가져오는 연회"를 뜻하는데, 올가

프뢰베-캅테인(Olga Fröbe-Kapteyn, 1881~1962)은 자신이 만든 지적 토론 모임에 에라노스라는 이름을 붙였다. 스위스 마조레 호수 근처에서 열린 이 모임은 인문학, 종교학, 자연과학을 함께 논의하는 자리였다. 에라노스에서 자신의 연구를 나누었던 학자들은 카를 융, 카를 케레니(Karl Kerényi), 앙리 코빈(Henry Corbin), 미르체아 엘리아데, 그리고 조지프 캠벨 등이 있다.

07   자크 폴 미뉴(1800~1875)는 프랑스 성직자이자 신학 도서 출판인이다.

4장   네, 끝까지!

01   오스발트 슈펭글러(1880~1936)는 독일 역사학자이며, 모든 문화는 제한되고 예측할 수 있는 수명이 있는 유기체와 같다고 주장했다.

02   Oswald Spengler, *The Decline of the West*, 2 vols. (New York: Alfred A. Knopf, 1926 and 1928). (오스발트 슈펭글러, 박광순 옮김, 『서구의 몰락』, 범우사, 2001)

03   아브라함 시아신트 앙크틸-두페롱(Abraham Hyacinthe Anquetil-Duperron, 1731~1805)은 프랑스 최초 인도학자다.

04   이 인용구는 2장에도 나온다. 2장 주석 13번을 참고하라.

05   이 공식은 낙하하는 물체의 속도를 구하는 공식이다. 물체의 떨어지는 속도는 1초에 32피트씩 증가한다.

06   요셉을 다룬 소설 네 편은 『야곱 이야기(The Stories of Jacob)』 『청년 요셉(Young Joseph)』 『이집트에서의 요셉(Joseph in Egypt)』 『먹여 살리는 자, 요셉(Joseph the Provider)』이다(국내에서는 『요셉과 그 형제들』(장지연 옮김, 살림, 2001)이라는 제목으로 총 여섯 권으로 출간되었다).

07   스키라는 알베르트 스키라(Albert Skira)가 1928년에 설립한 스위스 출판사이다.

08   3장에서 이 개념을 어떻게 다루고 있는지 비교해 보라. 3장 주석 1번을 참고하라.

09   마티아스 하인리히 "파피" 괴링(M. H. "Papi" Göring)은 나치 제국 원수 헤르만 괴링(Hermann Göring)의 사촌이다.

10   티베트불교 회화. 면이나 비단 위에 붓다의 신성, 붓다의 모습 혹은 만다라를 그린다.

11   1912년 『무의식의 심리학(Psychology of the Unconscious)』으로 영역되어 출판되었고, 1952년에 융이 수정한 새로운 판본이 『변환의 상징(Symbols of Transformation)』으로 재발간되었다.

5장   내면으로의 전환

01   Joseph Epes Brown, *The Sacred Pipe: Black Elk's Account of the Seven Rites of the Oglala Sioux* (Norman: University of Oklahoma Press, 1989; originally published in 1953); John G. Neihardt, *Black Elk Speaks* (New York: William Morrow, 1932) (존 니이하트, 김정환 옮김, 『검은고라니는

말한다』, 두레, 2002).
02   레오 프로베니우스(1873~1938)는 독일의 민속학자이자 고고학자다. 그는
아프리카 문화, 신화 역사를 진지하게 받아들인 첫 번째 유럽인 중 한 명으로
평가받는다. 말년에 그의 연구는 지나친 추측과 모순이 많은 방향으로 흘렀다.
03   헨리 모턴 "론도" 로빈슨(1898~1961)은 『더카디널(The Cardinal)』(1950)로
유명한 미국 소설가다.
04   카를로스 카스타네다(1925~1998)는 샤먼 입문 과정을 묘사한, 자서전에 가까운
일련의 대중 작품들을 쓴 미국 작가다.
05   캠벨은 1978년 가이아나 존스타운에서 일어난 하원의원 레오 라이언(Leo
Ryan) 살해와 인민사원 신도 918명의 집단 자살 사건을 언급하고 있다.
06   자파는 만트라 또는 성스러운 이름을 반복하는 수련법이며, 힌두교, 불교,
자이나교, 시크교에서 볼 수 있다.
07   샘 킨(1931년생)은 미국 작가이자 교수, 철학자이다. 그는 20년 동안
대중심리학 잡지 《사이콜로지투데이(Psychology Today)》 객원 편집자를
지냈다.
08   로빈슨 제퍼스(1887~1962)는 서사시와 이야기 형식의 시를 쓰던 시인이다.
그의 작품은 인간이 너무 자기중심적인 까닭에 "사물들의 놀라운 아름다움"을
지각하지 못한다는 믿음을 반영한다.
09   조르조 데 키리코(1888~1978)는 이탈리아 화가이자 작가이다. 그의 작품은
초현실주의학파에 영향을 미쳤다.

6장 이야기 구성을 복잡하게 만들기

01   Erwin Schrödinger, *My View of the World*, trans. Cecily Hastings
(Cambridge: Cambridge University Press, 1964), 20–22, (에르빈
슈뢰딩거, 김태희 옮김, 『슈뢰딩거 나의 세계관』, 필로소픽, 2024).
02   니콜라이 이바노비치 바빌로프(1887~1943)는 소련 농학자, 식물학자,
유전학자다. 그는 재배 식물들의 기원 중심지 연구와 확인으로 유명하다.
03   Karl Marx, *Das Kapital* (Hamburg: Verlag von Otto Meisner, 1867) (카를
마르크스, 김수행 옮김, 『자본론』, 비봉출판사, 2015).
04   Rato Khyongla Nawang Losang, *My Life and Lives: The Story of a
Tibetan Incarnation* (New York: Dutton, 1977).
05   티베트 불교 최대 종파인 겔룩파 수도승들을 위한 성직자 학위.
06   이 책 1장 두 번째 질문을 참고하라.
07   상세한 사항은 다음을 참고하라. Joseph Campbell, *The Inner Reaches of
Outer Space* (Novato, CA: New World Library, 2002), 94–100.
08   다음 도서를 참고하라. Jeff King and Maud Oakes, *Where the Two Came
to Their Father*, ed. Joseph Campbell (New York: Pantheon, 1943).

7장 길은 점점 넓어졌습니다

01   지두 크리슈나무르티(1895~1986)는 청소년 시절 신지학회 지도자들에
      의해 다가올 세계 교사(World Teacher)의 전달자로 선택되어 훈련받았다.
      크리슈나무르티는 1929년에 메시아 역할을 포기하고 신지학과 결별했지만
      이후 중요한 영적 교사로 계속 남았다.

02   캠벨은 로절린드 윌리엄스(Rosalind Williams)를 언급하고 있다.
      로절린드 윌리엄스는 나중에 크리슈나무르티의 친구이자 편집자인
      라자고팔(Rajagopal)과 결혼했다.

03   로저 셔먼 루미스(1887~1966)는 저명한 아서왕 문학 학자이고
      컬럼비아대학교에서 캠벨의 조언자였다.

04   아델 데이비스(1904~1974)는 미국 영양학자이자 인기 작가였다.

05   이 소설은 원래 《리버티매거진(Liberty Magazine)》에 1933년 발표되었다.
      이후 조지프 캠벨의 단편 모음집에 실렸다. Joseph Campbell, *Mythic
      Imagination* (Novato, CA: New World Library, 2012).

06   아난다 쿠마라스와미(1877~1947)는 스리랑카 타밀 출신의 인도 역사가이자
      철학자이며, 인도 문화 해석가이다.

07   맥스 러너(1902~1992)는 러시아 태생 미국 기자, 작가, 교육가다.

08   제럴드 사이크스(1904~1984)는 작가, 철학자, 비평가다.

09   Alfred Radcliffe-Brown, *The Andaman Islanders: A Study in Social
      Anthropology* (Cambridge: Cambridge University Press, 1922).

10   앨런 와츠(1915~1973)는 선불교와 다른 동양 전통을 대중화한 철학자, 작가,
      강연자이다. 와츠와 캠벨은 서로의 작업을 종종 검토해 주었고 친밀한 개인적
      우정을 나누었다.

참고 문헌

Abrams, Gary. "Conversation with Joseph Campbell on Mythology: Scholar to Attend Hero's Journey Benefit for Hermes Society." *Los Angeles Times*, May 27, 1987.

Auchinloss, Douglas. "On Waking Up." *Parabola*, January 1982.

Ballas, Costis. Unpublished interview with Joseph Campbell, September 27, 1985 (Box 93, Folder 24, Joseph Campbell Papers, Manuscripts and Archives Division, New York Public Library).

Bourantinos, Emilios. Unpublished interview with Joseph Campbell, September 30, 1985 (Box 93, Folder 25, Joseph Campbell Papers, Manuscripts and Archives Division, New York Public Library).

Bruckner, D. J. R. "Joseph Campbell: 70 Years of Making Connections." *New York Times Book Review*, December 18, 1983.

Carlin, Margarite. "A Case of Pneumonia and Mythology." *Rocky Mountain News*, January 23, 1984.

Campbell, Joseph. Discussion group. Skowhegan School of Painting and Sculpture, Madison, Maine, July 22, 1987.

______. "Explorations: Aim of the Hero's Journey." Esalen, Big Sur, California, November 8, 1983. Joseph Campbell Archives L1185.

______. "Explorations: The Hero's Journey." Esalen, Big Sur, California, November 7, 1983. Joseph Campbell Archives L1183.

______. "Explorations: The Hero's Journey (Woman's Perspective)." Esalen, Big Sur, California, November 8, 1983. Joseph Campbell Archives L1184.

______. "Metaphor as Myth and Religion," audience Q & A. Joseph Campbell Archives L0917.

______. "Mythos: Hinduism/Buddhism," Q & A from session on Hinduism. January 22, 1983.

______. "Mythos: Mann Lectures," Q & A.

______. "Mythos: Psyche and Symbol," Q & A.

______. "Odysseus," Q & A. Joseph Campbell Archives L0604.

______. Radio interview with unknown male and female interviewers. Joseph Campbell Archives L121.

______. "What Is Spirituality?" audience Q & A with Joseph Campbell, Fritjof Capra, and Sogyal Rinpoche, Esalen, Big Sur, California. Joseph Campbell Archives L0835.

Clarke, Gerald. "The Need for New Myths." *Time*, January 17, 1972.

Collins, Tom. "Mythic Reflections: Thoughts on Myth, Spirit, and Our Times." *In Context: A Quarterly of Humane Sustainable Culture* (published by Context Institute), IC #12 (Winter 1985/1986): 52.

"A Conversation with Joseph Campbell." *U.S. News & World Report*, April 16, 1985.

Goodrich, Chris. *Publisher's Weekly*, August 23, 1985.

Graham, Lee. Episode 32. *The Asia Society Presents*, WNYC-AM, 1970. Joseph Campbell Archives L0214.

Jones, Gerard. "An Inward and Outward Journey through Central America." *San José State University Weekly*, December 5, 1979.

Keen, Sam. "Man and Myth." *Psychology Today*, July 1971.

Kisly, Lorraine. "Living Myths." *Parabola*, Spring 1976.

Lawhead, Terry. "The Original Jedi Master." *Honolulu Star Bulletin*, January 7, 1987.

Lobell, John. Interview with Joseph Campbell in Campbell's apartment, October 31, 1983. Joseph Campbell Archives L0832–L0834.

______. Interview with Joseph Campbell. *Natural Living with Gary Null*, WBAI

Radio, December 28, 1983. Joseph Campbell Archives L0839.

______. Interview with Joseph Campbell. *Natural Living with Gary Null*, WBAI Radio, July 2, 1984. Joseph Campbell Archives L0845.

______. Interview with Joseph Campbell. *Natural Living with Gary Null*, WBAI Radio, n.d. Joseph Campbell Archives L084.

Marler, June. "Joseph Campbell: The Mythic Journey." *Yoga Journal*, November/December 1987.

McDermott, Gerald. "An Interview with Joseph Campbell." *New Boston Review* vol. 1, no. 2 (Fall 1975): 3–5.

McKnight, Michael. "Elders and Guides." *Parabola*, February 1980.

Miller, Walter James. *The Reader's Almanac*, WYNC, September 24, 1978. Joseph Campbell Archives L0581.

Miodini, Cate. "Myths of the Universe." *Anima Magazine*, Fall 1986.

Mishlove, Jeffrey. "Understanding Mythology with Joseph Campbell." In *Thinking Allowed: Conversations on the Leading Edge of Knowledge and Discovery*(San Francisco: Council Oak Books, 1998).

Newlove, Donald. "The Professor with a Thousand Faces." *Esquire*, September 1977.

Nigg, Joe. "An Interview with the Master of Mythology." *Bloomsbury Review*, April/ May 1984.

Romano, Carlin. "Tracking the Origins of Man and Myth." *Philadelphia Inquirer*, January 8, 1984.

Rumley, Larry. "Man and Myth." *Seattle Times/Post-Intelligencer*, January 8, 1984.

Sowers, Leslie. "Cultures Linked by Man's Ideas." *Houston Chronicle*, November 10, 1986.

Terkel, Studs. "Joseph Campbell Talks with Studs Terkel." WFMT Chicago, January 31, 1973.

Unrau, Norman, et al. "Interview with Joseph Campbell." *Goddard Journal*, June 1968.

ZBS Media. "Interview with Joseph Campbell." December 13, 1972.

조지프 캠벨 저작 목록

다음은 조지프 캠벨이 집필 및 편집한 주요 도서 목록이다. 각 항목에는 초판 서지 사항이 들어 있고, 가능한 경우에는 뉴월드라이브러리에서 《조지프 캠벨 전집》의 일부로 출판한 판본의 서지 사항도 함께 실려 있다. 다른 판본에 관한 정보는 조지프캠벨재단 웹사이트 (www.jcf.org)에서 조지프 캠벨 전체 작품을 참고하라.

● 표기는 뉴월드라이브러리에서 《조지프 캠벨 전집》으로 발간된 도서를 의미한다.

저서

Where the Two Came to Their Father: A Navaho War Ceremonial Given by Jeff King. Bollingen Series I. With Maud Oakes and Jeff King. Richmond, VA: Old Dominion Foundation, 1943.

A Skeleton Key to Finnegans Wake: Unlocking James Joyce's Masterwork. With Henry Morton Robinson. 1944. Second edition, Novato, CA: New World Library, 2005.●

The Hero with a Thousand Faces. Bollingen Series XVII. 1949. Third edition, Novato, CA: New World Library, 2008(이윤기 옮김, 『천의 얼굴을 가진 영웅』, 민음사, 2018).●

The Masks of God, 4 vols. New York: Viking Press, 1959–1968. Vol. 1, *Primitive Mythology*, 1959. Third edition, Novato, CA: New World Library, 2021(이진구 옮김, 『신의 가면 1: 원시 신화』, 까치, 2003).● Vol. 2, *Oriental Mythology*, 1962. Third edition, Novato, CA: New World Library, 2021(이진구 옮김, 『신의 가면 2: 동양 신화』, 까치, 1999).● Vol. 3, *Occidental Mythology*, 1964. Third edition, Novato, CA: New World Library, 2021(정영목 옮김, 『신의 가면 3: 서양 신화』, 까치, 1999).● Vol. 4, *Creative Mythology*, 1968(정영목 옮김, 『신의 가면 4: 창작 신화』, 까치, 2002).

The Flight of the Wild Gander: Explorations in the Mythological Dimension— Selected Essays 1944–1968 1969. Third edition, Novato, CA: New World Library, 2002.●

Myths to Live By. 1972. Ebook edition, San Anselmo, CA: Joseph Campbell Foundation, 2011(권영주 옮김, 『다시, 신화를 읽는 시간』, 더퀘스트, 2020).

The Mythic Image. Bollingen Series C. Princeton, NJ: Princeton University Press, 1974(홍윤희 옮김, 『신화의 이미지』, 살림출판사, 2006).

The Inner Reaches of Outer Space: Metaphor as Myth and as Religion. 1986. Reprint, Novato, CA: New World Library, 2002.●

Historical Atlas of World Mythology:

Vol. 1, *The Way of the Animal Powers*. New York: Alfred van der Marck Editions, 1983. Part 1, *Mythologies of the Primitive Hunters and Gatherers*. New York: Alfred van der Marck Editions, 1988. Part 2, *Mythologies of the Great Hunt* . New York: Alfred van der Marck Editions, 1988.

Vol. 2, *The Way of the Seeded Earth*, Part 1, *The Sacrifice*. New York: Alfred van der Marck Editions, 1988. Part 2, *Mythologies of the Primitive Planters: The Northern Americas*. New York: Harper & Row Perennial Library, 1989. Part 3, *Mythologies of the Primitive Planters: The Middle and Southern Americas*. New York: Harper & Row Perennial Library, 1989.

The Power of Myth. With Bill Moyers. Edited by Betty Sue Flowers. New York: Doubleday, 1988(이윤기 옮김, 『신화의 힘』, 21세기북스, 2020).

Transformations of Myth Through Time. New York: Harper & Row, 1990(과학세대 옮김, 『신화의 세계』, 까치글방, 2009).

The Hero's Journey: Joseph Campbell on His Life and Work. Edited by Phil Cousineau. 1990. Reprint, Novato, CA: New World Library, 2003(박중서 옮김, 『영웅의 여정』, 갈라파고스, 2020).•

Reflections on the Art of Living: A Joseph Campbell Companion. Edited by Diane K. Osbon. New York: HarperCollins, 1991(박중서 옮김, 『신화와 인생: 조지프 캠벨 선집』, 갈라파고스, 2009).

Mythic Worlds, Modern Words: On the Art of James Joyce. Edited by Edmund L. Epstein. 1993. Second edition, Novato, CA: New World Library, 2003.•

Baksheesh & Brahman: Asian Journals—India. Edited by Robin Larsen, Stephen Larsen, and Antony Van Couvering. 1995. Second edition, Novato, CA: New World Library, 2002.• [2017년에 『사케와 사토리(Sake & Satori)』와 합쳐서 보급판으로 재발행. 『아시아저널(Asian Journals)』을 참고하라.]

The Mythic Dimension: Selected Essays 1959–1987. Edited by Antony Van Couvering. 1997. Second edition, Novato, CA: New World Library, 2007.•

Thou Art That. Edited by Eugene Kennedy. Novato, CA: New World Library, 2001 (박경미 옮김, 『네가 바로 그것이다』, 해바라기, 2004).•

Sake & Satori: Asian Journals—Japan. Edited by David Kudler. Novato, CA: New World Library, 2002.• [2017년에 『바크쉬쉬와 브라흐만(Baksheesh & Brahman)』과 합쳐서 보급판으로 재발행. 『아시아저널』을 참고하라.]

Myths of Light. Edited by David Kudler. Novato, CA: New World Library, 2003.•

Pathways to Bliss: Mythology and Personal Transformation. Edited by David Kudler. Novato, CA: New World Library, 2004(노혜숙 옮김, 『블리스로 가는 길』, 아니마, 2020).•

Mythic Imagination: Collected Short Fiction. Novato, CA: New World Library, 2012.•

Goddesses: Mysteries of the Feminine Divine. Edited by Safron Rossi. Novato, CA: New World Library, 2013(구학서 옮김, 『여신들: 여신은 어떻게 우리에게

잊혔는가』, 청아출판사, 2016).●

Romance of the Grail: The Magic and Mystery of Arthurian Myth. Edited by
Evans Lansing Smith. Novato, CA: New World Library, 2015.●

Asian Journals: India and Japan. 『바크쉬쉬와 브라흐만』과 『사케와 사토리』를
합쳐서 보급판으로 재발행). Book I: *Baksheesh & Brahman*—edited by
Robin Larsen, Stephen Larsen, and Antony Van Couvering; book II: *Sake &
Satori*—edited by David Kudler. Novato, CA: New World Library, 2017.●

The Ecstasy of Being: Mythology and Dance. Edited by Nancy Allison, CMA.
Novato, CA: New World Library, 2017.●

Correspondence: 1927–1987. Edited by Evans Lansing Smith and Dennis Patrick
Slattery. Novato, CA: New World Library, 2018.●

편저서

하인리히 치머가 세상을 떠난 후 편집 및 완성한 책.

Myths and Symbols in Indian Art and Civilization. Bollingen Series VI. New York:
Pantheon, 1946(이숙종 옮김, 『인도의 신화와 예술』, 대원사, 2002).

The King and the Corpse. Bollingen Series XI. New York: Pantheon, 1948.

Philosophies of India. Bollingen Series XXVI. New York: Pantheon, 1951(김용환 옮김,
『인도의 철학: 세속과 열반의 만남』, 대원사, 1992).

The Art of Indian Asia. Bollingen Series XXXIX. 2 vols. New York: Pantheon, 1955.

다른 편저서

The Portable Arabian Nights. New York: Viking Press, 1951.

Papers from the Eranos Yearbooks. Bollingen Series XXX, 6 vols. Edited with R. F.
C. Hull and Olga Froebe-Kapteyn. Translated by Ralph Manheim. Princeton,
NJ: Princeton University Press, 1954–1969.

Myth, Dreams, and Religion: Eleven Visions of Connection. New York: E. P.
Dutton, 1970.

The Portable Jung. By C. G. Jung. Translated by R. F. C. Hull. New York: Viking
Press, 1971.

My Life and Lives. By Rato Khyongla Nawang Losang. New York: E. P. Dutton, 1977.

조지프 캠벨에 대하여

비교신화학 분야의 업적으로 널리 알려진 미국의 저술가이자 교육자.

1904년 뉴욕에서 태어난 그는 어린 시절부터 신화에 깊은 관심을 보였다. 특히 아메리카 원주민 문화 관련 서적을 즐겨 읽었으며, 뉴욕의 미국자연사박물관을 자주 찾아 그곳의 토템폴 컬렉션에 심취했다.

컬럼비아대학교에서 중세문학 석사학위를 취득한 뒤, 파리와 뮌헨의 대학에서 수학했다. 유학 시절 파블로 피카소와 앙리 마티스의 예술, 제임스 조이스와 토마스 만의 소설, 그리고 지크문트 프로이트와 카를 융의 심리학 연구에 영향을 받았다. 이러한 지적 교류는 훗날 독자적인 신화 이론을 구축하는 토대가 되었다. 그는 모든 신화와 서사시가 인간 정신 내부에서 서로 연결되어 있으며, 신화란 사회적·우주론적·영적 현실을 설명하려는 보편적 욕구의 문화적 발현이라고 보았다.

캘리포니아에서 존 스타인벡 및 생물학자 에드 리케츠와 교류했고, 캔터베리스쿨에서 교편을 잡았다. 이어 1934년 세라로런스대학 문학부 교수로 부임하여 오랫동안 재직했다. 1940~1950년대에는 스와미 니킬라난다가 『우파니샤드』와 『스리 라마크리슈나의 복음』을 번역하는 작업을 도왔으며, 독일 학자 하인리히 치머가 인도 미술·신화·철학에 관해 남긴 저작들을 편집하여 펴냈다.

1944년, 헨리 모턴 로빈슨과 공저로『피네간의 경야를 여는 곁쇠(A Skeleton Key to Finnegans Wake)』를 펴냈다. 1949년 출간된 첫 단독 저서『천의 얼굴을 가진 영웅』은 즉각적인 호평을 받았고, 시간이 흐르며 고전의 반열에 올랐다. 그는 이 책에서 "영웅의 신화"를 다루며 영웅의 여정에는 단일한 패턴이 존재하고, 모든 문화가 각기 다른 영웅신화를 통해 이 본질적 패턴을 공유한다고 역설했다. 또한 원형적 "영웅의 여정"이 지닌 기본 조건과 단계, 그리고 그 결과를 체계화했다.

1987년 작고한 이듬해, 빌 모이어스와의 대담을 담은 TV 시리즈〈조지프 캠벨과 신화의 힘〉이 방영되면서 그의 사상은 수백만 대중에게 널리 알려지게 되었다.

찾아보기

ㄷ

Philos 047

신화와 의미

1판 1쇄 인쇄 2026년 3월 24일
1판 1쇄 발행 2026년 4월 16일

지은이 　 조지프 캠벨
엮은이 　 스티븐 게린저
옮긴이 　 이승희
펴낸이 　 김영곤
펴낸곳 　 (주)북이십일 아르테

책임편집 　 김지영 오순아
기획편집 　 장미희 최윤지 김지운
디자인 　 오늘의풍경

출판부문 출판본부 본부장 장미희
마케팅 　 남정한 김윤
마케팅영업부문 본부장 정지은
영업 　 김지윤 강경남 김도연
e커머스 　 장철용 명인수 황성진
해외기획 　 홍희정 소은선
제작 　 이영민 권경민

출판등록 　 2000년 5월 6일
　 제406-2003-061호
주소 　 (10881) 경기도 파주시 회동길
　 201(문발동)
대표전화 　 031-955-2100
팩스 　 031-955-2151
이메일 　 book21@book21.co.kr

ISBN 979-11-7357-867-0(03210)

‡ 　 책값은 뒤표지에 있습니다.
‡ 　 이 책 내용의 일부 또는 전부를
재사용하려면 반드시 (주)북이십일의
동의를 얻어야 합니다.
‡ 　 잘못 만들어진 책은 구입하신 서점에서
교환해 드립니다.

(주)북이십일 | 경계를 허무는 콘텐츠 리더

북이십일 채널에서 도서 정보와 다양한 영상자료,
이벤트를 만나세요!

인스타그램
instagram.com/21_arte
instagram.com/jiinpill21

블로그
blog.naver.com/21_arte
blog.naver.com/21c_editors

홈페이지
arte.book21.com
book21.com

페이스북
facebook.com/21_arte
facebook.com/jiinpill21

유튜브
youtube.com/@sgmk
youtube.com/@book21pub

조지프캠벨재단 소개

조지프캠벨재단(이하 JCF)은 신화학과 비교종교학 분야를 탐구하며 조지프 캠벨의 작업을 계승하는 비영리법인이다. JCF는 세 가지 주요 목표를 추구한다.

첫째, 캠벨의 선구적인 작업을 보존하고 보호하며 영속해 나간다. 여기에는 그의 작품을 목록화하고 보관하는 것, 그의 작품을 기반으로 새로운 출판물을 개발하는 것, 그의 출판된 작품의 판매와 배포를 관리하는 것, 그의 작품에 대한 저작권을 보호하는 것, 그리고 JCF 웹사이트에서 디지털 형식으로 작품을 제공함으로써 조지프 캠벨에 대한 인식을 높이는 것이 포함된다.

둘째, 신화학과 비교종교학에서 그의 선구적인 작업을 발전시킨다. 여기에는 신화학과 비교종교학 연구를 촉진하는 것, 다양한 신화 교육 프로그램을 실행하거나 지원하는 것, 대중의 인식 제고를 위한 행사를 지원하거나 후원하는 것, 캠벨의 작품 및 자료를 뉴욕 공공도서관(New York Public Library)에 기증하고, 그의 개인 장서를 OPUS기록보존연구센터(OPUS Archive & Research Center)에 기증하는 것, 그리고 JCF 웹사이트를 신화학적 지식을 바탕으로 한 문화 간 대화의 장으로 활용하는 것이 포함된다.

셋째, 사람들이 일련의 프로그램에 참여함으로써 삶을 풍요롭게 하는 것을 돕는다. 여기에는 전 세계적인 인터넷 기반 회원 프로그램, 국제적인 지역 네트워크인 신화학원탁회의(Mythological Roundtables), 주기적으로 열리는 조지프 캠벨과 관련된 행사와 활동이 포함된다.

조지프 캠벨과 조지프캠벨재단에 관한 더 많은 정보는
아래로 문의하시기를 바랍니다.

조지프캠벨재단
www.jcf.org